철학으로 철학을 번역하다

플라톤의 파이돈

철학으로 철학을 번역하다

플라톤의 파이돈

남경희 쓰고 옮김

이화여자대학교출판문화원

머리말

인간의 죽음, 그리고 그와 함께 마주할 인간의 정신 또는 영혼의 운명은 모든 철학, 종교, 사상의 가장 중요한 주제들 중 하나일 것이다. 불교, 유교, 기독교, 그리고 위대한 철학자들의 대부분이 이들 주제에 관해 심오한 통찰을 제시했다. 그러나 이를 단일 주제로 하여 집중적으로, 그리고 이성적인 관점에서 논의한 가장 본격적이면서 고전적인 저술은 아마도 플라톤의 『파이돈*Phaedōn*』일 것이다. 여기에서의 논의는 소크라테스의 죽음이라는 역사적 사건을 배경으로 매우 구체적인 문제의식을 출발점으로 하여 전개되고 있다. 주지하다시피 소크라테스는 최초로 철학적 순교를 한 철학자이다. 『파이돈』의 무대 배경은 소크라테스가 독배를 마시고 삶을 마감하는 날의 감옥이다. 이런 극적인 배경에서 플라톤은 그의 스승 소크라테스의 입을 빌려 인간 삶에서 가장 중요한 문제를, 죽음 후의 정신의 운명을 다루고 있다.

과연 소크라테스의 정신은 그의 신체적 죽음과 함께 소멸할 것인가, 아니면 새로운 지평에서 영원히 살아남을 것인가? 이에 답하기 위해 플라톤 또는 소크라테스는 정신의 본성과 운명에 관한 논변을 개진한다. 정신 또는 영혼의 불멸성에 관한 네 가지 논증이 전개되는데, 이것이 소크라테스 자신의 생각인지, 플라톤의 것인지는 분명하지 않다. 이 대화록에서의 논의가 역사적인 것이냐 허구적인 것이냐, 즉 소크라테스가 실제 그의 생애 마지막 날 설파했던 그의 사상이냐, 아니면 플라톤이 극적인 설정을 해서 자신의 철학을 전개한 것이냐는 논란이 많다. 상기설, 형상론, 참여론 등은 플라톤의 이론이라는 것이 다수 학자의 견해이다. 그러나 죽음에 임하는 소크라테스의 자세, 정신이나 영혼에 대한 견해 등은 소크라테스의 것일 가능성도 크다. 대화록의 사상이 플라톤 자신의 것이라 하더라도 그것은 스승이 전개했을 법하다고 제자가 추정한 내용들일 것이다. 플라톤은 자신의 스승을 지극히 경애하던 제자였다. 아마도 두 철인의 사상이 혼재되어 있다고 보는 것이 합리적일 것이다. 그 어느 경우건 주제의 절실함이나 내용의 심오함에는 변화가 없다. 위대한 철인 당자가, 또는 그의 탁월한 제자 플라톤이 죽음과 사후 영혼 또는 정신의 운명에 관해 논의한 내용이 이 대화록에 담겨 있다.

인간의 동물과의 종차는 이성의 소유, 더 포괄적으로는 정신의 소유이다. 인간은 정신을 지니고 있기에 인간다운 삶을 영위하며, 문명과 문화를 건설하고, 종교, 철학, 예술 등의 정신 문화나 가치를 추구할 수 있다. 절대, 영원, 윤리성, 진리, 선, 아름다움 등의 가치를 추구하고 실현할 수 있는 것 역시 인간이 정신적 존재이기 때문이다. 그렇다면 정신의 본성은 무엇인가? 신체의 소멸 이후 인간 정신의 운명은 어떻게 될 것인가? 인간 정신이 대상으로 하는 바는 무엇인가? 감각과 이성적 정신의 관계, 더 근원적으로 정신과 신체의 관계는 무엇인가? 인간의 정신은 결국 두뇌 신경세포의 부수 현상에 불과한 것이기에, 신체의 소멸과 함께 안개처럼 무산되는 것인가?

현대철학에서 가장 중요한 과제는 심신의 관계에 관한 것이다. 이에 관한 논의는 대략 심적인 것은 물리적인 것으로 환원된다는 물리주의 또는 환원주의, 다른 한편으로 심적인 것이나 의식 상태는 물리적인 것으로 환원되지 않는다는 불가환원론으로 갈리고 있다. 현대적 논의의 기반이 되는 이분법은 흔히 르네 데카르트René Descartes에서 기원하는 것으로 알려져 왔다. 그는 정신이란 사유 실체임에 비해 신체는 연장 실체라고 규정하며, 양자가 본질적으로 다른 것이라고 구분했다. 이런 배타적 이분법은 더 오래전에 플라톤의 『파이돈』에서 이루어진 것이다. 소크라테스 또는 플라톤은 『파이돈』에서 신체를 정신의 감옥이며, 철학의 목표는 정신에서 신체적인 것을 정화하는 일, 정신을 신체의 감옥에서 해방시키는 것이라 설파한다. 그리하여 평생 철학적 사유로 정신을 정화했기에 소크라테스가 맞게 될 죽음은 그의 삶의 종식이 아니라 그의 정신이 해방되는 최종 계기가 될 수 있으리라는 것이다. 심지어 철학이란 죽음을 위한 연습이라는 놀라운 주장도 개진하고 있다. 이런 논리의 주 전제는 심신의 배타적 이분법이다.

근대 철학자들의 다수는 플라톤이나 데카르트의 입장을 계승하여, 정신이란 신체와는 전혀 다른 차원의 존재라는 믿음을 고수했다. 20세기 초·중반 현대과학이 발전함에 따라 이런 오랜 믿음에 대해 비판적 입장이 세력을 얻게 된다. 그에 따라 인간의 정신은 두뇌 신경세포의 물리화학적·전자기적 반응에 불과하다는 심신동일론, 정신환원론, 물리주의가 한때 철학계의 주류를 형성했다. 근간에는 이런 분위기가 다시 변화하면서 인간의 의식 상태, 감각질, 현상적 질 등은 뇌세포의 상태로 환원되지 않는다는 지적이 많은 이의 공감을 얻고 있다. 나아가 의식이 만물에 편재해 있다고 보는 범신론까지 주장하는 철학자들도 있다.

머지않아 인간 정신의 능력이나 기능을 능가하는 AI가 등장할 가능성이 매우 높다. 소위 특이점singularity의 시점이 멀지 않다는 것이다. 그런 시기가 도래한다면 과연 인공지능이 인간의 정신을 대체하고 넘어선다고 볼 수 있을 것인가? 그리하여 인간 정신사의 주도권을 AI에 넘겨주어야 하는 것이며, 결국 정신은 기계로 환원되는 것이라고 결론 내릴 수 있을 것인가? 아마도 기능적인 측면에서는 인공지능이 인간 정신을 능가할 가능성이 있고, 이미 현실화되고 있기도 하다. 기억, 계산, 추론, 패턴의 인지, 논지 전개, 심지어 번역과 대화 등 소위 인간에 고유하다고 여겨지던 지적 능력에서 인공지능은 인간을 능가하고 있다. 연전에 '알파고AlphaGo' 등의 AI가 세계 최고의 바둑 고수를 압도한 바 있지만, 현 단계에서는 그보다 더 탁월한 인공지능이 개발되어 있다.

AI 로봇이 인간의 정신보다 훨씬 고도의 기능이나 능력을 발휘한다고 해서 그것이 인간과 같이 정신적인 삶을 영위한다고 볼 수는 없다. 그것이 다양한 감각질의 세계를 전개하여 그것을 생활세계로 하며, 희로애락을 느끼고 고뇌하는 등의 정신적 상태를 갖고 있으리라고 상상할 수 있을까? '알파고'가 세계 최고의 바둑 고수들을 완전히 무력화시키는 능력을 발휘하지만, 그 인간 고수들이 일상의 삶에서 경험하는 다채로운 현상적 감각질들, 이를 바탕으로 하는 다양한 감정과 정서들, 희로애락의 감정, 컴퓨터와의 수 싸움에서의 고뇌, 선택의 어려움, 희열감, 좌절감과 같은 사유의 상태나 정서를 느낀다고 보기는 어렵다. 봄날의 화려한 꽃들, 그들이 뿜어내는 생동감, 가을 설악산의 화려한 단풍들의 색감, 질감 등의 감각질, 그리고 이에 대해 우리가 느끼는 다양한 감정과 정서, 탄성과 감동, 이런 것들을 AI는 원리적으로 느낄 수 없을 것이다. 아무리 고도의 인공지능이라 할지라도 인간이 경험하는 현상적 질의 세계를 전개하리라 보기는 힘들다. 뿐만 아니라 희로애락과 같은 인간의 주관적 의식 상태를 느낀다면, 가령 수의 선택에 관해 고뇌하면서 선택을 망설인다든가 상대방의 공격적인 수에 당혹감을 느낀다든가, 또는 대마를 잡아 희열감을 느끼며 냉정함을 잃는다든가 하면, 그것은 기계로서는 불완전한 것이다. AI는 냉정한 기계, 물리적이고 논리적인 존재여야 하고, 그런 것일 뿐이다. 인공지능은 정교한 알고리즘으로 순식간에 계산하고 결정을 내려 그에 따라 기계적으로 작동하는 컴퓨터일 뿐이다.

오감으로 느끼는 감각적 질, 그리고 이를 기반으로 하는 감정과 정서 등의 의식 상태는 인간 삶의 세계를 구성하는 실질적이고 구체적인 요소들이다. 이런 심적 상태나 성질들은 인간이 정신적 존재이기에 생겨나는 것이며, 이들을 기반으로 해서 인간 고유의 삶, 그리고 인간의 역사가 전개되는 것이다. 감각질의 세계나 의식 상태가 슈퍼 컴퓨터와 고도의 알고리즘에 의해 재현되지 않는다면, 인공지능이 인간의 정신을 대체한다고, 즉 인간의 정신이 물리적인 것으로 환원될 수 있다고 결론 내리기는 어려울 것이다. 최고 수준의 슈퍼 컴퓨터를 속속들이 분해해 봐야 나오는 것은 고도로 정밀한 기계와 이를 운용하는 알고리즘뿐이다. 이들 속 어디에서도 인간 정신의 지평, 의식 상태, 심적 속성 등은 찾을 수 없다. 바로 이런 이유에서 의식 상태, 심적 상태, 인간의 정신은 불가환원적이다. 즉 기계나 알고리즘으로 분해되지 않는다.

우리는 플라톤의 『파이돈』에서 불가환원론의 원형을 접하게 된다. 2500년이 지난 지금에도 우리는 플라톤과 소크라테스의 철학, 아니 수많은 철학자, 종교가, 사상가의 정신과 사상에 관해 논의하고 있다. 이들이 제시한 개념들, 가치들, 삶의 원리와 이를 위한 사고법 및 행동의 방식 등은 우리 삶의 구체적인 환경과 삶의 세계를 구성하고 있다. 이런 사실들은 그들의 정신이 시간의 휘발성을 극복하고 보편의 지평에서 살아남을 수 있음을 보여주는 것은 아닐까? 인간의 정신은 신체 혹은 물리적인 것의 부수 현상이거나 종속적인 것이 아니라, 그보다 더 오래 지속하며 더 가치 있는 것, 그 이상의 것임을 증명하는 것이 아닐까? 인간의 정신이나 영혼이 영생하는지에 관해서는 확언할 수 없으나, 그런 것들의 가치에 대한 믿음에 인간 삶의 고유성과 특별함이 있는 것은 확실하다.

플라톤 대화록을 한두 권이라도 번역해야 한다는 의무감을 갖고 있었다. 저자의 학문적 출발점은 플라톤 철학이었으며, 처음 접한 그의 저서가 『파이돈』이었다. 이런 배경에서 오래전에 번역을 시작했으나 저자의 근면함이 부족하기도 하거니와 다른 연구 과제도 있어 중단했다. 그 사이 몇 본의 원전 번역이 출간되기도 하여 구태여 또 하나의 번역본을 내어야 할 필요를 느끼지도 않았다. 그동안 본인의 오랜 철학적 관심사는 언어와 사유의 관계였고, 언어철학적인 연구를 지속하면서 인간의 자연언어와 인식, 존재, 정치성의 관계를 다룬 두어 권의 저서를 발간했다. 이런 과정에서 철학함의 매체에 대한 철학적 반성이, 즉 언어철학적이면서 지성사적인 고려가 고전어 번역에도 적용되어야 하지 않는가 하는 생각에 상도하게 되었다.

특정의 자연언어는 그를 사용하는 이들의 사유 방식에 영향을 주고, 철학을 포함한 모든 문화적 활동은 그 주체들이 속한 시대의 문화적 조건의 영향을 받는다. 문화의 가장 기초적인 조건은 자연언어이다. 흔히 언어를 정신의 도구이자 정신이 사유한 바를 표현·전달하는 매체로만 좁게 이해해왔다. 언어는 정신의 필요에 의해 고안된 도구라는 것이다. 언어에 대한 그런 믿음은 재고되어야 한다. 정신이 언어에 선행하는 것이 아니라, 그 반대로 언어적 활동이 선행하고 이런 활동의 결과로 인간의 정신적이고 이성적인 능력이 형성되는 것일 수 있다. 그런 정도는 아니어도 자연언어는 그를 사용하는 언어권의 문화에 지대하면서도 기초적인 영향력을 행사한다.

20세기 이후 서양 사상에서의 언어적 전회는 정신보다는 언어에 관심을 갖게 한다. 철학, 언어학, 심리학 그리고 지성사 연구 등 다방면에서 여러 사상가가 이런 방향의 전회를 촉구한다. 언어는 사유 방식과 밀접한 관계에 있다는 것이다. 루트비히 비트겐슈타인Ludwig J. J. Wittgenstein

이나 도널드 데이비슨Donald H. Davidson, 페르디낭 드 소쉬르Ferdinand de Saussure나 벤저민 워프Benjamin L. Whorf, 레프 비고츠키Lev S. Vygotsky나 제롬 브루너Jerome S. Brunner, 나아가 클로드 레비스트로스Claude Lévi-Strauss나 클리퍼드 기어츠Clifford Geertz 등 다양한 분야의 사상가들이 언어는 정신의 도구이면서도 정신의 사유 틀 형성에 기초적인 영향을 미친다는 이론들을 제안한다.

좀 더 구체적으로, 문헌학적이고 지성사적인 연구는 고대 문화권의 언어가 서구 고대철학의 사유법에 영향을 주었다는 구체적인 증거들을 제시하면서 그런 언어적 전회를 측면 지원하는 것으로 보인다. 브루노 스넬Bruno Snell, 찰스 칸Charles H. Kahn 등의 그리스어 정관사나 그리스어 be동사인 'einai'에 대한 문헌학적 연구, 그리고 지성사적 관점에서 월터 옹Walter J. Ong, 앨버트 로드Albert B. Lord 또는 에릭 해블록Eric A. Havelock의 구술 문화에 대한 저술 등이 대표적이다. 이런 연구들은 그리스어의 주요 특징들이나 당시 담론 문화의 성격이 철학자들의 사고법에 영향을 끼쳤음을, 다시 말해 언어는 그를 사용하는 문화권의 사고법에 기초적인 영향력을 행사할 수 있음을 보여주고 있다. 인간의 정신이 문화적 환경, 특히 소통 매체의 영향을 받는다면 인간의 사유 틀이란 보편적인 것이 아니라 문화 의존적인 것이라 할 수 있다.

근간에는 플라톤 대화록이 지니고 있는 여러 구술적 성격을 다룬 연구들이 출간되고 있다. 이는 아마도 고대사회 담론 문화의 성격이나 사용 매체에 대한 연구의 영향일 것이다. 플라톤이 활동했던 시대는 문자 문화시대라기보다는 구술 시대 또는 준구술 시대라 할 수 있다. 그렇다면 그의 저술들은 근현대의 저술과는 성격이 상당히 다를 것이며, 따라서 그가 생각하는 사고함의 모델이나 철학함의 모습은 전혀 새로운 관점에서 이해되어야 할 것이다.

이상의 언어철학적 고려, 지성사적 연구, 플라톤 당시의 담론 문화에 대한 새로운 시각을 반영하여 플라톤의 대화록을 번역하는 것이 의미 있고 필요하다는 판단이었다. 이런 고려에서 오래 미루어두었던 『파이돈』 번역을 완료하게 되었다.

한국은 번역 대국이라 할 정도로 다양한 분야에서 수많은 책이 번역되고 있다. 번역 활동은 시공적으로 거리가 있는, 전혀 다른 두 언어로 전개된 두 문화 간에 가교를 놓는 작업이다. 고전 번역을 통해 우리는 우리와 전혀 다른 삶을 살았던 고대인의 정신세계와 문화를 이해하여, 자신의 생활세계를 확대·심화할 수 있게 된다. 번역은 우리의 정신이 시간과 공간의 차이를 넘어서게 한다. 이런 작업과 언어 매체에 대한 철학적 반성, 그리고 언어와 사고의 관계, 고대어를 다른 문화권의 현대어로 옮기는 경우의 문제점 등에 대한 반성적 사유가 필요한 때이다.

번역을 통해 타국과 먼 시대의 문화를 이해하며 우리의 정신을 확장함에 있어서, 흔히 번역된 언어에 담겨오는 철학, 문학, 역사 등의 문화적 내용과 같이 구체적이고 개별적인 내용에만 주목한다. 자연언어는 단지 이런 문화적 내용을 담는 그릇이나 매체에 불과하다고, 정신의 종복이라고 평가절하하곤 한다. 이런 태도는 자연언어 그 자체가 문화적 내용, 그것도 가장 기초적이고 포괄적인 문화적 내용을 담고 있다는 사실을 간과한 결과이다. 철학이나 문학 등 제반 문화 활동들의 기반이자 필수 전제조건은 바로 그 문화권의 자연언어인데, 이 자연언어는 신이 창조하여 인간에게 선사한 것도, 인간이 태어나기 이전부터 정신에 심어진 것도 아니다. 그것은 그를 사용하는 언어 주체들이 공동체적 삶을 시작함과 동시에 인간, 사회, 그리고 이를 둘러싼 세계를 서로가 이해할 수 있는 방식으로 표현·전달하기 위해 노력한 결과로 형성된 소통의 매체이다. 그것은 고유한 시간과 공간을 사는 특정 공동체 구성원들이 아마도 가장 오랫동안, 그리고 모두가 참여하여 이루어낸 가장 포괄적이고 기반적인 문화 활동의 성과이다. 언어 형성을 위한 정신적 활동은 너무나 기초적이고 편재적이기에, 마치 물고기가 수압에 대해, 우리 신체가 기압에 대해 그러하듯이, 우리는 그것의 영향력을 간과한다. 자연언어는 인간의 정신이 숨 쉬는 공기이기에, 나름의 압력을 가하고 있다. 자연언어는 그 자체가 특수적이고 개별적인 문화 활동을 가능하게 하는 기반적인 좌표대이다. 따라서 거기에는 그를 사용하는 언어 주체들의 사고방식, 세계관, 인간관, 사회관, 관점 등이 내장되어, 이를 통해 이루어지는 이차적 문화 활동 전체의 기본 틀이나 범주로 기능하며 정신 전체의 분위기나 기상도, 사유 방향에 영향을 미친다.

자연언어는 고유의 특색을 지니고 있는 만큼 번역의 과정에서 고대 그리스어의 특색을 현대 한국어에 반영하는 것은, 즉 그리스어적 사고방식을 한국어 번역을 통해 드러내는 것은 원리적으로 어렵다. 이에 대한 대안으로 언어철학적이고 지성사적인 고려를 반영하여 일종의 번역론을, 또는 당시의 담론 문화와 그리스어 특징들이 고전기 철학적 사유에 끼친 영향에 대한 해제를 개진하기로 했다. 본 해제와 번역이 독자들이 정신과 죽음의 본성에 대한 소크라테스 또는 플라톤의 철학, 그리고 『파이돈』에 담긴 철학과 사고법, 나아가 서구적 사고법을 새로운 시각에서 이해하는 데에 도움이 되었으면 한다.

마지막으로 어려운 상황에서도 본서의 출판을 흔쾌히 맡아주고, 면밀한 교정은 물론 책의 편집과 제목 선정 등에서 다양한 도움을 준 이화여자대학교출판문화원에 진심으로 감사의 마음을 전한다.

2019년 7월

이매촌에서 남경희

차례

Platōn's Phaedōn

1부

고전 번역론:
철학의 매체에 대한 철학적 반성

Platōn's Phaedōn

1장

언어와 사유의 관계

2500년 전 고대 그리스의 담론적 환경이나 문화적 상황은 현대와는 판이하게 다르다. 이런 차이에 대한 이해 없이 플라톤Platōn의 대화록을 근현대의 철학 저술과 같이 간주하고서 읽는 것은 그 저서의 저술 의도 자체를 왜곡하거나 오해하게 한다. 본 번역의 가장 중요한 특징은 철학의 매체, 즉 언어에 대한 철학적 반성을 배경으로 이루어졌다는 점이다. 즉 고대 아테네의 담론 문화가 철학적 사유에 끼친 영향, 그리고 고대 그리스어의 언어적 특징들이 철학적 사유에 대해 갖는 의미를 논의하고, 이를 고려하여 『파이돈*Phaedōn*』을 번역하고자 했다는 점이다.[1]

1 본서의 번역은 '철학적 번역'이라 할 수 있는데, 이런 번역의 좋은 전례는 *The Analects of Confucius: A Philosophical Translation* (Ames & Rosemont, 1998)이다. 이 두 저자가 지적한 한문과 영어의 차이만큼이나 크고 중요한 차이가 그리스어와 한글 사이에 존재한다. 그리스어에는 플라톤 철학이, 더 일반적으로 서양철학의 기본적인 사유 틀이 자라나기 위한 터전이 자리 잡고 있다. 본서의 번역론은 이들의 저서보다 더 지성사적이고 언어철학적인 입장을 취한다. 나아가 그리스어의 구체적 특성과 사고방식의 관계를 논한다.

번역이란 한 언어에 담긴 사상이나 의미 내용을 다른 언어로 옮기는 작업이다. 통상적으로 많은 이들이 사유 내용이란 특정 자연언어의 특색과 무관하다고 간주한다. 이런 믿음은 시정되어야 한다. 자연언어에는 그를 사용하는 언어공동체의 인생관, 세계관, 인간관이 담겨 있어, 그것에 담기는 사유 내용의 형성에 구조적이고 기저적인 영향력을 발휘한다. 자연언어는 철학과 사상 등의 정신적 내용을 담는 그릇이기 이전에 그 자체가 그 언어를 사용하는 언어권이 공유하는 사상이고 철학이다.

언어에 대한 전통적인 믿음은 언어란 정신의 도구, 정신적 내용을 외적으로 표현하고 타인에게 전달하는 표현 도구 또는 전달 매체라는 것이었다. 언어는 정신의 종복이었다. 20세기 들어 이루어지는 '언어적 전회linguistic turn'는 언어와 정신의 관계에 대한 믿음에 혁명적 수정을 요구하는 것으로 보인다. 철학, 언어학, 심리학, 인류학 등 다양한 분야에서 여러 이론가들은 언어가 인간의 정신이나 사고법의 형성에 주축적인 영향력을 발휘한다는 입장을, 나아가 언어가 정신의 주재자일 수 있다는 입장을 지지하는 것으로 이해된다.

고대 그리스어의 특징들과 그 당시의 담론 문화는 플라톤의 철학 이론, 주요 철학적 개념들, 철학함에 대한 그의 생각 등에 기초적인 영향력을 발휘했다. 1부에서는 지성사적이고 언어철학적인 해제를 통해 그런 영향 관계를 살펴보고자 한다. 이 해제의 두 주요 부분은 플라톤 시대 담론 문화의 구술적 성격, 그리스어의 특징이 철학적 사고법에 끼친 영향에 대한 논의이다. 그 당시의 담론 문화와 그리스어의 특징들에 대한 논의가 『파이돈』의 여러 주제에 대한 올바른 이해에 기여하기를 기대한다.

1. 번역 작업의 의미

고전 번역은 놀라운 작업이다. 우리는 번역 덕분에 다른 문화나 시대, 저 멀리 고대 그리스인의 내면 정신세계 속으로 들어가볼 수 있다. 번역의 행위는 논쟁적인 가정을 전제하고서 이루어지는 작업이다. 번역이란 마법과 같다. 사전과 문법책 한 권을 마치 비의적 주문처럼 사용하여 우리는 타인의 내면세계로 가는 문을 열 수 있다. 번역을 통해서 현대인이 고대인의 내면세계를 이해할 수 있다는 사실이 놀라운 만큼, 우리는 번역이 전제하는 믿음이 과연 타당한가를 검토해야 한다.

번역을 통해 다른 언어권의 정신세계로 들어갈 수 있다는 것도 신비하지만, 더 근본적으로 동일 언어권에서 두 다른 사람이 소통하고 이해할 수 있다는 것 역시 특별한 현상이다. 동일한 언어권에 살더라도 두 사람은 전혀 다른 삶의 역정을 거치고, 그리하여 전혀 다른 내면세계를 지니고 있다. 이런 두 사람이 대화하며 서로의 생각과 정서를 공감·공유하고 우정과 사랑을 나눌 수 있다는 것은 일상적이기는 하나, 이는 자연계에서는 일어날 수 없는, 그러므로 초자연적인 현상이다. 물론 이와는 반대로 소통의 과정에서 이해보다는 오해를 하며 서로에 대해 이질감이나 적대감을 느끼고, 갈등하고, 심지어 전쟁에 돌입하기도 한다. 오해란 이해하려 하기에 일어나는 부작용이다. 이해와 오해, 이 상반되는 두 현상 모두가 언어로 소통하려 하기에 일어날 수 있는 일인데, 대체 언어는 어떻게 하여 우리로 하여금 타자의 마음속으로 들어갈 수 있게 하는 것인가? 언어는 대체 어떤 마술을 부리기에 전혀 다른 사람들의 보이지 않는 내면세계를 이해·공감할 수 있게 하는 것인가?

공유하는 언어가 없다면 우리는 두 개의 바위와 같이 서로에 대해 완전한 타자에 머물 뿐이다. 두 개의 바위는 가까이 있을지언정 이해도 오해도 없는 상호 무관한 타자들이다. 서로가 공유할 수 있는 것이라고는 공동의 공간, 장소, 햇빛과 대기 정도일 것이다. 우리 마음속에 있는 것을 외부에서 보고 들을 수 있는 방식으로 표현하고 전달하여 서로를 이해할 수 있는 것은 언어가 있기 때문이다. 우리는 언어를 통해 정신을 공유할 수 있다.

언어를 통한 의사소통은 어떻게 이루어지는가? 내가 '어머니'라는 한국어 어휘를 사용하여 어떤 문장을 만들어 발화했다고 해보자. 나는 그 어휘를 사용하면서 가족 구성원 중 한 사람을 호칭하는 것 이상으로 어떤 의미, 정서, 생각, 자세, 행동의 방식 등을 담아 어머니에 관한 문장을 발화한다. 담론적 상황에서 발화되거나 쓰이는 문장은 깊이 있고 다의적인 의미층을 지니고 있다. 시와 같은 언어 예술은 이런 의미층에 터잡고 자라난다. 학술적인 경우를 제외하고 우리의 일상적 문장들은 항상 중층의 의미 구조를 그 심층에 내장하고 있다. 그런 고로 화자의 의사전달이 성공적이기 위해서는 '어머니'라는 기표의 일차적 의미만이 아니라 발화자가 그 기표 '어머니'에 담거나 연루시킨 생각, 느낌, 태도, 문맥 등을 청자가 파악해야 한다.

화자가 어휘(기표) '어머니'에 부여한 의미 내용(a)이, 청자가 어휘(기표) '어머니'를 듣고 파악한 의미 내용(b)과 같을 때 그 의사소통을 성공한 것으로 본다. 그렇다면 이 등식이 과연 성립할 수 있을까? 대체 a와 b의 동일성을 어떻게 확인할 수 있을 것인가? 우리는 언어 학습을 통해 공통 매체인 '어머니'라는 어휘를 일정 방식으로 사용토록 훈련·연습해 왔으며, 어휘나 기표의 사용은 그런 훈련의 효용성을 전제로 한다. 우리는 그 어휘의 수많은 사용례를 접하고, 그 어휘의 일정한 사용 방식에 대한 합의를 전제로 하여 어휘나 기표를 사용하는 것이다. 동일 언어권에서는 언어 사용자들이 어휘의 사용법과 관련된 기억들을 어느 정도 공유하고 있다는 암묵적인 합의가 이루어져 있다. 한국인은 '어머니'라는 어휘를 대체로 유사한 방식으로 사용할 것이 기대된다. 이런 합의가 정당하고 유효하기에 하나의 언어공동체가 성립하는 것이다. 하나의 언어공동체는 대체로 같은 시간과 같은 공간을 살아왔으며, 삶의 방식도 어느 정도는 공유하고 있다. 하지만 모국어와 달리 외국어의 경우는 그런 합의가 전제되어 있지 않다.

동일 언어권 내에서의 의사소통은 우리의 기억력에 내장되어 있는 사용례들의 데이터베이스에 의존하나, 번역을 통한 의사소통과 이해는 사전과 문법책에 의존한다. 플라톤과 현대 한국인은 전혀 다른 시간과 공간을 살았고, 또 살고 있기에 전혀 다른 삶의 기억을 각자 지니고 있다. 고대 중국의 공자와 현대 한국인 역시 마찬가지이다. 우리와 공자는 전혀 다른 언어공동체에 속하며, 완전히 이질적인 담론 문맥에서 살아가고 있다. 이처럼 플라톤과 다른 언어를 사용하고 서로 다른 시공간을 살더라도 우리는 번역을 통해 플라톤의 정신세계를, 2500년 전 전혀 다른 문화권 내에서 살던 철학자의 내면을 들여다볼 수 있고 이해할 수 있다고 믿는다. 이런 믿음이 타당하다면 번역의 행위는 놀랍고 위대한 작업일 것이다. 그러나 과연 고대 그리스어를 한국어로 정확히 변환할 수 있는 것인가?

2. 기존 번역의 전제 비판

동서 고전 번역의 상당히 많은 사례가 대상 언어의 특징들이나 당시의 문화적 상황을 고려하지 않고 단지 사전적 의미와 문법을 바탕으로 하여 이루어진 것들이다. 통상의 번역이 성공적이기 위해서는 다음의 전제들이 성립해야 하는데, 이들은 중요한 문제점들을 안고 있다. 이 전제들은 앞서 언급한 전통적인 언어관에 기초한 것들이다.

의미동일론 비판

우리는 서로 다른 언어권의 어휘들이 그 청각적 또는 시각적 모습은 달라도 의미는 동일할 수 있다고 믿는다. 가령 '어머니', 'mother', 'μητερ(mēter)'는 각각 한국어, 영어, 그리스어 어휘로서 외적(기표적)인 모습은 다르지만 의미 내용은 '한 가족의 2세를 낳거나 양자로 삼아 양육하는 여인'으로 서로 같다. 즉 기표는 물리적 존재이니만큼 발성 구조나 시공적 환경의 영향을 받으나, 그 배면의 의미는 정신적 내용이기에 그런 차이를 넘어설 수 있다는 것이다. 이런 가정이 정당화될 수 있는가? 기표가 다르면 그에 담긴 정신적 내용도 다른 것은 아닐까? 과연 '어머니'와 'mother', '사랑'과 'love'가 같은 내용을 담고 있다(이를 '의미동일론'이라고 하자)고 할 수 있을까?

'어머니'에 대한 한국인의 정서와 'mēter'에 대한 고대 그리스인의 정서나 태도는 시간과 거리의 차이만큼 다를 수 있다. 고대 그리스에서는 '효도'라는 덕목이 중요하지 않았으며, 고대 그리스의 'mēter'가 한국의 '어머니'처럼 자식에게 희생적이었는지는 불확실하다. 영어 표현에서 'I love a scoop of vanilla ice cream'이라는 문장은 자연스럽지만, 한국어로 '나는 바닐라 아이스크림을 사랑해'라고 한다면 정서 과잉이라 할 것이다. 영어에서는 아이스크림이 'love'의 대상이 될 수 있지만, 한국적 사고에서는 먹는 것은 '사랑'이라는 정서의 대상으로 적합하지 않다. 영어의 'love'라는 어휘의 사용 범위는 한국어의 '사랑'보다 훨씬 넓고, 의미 내용도 다양하다.

한국인은 배고플 때 '배가 고프다'라고 표현한다. 이에 상응하는 영어 문장은 'I am hungry'이다. 그리스어에서는 배가 고플 때 'πειναω(peinaō)'라는 1인칭 어미를 지닌 동사로 표현한다. 한국인은 배고픔을 신체기관의 하나인 배가 느끼는 어떤 신체적 생리 현상으로, 영어권의 사람들은 자기 자신의 상태로, 즉 형용사로 기술할 수 있는 상태로 파악한다. 한편 그리스어에서는 동사와 인칭 주어를 사용하는데, 이는 그리스인들은 배고픔을 사람이 하는 어떤 동사적 상황으로 인식함을 시사한다. '고통을 받다'로 기술되는 사태 역시 그리스어에서는 'λυπεω(lupeō)'라는 1인칭 동사로 표현한다. 고통이라는 현상은 사람이 겪는 상태라기보다는 그가 하는 일종의 동작이나 행태라는 사고방식이다.

'비가 온다'와 'It rains'는 같은 의미 내용을 지니고 있을까? 한국어에서는 비가 주어적인 존재, 동사로 기술될 수 있는 활동을 하는 존재, 어떤 행위를 수행하는 주체가 될 수 있다. 말하자면 의인화되었다. 그래서 심지어 '비가 오신다'라고 존칭의 대상으로 삼기도 한다. 이에 비해 영어에서는 비오는 것이 자연의 현상으로 간주된다. '비'를 주어적인 존재가 될 수 없다고 보는 것이다.

사유선재론 또는 언어도구론 비판

우리는 언어가 그것을 사용하는 주인인 정신의 수단에 불과하다고 믿는다. 우리가 돌을 깨기 위해 망치나 도끼 등 다양한 도구를 사용할 수 있듯이, 인간 정신은 동일한 사유 내용을 표현하기 위해 다양한 언어를 사용할 수 있다고 믿는다. 도구란 그를 통해 실현하려는 목적에 전혀 영향을 주지 않는다. 망치나 도끼, 어떤 도구를 사용하느냐는 돌을 깬다는 목표 수행에 본질적인 영향을 끼치지 않는다. 언어 역시 도구이기에, 그를 통해 표현·전달하는 사유 내용은 언어의 영향을 전혀 받지 않는다고 믿어진다.

동서고금의 사람들이 사용하는 언어는 서로 다르지만, 그를 도구로 사용하는 주체인 정신이나 사고의 구조, 논리, 방식 등은 대체로 비슷하다는 것이 통념이다. 사유의 내용은 물론 다를 수 있지만 인간 정신의 사유 틀, 사유법, 사유의 구조는 지역과 시대라는 시공적 차이를 넘어서 보편적이리라는 것이다. 인간의 정신은 신체와는 달리 시간과 공간을 초월한다. 인간 밖의 외부 세계는 하나의 일정한 모습을 지니고 있으며, 우리는 세계에 관해 수학, 논리학, 물리학 등의 보편적인 지식을 취득하여 공유할 수 있다. 이를 가능하게 하는 것이 인간 정신이 지닌 보편적인 인식의 틀이라는 것이다. 전통적으로 인간 정신에는 신적·초월적·선험적인 틀이나 범주가 있다고 믿어져 왔으며, 르네 데카르트René Descartes, 이마누엘 칸트Immanuel Kant, 노엄 촘스키Noam Chomsky 등은 이런 믿음을 생늑적 관념, 선험적 범주, 보편 문법 등으로 개념화한 바 있다. 이들의 영향으로 과거와 현재, 동과 서의 시간적·공간적 차이를 넘어서 인간 정신의 기본적 구조, 논리, 방식은 같다는 믿음이 널리 확산되어 있다.

인간의 정신이 신적·초월적·선험적인 것이라면, 그래서 시공초월적이고, 구체적인 문화로부터 독립적이라 한다면 인간은 무인도에서 홀로 살더라도 정신적인 존재일 수 있어야 한다. 유아적 단계에서도 정신의 씨앗을 지니고 있어, 그것은 사회적 관계 없이도 시간의 흐름에 따라 뿌리를 내리고 줄기를 세워 성숙한 정신으로 개화할 수 있다고 해야 할 것이다. 이런 견해는 일종의 정신창조론, 즉 인간의 정신이 신에 의해 창조되었다는 입장이다. 그러나 인간 종이 자연 진화의 결과라 한다면, 인간 정신도 자연적·문화적 진화의 과정에서 점진적으로 형성되었다고 보는 것이 합리적이고 일관된 입장이다. 정신이 등장하고 진화하는 과정에서 결정적 요인은 신경생리학적 기반에 더하여 다른 인간과의 사회적 관계이며, 사회적 관계에서 핵심은 언어이다. 인간의 정신은 다른 인간과의 사회적 관계에서 자라나는 것인데, 그 사회적 관계의 기초이자 가능 근거는 언어일 것이다. 인간이 유아 시절부터 무인도에서 자라난다고 한다면, 그는 정신적 능력을 갖지 못할 것이라는 것이 설득력 있는 추정이다. 유아는 언어를 학습하면서 사유 능력의 틀을 갖추어가고, 타인과 소통하는 등의 언어적 활동을 하면서 점차 정신적인 존재가 되어가며, 언어의 도움으로 정신적 사유 내용은 일의적 규정성과 사회적 객관성을 지니게 된다.

사유의 무정형성과 언어의 일의적·객관적 규정성

고대 그리스어는 현대 한국어와 상당히 다르다. 두 언어는 2000년 이상의 시간적 간격과 동·서라는 지역적 차이를, 그리고 현격하게 다른 문화적 배경을 지니고 있다. 두 언어는 전혀 다른 종류의 언어기호를 사용하고 다른 문법 체계에 의존해 문장을 만든다. 그럼에도 언어기호는 사유를 담는 그릇에 불과하며, 서로 다른 문법 체계와 구문들의 배후에는 정신의 선험적 사고 틀이나 보편적인 논리가 전제되어 있다고 가정해보자. 즉 고대 그리스인과 현대 한국인은 서로 다른 언어기호를 사용하고 있지만 선험적인 사유 범주나 사유 틀 또는 논리를 공유하고 있으며, 그런 점에서 동일한 지평을 공유하는 정신적 존재라고 상정해보자. 가령 우리가 유클리드 기하학을 전제로 하여 피타고라스 정리를 증명하는 동안은 고대 그리스인들과 동일한 정신적 내용을 지니고 있어야 할 것이다. 이는 다음의 문제를 야기한다.

첫째, 그런 공유론이 맞다면, 어떤 종류의 사유 내용은 언어의 도움이 없이도 고정적이고 일의적인 모습을 지닐 수 있어야 할 것이다. 가령 수학, 논리적인 내용, 또는 보편적인 것으로 여겨지는 지식의 내용과 같은 것이 그 후보일 수 있다. 하지만 과연 그런 것이 가능할까? 사유 내용이 언어화되기 이전에도 자신의 일정한 모습을 지닐 수 있을까? 언어의 옷을 입기 전의 사유 내용은 일종의 질료나 흐름과 같이 형태가 없는 무정형적인 것일 것이다. 언어의 도움을 받아야 사고 내용은 일의적이고 고정적인 모습을 지닌 개념으로 결정화될 수 있다. 그런 다음에야 이들 개념들은 상호 결합하여 문장을 만들어내며, 구문의 매개에 의해 사고 내용들이 조직화되고 체계화될 수 있다. 언어의 틀이 없이는 사유 내용 스스로 개념화·구조화·조직화·체계화될 수 없다. 자연언어의 도움 없이 사고 내용 자체가 스스로 개념화되고 체계화되어 있다고 가정하는 것은 또 하나의 언어, 즉 사유의 언어를 상정하는 것인데, 이는 두 종류의 언어의 관계에 관한 새로운 문제를 야기한다.

둘째, 설혹 사유 내용 그 자체가 일정한 모습을 구비하고 있다고 양보하더라도, 그 모습은 철저히 주관적이고 내적인 것일 것이다. 그런 주관적인 것은 자체로서는 공적인 모습이나 의미를 지니지 못해, 사회적 통용성을 발휘하지 못한다. 사유가 통용성을 지니기 위해서는 언어화되어야 한다. 언어는 한 사회 구성원들 모두가 합의한 교환과 소통의 매체, 일종의 통화와 같은 것이기 때문이다. 사유는 언어의 승인을 받아야 타인들과의 소통의 장에서 표현·교환·전달될 수 있으며, 그러기 위해서는 언어의 규칙과 규제를 수용해야 한다. 언어의 규칙이 필수적인 이유는, 사유는 생각하는 자 홀로 하는 것이지만, 언어기호는 언어공동체의 구성원들이 함께 사용하는 공적이고 객관적인 것이기 때문이다.

셋째, 언어와 무관하게 일정한 모습의 사유 내용이라는 것이 있을 수 있다면, 서로 다른 두 사유 내용은 그 자체로서는 상호 무관한 것일 것이다. 사유 내용들은 질적質的이다. 이에 반해 언어는 본질적으로 차이의 체계이며, 일종의 관계망이다(de Saussure, 1966). 그 어떤 언어 요소도 홀로 의미를 지니거나 기능하지 않는다. 언어의 이런 구조 때문에 사고 내용은 언어화됨으로써만이 다른 개념들, 다른 사유 내용들과 관계를 맺을 수 있게 되며, 그렇게 되면서 그 내용이 정체성을 갖추게 된다. 어떤 사고 내용을 언어화·개념화한다는 것은 단지 그를 위한 새로운 어휘를 고안하는 것에 그치지 않는다. 사고 내용을 개념화함으로써 우리는 그를 기존의 언어 좌표대 위에 위치시키며, 그 좌표대 위의 다른 개념과 관계 짓고, 문장의 일부로 하며, 다른 문장들과 관계 맺게 한다.

어떤 사고 내용을 개념화하고 새 어휘를 고안하는 일은 그런 관계 가능성을 염두에 두고서 이루어진다. 언어의 도움 없이는 타자와의 관계에 진입할 수 없다. 사고 내용의 한 단위가 다른 단위와 관계를 맺을 수 있으려면 언어의 도움을 받거나 언어의 관계망 위에 올라서야 한다. 그러므로 언어 이전에 존재하는 '사유 내용들'은 언어의 옷을 입고 있는 사유 내용들과는 전혀 다른 것이리라. 그것들은 우리의 사유와는 무관한, 불필요한 존재들이다.

세계동일론 비판

번역이란 무엇인가? 한 언어에서 다른 언어로 의미를 전달하는 것이다. 이런 이전이 유효하기 위해서는 기표 배면에 있는 기의 또는 의미의 동일성을 가정해야 한다. 의미동일론의 문제점은 앞서 지적한 바 있다. 의미동일론은 더 근본적이고 어쩌면 당연한 것으로 여겨지는 신념에 기대고 있다. 그것은 우리 밖 세계의 모습이 고정적이고 동일하다는 믿음이다. 한국인이 사는 세계와 미국인이 사는 세계가 동일하다는 믿음은 일견 자연스러운 듯하다. 전통적 언어관에 따르면, 언어는 세계 내의 대상을 지칭하여 명명함으로써 자신의 정체성이나 의미를 확보한다. 우리는 우리 밖 외계 내의 대상이나 사태가 일정하며 객관적인 그 자신의 모습을 지니고 있다고, 그것들은 우리가 사용하는 언어(더 정확히는 기표)와 아무 상관이 없다고 믿는다. 우리가 한국인이면 한국어의 기표를 사용하고, 미국인이면 영어의 기표를 사용하여 우리 모두가 공유하는 외계의 대상들을 명명하고 사실들을 기술할 뿐이라는 것이다. 우리가 어떤 어휘나 기표를 사용할지는 상황적이고 우연적이다. 그리고 우리는 언어란 단지 우리가 접촉하고 인식한 사태를 간주관적으로, 사회적으로, 언어공동체가 인지할 수 있는 방식으로 표현하고 전달하기 위한 표현이나 전달 매체에 불과하다고 생각한다.

우리의 감정이나 정서를 표현하는 문장의 경우에도 비슷한 입장을 견지한다. 상황에 따라 일정한 모습의 감정이나 정서들이 우리 내면에서 일어나 내면의 풍경을 구성하는데, 이들은 우리가 사용하는 언어와는 전혀 상관없이 생기하고 사라지는 것이다. 우리가 언어를 사용하여 이들을 표현하는 것은 이를 타인에게 전달하기 위해서인데, 한국인이나 미국인은 각자에 익숙한 언어적 도구를 사용할 뿐이다. 이 경우 역시 어떤 언어(기표)를 사용하느냐는 우리의 내면 감정이나 정서의 풍경화가 지니는 모습에는 아무 영향을 끼치지 않는다는 것이 통념이다.

이런 믿음은 자연스러운 듯하지만, 잠시만 생각해보면 매우 기이한 것이다. 언어를 배우기 이전에도 우리 내면의 풍경화와 같은 것이 전개될 수 있고, 우리가 심적 술어를 고안하는 것은 단지 이를 타인에게 표현·전달하기 위해서라고 상정해보자. 그러면 언어를 배우지 않은 유아들도 다양한 감정이나 정서 등의 심적 상태를 품을 수 있어야 할 것이다. 그 경우 문제는 유아들의 심적 상태와 그들이 배우게 될 다양한 심적 술어들의 의미 혹은 공적 사용 기준 간의 관계를 해명하기가 쉽지 않다는 것이다. 양자는 사실상 아무 상관이 없는 것이 되고 만다. 전자는 주관적인 것이고, 후자는 객관적이고 공적인 것이기 때문이다.

감정과 감정을 표현하는 어휘의 존재 순서는 뒤바뀌어야 할 것이다. 다시 말해 어떤 감정 상태가 생기고 이를 표현하기 위해 감정 어휘들이 고안되는 것이기보다는, 감정 어휘들을 배우면서 감정 상태가 형성되는 것일 수 있다. 언어를 배우기 이전부터 아동이 희로애락의 감정을 품을 수 있을까? 희로애락의 심적 상태는 감정 어휘의 학습과 상관없이 품을 수 있는 감정들이며, '기쁘다', '화나다', '슬프다' 등의 감정 어휘는 단지 이들 내면의 감정을 타인에게 표현·전달하기 위한 수단적 매체에 불과한 것일까? 오히려 아동이 자신이 속한 공동체에서 다양한 감정 어휘들을 배우면서 그의 내면에 '슬프다', '기쁘다' 등의 어휘로 기술할 수 있는 감정들이 형성되고 자리 잡게 되는 것일 수 있다.

우리는 감정 어휘들을 기존의 언어공동체로부터 학습한다는 점을 유념할 필요가 있다. 달리 이들 어휘를 습득할 수 있는 방법은 없다. 그런데 학습은 어떻게 이루어지는가? 감정 어휘의 학습은 어떤 객관적·공적 사용 기준을 매개로 하거나, 또는 그 어휘의 사용례들을 접하고서 이루어지는 것이다. 고로 아동이 자신의 내면적 상태를 표현하기 위해 감정 어휘를 사용하는 경우, 그 술어의 의미나 사용 근거가 되는 것은 자신의 내면 상태의 모습이 아니다. 그것은 그 술어의 공적 사용 기준이나 사용례들에 대한 기억이다. 타인이 아동의 심적 문장을 이해하는 준거 역시 그 공적인 것이다. 우리는 아동이 사용한 어휘들의 공적 사용 기준이나 사용례들에 대한 공유된 기억을 조회하여 그 아동의 심적 상태를 추정하는 것이다. 그 아동의 마음 상태를 직접 들여다보는 것은 원리적으로 불가능하기에, '슬프다' 등의 심적 술어에 상응하는 것으로 여겨지는 심적 상태를 직접 관찰하여 그 심적 술어의 의미를 이해하는 것 역시 불가능하다. 즉 '슬프다' 등의 심적 술어의 의미를 구성하는 것은 내면의 심적 상태가 아니다.

설사 아동이 자신의 마음의 상태를 내관하고서 그에 적합한 어휘를 골라 '슬프다', '섭섭하다', '기쁘다'라고 한다 해도, 대화의 상대방이 관심을 갖는 것, 아동의 말을 이해하기 위한 의미 기반이나 준거가 되는 것은 그 어휘의 공적 사용례, 그 어휘에 대해 공유하고 있는 기억 등일 것이다. 실상 외부인은 물론 화자인 아동 자신마저도 그 자신의 내면에 있는 어떤 감정 또는 정서의 상태가 가령 '슬프다'라고 기술될 수 있는 것인지, 아니면 그저 '섭섭하다' 또는 정반대로 '기쁘다'라고 기술될 수 있는 것인지를 객관적으로 확인할 수 있는 길이란 없다. 그러므로 그런 심적인 상태라는 것은 존재한다고 해도, 화자가 어휘를 사용하거나 청자가 그 어휘를 이해하는 과정에서 별로 하는 역할이 없다. 이것이 비트겐슈타인의 사유언어비판론의 요지이다.

객관적 사실들을 기술하는 것으로 여겨지는 문장의 경우도 비슷한 논리를 적용할 수 있다. '대지'나 'earth' 또는 'gē'라는 어휘를 사용할 때 한국인, 미국인, 고대 그리스인들 모두 우리 인간의 삶을 굳건히 떠받치고 있는 지구를 염두에 두고 있는 것이며, 이들 어휘로 우리의 지구를 지칭하면서 동일한 대상에 관해 발언·발화한다고 해보자. 그러나 과연 각국인들은 동일한 대상에 관해 말하고 있는 것일까?

이들 어휘의 학습 역시 언어공동체 속에서 이루어지는 것이다. 그리고 이들 세 언어공동체는 다른 역사를 거쳐 형성된 것이며, 다른 문화적 분위기, 담론의 풍경을 전개하고 있다. 이들 어휘의 의미는 이런 공동체의 언어사에서 형성된 것이다. 각국인이 사용하는 세 어휘 '대지',

‘earth’, ‘gē’의 의미 근거 혹은 사용 기준은 동일한 하나의 존재자, 우리 발밑의 천체가 아니라 그 어휘의 사용과 관련하여 공유되어 있는 사용 기준이나 공유되어 있는 사용례에 대한 기억일 것이다. 각국인의 발언이나 발화, 이들에 대한 이해 모두 이들 공적인 사용 기준이나 사용례에 근거하여 이루어진다. 그리고 이는 전혀 다른 것일 수 있다. 그러므로 각국인은 서로 다른 것에 관해 말하고 있는 것일 수 있다.

3. 사상이자 철학으로서의 자연언어

언어는 내용 자체, 그것도 가장 기초적이며 포괄적인 내용이자 틀이다. 언어는 단지 매체나 그릇에 불과한 것이 아니다. 이런 기초성 때문에 한 나라의 언어는 그 언어를 사용하는 문화권이나 언어권 사람들의 사고와 느낌의 방식, 행동의 방식을 근원적으로 제약하고 영향을 준다. 한 나라의 언어는 그를 사용하는 나라의 문화 자체, 적어도 문화의 기반이다. 언어는 인간 상호의 소통을 위한 매체이자 도구이기도 하지만, 한 언어권의 구성원들이 자신의 삶의 체험, 사유 내용이나 정서들을 서로가 공유할 수 있는 방식으로 규정하고 구조화하며 정리하는 방식이기도 하다. 한 사람이 자신이 체험하고 생각한 바를 타인과 공유하기 위해서는 우선 양자가 공유하는 언어에 담아 표현하는 것이 필수이다. 한국어에는 한국인이, 영어에는 영어권의 사람들이 주위 세계를 정리하고 규정하는 방식이 반영되어 있다.

자연언어의 특징이 그를 사용하는 문화권의 면모를 보여주는 비근한 예를 들어보자. 한국어에서는 존댓말이 매우 발달해 있다. 한국어를 배울 때 외국인들이 유념해야 할 가장 중요한 지침 중의 하나는 동사 어미를 세심하게 주의하는 것이다. 이를 소홀히 하면 대화가 아니라 언쟁이, 소통보다는 갈등이 빚어질 수 있다. 언어의 기능이 망가지는 것이다. 존댓말의 중요성은 한국 사회가 위계적이어서 상하관계가 중요한 사회임을 알려준다. 이와 관련된 것으로, 서구 담론에서 '나'라는 주어는 당연하고도 자연스레 사용되지만 한국에서는 이를 절제하여 사용해야 한다. '나'라는 어휘를 자주 사용하면 상대방에게 거부감을 주어 소통과 교유에 지장이 초래될 수도 있다. 그래서 한국에서는 자기 주장이 권장되지 않는다. 자신을 숨기거나 간접적으로 표현하기를 권장하는 한국어법은 한국이 개인주의적이기보다는 공동체주의적인 문화임을 시사한다.

그 밖에도 한국인의 정신이나 생활 태도를 나타내는 한국어의 언어적 특징들은 여럿이다. '생각에 관련된 어휘가 많지 않다', '형용사와 부사가 많이 사용된다', '한문의 영향을 많이 받아 한문적 어휘가 많다', '개념어와 관념어가 적다', '추상어를 만들 수 있는 언어적 장치가 별로 없다', '정情이라는 어휘를 많이 사용하며, 이를 모든 인간관계에서 핵심으로 생각한다' 등 이들 한국어의 여러 특색은 한국인의 사고방식, 인간관이나 사회관 등을 드러낸다.

한 나라의 자연언어에는 이를 사용하는 언어권이나 문화권의 정신 기저에 놓인 인간, 사회, 자연, 세계에 대한 기초적인 전제들이 담겨 있다. 서구어에서 관사의 존재는 인간과 세계에 관한 일정한 관점을, be동사의 빈번한 사용이나 술어적 구문은 서구인의 서술적 언어관을 시사한다. 히브리어는 동사 위주의, 그리스어는 명사 위주의 언어라 한다. 동사와 명사 중 어느 것을 주축으로 사용하는가는 동태적 세계관 또는 정태적 세계관을 함의한다(보만, 2001 참조). 존댓말의 유무는 사회의 위계성 여부를 보여주며, 한국어는 존재사를 서구어의 'is'나 'exist'와는 전혀 달리 취급하는데, 이런 언어적 차이는 존재관의 차이를 보여준다.

자연언어의 '선험성'

자연언어는 일종의 선험적 범주와 같은 것으로 작용한다. 철학자들은 오랫동안 인간 정신에는 시간과 공간을 초월하는 신적, 초월적, 또는 선험적 요인이 있다고 주장해왔다. 이런 주장은 앞서 검토한 정신선재론이나 언어도구론의 논거가 되어왔다. 대표적으로 칸트는 우리의 인식이 존재자들을 직접 대면하고 이들을 반영하여 이루어지는 것이 아니라, 생득적으로 타고난 사유 틀의 제약 아래 이루어진다고 주장했다. 감각 지각을 통해 수용된 지각 내용이 이런 범주들의 제약 아래 재구성되어 우리의 인식을 형성한다는 것이다. 이것이 칸트의 구성주의이다. 선험적 제약 요인을 그는 범주라 부르며, 감성의 범주로서 시간과 공간을, 판단 능력인 오성Verstand의 범주로서 12범주를 제시했다. 칸트는 더 이전에 플라톤의 초월주의적 입장과 데카르트의 생득론을 계승하고 있다.

우리는 더 이상 이런 선험주의를 수용하기 힘들다. 정신의 선험성·초월성·신성을 주장하는 것은 일종의 정신창조론이다. 정신이 신에 의한 창조의 소산이라 한다면, 그를 본질로 하는 인간 역시 창조의 결과여야 할 것이다. 이는 인간이 자연 종의 하나로서 자연 진화의 소산이라는 진화론을 부정하는 것이다. 우리의 정신이나 사유에 선험적인 것이 있다면 그것은 오히려 자연언어이다. 우리의 감각과 사유 내용을 제약하는 것은 생득적인 범주가 아니라, 우리의 지각과 사유 내용을 표현하기 위해 우리가 사용하는 자연언어의 특징과 구조이다. 그러나 이는 경험 이전에 생득적으로, 인간 모두에게 보편적으로 주어진 것이 아니라 특정 공간에서 오랜 시간을 거치면서 언어의 진화를 통해 형성·구축된 것이다. 그런 점에서 시공제약적이고 경험적이다. 다른 한편으로 그것이 선험적이라 할 수 있는 이유는 다음이다. 특정 언어권의 사람들은 자신의 경험과 생각을 표현·전달하려면 그가 속한 언어권의 자연언어를 사용해야 한다. 자연히 그들은 자신이 사용하는 언어의 특징과 구조의 제약 아래 경험과 생각을 표현·전달할 수밖에 없다. 그것은 그들의 경험 내용과 사유 내용이 담기는 틀의 모습에 영향을 준다는 점에서 경험 이전의 제약 요인이다.

번역의 목적은 번역 대상 국가나 시대의 정신과 문화를 접하고 이해하는 것이다. 그 문화에는 사고의 내용만이 아니라 사고방식, 관점, 시각 등도 포함된다, 아니 그런 것들이 더 우선적이다. 자연언어에는 그런 사고방식과 관점 등이 내장되어 있기에, 올바른 번역은 번역 대상 언어의 특징이나 차별성이 시사하는 사고방식과 관점을 드러내야 한다. 어휘들의 사전적 의미나 문법에만 의존하여 번역한다면 그것은 말 그대로 사전적이고 표면적인 번역에 머무를 것이다. 그것이 원어로부터의 번역이라 하더라도, 그것은 충실한 번역(가령 고전 그리스어 문헌의 현대 영어나 프랑스어 번역)을 대본으로 하여 이루어진 중역보다 원의 전달에서 미흡할 수 있다.[2] 한국은 번역 대국임에도 거의 대부분의 번역이 자연언어의 이와 같은 영향력을 간과한 채 이루어지고 있다.

번역에서 목적 언어(한국어)는 대상 언어(영어, 한문, 그리스어 등)와 다르니 대상 언어의 특색을 살려 번역하는 것이 원리적으로 불가능할 수 있다. 그래서 번역은 어쩌면 특정 자연언어의 시공적 고유성을, 언어의 고향과 언어의 기억을 부정하는 '반역'일 수도 있다. 그럼에도 다소 어색하기는 해도 대상 언어의 특색을 살릴 수 있는 방법도 있으며, 어려운 경우에는 대상 언어의 특색이나 주요 관행이 함의하는 사고법의 특

2 김봉철(2016) 참조. 그는 헤로도토스Herodotos의 『역사*Histories*』 번역과 관련해, 원어역과 중역을 비교하고 있다. 불경이나 유가 경전을 한역韓譯 대신 영역英譯으로 읽는 경우가 있는데, 이 역시 이런 이유에서일 것이다.

색, 담론의 분위기에 대한 문화적·철학적 설명을 배경으로 번역이 진행될 수도 있다. 이런 것이 본 철학적 번역을 통해 시도하고자 하는 것이다.

플라톤은 『파이돈』에서 존재, 정신, 죽음에 대한 자신의 사상을 개진하고 있지만, 그만이 아니라 다른 고대 그리스인들 역시 상호 소통의 과정에서 인간, 우주, 존재에 관해 나름의 사유를 전개했을 것이며, 이런 사유의 방식, 관점, 내용들 중에서 언어권에서 합의된 바, 그리고 시간의 테스트를 견딘 바를 일정한 방식으로 정리하여 그들의 언어에 담았을 것이다. 자연언어는 일종의 진화 과정의 산물이다. 언어가 처한 환경에 의해 선택되고 시간의 시험을 거치면서 살아남은 것들이 자연언어를 구성하는 어휘와 문법이다. 이렇게 형성된 언어는 새로이 전개되는 사고를 용이하게 하면서 확대·심화시켜 문화를 발전시키고 전승하는 기초적인 원리이자 매체로 기능한다.

자연언어 자체가 사고방식이나 세계관을 담고 있으며, 이런 기저적 견해는 그 언어를 사용하는 언어 주체들의 사고방식, 정신 틀, 그리고 그 언어를 사용하여 이루어지는 문학, 철학, 과학 등의 정신 활동에 영향을 준다. 물론 그 반대 역시 성립한다. 그리스어는 그리스적 사고방식, 그리스적 정신의 틀을 담고 있고, 집약하고 있다. 그리스어를 사용하여 이루어지는 문학, 철학, 역사기술, 과학 등의 활동은 이에 의해 제약되어 있다. 그런 고로 그 언어에 담겨 전해지는 문학, 철학 등의 내용에만 주목할 것이 아니라, 더 이전에 문화적 내용을 담아 전하는 매체인 그리스어의 언어적 특색, 그리고 그 특색에 담겨 있는 정신적인 틀이나 사고방식을 살피고, 나아가 그리스어가 고대의 문학적 또는 철학적 사유에 어떤 영향을 끼쳤는지를 검토해야 한다.

고대 그리스인의 삶의 방식, 그들의 경험 내용은 현대 한국인들의 그것과 판이하게 다르다. 한 나라, 문화권, 언어권의 언어는 그들의 삶의 세계와 경험 내용을 표현하기 위한 도구이자 전달 매체이다. 당연히 그리스어 어휘가 의미하거나 지칭하는 사물, 사태, 경험 내용이 한국인의 경험 내용에 포함되지 않으며, 한국적 생활 세계를 구성하지도 않을 것이다. 그런 고로 그를 표현하는 어휘도 존재하지 않을 것이다. 물론 생각을 표현·전달하는 방식이나 정리의 방식도 다를 것이다. 그러므로 직역은 물론 의역도 가능하지 않다. 이런 어려움 때문에 번역이란 타국의 문화와 정신을 이해하기 위한 차선의 불완전한 방식임을 전제하고서 이루어져야 한다. 더구나 번역 대상이 되는 문헌이 정신, 사고, 정서와 관련된 경우에는 더욱 이 점을, 언어와 사유 방식 간에는 심중한 상관관계가 있음을 유념해야 한다.

보편주의의 극복: 수렴적 종합

'언어가 사고방식을 결정한다', '플라톤 등의 철학 이론은 고대 그리스어의 언어 구조에 의해 제약되었다' 하는 것은 과도한 주장일 것이다. 같은 그리스어를 사용하면서도 다양한 철학 이론이 등장했다는 것은 그런 언어결정론 내지는 영향론을 반박하는 것으로 보인다. 고대 그리스에서는 같은 그리스어로 소통하면서도 플라톤의 형상론, 아리스토텔레스Aristoteles의 목적론적 세계관, 헤라클레이토스Heracleitos의 역동적 존재론과 파르메니데스Parmenides의 정태적 일자 존재론, 피타고라스Pythagoras의 수의 원자론이나 데모크리토스Democritos의 물리적 원자론 등 다양한 사상이 백가쟁명百家爭鳴했다.

이들 그리스의 다양한 철학 이론은 상호 화해·융합되기 힘든 독창적 이론들이지만, 그럼에도 중요한 공통점들을 갖고 있다. 즉 '세계에 궁극적이고 실체적인 존재가 있다', '세계는 일정한 모습을 가지고 있다', '철학의 과제는 그를 인식하는 것이다' 등의 보다 기저적인 입장을 공유한다. 이들 모두는 아르케archē(원질原質)에 대한 물음, 실체론적 존재관, 세계의 일의적 모습을 인식해야 한다는 인식론, 진상이나 실재는 감추어져 있다는 은폐적 진리관, 당위성과 필연성의 개념, 초월성이나 선험성의 개념 등 상당히 많은 기초적인 이론 특징을 공유하고 있다. 이들 이론이 공유하는 강령들은 다른 문화권, 가령 동아시아적 사유에서는 낯선 것일 수 있다. 이런 내적 유사성과 대타적 차이를 설명하는 하나의 유력한 방안은 그리스 문화권의 여러 철학자가 공통적으로 사용하는 언어의 특징들에 조회해보는 것이다.

언어가 사유 방식에 끼친 영향은 결정적인 것까지는 아니어도 상당히 기초적이고 심중하거나 단서적인 것이다. 플라톤의 존재론적 사유, 추상체, 심적 존재에 대한 사유는 그리스 특유의 언어 장치인 관사의 사용과 관련이 있다. 존재와 생성의 대비, 실재와 현상의 구분, 은폐된 진리의 상정 등은 그리스어 be동사의 정태적 성격이나 술어적 구문의 전형성과 관련이 깊은 것으로 보인다.

언어와 철학적 사고법 간의 관계를 밝히는 일이 중요한 것은 다음의 이유에서이다. 철학이나 사상에 끼친 사용 언어의 영향을 우리가 인지할 수 있을 때 비로소 우리는 그 제약이나 영향으로부터 자유로울 수 있다. 우리는 서양철학의 개념이나 사유 틀을 보편적인 것으로 간주하는 경향이 있다. 일종의 보편주의의 신화이다. 이런 신화가 형성되는 것은, 철학자들의 사유가 존재 그 자체를 대면하고서 이루어진다고 간주하기에 그들의 이론이 그들이 사용하는 언어라는 렌즈에 의해 굴절될 수 있음을 간과하고, 그들의 언어가 발휘하는 영향력에 무지하고 무관심한 결과일 수 있다. 이런 무지와 무관심은 우리로 하여금 특정의 철학이나 사상을 보편적인 것으로 수용하게 한다. 그리하여 그 철학과 사상에 갇혀버리고, 다른 대안적 사유나 관점의 가능성으로부터 스스로를 차단시켜버리는 것이다. 우리는 서양철학의 전통과는 달리 실체존재론 대신 사태존재론을 개진할 수도 있고, 나아가 존재론을 전혀 필요로 하지 않을 수도 있다. 언어를 세계에 대한 그림이 아니라 그 자체를 일종의 행위로 볼 수도 있으며, 언어가 사고의 수단일 수도 있지만 역으로 사고능력이 언어에 의존한다고 볼 수도 있는 것이다.

우리는 플라톤 철학을 그리스어의 특징이나 담론 상황과 연관하여 이해할 때 보다 풍부하고 넓은 시야에서 조망할 수 있다. 플라톤 철학에 영향을 준 그리스어의 주요 특징들은 서구 근현대어들 역시 공유하고 있다. 이런 점에서 플라톤의 철학은 서구 언어들 전반이 전제하고 있는 믿음들을 집약하고 있다. 그의 철학이 서양철학사에서 정전의 역할을 수행한 이유, 즉 그 이후의 철학 이론들이 왜 그의 철학에 대한 주석에 그친다는 평가를 받게 되었는지가 바로 이를 통해 설명될 수 있다. 다른 한편으로 동아시아의 철학 역시 한문이나 한국어의 특징에 의해 제약될 가능성이 높으며, 이런 가능성들을 이해할 때 동서양의 철학을 비판적으로 수렴하여 새로운 철학과 사상을 모색하는 관점을 확보할 수 있다. 우리가 동서 철학의 제약점들을 이해할 때 오히려 양자의 비판적 융합을 모색할 수 있다는 것이다.

이어지는 세 장에서는 우선 플라톤이 저술했던 시대의 배경이 되는 담론 문화의 성격을 지성사적 관점에서 논의하고, 『파이돈』의 대화 내용을 담은 그리스어의 특색들에 대해 언어철학적인 분석을 개진하고자 한다. 당시는 저술이나 독서가 일반화되지 않은 시대, 문자 문화라기보다는 구술 문화에 가까운 준구술 시대임을 논한다. 이런 상황에서 플라톤의 대화록은 읽히기보다는 청취되기 위해서, 그리고 독서와 사색보다는 대화와 토론을 위한 것으로 저술되었음을 논한다. 다음으로 보다 구체적으로 고대 그리스어의 제반 특징에 주목하여 언어와 사고의 관계를 규명한다. 고대 그리스어가 어떤 특징을 지니고 있으며, 이들 특징이 플라톤의 이론과 개념, 나아가 서구의 철학적 사유 방식 형성에 어떤 구체적인 영향을 끼쳤는지 살펴본다. 그리스어의 특징은 여러 가지가 있을 것이며, 그중 현대 서구어와 공유하는 특징도 여럿이다. 이들 중 철학적으로 의미가 있다고 여겨지는 것들을 간추려 논의하기로 한다.

2장 플라톤 시대의 담론 문화: 준구술 시대

1. 플라톤 시대의 담론 환경

구술 시대와 기억에 의한 전승

플라톤은 상당히 많은 양의 대화록을 남겼다. 그는 대체 어떤 목적으로 이 대화록들을 저술했는가? 쉽게 떠오르는 대답은 출판과 독서를 염두에 두고서, 즉 근현대의 철학자들과 같이 자신이 사색·연구한 결과를 출판을 통해 알리고 독자들에 의해 읽혀져 논의되고 수용되게 하기 위해서라는 것이다. 그러나 당시의 담론 상황을 조금만 생각하면, 이런 답변이 역투사적이라는 점을 우리는 깨닫게 된다. 플라톤 시대에는 저술의 출판과 대중의 독서가 일반화될 수 있는 물리적·문화적 조건이 구비되어 있지 않았다. 심지어 문자의 사용도 그리 일상적인 것이 아니었다. 출판이라는 개념이 생긴 것은 그의 시대로부터 거의 2000년이 지난 1440년경 요하네스 구텐베르크Johannes Gutenberg가 활판 인쇄술을 발명한 후이고, 독서가 일반화된 것은 그보다 더 후의 일이다.[1]

우리는 책이나 문자 문화를 당연시 하는 경향이 있다. 2000~3000년 전의 고대 시인이나 철학자의 문학과 철학을 책으로 접하기에, 우리는 그들도 문자 시대에 살았으리라 착각한다. 이런 착각은 그들의 사상을 이해하는 데 지장을 초래한다. 2500년 전 고대 그리스의 문화적 상황은 현대와는 전혀 달랐다. 플라톤 시대는 출판이나 인쇄라는 것이 개념조차 없던 시절이다. 당연히 책이나 독서라는 것이 일반적인 문화 활동의 일부가 아니었을 것이다.

서구인들은 오랫동안 『일리아스*Ilias*』 등의 서사시는 호메로스Homeros가 천재적 영감을 통해 저술한 것이며, 당시의 사람들이 그 서사시가 담긴 책을 독서했으리라고 믿어왔다. 그러나 호메로스 시대는 막 문자가 도입된 시기로 저술이나 독서는 물론 도서 자체가 낯선 시기였다. 미국의 고전학자 앨버트 로드Albert B. Lord(1960)와 밀먼 패리Milman Parry(1987)에 의하면, 『일리아스』와 『오디세이*Odysseia*』라는 텍스트는 오랫동안 시인들의 기억 속에 저장되어 구전으로 전승되며 낭독되어오던 것이었다. 호메로스는 그리스 반도를 돌아다니며 그 서사시를 암송하여 청중들에게 들려주던 방랑시인 또는 가수였다. 이렇게 암송·전승되던 것이 기원전 8세기경에 알파벳이 도입되면서 문자로 옮겨져 그의 이름으로 전해지게 되었다.[2] 구전의 전통은 문자가 도입된 후 바로 단절되는 것이 아니어서 그 이후에도 문서화된 서사시는 상당히 오랜 기간 읽혀지기보다

---

1 인쇄술은 15세기에 발명되었지만, 책 시장은 그 이후 300년 동안 극히 제한적이었다(서순, 2012: 109 참조).

2 서사시를 호메로스 자신이 직접 문자화했는지의 여부는 분명하지 않다. 전해지는 그의 조각상은 그를 맹인으로 묘사하고 있는데, 이런 묘사가 역사적 사실을 반영한다면 그가 문자화했다고 보기 어려울 것이다. 그 어느 경우건, 아마도 그가 암송하는 것을 필경사가 받아 적었을 가능성이 크다(Thomas, 1992: 46). 그리고 호메로스는 단지 전승되는 서사시를 암기·낭독하며 전달만 하기보다는 그 과정에서 자신도 서사시의 내용을 일부 첨삭했을 가능성이 있다.

낭독되고 청취되었다. 그 문헌은 독서의 대상이기보다는 여러 곳에서의 낭독을 위한 대본이거나, 보전과 전승을 위한 장치였다.

에릭 해블록Eric A. Havelock은 호메로스 시대에서 300~400년 지나 등장한 자연철학자들도 구술 시대의 사상가라고 자리매김한다(Havelock, 1963). 소크라테스Socrates 역시 저술 없이 대화나 토론을 통해 자신의 철학을 설파했다는 점에서 구술 시대의 현자로 평가할 수 있다. 철학함에서 그가 의지했던 언어 매체는 구어, 대면적 구어였다. 몇몇 소피스트Sophist는 직접 저술을 했으나, 그런 저술 활동은 주로 자신을 시인과 차별화하기 위해서였다고 한다(O'Sullivan, 1995: 117). 그들의 주된 활동은 대면적 담론이었으며, 그들이 가르치고자 했던 것은 아고라agora에서의 연설과 토론, 혹은 법정에서의 변론 기술이었다.

플라톤이 살았던 시대가 구술 시대인가 문자 시대인가의 물음은 그의 저술 의도만이 아니라 그가 생각하는 철학함의 모습, 그의 저서에 담긴 철학적 내용의 성격을 규정하는 데도 필수적이다. 담론 문화의 양상은 그 속에서 이루어지는 철학적 활동의 성격이나 사고방식에 영향을 준다. 플라톤이 구술 시대 또는 준구술 시대의 사상가라 한다면, 그가 생각하는 철학함은 우리가 생각하는 바와는 사뭇 다를 것이다. 바로 이런 이유에서 당시의 담론 문화와 매체의 성격을 밝히는 것은 지성사적으로만이 아니라 철학적으로도 중요하다.

고대 그리스 사회 내 문서의 보조적 기능

플라톤 시대 문자의 위상, 나아가 도서의 위상은 어떠했을까? 우선 문서와 문자의 위상에 관하여 살펴보자. 당시의 문자 독해율은 어떠했을까? 당시에는 책자는 물론 문서도 일상적인 것이 아니었다. 민중들에게는 문자를 접할 기회도 없고, 있다 해도 그것을 읽어야 할 계제도 적었을 터이니 문자 습득의 필요도 느끼지 않았을 것이다(Thomas, 1992: 61 이하). 독서가 문화 활동의 일부가 될 수 없었음은 물론, 문서 작성도 흔한 일이 아니었다.

근현대에는 한 사회의 주요 법조문이나 개인 간의 계약서 등은 문서화하는 것이 일반적이다. 문서의 세계는 객관적이고 모두가 공유할 수 있는 공적 공간이다. 공적이고 객관적인 성격 때문에 말보다는 글이 더 신뢰되는 경우가 일반적이며, 바로 이런 이유에서 거래 계약 등은 서로의 말보다는 문서에 의존한다. 철학이나 다른 학문적 활동에서도 논문이나 저술의 집필이 중심을 이루고, 도서와 독서가 문화의 핵심적인 부분을 이룬다.

한편 고대 아테네 시대의 말과 글의 위상은 근현대와는 대조적이다. 고대 그리스에서 그리스어를 사용하는 것은 분명 문명과 문화의 상징이자 그리스인들의 자랑이었지만, 그 그리스어는 구어였다. 글 또는 문어로서의 그리스어를 쓰는 것이 그리스인의 우월성으로 상찬되고, 그리스인들을 주변 야만족과 구분하는 기준이 되기 시작한 것은 헬레니즘 후반에 이르러서이다(Thomas, 1992: 130). 그리스의 폴리스polis에서는 문서법을 중요하게 여기지 않았다고 한다. 엄격한 법치 도시국가인 스파르타에서도 법을 문서화하지 않아, 발견되거나 발굴된 4세기말 이전 스파르타의 문서 중 정치적 역할을 하는 문서는 거의 존재하지 않는다고 한다(Thomas, 1992: 136).

아테네는 일부 법조문을 문서화하는 등 스파르타에 비해 문자 기록을 많이 산출하기는 했다. 그러나 아테네에도 문자 기록을 담당하는 별도의 국가 중앙 기구가 없었으며, 토지 등기나 채무 기록 등은 문서화하지 않았다(Thomas, 1992: 138-139). 심지어 아테네의 법정은 문서 기록을 신뢰할 만한 증거로 간주하지도 않았다고 한다(Thomas, 1992: 3). 더 이전의 그리스인들은 이집트나 페르시아인들이 문서적 법에 의존하는 것을 조롱하며, 그것이 그들의 야만스러움에 대한 표징이라고 폄하하기도 했다(Thomas, 1992: 130 이하). 정치적 함의를 지니는 아테네 문서들이 발견되기는 했으나, 대부분의 경우 일시적이고 임의적인 용도를 지닌 것들이라고 한다. 고대 그리스인들에게는 문자화하여 영구 보관한다는 의식archive mentality이 없었다는 평가이다.[3]

도편추방제는 고대 그리스의 정치 제도 중 하나인데, 이는 깨진 도기 조각에 추방 대상 정치인의 이름을 적어 투표하는 제도이다. 이런 제도는 그리스의 시민인, 자유인이면서 성인인 남자들이 최소한의 문자 독해 능력 혹은 글쓰기 능력을 지녔음을 시사한다. 그러나 이런 제도는 시민들이 극히 초보적인 수준의 글쓰기 능력만 지녀도 시행될 수 있는 것이다. 동일한 필체의 도편들이 상당수 발굴된 바 있는데, 이는 글을 쓸 줄 모르는 시민들이 다수 있었음을 추정하게 한다.[4]

고대 그리스의 정치 현장에서 글이 사용되는 경우는 매우 희귀했다. 4세기 후반까지 '정치가'에 가장 가까운 그리스어는 'rhētōr', 즉 수사학자, 더 정확히는 연설가, 아고라에서 말로써 자신의 의견을 적극 개진하는 시민 연설가였다(Thomas, 1992: 3). 영어 'politician'의 어원인 그리스어 'politēs'는 도시국가 '폴리스'의 구성원, 즉 '시민'을 의미했다. 그 당시에는 시민이 바로 정치가, 즉 정치를 하는 사람이었다. 이것이 직접민주주의의 정신이다.

그리스 교육에서 중심 교과목은 수사학인데, 이는 문장을 쓰는 법이

---

3 Thomas(1992: 137). 아테네에 공식 문서 보관소가 설치된 시기는 기원전 409~405년경이라 하나, 설치 동기는 불분명하다(Harris, 1991: 93).

4 그리고 아마도 부정투표를 시사할 수도 있다.

아니라 말하기의 기술, 특히 공적인 장소에서 효과적으로 말하는 기술을 다루는 과목이었다. 그리스의 대표적인 교육자인 소피스트나 소크라테스는 토론을 통해서 가르쳤는데(Thomas, 1992: 3-4; 커퍼드, 2003 참조), 주지하다시피 후자는 저술을 남긴 바 없으며, 저술했다는 기록도 없다. 전반적으로 문자라는 것은 그리스 문화에서 주변적이고 보조적인 것이었다.

문서와 도서를 중시하는 근현대와 대조적으로 고대 그리스가 공적인 공간에서도 글보다 말을 더 중시했던 이유는 무엇인가? 고대 그리스의 법정에서 문서를 경시하고, 성문법보다는 불문법을 중시했음은 지적한 바 있다. 물론 문자 도입의 역사가 짧고 도서 등이 널리 보급될 수 없었던 물리적 제약들이 있었을 것이다. 더 구조적인 것은 고대 그리스가 대면적 사회라는 점이다. 고대 그리스의 도시국가는 규모가 큰 곳이 20여만 명, 그중 정식 시민은 4~5만 명 정도밖에 안 되는 소규모 공동체였다. 그곳에서 평생을 살면 서로를 익숙하게 알 수 있는 좁은 사회였다.

이러한 대면사회에서는 구태여 규범, 관습, 권리 관계를 위탁할 문서를 필요로 하지 않았을 것이다. 더 중요한 이유는, 문서란 말하자면 인간관계에 있어서 타자 또는 제3자이며, 스스로는 증언할 수 없는 물리적 존재이기 때문이다. 말보다 문서에 의존하면 문자의 비대면성, 간접성, 사물성, 비활성성 등 때문에 불안감이 더 커질 수 있다. 이에 비해 대면적이고 구술적인 관계는 사람을 직접 대하고서 이루어지는 것이므로 확실성, 직접성, 인격성, 행위성 등의 특색이 있다. 글과 달리 말은 인격의 일부이자 행위의 일종으로 간주되었던 것이다.

도서 관련 상황

그리스 문화에서 문서, 특히 도서의 위상은 어떠했는가? 도서는 문서이기는 하되 문자 문화가 보다 진전된 단계에서 나올 수 있는 종류의 문서이다. 앞서 살펴본 바 고대 그리스에서의 문서 일반의 위상을 감안하면 도서의 위상은 더욱 미약했을 것이다. 특히 철학과 같은 고도의 학적 활동 분야에서는 더 말할 나위 없을 것이다. 그럼에도 플라톤은 상당한 양의 저술을 하여, 전승되는 대화록이 27~30편이나 되고, 『국가*Politheia*』나 『법률*Nomoi*』은 현대적 기준으로도 대저이다. 이런 사실은 플라톤 이전에도 이미 여러 저술가에 의해 상당히 다양한 저술 활동이 이루어졌음을 추정케 한다. 플라톤의 모국 아테네는 지중해 세계를 제패하여 경제적 부를 축적한 제국이었으며, 각지에서 소피스트, 현자, 철학자들이 모여들어 저술이나 담론을 통해 자신의 사상과 철학을 유포하려 노력하던 서구 문화의 중심지였다. 플라톤 시대는 문자가 도입된 지 300~400년이 경과한 시기였으니, 특수 계층에 국한된 것이기는 하나 문자가 상당히 보급되어 있었다고 볼 수 있다. 그 결과 서정시인의 시, 희비극 작가의 희곡, 소피스트의 수사학적 저술, 자연철학자의 백과전서적 논저 등 다양한 문헌이 저술되었다. 다수의 저술가나 다양한 도서의 존재는 당시 도서의 역할에 대해 쉽사리 소극적인 답을 할 수 없게 한다.

고대 그리스 문화권에서는 몇몇 도서관이 건립되어 도서들을 수집·소장하고 있었다. 서구권에서 가장 오래된 도서관[5]은 알렉산드리아 도

5 전 세계에서 가장 오래된 도서관은 아시리아Assyria의 아슈르바니팔 도서관Library of Ashurbanipal이라고 한다. 기원전 7세기에 건립되었으며, 이라크 니네베Nineveh에 소재한다. 3만 개의 설형문자판을 소장했다고 하는데, 그중에는 기원전 4000년경의 『길가메시*Gilgamesh*』 서사시도 포함되어 있다.

서관인데, 이는 기원전 300년경 알렉산더 대왕 사후 건립되었다. 더 이전에 아리스토텔레스는 그의 제자 알렉산더 대왕의 지원으로 상당량의 장서를 지닌 도서관을 가지고 있었고(Casson, 2001: 28), 소아시아 반도 에페수스Ephesus에 있는 켈수스 도서관Celsus Library은 2세기에 건축된 것이다. 이런 도서관들의 사례를 보면, 고대의 도서관은 플라톤의 생애 이후 건축된 것들임을 알 수 있다.

이들 도서관이 플라톤 후대의 것들이기는 하나, 그들이 수집한 도서들은 이전부터 유포되어 있었을 것이다. 기원전 4세기경 크세노폰Xenophon은 사설 도서관을 꾸며 도서를 다량 소지하고서 자신이 지식인임을 과시하는 사람을 언급했다.[6] 플라톤은 『변명*Apologia*』에서 아낙사고라스Anaxagoras의 필사본 책을 1드라크마 정도 주면 구입할 수 있다고 알려주고 있으며, 소크라테스는 『이온*Iōn*』에서 에우티데모스Euthydemus가 책을 구입했다는 사실을 지적하며 그가 낭송시인(랩소드rhapsōdos)이 되려 하느냐고 힐문하는 장면이 나온다. 아리스토파네스Aristophanes는 그의 희곡 『개구리들*Frogs*』 중에서 에우리피데스Euripides가 도서를 수집하곤 했다고 지적하면서 이를 조롱의 대상으로 삼는다.

문헌상의 이런 구절들은 플라톤 당시에 도서가 필사·유통·구매되었음을 알려준다. 그렇다면 독서도 널리 이루어지던 문화 활동이었으며, 플라톤이 저술을 하면서 이런 독서 활동을 염두에 두었다고 할 수 있을까? 이 사실들은 플라톤 시대가 문자 문화의 시대이며, 저술과 독서가 일반적이었음을 증거하는 것일까?

독서 문화가 일반화되려면 문자 독해율이 높아야 하고, 도서가 대량 보급되어야 한다. 윌리엄 해리스William V. Harris의 연구에 따르면 당시의

6 Casson(2001: 28).

문자 독해율은 그리스 인구의 5～10% 정도였다고 한다(Harris, 1991: 114). 전술한대로 도편추방제는 시민들이 사람 이름 정도만 쓰더라도 시행될 수 있으므로 이런 제도의 존재가 폭넓은 독해율이나 문자 문화의 증거로 간주될 수는 없다. 여하간 이런 정도의 정치 참여 활동 외에는 문자를 사용하거나 읽을 기회가, 아니 읽을거리 자체가 거의 없었기에 일상의 삶에서 도서는 물론 문자조차도 예외적인 것이었을 것이다.

도서의 제작·보급 상황은 어떠했을까? 도서의 대량 보급은 인쇄 기술을 필요로 한다. 활판 인쇄술은 주지하다시피 16세기 구텐베르크가 발명한 기술이다. 구텐베르크의 인쇄술이 대량 인쇄를 가능하게 한 이후에도 인쇄업자들은 할 일이 별로 없었다고 한다. 인쇄할 만한 원고, 특히 대량 수요가 있는 내용의 원고가 별로 없었으니 구텐베르크는 세계사적인 발명품을 고안하고서도 일거리를 얻지 못했다.[7] 마틴 루터 Martin Luther 등에 의해 종교개혁이 전개되면서 일상인들이 사용하는 독일어 등 현지 언어로 된 성서나 종교개혁 관련 저술 등이 쏟아져나오자 인쇄술이 용처를 찾고 인쇄업자들도 바빠지기 시작했다고 한다. 1500년대의 상황이 이러하니 그보다 2000년도 더 전의 고대 그리스에서 도서의 보급이나 시민들의 독서는 상상하기 힘든 일이었다.

인쇄술이 아니어도 필경사나 서기들이 필사하여 다수의 복사본이 유통될 수는 있었다. 필경사나 서기는 플라톤보다 이전 시기 고대 이집트 및 메소포타미아 등에서도 활동했다는 기록이 있다. '서기 좌상' 조각은 널리 알려진 이집트의 고대 유물들 중의 하나이다. 고대 중국에서 갑골문이 정치에 사용된 시기는 기원전 1700년까지 거슬러 올라가니

7 인간 정신사에서 가장 중요한 변화를 일으킨 발명품으로 활판 인쇄술을 드는 학자들도 있다. 지식의 대량 보급을 가능하게 했기 때문이다.

문자 전문가는 상당히 오래 전부터 존재했을 것이다.[8] 뿐만 아니라 고대 중국이나 이집트, 중동 등에서 서기, 문자 독해자나 기술자, 정인貞人 등은 상당히 중요한 정치적인 기능을 수행하며 그 위상도 높았다고 할 수 있다.

고대 그리스 내 필사본 관련 상황은 어떠했을까? 서양의 경우 문자가 도입된 시기는 기원전 8세기이니, 중국이나 중동, 이집트 등에 비해 상당히 늦은 편이다. 그래도 플라톤 시대는 문자 도입 후 400년 가까이 지나 문자가 어느 정도는 일반화되고 저술도 이루어졌으며, 나아가 이들 저술들을 필사한 복사본이 다수 존재했을 것이다.[9] 도서 복사본이 유통·판매되었음은 앞서 언급한 소크라테스의 언명, 에우리피데스의 희곡, 플라톤의 대화록 여러 곳에서 확인된다. 플라톤 자신의 대화록도 여러 부의 필사본이 만들어졌다고 추정할 수 있다. 그의 저술 다수가 현재까지 전승될 수 있기 위해서는 여러 단계의 복사본 필사가 이루어졌어야 했을 것이기 때문이다. 따라서 그의 생전에 이미 다수의 필사본이 유포되어 있었다고 봐야 할 것이다. 플라톤 역시 이런 필사의 관행을 인지하고 있었을 것이다.

플라톤의 저술 의도

플라톤은 어떤 의도를 가지고 저술을 했을까? 자신의 저서 필사본의

---

8 고대 중국에서 문자 전문가는 갑골문에 나타난 점괘를 해독하고, 그 의미를 한문으로 기록하던 정인의 모습으로 존재한다. 이들은 황제의 최측근이거나, 황제 자신이 그 역할을 수행하기도 했다.

9 그러나 당시 책의 형태는 현대와 달리 두루마리 형태였고, 이는 필사하기가 매우 어렵다는 점을 유념할 필요가 있다. 두루마리 필사의 어려움 때문에 다수의 필경사는 사실상 베껴 쓰기보다는 받아쓰기를 했다고 한다(서순, 2012: 112 참조).

용도가 무엇이라고 생각했을까? 다음의 세 가능성을 생각해볼 수 있다. 첫째, 근현대에서와 같이 플라톤은 자신의 생각을 타인에게 전달하고자 저술한 것이고, 구매자가 이런 사유가 담긴 도서를 구매하여 홀로 읽고 즐기거나 사색하기를 기대했을 수 있다.

둘째, 인간 두뇌의 기억력이란 유한하고 제약이 있으니 이를 대신하거나 보완하기 위해서 저술하고, 구매자는 오래 지속될 수 있는 지식의 저장소로서 도서를 구입하려 했을 수 있다. 말은 시간적인 매체임에 비해 글은 공간적인 매체이다. 글이나 도서는 시간의 흐름을 극복할 수 있게 한다. 플라톤 시대는 문자가 도입된 지 기백 년이 지난 때이니 서서히 문자와 도서의 장점이 인지되기 시작했을 것이다. 그리고 예외적인 기억력을 지닌 호메로스 등의 시인이라면 몰라도 책 한 권 분량의 내용을 기억·저장하는 것은 철학자나 일반 지성인이라 해도 감당하기 어려웠을 것이다. 따라서 사유한 결과나 획득된 지식을 책에 담아 보존하려 했을 가능성이 있다.

셋째, 당시의 저자나 도서 구매자들은 도서를 대화와 토론 등의 구술적 활동을 위한 보조 기제로 생각했을 수 있다. 플라톤은 자신의 저서가 읽히고 수용되기보다는 낭독되고 청취되게 하기 위해, 그리고 그런 연후에는 대화·토론거리로 제공될 수 있게 하기 위해서 저술한 것일 수 있다. 필사본을 구입하는 사람들의 경우도 홀로 읽기보다는 자신이 속한 모임에서 함께 낭송·청취하고 토론·대화의 소재로 삼으려는 것이 구매 목적이었을 수 있다. 대체로 당시의 철학적 활동은 대면적인 대화와 토론을 통해 이루어졌는데, 이를 위한 소재나 자료가 필요했을 것이다. 현자나 철학자, 사상가들의 지혜가 저술되면 이를 위한 자료들이 풍부해지고 다변화될 수 있다. 그리고 저술의 형태를 갖춘 후 다수의 필사본이 만들어지면 그 저술의 내용은 여러 곳, 여러 계제, 여러 모임에서 낭송·청취되고 논의될 수 있는 이점이 있을 것이다.

첫 번째의 가능성은 어떨까? 앞서 언급한 해리스의 연구를 수용한다면, 당시 문자를 읽을 수 있는 사람들은 극히 제한적이었으니 독서가 일반적인 문화 활동이었다고 보기는 어렵다. 소수의 식자 귀족층은 독서를 하지 않았을까? 이들은 독서를 위해 도서를 구매한 것이 아닐까? 우선 앞서 언급한 플라톤의 『이온』과 아리스토파네스의 『개구리들』의 구절들은 이에 대한 단서를 제공한다. 『이온』에서 에우티데모스에 대한 소크라테스의 반문은 책을 읽는 활동이 낭송시인들에게 한정된 일이었음을, 개인적인 독서가 일반적이지 않았음을 시사한다. 아리스토파네스가 자신의 희곡에서 에우리피데스의 도서 수집을 조롱했다는 사실은 당시 일반인이 도서를 구입하는 것이 예외적인 일이었음을 짐작하게 한다.[10] 더구나 도서의 가격은 그리 저렴하지 않았을 것이다. 앞서 언급한 『변명』에서의 책 가격이 1드라크마인데, 이는 당시 책의 형태[11]였던 두루마리 하나 정도의 가격으로, 일반적인 중장비 보병의 하루 임금 정도였다 한다. 호메로스의 서사시 2권은 15개의 두터운 두루마리로 구성되었다니(Casson, 2001: 28), 이를 모두 사려면 상당한 액수를 주어야 했을 것이다. 그러므로 당시에 독서를 취미로 할 수 있었는지도 회의적이지만, 그런 이가 있었다 해도 극히 예외적인 경우였을 것이다.

제도적·경제적 제약 이외에 더 근본적인 요인을 제시할 수 있다. 근

---

10 『개구리들*Frogs*』(943, 1409). 에우리피데스는 열렬한 독서가이자 도서 수집가였다고 한다(O'Sullivan, 1995: 115; Worthington, 1997 참조). 크세노폰Xenophon의 저서에서도 역시 도서들을 수집해 모아놓고, 그것을 통해 자신이 현자인 체하는 수집가를 조롱하는 구절이 나온다(Casson, 2001: 28 참조).

11 현재의 책 형태의 토대는 'codex'(책 형태의 수고본)인데, 이는 로마 시대 1세기에 등장했다. 대략 300년경에 이르러서야 두루마리와 비슷한 점유율을 갖게 되었고, 6세기에 이르러서야 두루마리 형태를 대체하게 되었다고 한다.

현대에는 개인의 개념이 자연스럽고 개인의 사생활, 그리고 개인의 정신세계라는 개념이 형성되어 있다. 그래서 독서나 도서를 기반으로 한 연구와 사색은 적어도 식자층에서는 일반적인 활동이다. 다시 말해 근현대는 홀로의 개인적인 사색이나 자신의 정신세계에 빠져드는 일이 자연스러운 시대이다. (한때 독서는 한국인의 가장 흔한 취미였던 적도 있다!) 그러나 기원전 4~5세기 플라톤 시대에는 개인적 삶이라는 것, 더구나 개인적 정신세계라는 것은 개념조차 형성되어 있었다고 보기 힘들다. 당시의 인간 정신은 서로에 열려 있는, 아니 아직 공동체의 정신으로부터 분화되지 않았던 시기라고 할 수 있다.

'개인의 신원' 또는 '자아 정체성'을 의미하는 영어 어휘 'personal identity'에서 'identity'는 개인의 고유하며 개성적인 자아라기보다는 원래 '소속', '타자와 함께하는 것', '타자와 공유하는 동질적인 성질'을 의미한다. 그래서 한 개인에게 신원을 물으면 그가 소속한 집단을 말해야 하는 것이다. 초기 국가들은 중간 단계의 단체장, 마을의 추장, 백부장, 부족의 족장, 제사장이나 무당 등을 대상으로 하여 통치하고 세금을 징수했다. 벌금을 매기고 처벌을 하는 경우에도 집단 벌금이나 단체 처벌을 하는 경우가 대부분이었다고 한다. 로마 등에서 국가가 징병이나 세금 부과와 같이 대개인적 통치 활동을 하는 경우 인구 조사를 실시했는데, 그 경우에도 국가의 관심은 개인 그 자체보다는 소유 부동산, 추수 시 수확량, 소유권, 나이 등이었다. 국가 구성원들은 집단·부족·종족의 일부로서, 군역·노역·징세의 대상일 뿐이었다.

근대 이전에 개개인은 성性도, 가족명도 없었고, 국가에서조차 관심을 갖지 않았다. 가족의 이름은 토지 문제나 상속 문제 등이 야기되는 경우에만 필요한 것이었다. 전근대 사회에서는 거의 모든 사람이 개인명만 지니고 있었고, 당시 대면적 사회인 마을에서는 그것만으로 충분했다.

그나마 그 개인의 이름조차 다양성이 없어 18세기 영국인의 이름들의 90%가 찰스, 에드워드, 헨리, 제임스, 존, 리처드, 윌리엄이었다고 한다. 그러다가 특정 성이 필요한 경우가 생기면 직업을 앞에 붙여 구분했다. 'Smith(대장장이)' 등의 가족명이 그렇게 생겨난 것이다. 15세기에 이르러 투스카니에서 세리들이 세금 징수의 목적으로 개인들을 구분할 필요가 생기자 가족명을 부여하기 시작했다. 국가 차원에서 개인에게 신분을 부여하기 시작한 것은 1792년 9월 20일 독일 국민 의회에 의해서라고 하며, 이로써 국가가 국민들에게 시민적 지위를 부여하고 국민 개개인과 일대일의 행정적 관계를 갖게 되었다.[12]

상황이 이러하니 내면적 개인, 정신적 존재로서의 개인의 개념은 플라톤 시대에는 낯선 것일 수밖에 없다. 이런 공동체적인 시기에 홀로의 독서와 사색은 특이하고 예외적인 현상이었을 것이다. 일상의 개개인은 집단의 일부로 머물렀다 해도 현자와 철학자들은 주체적인 사색을 하지 않았을까? 현자들은 지혜를 전하고 자연철학자들은 자신의 사유를 전개하며 저술했으나, 그것은 이들이 사유 주체로서 주체적이고 능동적으로 이루는 것이라기보다는 학예의 여신 뮤즈Muse의 도움으로, 혹은 신들의 신탁을 통해서 수동적으로 주어지는 것으로 간주되었다. 시인들은 뮤즈를 호출하여 영감을 요청하고, 파르메니데스 등의 자연철학자들은 뮤즈의 인도를 받아 진리의 길을 가는 것으로 묘사되고 있다.

두 번째 가능성을 보자. 플라톤은 문자와 도서의 장점을, 그리고 자신의 사상이 문자와 도서를 통해 보다 널리, 보다 오랜 시간 전파되고 보존·논의될 수 있음을 인지하고 있었을 것이다. 그러나 그렇다고 해서 그가 자신의 사상을 문자와 도서에 위탁하려 했다는 의미는 아니다. 오

---

12 *The Economist*(2018. 12. 22: 55-58).

히려 그는 문자와 도서의 이런 기능에 대해 명시적으로 비판한다. 『파이드로스*Phaedrus*』에서 플라톤은 문자란 기억력에 도움이 되기보다는 오히려 기억력 감퇴에 기여하는 역기능을 행사한다고 지적하고 있다. 구술 시대에 사람들은 지혜를 자신의 기억력에 각인하여 영혼의 일부가 되게 했다. 그러나 문자가 등장하면서 사람들은 지혜를 문자 속에 담아 화석화시키고, 진리의 그림자를 진리 자체로 착각하게 되었다는 것이다. 문자란 죽어 있거나 침묵하는 것이기에 대화나 토론의 대상이 될 수 없고, 질문도 받지 않으면서 같은 말만을 반복한다는 것이다. 문자는 정신 또는 정신의 역동성을 저해할 뿐이다. 문장들이란 박제된 진리에 불과하다. 이런 비판은 당시에 지식이나 지혜를 기억력보다는 문자와 도서에 의존해 보존하려는 경향이 있었음을 보여주며, 플라톤이 이런 경향성을 두고 정신의 성장과 발달에 심각한 위협이 될 수 있는 것으로 지적·비판했음을 보여준다. 그는 자신의 사상이 책을 통해서 전달되는 것에 부정적인 입장을 명확히 한 것이다. 이런 비판을 고려하면 그의 저술 의도가 자신의 사상이나 철학을 문자와 도서에 담아 보존·전파하려는 것이라고 보기는 어려울 것이다.

세 번째 가능성은 어떠한가? 플라톤의 대화록 『이온』에서 소크라테스가 에우티데모스에게 던지는 반문은 당시 도서의 역할을 추정할 수 있게 한다. 플라톤 시대에 책이란 사적인 독서보다는 공적인 낭송을 위한 대본인 것으로 간주되었다. 당시 낭송시인들의 역할은 전승되어오던 시들, 호메로스의 서사시, 헤시오도스Hesiodos의 신화 또는 잠언시 등을 이곳저곳 돌아다니면서 마을의 청중들에게 읽어주며 공연하는 것이었다. 청중은 이 방랑하는 낭송시인들의 방문지 마을 주민들일 수도 있고, 소규모 모임의 회원들일 수도 있었을 것이다. 낭송시인들은 처음에는 순전히 기억력에 의존하여 서사시 등을 낭독했다고 한다. 문자가 도입되어 서사시들이 문자화되고 도서가 만들어지면서 이를 읽으며 공연하는 경우도 생겨났고, 도서는 이런 계제에 대본으로 사용되었을 것이다. 또는 여러 낭송시인이 서로 다른 마을을 방문할 경우 여러 권의 대본이 필요할 것이기에 다수의 사본에 대한 수요가 생겨났을 수도 있다.

고대 그리스의 소피스트이자 철학자 루키아노스Lucianos에 따르면[13] 헤로도토스Herodotus는 올림피아의 청중 앞에서 자신의 저서를 낭독했다고 한다. 그는 읽히기 위해서라기보다는 낭독하고 청취되기 위해서 저술한 것이다. 그는 구술적 작가, 구술적 전달을 염두에 두고서 저술한 작가로 특징지을 수 있다(Thomas, 1992: 102 전후). 헤로도토스는 그 시대의 이야기꾼이라고 주장하는 학자도 있다(Manguel, 1996; Thomas, 1992: 125). 2세기 이후까지도 구술 공연 및 낭독 등이 주류 문화 전달 방식이었고, 상당히 오랫동안, 아마도 구텐베르크의 활판 인쇄술 발명 이후에도 대중은 구술 문화의 전통 속에서 살았다고 볼 수 있을 것이다.[14]

고대 그리스에서는 오랜 기간 도서나 문서의 읽기 방식이 개인적인 묵독이 아니라 다수를 청중으로 한 낭독이었던 것으로 보인다. 기원전 330년경 알렉산더Alexander 대왕이 자신의 어머니로부터 온 편지를 묵독하는 것을 보고서 병사들이 당혹스러워했다는 기록이 있다(Manguel, 1996: 180, 중간 삽지). 당시만 해도 책이나 문자란 크게 소리 내어 읽는 것이 일반적이었기에 묵독은 예외적이고 특이한 행위로 여겨졌던 것이다. 도서를 크게 소리 내어 읽는다는 것은 복수의 듣는 자가 존재함을 전제로 한다. 알렉산더 시대까지도 음독이나 낭독이 일반적인 읽기 방식이

13 그는 2세기경의 인물이나, 그의 보고는 당시 전승되던 기록에 의한 것으로 믿을 만할 것이다.

14 1400년경 필사본 성경 한 권의 가격은 약 60굴덴으로 이는 작은 농장 하나의 가격인데, 100년 후에는 인쇄술의 도움으로 권당 5굴덴으로 급락했다고 한다.

었다 한다면 플라톤 시대는 말할 나위 없을 것이다.[15] 독서란 홀로 하는 것이 아니라 공중이나 그룹을 대상으로 큰 소리로 읽는 것이고, 도서는 개인적으로 읽히기보다는 낭독되고 들려지기 위한 것이었다. 개인적인 독서가 관행으로 자리 잡게 된 것은 소크라테스나 플라톤 시대로부터 최소한 1세기는 지난 아리스토텔레스 시대 이후라 할 수 있다(Manguel, 1996: 60).

고대 그리스인들은 도시국가의 정치에 직접 참여했기에 말하기의 기술, 특히 대중 설득의 기술을 필요로 했다. 앞서 이런 수요에 부응하기 위해 소피스트라는 지식인 집단이나 교사 집단이 등장하게 되었음은 지적한 바 있다. 당시의 정치 현장에서는 연설, 논변 등의 수사학적 활동이 중요했다. 소피스트들이 도시에서 주축적인 교사의 역할을 한 주요 요인도 바로 연설과 설득 능력에 대한 수요, 그리고 이의 학습 및 교습 요청이 많았기 때문이다. 소피스트들의 수사학은 글쓰기의 수사학이 아니라 말하기의 기술이었다.

플라톤 시대는 정치사회적 활동은 물론 문화적·지적 활동들까지도 대체로 문자나 저술 등의 문어라기보다는 구어를 통해서 이루어지던 시대였다. 대화, 토론, 연설, 아고라에서의 설득과 비판, 법정 논변 등의 대면적 담론이 문화의 중심축이었을 것이다. 전반적으로 당시의 담론 환경에서는 글쓰기보다는 말하기가 문화를 주도했으며, 사회적 삶에서도 글보다는 말이 위력을 발휘했다. 이런 구술적 환경이 당시의 분위기라

15 유럽에서는 상당히 오랫동안 음독이 주류였다. 대학에서도 묵독은 12세기 무렵에야 일반화되었고, 7~8세기까지 수도원에서조차 묵독은 예외적이고 음독이 일반적이었다고 한다. 당시는 종잇값이 매우 비쌌던 시대라서 여백을 남기는 것이 낭비로 여겨졌다. 그래서 문자들 간에 띄어쓰기가 되어 있지 않았고, 여백이 없는 텍스트를 소리 없이 읽는다는 것은 상당히 어려운 일이었다(서순, 2012: 112 참조).

면, 철학함이나 지혜의 학습과 전달 역시 말로 이루어지는 것이 당연시 되었을 것이다. 소크라테스는 공자, 붓다, 그 이후 예수[16]와 같은 구술적 현자, 말로 자신의 지혜를 전달하고 제자들을 가르친 현인이었다. 공자의 간명한 잠언과 논평, 붓다의 풍부한 비유와 다각적 시각에서의 설법, 예수의 정언적 수훈이나 단호한 명법 등, 이들의 말하기 방식은 달랐지만 모두 대면적 구어를 통해 자신의 가르침을 전달했다. 이들의 말하기 방식은 상당히 대조적인 것으로, 이런 어법 자체가 그들 사상의 핵심적 일부를 구성한다. 소크라테스 역시 구술적 현인이지만 그는 이들과는 전혀 다른 새로운 방식의 어법을 구사했으며, 이는 그의 철학적 정신을 표현하고 있다. 소크라테스가 제자들을 가르치는 방식은 문제 제기를 통한 상대방의 자극, 촉발, 무지의 자각, 그리고 주제에 대한 이성적이고 비판적인 대화와 토론 등에 의한 것이었다. 당시로서는 홀로 글을 읽으며 지혜를 얻고 인격을 수양한다는 것은 매우 낯선 생각이었을 것이다.

구술사회 또는 준구술사회에서 글쓰기나 읽기 그리고 문서는 말하는 행위 및 대면적 담론에 보조적이고 종속적이었을 것이다(Thomas, 1992: 61). 플라톤 시대의 저술은 독서보다는 청취의 대상 또는 공연을 위한 대본, 혹은 낭독되는 것을 함께 듣고 즐기거나 화제의 소재로 삼기 위한 것이었다. 비극이나 희극 등의 희곡 도서들은 연극의 공연을 위한 대본, 궁극적으로는 대중이 관람할 연극 상연의 보조 장치였다. 플라톤의 대화록과 같은 철학 도서는 심도 있고 지적인 대화와 토론을 위한 기반이었다고 볼 수 있다. 당시에 도서는 사적인 것이라기보다는 공적인 문화적 재화로 여겨졌다.

고대 그리스에서 철학함의 활동 모습은 현대와는 상당히 달랐을 것이

16 예수가 글을 썼다는 것은 신약에서 단 한 번 언급된다고 한다(「요한복음」 8.8).

다. 현대의 철학적 사유는 대체로 홀로 이루어지며, 혼자의 엄밀하고 철저한 논리적 사색을 거쳐 최종 결과를 논문이나 저서의 형태로 저술화하고 독자의 비판적 검토를 기다린다. 독자, 타자들도 철학함에 관여하기는 하나 주축 사유는 서재나 연구실에서 고독한 사색을 통해 이루어지는 것이 일반적이다. 그러나 고대 그리스의 철학함은 소크라테스가 그러했던 것처럼 아고라에서, 또는 플라톤과 그의 제자들이 그러했으리라 추정되는 것처럼 아카데메이아Acadēmeia에서 또는 아고라 주변 신전의 스토아stoa에서 지적 동반자들과의 대화와 토론을 통해 함께 이루어졌다. 이런 상황에서 글쓰기는 당연히 현대와는 전혀 다른 모습을 지녔으며 그 의미도 달랐다.

2. 구술 시대의 도서 활용 방식

문자의 도입과 학습 방식의 변화

구술 시대에는 구전을 통해서 지식이나 지혜가 전해졌다. 구전·전승의 역할을 담당한 전달자들은 마을의 원로들 또는 호메로스와 같은 시인들aoidoi; rhapsodos이었다. 그 당시의 시인들은 현대적 의미의 시인과는 전혀 다른 공적인 역할을 수행했다. 현대의 시인은 언어의 잠재력을 활성화하여 개인적이고 주관적인 감정이나 정서를 표현하는 언어의 예술가이다. 이에 비해 고대의 시인은 이와는 전혀 다르게 역사적·사회적이고 공적인 역할을 수행했다. 『일리아스』와 같은 서사시는 고대 그리스의 전쟁 및 영웅들에 관한 무용담이나 전설을 담고 있는 문학 작품 이상의 의미를 지닌다. 그것은 과거로부터 전승되어오는 지식, 지혜, 관습,

규범 등을 모두 담고 있는 종합 교과서였다. 시인은 이들 문화적 내용을 통째로 자신의 기억 속에 저장하여, 그리스 전역을 돌아다니며 낭송하면서 과거 선조들의 업적, 부족의 기원, 전통의 관례, 규범, 가치 등을 전파했다. 마을 사람들은 이들을 암송하여 자신의 정신세계를 구성하고, 이야기에 담긴 전범典範들을 모방·연습함으로써 공동체가 기대하는 행동 방식을 익혀갔던 것이다. 당시의 시인은 이런 식으로 자신이 속한 공동체의 교육을 담당했다. 즉 그들은 교과서이자 도서관이고, 그들 자신이 교육자이자 교육기관이며 교육과정이었다.

문자가 도입되면서 교육 내용을 전달하는 방식이 변화한다. 한 공동체에서 전승되는 지혜와 규범, 관례, 공유하는 덕목이나 가치 등이 기억력이 아니라 문자에 담아 전달될 수 있게 된 것이다. 글을 읽기 위해서는 대중이 문자를 읽고 쓰는 법을 습득하는 과정을 거쳐야 하지만, 고대 그리스가 도입·개선한 알파벳은 음성문자이고 배우기 쉬운 문자 체계였다. 이런 점에서 그리스의 문자는 이집트의 상형문자, 수메르의 설형문자, 중국의 표의문자(한문)와 대조적이다. 이들 문자는 전적으로 지배층의 언어로서 지배층에 봉사하는 전문 서기들의 언어로 남아 있었으나, 페니키아 문자를 개선한 그리스의 알파벳[17]은 대중의 언어가 될 수 있었다. 문자나 문헌이 지식과 지혜의 저장소이자 전달자라는 지위를 물려받을 수 있는 조건이 갖추어진 것이다.

물론 문자 문화가 정착하기 위해서는 문자 독해율이 높아야 하고 문헌의 보급이 용이해야 한다. 또한 그러기 위해서는 교육과정이 대중화되어야 하며, 값비싼 파피루스나 양피지를 대체하는 종이, 나아가 인쇄술이 발명되어야 한다. 이런 조건들은 상당한 시간이 지나야 충족되는

17 페니키아 문자에는 자음만 있었다. 이에 그리스인들은 모음 문자를 추가했다.

것이나, 일단 새로운 문화의 등장을 위한 기초 선결적인 조건은 구비되기 시작한 것이다. 아테네의 지도층이나 지식층 사이에서는 문자가 널리 보급되고 저술 활동도 활발히 이루어진 것으로 보인다.[18] 플라톤 이전에 소피스트나 자연철학자들도 상당한 분량을 저술한 것으로 기록되어 있다. 플라톤은 이런 변화를 활용하여 문헌을 통해 철학 사상이나 지혜를 전달하려 했으며, 그 결과가 그의 대화록이다.

이런 시대에 철학적 저술의 위상은 어떻게 자리매김할 수 있을까? 이제 교육과 학습의 양태가 시인들이 전달하는 서사시를 청취하고 암송하는 것에서 철학자나 현자의 저술을 독서하는 것으로 변모하게 되었다고 할 수 있을까? 교육의 주체가 탁월한 기억력을 지닌 낭송시인들에서 저술가들과 이들의 저서로 바뀌게 되었다 할 수 있는가? 플라톤은 자신의 저서 『국가』에서 시인을 추방해야 한다고 주장하며 이들의 폐해 또는 이들이 내표하는 구술 시대의 교육 방식이 지닌 문제점을 지적하고 있는데, 이것은 교육 방식이나 주체의 변화 또는 이런 변화에 저항하는 세력의 존재와 관련이 있는 것은 아닐까?

현대에는 도서가 교육과 학습의 가장 중요한 토대이다. 배움은 책을 통해서 이루어지는 것이 일반적이다. 플라톤 시대에는 문자가 도입된 지 오래되었고 다양한 저술 역시 이루어졌지만 책의 대량 보급은 생각할 수도 없었고, 필사본이 만들어진다 해도 소량이었을 것이다. 당시는 문자 독해율도 매우 낮았을 터이니, 아직은 구술 문화가 주류를 점하고 있었다. 이런 시대의 지식 소비자들은 지식 생산자들을 직접 대면하여

---

18 하지만 '쓰다write'에 해당하는 그리스어 동사는 'graphō'로, 이의 일차적 의미는 '그리다'이며, '읽다read'에 상응하는 그리스어 동사는 'anagignoskō'로, 이는 '다시 알아보다', '인지하다'를 원래적 의미로 한다는 사실을 유념할 필요가 있다. 이는 '쓰다'나 '읽다'에 해당하는 고대 그리스 어휘들이 고유의 의미 영역을 확보하지 못했음을 시사한다.

가급적 당자로부터 직접 그들의 지혜를 접하고 배우기를 선호했을 것이다. 이런 학습 방식은 책을 살 수 없는 서민 대중에게는 물론 귀족 자제들에게도 일반적이었을 것이다. 지식과 지혜를 습득하는 최선의 방안은 책을 통하는 것이 아니라, 지식이나 지혜의 생산자를 직접 면담하여 그들로부터 직접 배우거나 그들의 이야기를 전해 듣는 것이었다. 소피스트에게 교육비를 지불하고 배우거나 소크라테스와 대화를 하거나, 또는 그들의 가르침을 전해 듣는 방법이다. 현자, 소피스트, 사상가들로서도 자신의 가르침을 전달하는 자연스러운 방식은 주위 사람들에게 직접 말하는 것이었을 것이니, 저술을 한다는 생각은 하지도 않았거나 저술을 해도 책은 기껏해야 자신들의 직접적 가르침에 이차적이고 보조적인 수단으로 여겨졌을 것이다.[19]

철학자나 현자들이 자신의 사상을 타인들에게 가르치는 데 있어서 도서라는 매체에 의탁한다는 것은 당시로서는 매우 비효율적이었다. 제작할 수 있는 필사본이 소량이고 글 읽는 사람이 많지 않으니 그 범위가 제한적일 것이기 때문이다. 효율성의 문제를 넘어서서 그것은 실로 위험할 수도 있다. 무지한 우중들이 저서 내용을 오해할 경우 저자 자신이 그에 대처할 수 없기 때문이다.[20] 최선의 방법은 대면을 하고서 자신의 지식이나 지혜를, 또는 수사술을 가르치는 것이었다. 실제로 소피스트의 시대, 소크라테스의 시대에 그런 식으로 대면적 관계에서 교육이 이루어졌다.

소크라테스가 저술하지 않았다는 것, 그리고 공자, 붓다, 예수 역시 저술하지 않았다는 것은 주지하는 바이나, 소크라테스가 이 후자의 사

---

19 Tarrant(1997: 135).

20 플라톤, 『제7서한*Seventh Letters*』(Thomas, 1992: 125에서 재인용).

상가들과 다른 점은 그가 철학적 사유를 하는 과정이 플라톤의 대화록을 통해 매우 세부적으로, 그리고 단계적으로 전해졌다는 점이다. 그의 철학 방식은 아고라에서 제자나 동료들과 이성적이고 비판적으로 대화하고 토론하는 것이었다. 이 과정에서 그는 공유의 주제에 관해 질문과 답을 주고받는 문답법, 독단과 선입견을 논파하기 위한 논박법, 상대방에게서 지혜를 이끌어내는 산파술 등의 다양한 방법을 동원하며 자신이 철학하는 과정을 주위 사람들에게 공개하고, 나아가 다른 시민들에게도 참여를 유도하고 있다. 대체로 그의 철학법은 구술적 환경에서 다양하고 혁신적인 말하기의 방식을 동원한 것이었다. 그의 어법은 동시대의 시민들에게는 당혹스럽고 거의 전복적인 것으로 여겨졌을 것이다.

플라톤이 생각하는 교육과 학습의 모델 역시 이와 다르지 않았을 것이다. 그의 대화록 저술 목적은 구술적 가르침을 재현함으로써 후대의 시민들을 이런 대면적·상호적 철학함으로 초대하는 것이라고 말할 수 있다. 그에게 인간 정신의 성장과 발전은 서재나 연구실에서 홀로 이루어지는 것이 아니라, 타인들과의 대화·토론의 과정에서 이루어지는 공동체적이고 정치철학적인 과정이다. 플라톤은 다수의 저술을 했으되, 이는 독자가 홀로 독서하면서 동료 시민들을 떠나 정신적이고 내면적인 사색의 여정을 떠나게 하기 위한 것이 아니라 오히려 그들과 대화와 토론을 하도록 하기 위한 자료로서 저술된 것이다. 그것은 파피루스나 양피지 위의 아고라였던 것이다.

분명 문자의 도입은 교육과 학습의 방식을 변모시켰다. 그 변화의 내용은 매체가 말에서 글로 바뀐 것 또는 학습의 동반자가 구체적인 개인에서 도서로 변한 것 이상으로 더 근원적인 것이었다. 이제 시민들은 시인들이 전하는 바를 암기·모방하는 수동적인 존재에서 주체적이고 능동적으로 말하며 생각할 수 있는 존재로 변모하게 되었다. 교육과 학습의 주체가 시인, 현자, 소피스트에서 학습자 자신으로 바뀌어 학습의 주도권이 이전된 것이다.

청취되고 토론되기 위한 도서

플라톤의 저술 의도는 근현대 저술가들과는 상당히 달랐다. 근현대 철학자들은 연구실에서 사색하고 논구한 결과를 체계적으로 정리하여 출판하고, 독자나 동료들의 반응을 기대한다. 저서에 담긴 내용은 일단 저자의 판단으로는 완결된 지식이나 이론의 체계라 할 수 있다. 저자는 자신의 이론이나 제안이 비판되고 부정되기보다는 독자들에 의해 수용되기를 기대하면서 출간한다. 플라톤은 이와 달리 자신의 대화록을 구술적 철학함의 계기이자 토대로, 또 대화와 토론의 자료로 제공하려 한 것이기에 당연히 비판적인 검토와 발전적인 전개를 기대하면서 저술했을 것이다.

플라톤 대화록의 내용은 철학적 주제에 대한 확정적이고 완결된 해답 또는 이론이라기보다는 그것으로 가기 위한 일종의 과정, 진행 중인 작업의 중간 보고서이다. 플라톤은 자신의 저술 내용이 독자들 또는 청취자들, 그리고 그가 자신의 대화방에 초대한 사람들에 의해 계속해서 토론·사고되기를 희망하면서 그 저술을 세상에 내놓은 것이다. 실제로도 그는 자신의 대화록에서 자신의 주요 이론들, 형상론, 영혼론, 상기론, 참여론 등의 제안을 확정적이고 완결된 이론이라기보다는 비판·수정·보완될 수 있는 잠정적 가설이라 기술하고 있다. 형상론은 그의 대표적인 철학 이론이라 할 수 있는데, 이 이론 역시 후기에 가서는 다면적으로 비판·검토되고 있다(『파르메니데스*Parmenides*』, 『소피스트*Sophistes*』 등 참조). 이런 저술 의도를 통해 우리는 철학함에 대한 그의 태도나 믿음이 근현대 철학자들의 그것과는 사뭇 다름을 추정할 수 있다.

분명한 것은 그가 철학적 사색을 문자에만, 도서나 독서에만 의존하여 하는 것에 비판적이라는 점이다. 앞서 언급한 바와 같이 플라톤은 자신의 저서에서, 특히 『파이드로스』와 『제7서한』에서 문자가 지닌 본질적인 단점을 지적·비판하고 있다. 문자는 기억력을 쇠퇴시키고 책자는 문자가 보여주는 바를 실재의 질서로 착각하게 한다는 것이다. 심지어 그는 문자로부터는 지혜를 얻을 수 없다고까지 단언한다. 문자는 그려진 그림과 같이 실재인 척하지만 환영에 불과한 것이며, 그것에 질문을 던지면 그것은 같은 말만을 계속 반복할 뿐 질문도 받지 않고, 설명도 하지 않으며, 예화나 예시를 제시하지도 않고, 반박을 해도 묵묵부답으로 일관한다는 것이다. 이런 비판들은 플라톤이 문자와 도서에 대해 부정적 또는 소극적 태도를 지녔음을 보여준다. 이처럼 그의 시대에 책이란 읽히기 위한 것이라기보다는 낭송되고 청취되기 위한 것이었다 (Manguel, 1996: 59).

지적 토론 클럽

그리스에서 사교 활동이면서 일반적인 교육기관의 기능을 겸했던 모임으로 심포지엄Symposium과 김나지움Gymnasium이 있다.[21] 전자는 우인들 간의 주연酒宴을 매개로 하지만 플라톤의 대화록 『향연*Symposium*』에서 보듯이 교육적인 기능이 있으며, 김나지움 역시 신체 단련을 위주로 하지만 이곳에서 중장년 남성들과 미소년들이 만나며 이들 간에 대화와

21 Powell(2001: 29 이하) 참조. 교육을 겸한 주연의 사례는 플라톤의 『향연*Symposium*』과 크세노폰의 『향연*Symposium*』에 나타난다. 김나지움에 관해서는 https://en.wikipedia.org/wiki/Gymnasium_(ancient_Greece); https://www.ancient.eu/Gymnasium/ 참조.

교육이 이루어졌다고 한다. 이런 곳에서의 교유와 문화 활동 또는 교육 활동은 대화와 토론 등의 구술적 활동을 통해서 이루어졌을 것이다.

이보다 더 선별적이고 엘리트적인 모임들의 존재도 생각해볼 수 있다. 고대 그리스 도시국가에는 여러 지적인 단체와 모임이 있었다. 자연철학자들의 학파(대표적으로 피타고라스교단), 당시 교사 노릇을 했던 여러 소피스트(프로타고라스, 고르기아스, 이소크라테스)의 학단, 소크라테스 주변의 대화 모임,[22] 아고라나 스토아 등에서의 토론 모임 등이 그것이다. 그리고 물론 플라톤 자신이 설립하고 운영했던 아카데메이아는 고대 그리스의 가장 중요한 교육기관들 중의 하나이다. 이런 모임들은 당시의 교육·문화 활동의 중심을 이루었다. 아리스토텔레스는 아카데메이아의 명성을 듣고 북쪽 마케도니아에서 유학 와 20년 동안 플라톤 수하에서 철학 수업을 받았다. 플라톤이 아카데메이아를 설립한 동기는 아테네 사회에 형성되어 있던 토론 모임이나 이곳에서 이루어지던 지적 토론을 기관 설립을 통해 제도화함으로써 그가 생각하는 철학함을 교육의 모델로 정착시키려 한 것이라고 볼 수 있다.

철학 모임에서의 주된 활동은 대화와 토론이었을 것이다. 아카데메이아의 중심 교육과정 역시 이런 대화와 토론, 다양한 논쟁이었을 것이다. 이들은 일상의 주제를 놓고 토론할 수도 있지만, 보다 진전된 단계에서는 대화와 토론의 주제로 좀 더 깊이 있고 이론적이고 학술적인 소재를 필요로 했을 것이다. 철학자들이나 현자들의 저술에 담긴 주제들, 이론들, 내용들은 이런 지적 모임에서의 담론을 위한 출발점이자 자료, 소재였을 것이다.

근현대에도 다양한 학회, 학술 세미나, 심포지엄 등 지적이고 학술적

22 소크라테스 주변의 모임들에 관해서는 Rockwell(2003: Ch. 3) 참조.

인 대화·토론 모임이 있다. 고대 그리스의 토론 모임은 현대의 그것과 어떻게 다른가? 현대의 학술 모임에서도 논문이 현장 낭독되고, 이에 대한 토론이 오가는 등의 구술적 활동이 적극적으로 진행된다. 그러나 이는 학술지에 논문을 게재·발표하고 저술을 발간하는 등의 학술적 글쓰기를 위한 보조 활동에 불과하다. 근현대에는 구술적 활동이 문자적 활동의 부수적·이차적 활동이다. 하지만 플라톤 시대에는 양자의 관계가 그 반대여서, 문자적 활동이 구술적 활동을 보조하는 데 그쳤다. 플라톤의 저술은 철학 모임에서의 대화와 토론거리를 제공하기 위해 함께 읽고 청취하는 준비 자료였다. 중요하고 본격적인 철학함은 그 도서의 내용을 듣고 담론을 벌이는 과정에서 이루어지는 것이므로, 저술 내의 철학적 내용은 예비적인 것일 수 있다. 그는 진정한 철학함이란 타인들과 함께 대화·토론하면서 정신을 일체화시키고 고양시켜가는 것이라 생각했다. 정신의 변화란 홀로의 독서와 사색, 자기수련을 통해서가 아니라 타인의 정신과 교유하고 상호 검증하면서 역동적으로 이루어진다고 믿었다. 당시에 문화적·정신적 활동들은 모두 공동체적인 것이었다. 따라서 그 당시에는 홀로의 주관적 사색이라는 개념조차 미약했을 수 있다.

고대 아테네에서 대화와 토론 모임은 어떻게 운영되었을까? 가장 바람직한 방식은 철학자나 현자 등 지혜의 출처를 직접 만나 그들의 가르침을 전해 듣고, 그에게 질문을 던지고 답변을 들으며 그와 대화·토론하는 것이다. 대안으로는 그들의 지혜를 간접적으로 전해 듣거나 그들의 저서, 가령 플라톤의 대화록과 같은 것을 사동 혹은 노예에게 낭독하게 하여 그것을 함께 청취하고, 현장에서 바로 대화와 토론의 주제로 삼는 형태가 있을 것이다. 『파이돈』에서 파이돈은 에케크라테스Echecrates와 그의 동료들에게 소크라테스가 죽기 전 마지막 날의 모습, 그날 전개된 대화 내용을 이야기해주고 있다. 대화 전달이 종료된 다음, 에케크라테스와 그의 동료들이 정신과 신체의 관계, 정신의 운명, 진정한 존재, 죽음의 의미 등을 다룬 소크라테스의 사상에 관해 대화·토론하는 모습을 상상해볼 수 있다.

이야기 전달의 관행은 고대 그리스나 플라톤 시대에만 특유한 것이 아니다. 현자의 언행을 전해 듣고 이에 관해 대화·토론하고 그 의미를 함께 새기는 등의 담론 활동은 고대 사회에서의 교육과 학습의 전형적인 모습이었다. 공자의 언행, 예수의 산상수훈山上垂訓이나 행적 등은 제자들이나 기자들에 의해 문서화되기 이전에는 구술로 전승되면서 많은 사람의 대화·토론의 주제가 되었을 것이다. 그리하여 이들 현자의 교설에 대한 대화와 토론이 지속해서 오래 이루어지고 이들의 가치나 중요성이 부각되면서 후대로 전승되었을 것이다. 이에 따라 이를 문서화할 필요가 인지·합의되고, 이에 『논어論語』나 『신약新約』과 같은 문서의 저술·편찬 작업이 이루어진 것이다.

고대 사회에서 진정한 학습과 교육이란 책이라는 무심한 사물을 매개로 해서가 아닌 사람과의 직접적인 대면 관계에서 이루지는 것이다. 가장 이상적인 것은 스승과의 대담을 통해서일 것이나, 이것이 어려울 경우에는 스승의 언행을 전해 듣고 이를 주제로 하여 사도들이 대화·토론·논쟁하고, 서로를 설득·논파·교화하면서 이루어진다. 붓다, 공자, 소크라테스 그리고 상당히 후대의 예수 모두 구술적인 현자이고, 이들의 교육은 구술적이고 대면적인 것이었다. 플라톤 역시 구술적 전통에 있는 철학자이기는 하지만, 그는 문자의 장점을 활용하여 저술하고 그 저술을 통해서 이런 구술적 전통을 보다 다양하고 풍부하며 효율적으로 계승했다고 이해할 수 있다.

고대 그리스 사회에는 심포지엄과 김나지움, 또는 주요 철학파나 학단 등의 어느 정도는 공식적인 교육·문화 기구들 이외에도 소규모의 다양한 사적인 대화 토론 모임, 지적인 토론 모임 등이 있었다. 플라톤이나 여러 사상가의 저술 복사본은 이런 모임들 여러 곳에서 담론과 논쟁을 위한 자료나 교재로 사용되기 위한 필요에 의해 필사되어 유포되었을 것이다. 이런 모임의 존재에 대한 증거를 우리는 플라톤의 대화록 곳곳에서 찾을 수 있다. 가장 가까운 사례는 『파이돈』에서 언급된 모임이다. 소크라테스의 죽음을 애도하기 위해 모인 사람들은 이전부터 고답적인 주제에 관심을 갖고 정례적으로 대화와 토론을 진행해온, 높은 지적 수준과 열의를 지닌 애지자들이다. '애지자愛知者; philos-sophos'라는 명칭은 이런 토론 모임 참여자들의 활동이 일반인이 보기에는 특별하게 여겨지기에 생겨났을 것이다. 토론 모임의 또 다른 분명하고 유명한 사례는 『향연』에서 찾을 수 있다. 이곳에서 대화 모임의 참가자들은 시인 아가톤Agathon의 집에 모여 그의 수상을 축하하는 연회를 벌이는 한편으로 에로스eros에 관한 대화·토론을 개진하고 있다. 『국가』에서도 그런 모임을 만날 수 있고(『국가』 328b), 『프로타고라스*Protagoras*』, 『파르메니데스』 등에서도 역시 그런 모임의 존재를 확인할 수 있다(『프로타고라스』 315a; 『파르메니데스』 127d). 이런 모임들이 플라톤이나 소크라테스 주변에만 형성된 것이 아닐 것이다. 지적인 시민들은 각자의 관심 사항에 따라 여러 현자나 소피스트를 중심으로 대화·토론 모임을 구성하여 대화하는 것이 당시로서는 주요한 문화적 삶의 방식이었다.

좀 더 구체적으로, 도서의 내용을 토론의 토대로 삼는 사례, 도서를 낭독·청취하는 모임의 사례들을 플라톤의 저술에서 찾아보도록 하자. 그 전형적인 예는 『파르메니데스』인데, 이 대화록의 전반부(127d-135d)는 제논Zenon of Elea이 젊은 소크라테스와 파르메니데스를 포함한 소규모 그룹에서 자신의 철학 논저를 낭독한 후 이에 대해 토론하는 구조로 전개된다. 『테아이테토스*Theaetetus*』는 낭독 사동이 소크라테스, 수학자 테오도로스Theodorus, 테아이테토스 간에 있었던 오래전의 대화를 기록한 책을 읽어주는 장면(143b-c)으로 시작한다. 『파이드로스』(227a-230c)에서는 리시아스Lysias가 자신의 연설문을 읽어주면서 미소년을 유혹하는 사례가 언급되어 있다. 그리고 다시 파이드로스가 이 연설문의 원고를 소크라테스에게 낭송하는 장면이 나온다. 플라톤의 『제2서한*Second Letters*』(310e)이나 『국가』(499a)도 역시 이런 사적 그룹의 존재를 언급하고 있다(Kelly, 1997: 152). 좀 더 가까이, 『파이돈』(97b)에서는 소크라테스가 자신의 지적 편력을 서술하는 과정에서 아낙사고라스의 저서를 조우하게 된 계기를 기술하는데, 이런 조우 역시 독서 청취·토론 모임에서 이루어졌을 것으로 추정된다. 크세노폰은 책을 함께 낭송·청취하는 모임의 존재를 『메모라빌리아*Memorabilia*』(1.6.10)에서 언급하고 있다.

이들 모두 소규모의 토론 모임, 즉 여가를 누릴 시간이 많고 학구적인 상류 지식층 그룹의 존재를 알려주고 있다. 이런 모임에서는 저자 자신이 소규모의 사적 집단을 대상으로 자신의 저서를 낭송하여 발표할 수도 있고, 다른 저자들로부터 책을 빌려 그 저서의 사본을 만든 후 토론 모임에서 이를 직접 읽거나 사동으로 하여금 읽게 하고, 자신과 여러 사람이 함께 청취한 후 토론할 수도 있었을 것이다(Kelly, 1997: 150). 길버트 라일Gilbert Ryle은 플라톤의 『국가』나 『법률』과 같은 저서는 기나긴 겨울밤에 소수의 노장들이 낭독·청취하고 토론하는 정치·사교 모임을 염두에 두고 쓰였을 것이라고 했다(Ryle, 1966: 48). 이런 사례들은 아테네의 문화에서 정예의 지적 엘리트들로 구성된 모임, 낭독·청취 및 대화·토론을 위한 모임들이 활발하게 활동하며 문화 생산자 역할을 하고 있었음을 시사한다(Kelly, 1997: 151-152; Worthington, 1997: 174). 이런 사례들에서 우리는 당시 책자가 활용된 방식을 확인할 수 있다. 당시에 저술이란 대화와 토론 활동을 위해 자료를 제공하는 부수적이고 보조적인 장치였다.

한편 이 지적 모임들은 사적이고 폐쇄적이어서 이들의 활동은 대중 집회나 그런 집회에서의 연설 및 대중 토론과는 대비되었을 것이다 (Kelly, 1997: 153). 엘리트들의 모임은 공적인 영향력을 발휘할 수 있으며, 그것은 긍정적일 수도 있으나 부정적일 수도 있다. 아리스토텔레스는 독재정에 대한 논의에서 이런 모임들의 정치 성향을 언급하고 있다. 그는 『정치학*Politics*』에서 도시국가 내의 엘리트적인 모임들은 당파적이고 자체 내의 결속력을 중시하는 경향이 있어 체제 반발적일 수 있기에, 독재 군주는 체제 유지를 위해 그런 집단을 감시·억제하려 한다고 지적하고 있다(『정치학』 5권 1313b). 이는 고대 그리스의 아테네에는 이런 지적 모임이 소수이고 예외적인 것이 아니라, 상당히 다수 존재하면서 활발하고 적극적인 정치 활동까지 수행했음을 추정하게 한다.

플라톤 저술의 구술 문화적 특징

이제 플라톤이 개인적인 독서보다는 구술적 환경에서 공동체적인 낭독·청취·토론을 염두에 두고 대화록을 저술했다고 볼 수 있는 증거를 찾아보기로 하자.[23] 첫째, 가장 중요한 것은 도서와 관련한 당시의 물리

23 한 사람이 낭독하는 것을 청취했든, 돌아가며 읽었든, 한 부를 필사하여 여럿이 읽었든 상관이 없을 것이다. 이 모든 경우에 청자나 독자들은 관심을, 즉 도서의 내용을 공유하고 있는 것이고, 이는 그들에게 공통의 대화·토론을 위한 소재를 제공할 것이기 때문이며, 그러기 위해 청취·독서·필사하는 것일 터이기 때문이다. 바로 이런 공유성이 최종적으로는 대화와 토론, 대면적 철학함을 목표로 했다는 점이 중요한 것이다.

적 요인들이다. 2500년 전에는 인쇄술이 없었으니 도서의 대량 보급은 불가능한 일이고, 민중의 문자 독해율도 낮은 편이었다. 필사본을 제작한다 해도 소량이었을 것이니 지적 엘리트들이라고 하더라도 혼자만의 정일한 독서를 누리기에는 여건이 허락지 않았을 것이다. 이미 지적한 대로 당시로서는 개인적 정신세계나 내면적 사색이라는 개념조차 확립되어 있지 않았다.

둘째, 플라톤은 서양철학사에서 거의 유일하게 대화체로 책을 저술한 철학자이다.[24] 이런 독특성 때문에 그의 대화체 저술 양식은 오래전부터 철학사가들의 문제 대상이 되어왔다. 이제 그가 활동한 시기가 구술 시대라는 점을 고려한다면, 이 문제는 쉽사리 답을 얻을 수 있다. 구술 문화에서 대화체의 저술은 자연스러운 것이다. 그의 대화록은 아카데메이아 등에서 실제 오간 대화를 기록한 결과일 수도 있고, 그가 대화와 토론을 철학함의 전형적 방식으로 생각했기에 대화체로 저술했을 수도 있다. 또는 플라톤이 자신의 스승 소크라테스가 행한 대화를 모델로 하여 저술했을 가능성도 있다(Tarrant, 1997: 132). 나아가 구술적 환경을 재현하여 대화체로 저술하는 것이 이 저술을 낭송하고 청취하는 데 있어 보다 자연스러울 수도 있을 것이다.

셋째, 대화체라는 큰 틀의 양식 이외에도 그의 대화록에서는 신화·비유·우화·시간과 장소의 기술, 성격 묘사와 같은 연극적 장치들이 자주 나타난다. 이런 장치들은 대화가 실제로 일어난 듯한 분위기를 연출하는 데 도움이 된다. 이외에도 다양한 구어적 문체가 이런 현장감을 조성하는 데 기여한다. 플라톤의 문체는 다양한 어조사를 매우 빈번하게 사

---

24 아리스토텔레스도 대화록을 저술했다고 하나, 전해지는 것은 없다. 그 이후에는 조지 버클리George Berkeley가 대화록의 형식으로 저술한 바 있으나(Berkeley, 1713), 그것은 단지 모방에 그친다는 평가이다.

용한다. 존 데니스턴John D. Denniston은 이런 어조사들을 일종의 문장이나 발화 부사로서, 휴지, 강조, 주장에 대한 제한 등 구술적 활동의 여러 특징을 표현하기 위한 언어적 장치로 보고 있다(Denniston, 1996: lxxii). 플라톤의 대화록에서 우리는 단문보다는 복문이나 중문을 자주 접하며, 그는 완전한 문장을 만들어 기술하기보다는 계속 부연되는 방식으로 이어가는 경우가 많다. 이 역시 그가 구술적인 문체로 이야기하듯이 저술했음을 추측케 한다.[25] 다양한 구어적 문체는 독자나 청자로 하여금 저자가 글을 쓰면서 혼자 사색한 결과를 접하는 것이 아니라, 여러 사람이 대화한 바를 전해 듣는 듯한 분위기를 느끼게 할 수 있다.

넷째, 플라톤 대화록에는 접속사나 어조사로 시작하는 문장들이 매우 많다. 이는 글쓰기 원칙에 어긋난다. 좋은 문장을 위한 제1원칙 중 하나는 접속사로 시작해서는 안 된다는 것이다. 플라톤은 서투른 문장가가 아니다. 그러나 그의 대화록이 읽히기 위해 쓰인 저술이 아니라 낭독과 청취를 위해서 쓰인 것으로 본다면 그의 문장 스타일이 자연스러울 수 있다. 낭독이나 청취를 할 때는 텍스트의 흐름을 고려하여 접속사나 어조사가 많이 들어갈 수밖에 없기 때문이다.[26]

근현대는 문자 문화의 시대이다. 저술이나 논술이 일반화되어 있고 이를 위한 올바르고 효과적인 글쓰기 지침이 다양하게 있을 수 있으나, 그 최소한은 일상의 대화체나 구어체와는 다른 것이어야 한다는 것이

---

25 월터 옹Walter J. Ong은 이런 부연적 문체를 구술 문화의 특색으로 지적하고 있다(옹, 1995: 61 이하).

26 플라톤 대화록, 특히 초기 대화록의 구술적 성격에 관해서는 Rockwell(2003: 8*ff*) 참조. 제프리 로크웰Geoffrey Rockwell은 대화록의 구술적 특징을 옹의 구분을 빌어 다음과 같이 지적하고 있다(괄호 안은 문자 문화적 특징): 사건 중심적(정보 제공적) / 대화와 토론(사변적 · 명상적) / 시적(산문적) / 시간 초월적(시제적) / 전승적이고 저자 부재(저자 창작적) / 첨가적(종속적) / 보수적(명시적) / 상황적(추상적) / 경쟁적(균형적) / 감정이입적(객관적).

다. 그것은 문어체여야 한다. 플라톤은 이와는 정반대로 생각했을 가능성이 있다. 그는 저술을 하더라도 그것은 당시의 언어 상황인 구술적 환경을 최대한 반영하는 방식으로 글쓰기가 이루어져야 한다고 생각했을 수 있다. 당시는 지적 활동이 주로 구술적인 방식으로 이루어지던 시대였으므로 이런 분위기는 그의 저술 스타일에 자연스레 반영되었을 것이다.

다섯째, 근현대의 철학 저술은 일종의 논설이다. 특정의 주제에 대해 개인으로서의 철학자가 자신이 사색한 결과를 독자들에게 설득하기 위하여 주장과 논거를 들어 논증하는 논문이나 논저의 형태를 지닌다. 플라톤은 이와 달리 다른 사람의 이야기를 전달하는 형식으로, 혹은 스스로 이야기하는 사람의 모습으로 대화록을 집필한 것으로 보인다. 연구자들은 그의 저술들 중에 이야기체narrative의 저술 방식이 두드러지는 대화록이 많다고 지적한다. 구술 시대의 담론은 주로 다른 이들의 이야기를 전달하고 듣는 이들이 이에 관해 논평하고 첨삭하면서 전개되었을 것이다. 당시에는 독창적인 작가가 개인의 상상력이나 창의력에 의해 극적 상황을 창작하여 전개한다는 개념이 거의 없거나 미약했을 것이다. 당시의 서사들은 개인이 단독으로 창작한 것이 아니라 한 공동체 내의 성원들이 함께 구성하고 이것이 세대에서 세대로 이어지며 누적되면서 전해진 오래된 이야기들이다. 플라톤은 저술을 하면서도 구술 시대에서와 같이 다른 곳에서 들은 이야기를 전달하는 방식으로 하여 구술 문화적 분위기를 재현하려 했다.

플라톤의 대화록들은 크게 두 부류로 분류할 수 있다. 하나는 희곡과 같은 연극적인 방식의 대화록이고 다른 하나는 이야기를 전달하는 방식의 틀을 지닌 대화록인데, 그의 대화록의 상당수는 후자의 이야기 전달 방식, 즉 어딘가에서 들은 이야기를 전달하는 방식을 취한다. 이런 이야기체의 특징이 뚜렷한 저술로, 연구자들은 『카르미데스*Charmides*』, 『리시스*Lysis*』, 『프로타고라스』, 『에우티데모스*Euthydemus*』, 『향연』, 『파이돈』, 『고르기아스*Gorgias*』, 『국가』 1권, 『테아이테토스』를 들고 있다.[27]

3. 대면적 철학함과 정신의 공명

철학함의 협동적·정치철학적 성격

플라톤의 저술 의도는 그가 생각하는 철학함의 모델과 긴밀한 관계를 지닌다. 현대인들은 철학함이란 서재나 연구실에서 홀로의 집중적인 사색을 통해 이루어진다고 생각한다. 플라톤은 이와는 달리, 철학함이란 아고라 등에서 함께 대화하고 토론하는 공동 활동을 통해 이루어진다고 믿는다. 근현대에서의 철학함을 구성하는 활동들은 연구와 사색, 저술 등으로 모두 홀로의 고독한 작업이다. 사람들을 피해 프랑스 파리를 떠나 한가한 곳에서의 사색적 삶을 추구하던 데카르트, 수십 년간 고독한 산책과 저술 활동을 지속한 칸트, 골방에 틀어박혀 사색하며 윤리학에 기하학적 체계를 부여하려 했던 바루흐 스피노자Baruch Spinoza, 홀로 몽상하며 고독한 산책을 즐기던 장자크 루소Jean-Jacques Rousseau, 유럽을 혼자 떠돌며 사유하고 저술하던 프리드리히 니체Friedrich W. Nietzsche, 노르웨이의 인적 없는 해변을 거닐며 첨예한 사유의 드릴로 전통의 단단한 사유 틀을 파쇄하고자 했던 비트겐슈타인, 이것이 근현대의 철학자들의 모습이다. 이들에게는 연구실, 서재, 해변이나 숲속의 산책길이 철학함

27 Tarrant(1997: 143). 『파이돈』의 구술적 성격에 관해서는 Tarrant(1997: 138-139) 참조.

의 주요 공간이었다. 그 작업은 이론적이고 인식적인 작업이며, 그들의 철학함은 일상의 삶과는 거리를 두고 있는 전문 영역인 학문 세계의 이론적 활동이었다. 혼자만의 작업이니 당연히 문자가 주축이 될 수밖에 없다. 이렇게 근현대의 철학함은 다른 이들의 저술을 읽고, 이를 토대로 비판하고 궁리하여 그 결과를 저술·발간하는 것이었다. 타인과 대화하고 토론하며 교실에서 가르칠 수도 있으나, 이는 철학함과 저술의 발간에 종속적인 활동이다.

플라톤에게 철학함이란 협동 작업이다. 그것은 타인과 함께하는 대화와 토론을 통해 이루어진다. 저술은 이런 대화와 토론을 위한 계기, 대화거리나 토론거리의 자료를 제공하기 위한 부차적인 활동이다. 그의 철학함에서는 구술적 활동이 주도적이고 문자적 활동은 이차적이다. 플라톤이 철학함의 전형으로 삼은 것은 스승 소크라테스의 철학함일 것이다. 소크라테스에게는 연구실이나 서재도, 방문할 도서관도 없었다. 그가 홀로 생각에 잠겨 있곤 했다는 기록이 있기는 하나(『향연』, 174d), 이는 그의 철학적 활동으로서는 예외적이며, 그런 경우에 다이몬daimon (개인적 수호 정령)이 그에게 지시를 하곤 했다는 식으로 기술되어 있음을 유념할 필요가 있다. 그의 철학함의 주된 방식은 폴리스 내에서, 그것도 아고라에서, 회식에서, 법정에서, 감옥에서 우인이나 제자들과의 대화와 치열한 토론, 논쟁이었다(『파이드로스』 230d 참조). 플라톤은 자신의 저술을 대화록의 방식, 그것도 스승이 주인공으로서 대화를 주도하는 방식으로 저술했는데, 그 이유는 그가 소크라테스적 대화와 토론이 철학함의 이상적인 모델이라 믿었기 때문일 수 있다.

소크라테스에게 철학이란 아고라에서 동료나 제자들과 함께하는 공동체 활동이었다. 그는 『변명』에서 철학함이 도시국가의 가장 중요한 활동이 되어야 한다고 역설하기도 했다. 플라톤은 스승의 이런 철학관을 수용하여 그 철학 공동체의 범위를 소규모의 토론 모임에서 도시국가로 확대했다. 그에게 철학함이란 특수 지식층의 업무가 아니라 도시국가 전체의 주요 어젠다에 속하는 활동이었다. 철학이란 일상적 삶에 대한 총체적 성찰이자 지혜와 가치의 모색과 별개의 일이 아니었다. 좋은 삶을 위한 지혜의 탐구, 지혜에 대한 사랑philo-sophia, 정신이나 영혼에 대한 배려, 그것이 철학함이었다. 철학함의 활동은 이론적이고 전문적 작업에 머무는 것이 아니라, 인간의 정신이나 삶의 방식에 핵심적인 변화를 결과해야 한다는 것이 그의 확고한 믿음이었다. 철학함이란 실천적이고 윤리적인 것, 삶의 방식의 문제였다.

플라톤은 다수의 정치철학적인 대화록을 저술했다. 『프로타고라스』, 『정치가*Politikos*』, 『고르기아스』, 『국가』, 『법률』, 그리고 소크라테스 4부작을 이루는 『에우티프론*Euthyphron*』, 『변명』, 『크리톤』, 『파이돈』 등은 모두 정치윤리적인 주제를 다룬다. 그의 저술 중 인식론이나 존재론에 관한 저술은 오히려 소수이다. 정치철학에 대한 그의 관심은 그가 생각하는 철학함의 성격과 긴밀히 연관되어 있다. 그에게 철학은 본질적으로 정치철학이다. 철학함이란 좋은 삶의 방식을 모색하는 일이고, 당시 그리스인들에게 삶이란 항상 공동체적인 삶, 정치적인 좌표대 위에서의 삶이었다. 그들에게 인간은 정치적인 동물이다. 이런 인간 규정은 인간이 단지 자연 상태의 불편함을 극복하기 위해 국가에서 다른 사람들과 협동·분업을 하며 산다는 것 이상의 의미를 지닌다. 인간은 국가 사회 속에서 타인과 의사소통의 관계를 맺으며 이성 능력을 발전시키고, 인간다운 인간이 되어간다는 것을 의미한다. 인간은 그러므로 폴리스를 떠나서는 인간의 본질을 실현할 수 없는 야만적 존재에 머문다. 철학은 인간다움의 실현을 위한 사고법이나 삶의 방식을 모색한다. 그리고 그 삶과 사고법은 공동체적인 삶을 전제로 하기에 철학은 본질적으로 정치철학이다. 주지하다시피 그는 지도자 양성을 위한 교육과정에서 철학을 가장 중요한 과목으로 생각했으며, 이상국가의 실현을 위해서는 철인의 지배가 당위적이라 주장했다. 철인의 지배, 철학적인 국가란 현실에서 유배된 철학자의 비현실적이고 허황된 꿈이 아니다. 그것은 인간다운 삶을 위한 사고법, 인간 고유의 가치와 좋은 삶을 위한 설계도에 의해 통치되는 국가를 의미하는 것일 뿐이다.

근현대 국가는 국민들의 권익 보호, 갈등의 해소, 복지의 제공 등을 국가의 일차적 책무라 본다. 국가는 타산적 이성의 인도에 의해 이루어진 사회계약의 소산으로, 일종의 도구이자 수단이다. 그러나 도시국가 내에서의 삶, 공동체 내에서 정치적 관계를 맺으며 사는 것이 인간 삶에 본질적이라 한다면, 국가의 가장 중요한 목표는 인간성을 완성시키고 공동의 선과 가치를 추구·실현하는 것일 것이다. 즉 그의 국가는 교육국가나 윤리국가이다.

플라톤은 자신의 대화록 거의 모든 곳에서의 주 대화자로 그의 스승을 등장시켰다. 주지하다시피 소크라테스는 자신이 무지한 자이며, 나아가 자신이 무지하다는 것을 아는 자라 자처했다. '무지無知의 지知'의 선언은 다음을 함의한다. 첫째, 자신은 물론 그 누구도 선지자나 현자로서 타인에게 진리를 알려줄 수 있는 입장에 있지 않다. 둘째, 시민 각자는 스스로 진리를 탐구해야 한다. 셋째, 우리 모두는 무지한 자이기에, 진리 탐구에서 도움받을 수 있는 동반자가 필요하다. 무지한 자는 홀로 진리를 탐구할 수 없다. 서로의 무지를 자각케 하고 지적 호기심을 일깨워줄 수 있는 타자가 필요하다. 무지하기는 하나 지를 추구하는 자들은 질문과 답변을 주고받으며 서로의 생각을 비판적으로 검토하고, 상대방의 정신을 자극하여 새로운 착상을 끌어내도록 돕는다. 서로의 독단을 비판적 질문을 통해 검토·논박·제거하여 지적 난경에 처할 때 애지의 마음을 갖는다. 그리고 상호 질문과 답변을 주고받으며 새로운 생각을 끌어낼 수 있는 변증적 추론을 통해서 진리를 향한 진전을 이루어간다. 넷째, 이런 협동적 사유를 통해 무지한 자들이라도 함께 앎에 이를 수 있다.

대화와 토론 과정에서 한 사람의 정신은 다른 이의 정신과 만나 대화하고 서로를 검증하며 부딪치면서 발전해간다. 두 사람은 애초에 서로 다른 견해를 지니고 있기에 부딪칠 수밖에 없다. 대화란 이견들을 역동적으로 비판·조정·추론하면서 합의에 이르는 과정이다. 합의란 믿음을 공유하는 것, 각자의 정신이 높은 수준에서 유사해지는 것을 의미한다.

대화는 구술 시대의 생각하기

철학함이 대화와 토론을 통해 이루어져야 한다는 것은 어쩌면 진부한 발상이라고 생각될지 모른다. 인간의 신체가 공기를 호흡하듯이, 인간의 정신이 그렇게 말을 주고받고 상호 대화·토론하는 것은 지극히 평범한 일상사이지 않을까? 따라서 철학함 역시 인간의 다른 일상사와 같이 대화와 토론을 통해 이루어져야 한다는 것은 당연한 말이 아닐까? 우리는 진리를 향해 가는 다양한 방법, 다양한 정신 활동을 생각할 수 있다. 근현대의 철학은 일반화, 논리적 추론, 개념 분석, 환원적 분석 등의 방법을 동원하고, 자연과학은 관찰과 실험을, 그리고 불교, 기독교, 유교 등은 선방에서의 참선, 기도방에서의 묵도와 순종적인 믿음, 온고이지신溫故而知新과 학이시습學而時習 등의 방법을 제안한다. 이 밖에도 명상, 방법적 회의, 기하학적 연역, 논리적 논증, 일상 언어 분석, 또는 돈오頓悟와 점수漸修, 은혜나 기적에의 의존 등의 다양한 방법을 생각해볼 수 있다. 그러나 구술 문화 단계에 머물렀던 고대 그리스 당시로서는 타인들과의 협동적 대화와 토론이 진리를 향해 가는 유일한 방법, 특정 주제에 관해 집중적이고 지속적인 사유를 전개할 수 있는 유일한 방법이었다.

구술 시대에 철학함이란, 더 일반적으로 사유란 오직 타인과 함께하는 대화의 모습으로만 가능하다. 왜 그런가? 왜 철학적 사유는 대화와 토론에 의거해야 하는가? 인간은 정신을 지닌 존재이며, 인간의 정신 활동에는 당연히 사유 활동이 포함되어 있을 것이다. 그러므로 구술 시대는 물론 더 이전에도 인간은 정신을 지닌 존재이고, 고로 홀로 사유함은 당연히 가능한 것이 아닐까?

인간의 말은 사유의 표현이니 구술 시대에도 인간은 사유한다고 할 수 있을 것이다. 최소한 단기적이고 단편적인 사유는 구술 시대는 물론 더 이전에도 가능했을 것이다. 그러나 구술 시대에 일정한 주제에 대해 집중적이고 지속적이며 다기적으로 사유를 전개함은 홀로 할 수 있는 활동이 아니다. 구술 시대에는 '혼자 생각함', '고독한 사색'이란 없다. 구술 시대의 '사유'는 개인의 정신 내부에서가 아니라 타인과 함께 광장에서 대화하면서 이루어진다. 사유를 대신하는 것, '사유'를 가능하게 하는 것은 타자와의 대화이다. 구술 시대에 내면적 사색이 불가능한 이유, 구술적 사유에서 동반자가 필수적이고 공동의 작업일 수밖에 없는 이유는 세 가지이다. 첫 번째는 사유 주체성, 두 번째는 기억력, 그리고 세 번째는 의미의 관여 여부와 관계되어 있다.

사유 주체

구술 시대는 시인들의 시대와 소피스트 및 철학자들의 시대 두 단계로 구분할 수 있다. 호메로스와 같은 시인들은 건국 신화, 전쟁에서의 영웅담, 신들의 이야기, 공동체의 규범과 가치, 의례 등에 관해 전승되는 이야기들을 탁월한 기억력으로 암기하여 저장하고 있다. 그들은 그리스 전역을 방랑하며 그리스인들에게 그 서사시, 영웅담, 신화들을 낭송하면서 널리 전파한다. 구술 시대에 한 공동체의 문화는 시인들 또는 마을 원로들의 기억력 속에 있다. 당시의 시인들은 근현대의 시인들과 전혀 다른 모습을 지니며, 보다 폭넓은 공동체적인 기능을 수행하고 있었다. 후자에게는 사적이고 주관적인 정서 감수성이 중요하지만, 전자는 오래된 공동체의 전설과 서사를 전승하며 철저히 공적인 역할을 수행했다.

구술 시대 전반기의 일반 대중은 진정한 의미에서 사유하는 존재가 아니었다. 이 시기 개인들의 정신 내용은 대체로 동질적이다. 시인, 현자, 예언자의 말을 전해 듣고 암기·모방하거나 그를 따라 행동하는 것이 교육과 학습의 전부이기에, 그들의 내면이나 행태는 대체로 비슷할 수밖에 없다. 구술 시대의 개인들에게 자신만의 고유한 정신세계나 내면세계라는 것은 없었고, 그들은 사유 활동의 주체도 아니었다. 아직은 근대적 의미의 개인적인 정신이나 자아라는 개념은 낯선 시대였다. 구술 시대에 근대적 의미의 개인이란 없었다. 개인들은 신체적으로는 구분될지 모르나 정신적 존재로서는 항상 공동체의 일원으로 존재했다.

시인이나 현자들은 어떠한가? 그들은 서사시를 암송하고, 신탁을 전하며, 지혜로운 말로 조언하기는 하나 이들에 담긴 사유 내용은 그들 스스로 능동적 사유 활동을 통해 창작하거나 스스로 사색한 결과가 아니다. 그들이 낭독하는 신화와 전설, 신들의 계시, 잠언과 통찰들은 단지 전승되어 오던 것을 그들의 특별한 기억력에 의탁하여 암송한 것, 또는 신들린 행위의 결과, 뮤즈가 강림하여 이루어진 귀결로 간주되었다. 그들은 이런 내용들을 전달하는 매체나 운반체, 전승자나 영매의 역할을 했을 뿐이다.

구술 시대 후반에 들어서 시민들은 사유 주체로 변모한다. 민주주의가 자리 잡고 그리스인들의 주체 의식이 형성될 터전이 마련되었으며 시민들의 정치 활동이 활발해진다. 이들은 도시국가의 운영에 직접 참여하며 다양한 담론을 전개하고 논쟁을 벌였고, 이들의 언론 수요에 부응하여 소피스트들, 수사학의 전문가들이 등장한 것이다. 시인들이 문화 주역의 지위를 소피스트와 철학자들에게 양위하면서, 이 후자들이 그리스인들의 정신세계나 도시 생활을 주도하게 된다.

소크라테스는 한 걸음 더 나아가 그리스인들에게 인간이란 영혼이나 정신을 지닌 존재임을 설파하며, 그들이 진리와 가치를 추구할 수 있는 사유 능력을 지닌 사유 주체가 될 수 있음을 깨닫게 했다. 그와 그의 제자 플라톤은 아테네의 시민들을 진리와 삶의 가치를 스스로 발견할 수 있는 능동적인 인식 주체이자 윤리 주체로 변모시켰다. 이들은 시민들에게 권위보다는 비판적 이성이 진리의 증인임을 알리고, 모두가 지닌 이성과 사유의 능력으로 스스로 진리와 가치를 발견하고 독단을 비판할 수 있음을 설파했다.

아테네의 시민들은 그들의 정치적 지도자를 선택할 수 있는 정치 제도로서 민주주의를 확립했다. 소크라테스와 플라톤은 한 걸음 더 나아가 이들에게 인간적 삶을 위한 진리와 가치를 변별할 수 있는 정신 제도로서의 인식적 민주주의를 정초해준 것이다. 시민들은 이제 시인, 현자, 소피스트들로부터 독립하여 전통과 권위에 의존한 독단을 검증·비판하고 스스로 진리를 탐구할 수 있게 되었다. 고전 철학 시대에 이르러 진리 탐구에의 권한이 소수의 현자에게서 시민들에게 이전되면서 개인이 사유의 주체로 등장한 것이다.

기억의 저장소와 공적 공간

획기적인 정신사적 변화가 이루어졌지만 여전히 근현대적 의미의 철학적 사유 활동은 어려운 상황이었다. 아무것도 없는 허공에서 사유를 확장하고 심화하는 것은 불가능하다. 문자가 일반화된 시대에는 기억의 부담을 문자에 위임하여 사유한 바를 저장·축적할 수 있다. 문자는 통시적인 매체로서 시간에 의한 휘발성을 극복할 수 있게 한다. 우리는 사유한 바를 문자화함으로써 획득한 지식과 지혜를 무시간적 매체 속에 저장하여 수시로 검색·반성하면서 비판·분석하고, 나아가 확장·심화할 수 있다. 문자 시대에 책이란 사유의 기반이며 동반자이다. 우리는 책을 읽거나 저술하면서 홀로 사유를 전개할 수 있다.

구술 시대에는 사유한 바를 보존하는 일, 그리고 이를 바탕으로 사유를 전개하고 확장·심화하는 일은 온전히 개인의 기억력에 의존해 이루어질 수밖에 없다. 개인의 기억력이 감당할 수 있는 기억량이나 지속 시간은 극히 제한적이다. 그러므로 구술 시대에 개인이 홀로 생각할 수 있는 범위는 지극히 좁은 일상적인 것에 국한되어 있었을 것이고, 전개할 수 있는 사유 내용도 단편적인 것에 머물렀을 것이다. 철학적 사유란 집중적이고 지속적으로, 그리고 종합적이며 심도 있게 이루어져야 한다. 이 과정에서 수시로 이미 사유된 바를 반성하고 점검하면서 비판적인 검토가 이루어져야 한다. 이를 위해서는 그 과정에서 획득한 바가 계속 축적되어야 하는데, 이는 개인적 기억력이나 집중력의 범위를 넘어선다.

개인적 기억이나 사유 능력의 한계를 극복할 수 있는 방법은 무엇인가? 그것은 기억의 풀을 조성하여 공동의 작업을 하는 것이다. 즉 다른 이들과 주제를 공유하면서 대화하고 토론하며 사유하는 것이다. 이것 이외의 다른 방법은 없다. 구술 시대에 사유를 담는 유일한 매체는 말뿐이다. 말의 전형은 타인과의 대화인데, 대화하면서 사유한 바를 나누어 기억함으로써 개인의 제한된 기억 용량을 보완·확장할 수 있다. 서로 질문과 대답을 주고받으면서 서로의 사고를 자극하고 상호 점검할 수 있으며, 새로운 주제와 사유 내용을 연이어 개진해나갈 수 있는 것이다.

구술시대에 대화와 토론이란 여러 가능한 사유 방식들 중 하나라기보다는 사유의 전개가 가능한 유일한 방식일 수 있다. 구술 시대에는 서로 대화하면서 '사유'하는 것이었다. 즉 대화와 토론은 구술 시대에 사유 활동을 가능하게 함으로써 정신을 위한 새로운 지평을 전개했다.

구술적 철학함은 역설적이다. 구술적 철학함은 역동적이고 가변적이며 관계적이지만, 철학자들은 이런 역동적이고 상호적인 말하기를 통해 정태적이고 불변적이며 자체적인 실재를 찾아간다. 플라톤은 『파이돈』에서 철학의 목표를 불변하는 실재나 진리를 지적으로 정관하는 상태(프로네시스phronēsis)라고 논한다. 인간의 정신은 구술적 철학함의 활동을 통해 신체로부터 해방되면서 자체적인 존재자들을 정관할 수 있는 상태에 이른다. 그러면서 정신은 불멸성을 획득하게 된다는 것이다.

이런 역설이 어떻게 가능한가? 대화와 토론에 참여하는 사람들은 이 과정에서 상호 공유하는 지평이나 좌표대를 구축한다. 자연스레 구축·형성된 공동의 좌표대는 일종의 문서적 세계와 비슷한 성격을 지닌다. 그것은 대화 참여자들이 공유하며 서로의 생각을 펼쳐놓는 객관적이거나 간주관적인 공간으로, 이런 객관적 좌표대 위에서 대화 참여자는 자신의 발언을 관찰·비교·반성하며 비판적으로 검토할 수 있다. 대화자 자신의 정신 내용도 이 객관적 좌표대로 이동하여, 개념화되면서 객관화된다. 시간의 흐름을 벗어난, 일종의 문자적 질서와 비슷한 성격을 지니는 것이다. 그들의 정신 내용에서 감정, 정서, 이해관계 등의 주관적인 요소들이 정화되고 이성화된다. 철학적 대화와 토론이 진행됨에 따라 참여자 모두가 수용할 수 있는 내용들만이 그 좌표대에 등록되고 저장·축적될 수 있기 때문이다. 개인적인 것, 주관적인 것, 정서적인 것들은 모두 정화·제거의 대상이다. 대화와 토론이란 주관적인 것을 객관화하는 과정, 감정적인 것을 걸러내고 합리적인 것만을 추려내는 과정이다. 이런 객관화·합리화의 과정을 거치면서 그들의 정신과 그들의 말은 점차 구체적이고 특수한 삶의 현장에서 비상하여 플라톤이 말하는 자체적인 존재자들의 세계에 이르게 된다. 가령 수학적 증명을 전개하는 과정에서 우리 자신의 정신의 모습을 생각해볼 수 있다.

대화와 토론이 이르게 하는 자체적 존재자들의 세계와 문자적 철학함이 전개하는 세계 간에는 중요한 차이가 있다. 구술적 철학함에서의 자체적 존재자들이나 의미 세계는 혼자 도달하는 것이 아니라 함께, 상호합의 하에 이르게 되는 공존의 질서, 공유의 세계라는 점이다. 그 세계는 공적인 공간으로 일종의 정신적 아고라이다. 이에 비해 문자와 저술에 담겨 있는 사유 세계는 홀로의 사색에 의해 도달한 것이기에, 아직은 주관적이며 독단적일 수 있는 세계이다.

철학적 사유의 목표인 진리나 가치는 일정한 기준을 충족시켜야 성취할 수 있는 것이며, 이를 위해서는 최소한 객관성, 타인의 동의 여부, 언술의 일관성 등을 특징으로 하는 합리성을 갖춰야 한다. 합리성은 홀로의 사유가 아니라 타인과의 담론을 통해, 비판적·변증적 담론의 테스트를 거치면서 창발되는 것이며, 이는 진리 판별을 위한 척도의 역할을 수행한다. 그리스인들이 이성의 능력이나 기준을 발견할 수 있었던 것은 활발한 담론 문화의 결과이다. 이에 관해서는 뒤에서 다시 논할 것이다.

우리는 구술 시대의 철학함과 문자 시대의 철학함을 구분해볼 수 있다. 양자의 핵심적 차이는 매체라기보다는 상대방의 존재 여부에 있다. 서재에서 혼자 책을 읽거나 글을 쓰면서 철학적 사색을 할 수는 있으나, 홀로 독백을 하면서 철학적 사유를 전개한다는 것은 비정상적이다. 문자가 없던 구술 시대에는 말하면서 생각한다. 그 말은 혼잣말이 아닌 타인과의 대화이거나 이야기일 것이다. 구술 시대에 혼잣말을 하는 사람은 신들린 신관이나 무당, 아니면 미친 사람뿐이다. 구술 시대에 언어와 사고는 일치했으므로 혼자의 생각, 내면적인 사색이란 없다. 플라톤이 철학함이란 대화와 토론이라 논했을 때, 그 말은 철학이란 생각하는 것, 사유하는 것이라는 말 이외의 다른 것이 아니었다.

우리는 플라톤이 살던 시대가 현자들의 시대, 공자, 노자, 붓다, 예수의 시대에서 그리 멀지 않은 시대임을 유념할 필요가 있다. 현자들의 시대는 문자나 책의 시대가 아니다. 소수의 추종자나 제자와의 대화, 토론, 설교를 통해 그들을 감화시켜 그들에 의해, 즉 사람을 매개로 하여 자신의 사상과 철학을 전파하던 시대였다.

타인의 반응과 사유

구술적 철학함은 글이 아니라 말로 수행된다. 말과 글의 차이는 단순히 매체의 차이, 단지 청각적이냐 시각적이냐, 시간적이냐 공간적이냐의 차이만을 의미하지 않는다. 말과 글은 전혀 다른 방식으로 통신매체의 역할을 한다. 말은 글과 달리 직접적·관계적·상호적·반향적이다. 말은 청자의 정신을 직접 두드리나, 글은 글의 배후에 있는 의미를 매개로 하여 정신을 움직인다. 말은 청자의 구체적이고 살아 있는 정신과 관계하고, 글은 추상적이고 정태적인 의미와 관계한다. 말은 청자로 하여금 발언의 주변 상황이나 문맥을 적극 고려하도록 요청하며, 나의 말은 타인의 말과의 상호적 관계에서 발언되는 것이기에 다른 발언들을 환기·연상시킨다. 말은 삶의 과정에서 삶의 활동의 일부, 아니 그 주축으로 발화된다. 그러므로 말하기는 인간의 가장 중요한 활동, 가장 인간적인 행위 방식이다.

『파이돈』에서 플라톤이 제안하는 철학함의 목표는 불변하고 자체적이며 신적인 실체들을 인식하는 것이다. 구술 시대에는 그것으로 가는 길이나 방법이 역동적이고 관계적이며 대면적인 대화와 토론이었다. 이 과정에서 삶의 많은 요소, 대화 쌍방, 청취하는 사람들 모두가 관여하기에 구술적 철학함에서의 말은 관계적이고 연기적이다. 말하기는 많은 사람과 존재자, 삶의 요소, 무수히 많은 개념, 문제, 주제, 참여하는 사람들의 정신을 연루시키고 관계시킨다. 이런 관계망을 우리는 『파이돈』의 대화 과정에서 목도한다. 이곳에서는 토론의 당사자들인 소크라테스, 케베스, 심미아스만이 아니라 주위의 청중, 감옥의 간수, 심지어 소크라테스의 아내 크산티페까지 관여한다. 그리고 이는 다시 파이돈에 의해 에케크라테스에게 전해지면서 반향을 일으키며 확산되어간다. 구술적 철학함은 구어의 역동성을 추진력으로 하나, 문어나 문자는 구어가 갖는 이런 역동성, 관계성, 환기성, 연기성을 결여하고 있다.

글은 독자로 하여금 일상적 삶과 삶의 제반 요인들로부터 떠날 것을 요청한다. 글은 삶의 세계에 거리를 두고 반성적 사고를 한 결과로 쓰여지는 것이다. 글을 읽고 그를 기반으로 사유할 때 우리는 문자 배후의 의미들을, 그리고 그들에 의해 구축된 추상적이고 보편적인 세계를 이해하고자 하며, 그런 노력은 삶의 구체적 현실이나 관계망으로부터 거리를 두고 추상적 세계로 이행해가게 한다. 저술 속의 문장들을 이해하고자 할 때는 그 문장이 쓰인 상황을 생각할 필요도 없고 해서도 안 되는 것이다. 그러나 발언의 경우는 발언의 발화 상황에 관여하는 여러 요소를 충분히 고려해야 그 발언이 적절히 이해된다.

말은 글과 달리 삶의 구체적 현장에서 다른 발언들과 삶의 여러 요소와의 관계 속에서 기능을 수행하며, 삶의 중심을 이루는 주축 요소이다. 말은 항상 관계적이며, 문맥적이고 많은 것을 연루한다. 말의 문맥을 간과하면 말뜻을 알아듣지 못할 수 있다. 말은 그러므로 글과 달리 예측불허의 것을 불러오는 환기력과 연상력을 발휘하여 새로운 착상을 가능하게 한다. 우인들과의 담소 자리에서 언급되거나 거론된 주제들을 열거해보라. 말은 다른 말을 끌어오는 자력을 발휘하며, 글과 달리 역동적이고 변화하는 언어이다. 바로 이런 역동성이나 환기력이 대화와 토론, 구술적 철학함의 추동력으로 작용한다. 글의 의미는 명석판명해야 하며, 명확한 메시지를 전달해야 하기에 의미 외적인 요인들이 연루되는 것을 기피한다. 애매모호성·불투명성은 문장의 패덕이다.

담론의 공간은 무수히 많은 보주가 서로를 반영하면서 새로운 상을 만들어내는 인드라망Indra網과 같은 곳이다. 말이 말을, 생각이 생각을 불러내는 연기적 공간이다. 인드라망의 보주들[28]은 서로의 모습을 비추이며 무궁무진히 새로운 상을 만들어낸다. 구술적 공간에서 두 대화자는 대화를 통해 질문과 답변, 제안과 질문을 주고받으면서 새로운 논제들을 이끌어낸다. 그러면서 점차 진리의 지경에로 나아가며, 서로의 정신은 점차 동질적이 되어간다. 담론의 공간에는 타자가 있어야 연기적이고 역동적인 반영과 반향이 생겨날 수 있다. 문자 시대의 사유는 의미들과 관여하면서 전개되지만 구술 시대의 사유는 타인과 관계하면서, 즉 서로 주고받는 발언을 추진력으로 하여 전개되므로 말하면서 사유가 이루어지는 것이다. 문자 시대의 사유는 어휘와 문장의 의미를 천착하면서 이루어지나, 구술 시대에는 그런 의미가 매개되지 않는다. 대화의 공간에서 사유를 촉발하고 자극하는 것은 타인의 발언이나 타인의 반응이다. 구술 시대의 이런 특징 때문에 타자의 존재는 필수적이고, 구술 시대의 사유는 대화와 토론을 통해서 이루어질 수밖에 없는 것이다.

사유의 협동성과 긴밀히 연관되어 있기에 구술 시대에는 연구와 교육을 나눌 수 없다. 문자 시대에 철학적 사색은 혼자 하며, 저술과 교육을

---

28 『화엄경』의 비유. 만유가 연기적 관계 속에서 서로가 서로를 생성하며, 일자一者 속에 만유가, 만유 속에 일자가 있음을 설파하기 위한 비유이다. 수많은 반사면을 지닌 보석들이 그물처럼 엮어진 샹들리에를 상상해보자.

통해 사색·연구한 바를 타인에게 가르친다. 구술적 철학함의 시대에는 이 양자가 병행된다. 함께 철학적 대화·토론을 하면서 사색하며, 또 서로 가르치고 배우며 서로의 정신을 변화시키는 것이다.

과정으로서의 철학함

우리는 플라톤의 대화록을 읽으면서 다른 사상서들을 읽을 때와는 다른 체험을 한다. 대화록에 등장하는 인물들과 함께 극적 역동성과 열정을, 또는 지적 기쁨이나 즐거움을 느끼기도 하며, 소크라테스의 유도적인 질문에 지적 산고를 겪기도 한다. 또한 논리적 추궁에 몰려 압박감을 느끼다가 아포리아Aporia의 지경에 몰려 난감해하기도 한다. 이성의 배를 타고 철학적 항해를 하며 순풍의 도움을 받기도 하고, 암초에 걸려 좌초하거나, 격랑을 만나 난파하기도 한다. 지적 사냥에 참여하여 진리라는 사냥감을 함께 추적·포획하는 기쁨을 맛보기도 한다. 그의 대화록은 정신의 천로역정이다. 독자들은 대화록의 저자와 함께 진리 탐구, 사냥, 목적지로의 항해에 동참하는 체험을 하는 것이다.

플라톤이 제안하는 구술적 철학함은 예수의 산상수훈, 붓다의 설법, 근현대의 철학함과 비교될 수 있다. 산상수훈은 이미 획득된 진리를, 그것을 아는 자가 모르는 자에게 전달하는 과정이다. 예수가 산상수훈을 설교하는 갈릴리 호수 근처 산상에 있다고 상상해보자. 우리의 정신은 어떤 모습일까? 우리는 예수가 내리는 단호하고 정언적인 말씀을 절대적으로 수용하여 믿거나, 아니면 말거나 둘 중의 하나를 선택하도록 강요받는다. 그는 질문이나 반문을 허용하지 않으며, 반론의 제기, 토론, 대화의 가능성이나 기회는 처음부터 차단되어 있다. 그는 자신을 시험하지 말라며 자신의 절대적 권위에 대한 증거 제시를 거부한다. 한편 성불한 붓다가 최초로 설법했다는 사르나트(녹야원) 보리수 그늘 모임에 참석했다고 해보자. 그의 어조는 예수의 경우와는 달리 온화하며 제자들의 질문에 개방적이기는 하나, 설법의 자리는 스승과 제자 간의 위계적이며 하향적인 분위기의 것으로 플라톤의 대화에서와 같은 수평성, 대등성, 역동성은 찾아보기 힘들다. 또, 근현대 철학의 저술들은 저자가 사색·연구한 결과를 완결된 체계로서 제시한 것으로, 논제와 논거가 있어야 하고, 독자들은 그 결과를 수동적으로 수용하거나 이성적으로 비판한다. 이것이 근대적 철학함의 방식이다. 독자들은 저자의 사색 과정에서 배제되어 있다. 이들 모두에서 우리는 설법·설교하는 종교적 현자 혹은 철학서의 진리 추구에 동반자로서 동행하며 대화할 수 없고, 그들의 사색 과정에 참여하는 체험도 할 수 없다. 아예 그런 기회가 구조적으로 주어지지 않는다.

플라톤이 생각하는 철학은 붓다나 예수의 사유 또는 근현대 철학과는 사뭇 다르다. 후자의 사유는 독보적이고 완료적이라 한다면, 전자의 철학함은 협동적이고 진행적이다. 현자들의 종교적 사유나 근현대의 문자 기반의 철학함이 완료적 동사상perfect verb aspect으로 표현될 수 있음에 비해 플라톤의 대면적 철학함은 반과거적 동사상imperfect verb aspect으로 기술될 수 있다. 플라톤의 철학함은 목적이 성취되어 종료될 수 있는 제작poiesis이나 노동의 성격을 지닌다기보다는 진행적인 실천praxis으로서의 성격을 지닌다.[29] 이에 비해 근현대적 의미의 철학함은 연구·사유 활동을 통해 진리를 발견하고 그 결과를 문장에 담아 저술화하면 완료된다.

---

29 이 두 종류의 활동은 아리스토텔레스가 윤리적 행위의 성격을 규명하기 위해 구분한 것이다. 윤리적 행위는 제작이나 노동보다는 실천적 활동이다. 노동과 실천, 그리고 완료적 동사상과 반과거적 동사상 간의 구분에 관해서는 4장 7절에서 그리스의 동사상verb aspect에 대한 논의 참조.

플라톤적 철학함은 진행적 과정 그 자체이며, 삶의 방식이다. 플라톤의 많은 대화록이 이런 과정적인 성격을 보인다. 심지어 초기의 대화록은 특정 결론에 도달하기는커녕, 오히려 기존 결론이나 확신을 논박하여 지적 궁지aporia에 빠지게 한 채 종료된다. 플라톤은 자신의 주축 이론인 형상론마저도 후기에 가서는 재검토와 비판적 검토의 대상으로 삼는다.

구술적 공간의 공명성

대면적 담론 공간은 공명적이다. 상호 이견을 지녀 이질적이었던 정신들은 대화가 진행됨에 따라 각자의 입장을 조정하면서, 상호 반향하고 반영하면서, 각자의 모습을 형성하며 점차 동질적인 존재로 변모해 간다. 두 정신이 동일하거나 유사한 믿음 또는 지식을 지니게 되면 그 두 정신은 동일하거나 유사한 존재가 된다고 할 수 있다. 그래서 구술적 철학함이 이루어지는 소크라테스의 아고라나 플라톤의 아카데메이아는 일종의 공명실echo chamber과 같은 모습을 지닌다.

공명적 공간의 구체적 예는 소크라테스의 감옥이다. 『파이돈』에서의 대화가 참여자들의 정신에 끼친 영향을 생각해보자. 타임머신을 타고 2500년 전 고대 아테네로 돌아가 어두운 감옥에서 소크라테스, 심미아스Simmias, 케베스Cebes와 자리를 함께한다고 상상해보자. 사형 집행 날 제자와 동료들은 깊은 슬픔에 잠겨 소크라테스와의 마지막을 함께하기 위해 모였다. 사방이 막혀 있고 육중한 철창이 가로막고 있는 좁고 폐쇄적인 감옥의 공간, 방금 사슬에서 풀려난 소크라테스가 차가운 침대에 걸터앉아 대화를 유도한다.

소크라테스는 해가 지면 독배를 마시고 죽을 한계 상황에 처해 있다. 그런 비극이 임박했음에도 그는 의연한 자세를 견지하며, 슬퍼하고 불안해하는 제자와 동료들을 정신의 운명에 관한 대화로 초대한다. 과연 정신이 신체의 죽음과 함께 소멸해갈 것인지를 논리적으로 검토하자는 것이다. 목전의 현안은 다름 아닌 삶과 죽음, 죽음 후의 정신의 운명이니 그 주제의 심중함은 말할 필요가 없을 것이다. 정신 또는 영혼이 사느냐 죽느냐가 걸려 있는 토론이다. 그들은 최선을 다해 사유하고 서로의 주장을 검토하면서 대화를 전개한다. 대화와 토론이 진행되면서 감옥, 이별, 독배, 죽음, 재판의 부당함, 슬픔과 억울함의 감정, 그리고 정신의 운명에 대한 선입견, 회의, 불신은 그들의 마음에서 사라져간다. 그들은 점차 신체와 정신의 차이, 정신과 이성, 정신의 사유 대상, 자체적인 것, 감각과 이성의 차이, 정신이 불멸하고 자유로워질 수 있는 가능성 등에 귀 기울이게 된다.

소크라테스와 제자들이 주고받는 말소리와 이에 담긴 로고스가 좁은 감옥을 가득 채워가는 것이다. 로고스의 테스트를 통과한 논제들은 수용되어 대화에 기여하나, 그렇지 않은 것은 바로 폐기된다. 이 마지막 대화에서의 심판관은 소크라테스를 무고한 고소인들도, 그에게 사형을 언도한 아테네의 우중이나 재판관들도 아닌 엄정한 이성, 즉 로고스이다. 대화가 진행되면서 오가는 말들은 점차 정련되어 이성으로 변모한다.

이성적인 대화와 토론의 열기는 슬픔과 불안의 정서를 서서히 안개처럼 사라지게 한다. 감옥의 중심에는 로고스가 자리 잡는다. 이성의 힘, 철학적 토론의 힘에 의해 감옥의 벽들이 서서히 와해되어 주저앉고, 제자와 동료들의 정신을 옥죄던 사슬들은 구속력을 상실한다. 새로운 믿음이 그들의 정신에 자리 잡고, 그 믿음은 그들의 정신을 부상시키는 양력으로 작용한다. 소크라테스의 감옥은 로고스에 의해 구속의 공간에서 자유의 공간으로, 정신의 자유로운 비상을 위한 공간으로 변모한다. 이들의 정신은 이제 동질적인 존재로 변화하여 함께 실재의 세계를 향해 날아간다. 구술적 대화가 이루어지는 소크라테스의 감옥이 대화자들 서로의 정신을 만들어가고 변화시켜 동질화시키는 공명적 공간으로 변모한 것이다.

파이돈으로부터 그 대화와 소크라테스의 죽음의 장면을 전해 들으면서, 에케크라테스와 그의 동료 시민들 역시 정신의 정화를 체험한다. 마찬가지로 이 대화록을 읽거나 청취하게 될 아테네의 다른 시민들, 또는 현대의 독자나 청자들도 이런 정신의 정화를 체험할 수 있을 것이라 플라톤은 기대했을 것이다. 이런 것이 그의 집필 의도이다. 플라톤이 『파이돈』을 저술한 이유 중 하나는 스승의 마지막 날을 기록하여 그를 기리기 위해서일 것이다. 더 중요한 목적은 위대한 철인의 최후에 대한 자신의 이야기를 전해 듣는 청취자들이, 소크라테스와 그의 제자들이 체험했던 정신의 상태에 들어서게 하려는 것이다. 자신이 저술한 대화록이 여러 겹의 동심원적 반향을 만들어내면서 멀리 퍼져나가 점점 더 많은 이의 정신을 정화시킬 수 있기를 기대하면서.

이처럼 구술 시대의 언어공동체는 일종의 공명통이었다. 특히 그리스의 도시국가 같이 협소한 공간에서 도시민들이 밀집해 살던 대면집단에서는 도시 전체가 서로에 대해 반응하고 반향하는 울림의 공간이었을 것이다. 그리스 시대 폴리스에 거주한 자유시민의 수는 4~5만 명에 못 미쳤고, 전쟁터에서 전쟁을 하거나 아고라에서 토론을 하거나 항상 삶을 함께하는 것이 일상적이었다. 아고라에서 활발하고 다채로운 담론을 주고받으면서, 서로의 정서, 믿음, 생각, 태도를 함양하고 공유하면서 아테네인은 그리스적 시민이 되어간다. '인간은 폴리스적 동물'이라는 아리스토텔레스의 통찰은 이런 구체적인 경험에서 나온 것이다. 인간은 정치공동체 속의 담론 활동과 공동체적 삶을 벗어나서는 진정한 인간, 인간다운 인간이 될 수 없다. 정치공동체는 서로의 이익을 위한 상호 계약적 관계 이상의 의미를 지닌다. 폴리스란 인간다운 인간을 만들어내는 기제이다.

말하기와 진리의 발견

대화를 통해 진리를 발견할 수 있다는 생각은 또 다른 중요한 정신사적 의미를 지닌다. 플라톤 시대 이전, 호메로스 시대를 포함하여 상당한 기간 동안 일반 시민들은 진리에 접근할 권한이 없었다. 일반 시민들의 대화는 진리와 무관한 것이었다. 그들은 진리의 수혜자는 될 수 있을지언정 진리의 발견자는 될 수 없었다. 그 시대의 진리는 특수층의 전유물이었기 때문이다. 진리는 일부 선택된 사람, 시인, 현자, 신관들에게만 영감으로 떠오르고 계시·신탁되는 것이었다. 이들은 '진리의 주재자들masters of truth'이라 불렸다. 호메로스 시대의 대중은 스스로 생각할 수 있는 존재가 아니라 시인, 현자, 진리의 주재자들이 전하는 말을 그대로 암기·수용하는 존재였다.

중장비 보병들의 혁명, 데모스demos 계급의 부상, 아고라의 민주주의, 소피스트의 시대를 거치면서 일반 시민들은 말의 권리를 획득하고, 말할 권리에서의 평등성을 주장하며 도시국가 정치에 참여하게 된다. 민주주의의 시대가 열린 것이다. 이 시대에는 민회가 거의 매주 열릴 정도로 토론과 논쟁이 활발히 전개되었다. 아테네는 말의 도시로 변모하며, 모든 시민이 아고라에서 주체적이고 독립적으로 말할 수 있는 존재로 등장한다. 시민들은 스스로 사고할 수 있는 존재로 격상되어 옳고 그름을 판정하고, 사회 정의와 공동선을 확립하고, 진리와 허위를 판별하며 진리 탐구에 참여할 수 있게 된다. 진정한 공동체의 일원으로 변모한 것이다. 모든 시민이 정치가이고, 재판관이며, 진리의 탐구자가 된 것이다.

대면적인 말이 주도하는 문화에서 최고의 가치는 상대방을 설득하고 토론에서 이기는 것, 법정 투쟁 등에서 승리하는 것, 연설을 통해 대중을 설득하는 것, 간단히 말해서 말로써 이기는 것이다. 소피스트들은 대중의 이런 요구에 부응하고, 또 이런 분위기를 조장했다. 소피스트들의 시대에 대화와 토론은 이기기 위한 것, 타인을 설득하기 위한 도구에 머물러 있었다.

이기기 위한 말에서 이성적인 말, 진리를 담는 말로 아테네인들의 관심을 돌린 것은 소크라테스이다. 말에는 조리, 즉 말의 정신인 로고스(이성)가 있어야 한다. 아테네인들이 말이란, 대화와 토론이란 논적을 논파하기 위한 무기가 아니라 진리로 가는 길일 수 있음을 인식하게 한 것은 소크라테스의 혁신적 사유의 덕이다. 그와 그의 제자 플라톤은 언어 활동의 목표가 진리의 획득임을 각성시키고, 말이 진리를 향한 길이 되기 위해서는 일정한 조건을 충족시켜야 함을 깨닫게 한다. 소크라테스는 스스로를 현자가 아니라 자신의 무지를 아는 자라 자처하면서, 진리 탐구의 주도권을 아테네의 시민들에게 양여한다. 논박법을 통해 모순의 개념을 드러내고, 말에는 모순이 없고 일관성이 있어야 한다는 기준을 확립한다. 진리 판별을 위한 최소한의 기준을 제시한 것이다. 그는 문답법을 통해 상대방의 사유를 촉발함으로써, 아테네 시민들로 하여금 스스로 자기 자신이 사유하며 진리를 찾을 수 있는 인식 능력을 지니고 있음을 깨닫게 했다.

사유와 인식은 고유의 대상을 가지는데, 그것은 감각 대상인 경험적 특수자가 아닌 보편자 또는 추상체이다. 정의로운 사람, 정의로운 국가, 정의로운 마음보다는 이들 모두가 공통으로 지니고 있는 정의 자체를, 그리고 용기 자체, 둥긂 자체 등을 철학적 사유는 대상으로 한다. 플라톤은 이런 대상으로 형상 개념을 제안하며, 나아가 이들 사이에는 추론적이고 논리적인 관계가 있음을, 그리고 이런 관계의 분석에는 선험적 능력이 관여함을 규명했다. 그는 사유 주체, 인식 주체로서의 인간관에 인식론적 근거를 확고히 함으로써 스승의 혁신적 입장을 한 단계 진전시킨 것이다.

플라톤이 생각하는 철학함은 이런 지성사적 발전의 단계를 거쳐 형성되었다. 그는 일반 시민들이 정신 속에 이미 선험적인 것, 초자연적인 것, 신적인 존재에 대한 인식(상기설)을 지니고 태어남을 보여줌으로써 인식적 민주주의에 철학적 근거를 확보했다. 나아가 그는 타인과의 대화와 토론의 과정이 말의 본질, 말의 정신, 즉 이성을 부상하게 함을 통찰했다. 이성은 말하기의 과정에서 부상한 것이지만, 말하기의 활동을 선도하면서 진리 발견을 가능하게 한다. 그는 진리를 발견하기 위해 사실 자체를 관찰하기보다는 로고스, 즉 말들 속으로 도피하여 차선의 방법을 채택하겠다고 제안한 바 있다. 그런 제안은 말하기의 과정에서 말의 본질이 개현되고, 말이 이성으로 변모하여 논리적 사유를 가능하게 한다는 점을 인식했기 때문이다. 그 로고스적 방법은 다시 더 구체적으로 가설의 방법, 추론의 방법, 논박법, 변증법, 개념 분석의 방법 등 다양한 방식으로 우리를 진리에로 다가가게 한다.

플라톤의 대면적 철학함의 모델은 구술 문화의 전통을 계승하는 것으로 평가할 수도 있으나, 그가 생각하는 구술적 활동의 성격이나 내용은 이전과는 전혀 다른 것이다. 이전에는 전승되는 이야기를 그대로 암송하고 이를 자기화하여 자신의 행동과 삶을 위한 지침으로 삼는 것이었다. 플라톤 이전에 말이란 단지 지혜의 전승·전달을 위한 매체이거나 소통의 수단에 불과했기 때문이다. 말(소통 수단으로서의 로고스)은 아직 진리 발견의 방법(이성으로서의 로고스)으로서의 지위에 이르지 못한 것이다.

시민들이 진리와 실재를 탐구함에서 실질적인 사유 주체로 격상될 수 있었던 것은 말하기가 진리 발견의 방법의 지위에 오르면서이다. 진리 발견을 위해서는 특별한 예외적 능력이나 과정이, 가령 신탁, 계시, 신들림, 영매 등이 필요한 것이 아니다. 일상적인 말하기에 의존하되, 말의 정신과 논리에 충실하면 되는 것이다.

4. 구술적 철학함과 문자적 철학함

구술적 철학함의 특징을 정리해보자. 이 특징들은 근현대의 철학함과 비교할 때 보다 분명하게 부각될 것이다. ① 근현대의 철학적 활동은 강단에서, 연구실에서, 도서관에서, 산책길에서 이루어진다. ② 책을 읽거나 홀로 논구하거나 사색하며 철학적 탐구를 진행한다. ③ 연구한 후 그 결과를 교육하거나, 저술 혹은 논문의 형태로 공개한다. ④ 독자들이 출간·공개된 저술을 독서한 후, 이에 대한 비평·비판·논의 등이 진행된다. ⑤ 철학적·학문적 연구와 논의의 장은 학계, 대학, 연구실, 수도원 등으로, 이는 일상적 삶의 장과 구분되며 별개로 존재한다. ⑥ 연구와 교육이 분리되어 있다. ⑦ 철학적 탐구의 목표는 소위 객관적 진리의 발견이고, 이는 이론적이고 전문적인 작업으로, 앎, 실천, 삶의 영위와는 별개의 활동이다. ⑧ 저서나 논문의 형태로 저술을 발간하는 것은 철학함의 핵심적 일부이다. 즉 문자나 문헌이 철학함의 중심이자 기반이다. 문자에 기반한 연구와 사색, 저술은 본질적으로 고독한 홀로의 작업이다. 글쓰기는 고독한 사유이다.

이와 대조적으로 구술 시대의 철학함의 가장 중요한 특색은 공동체의 다른 구성원들과의 대면적이고 협동적인 작업이라는 것이다. 이것은 다음을 함의한다. 첫째, 동반자가 탐구나 철학함에 참여할 수 있기 위해서는 우선 주제나 관심사가 공유되어야 한다. 철학적 사유의 주제는 모든 인간의 관심사, 삶, 인간, 사회, 우주 등인데, 이는 모든 이의 관심 대상이자 토론 대상으로 삼을 수 있다. 『에우티프론*Euthyphron*』에서 경건, 『라케스*Laches*』에서 용기, 『향연*Symposium*』에서 에로스, 『파이돈』에서 소크라테스의 죽음과 정신의 운명, 『국가』 1권에서 정의 등, 플라톤 저술의 다양한 주제는 모두 아테네 폴리스의 현안들이었다. 즉 도시국가 시민들의 삶이나 행동과 관계되는 것이기에 시민 모두가 관심을 공유하는 주제들이다. 문자 시대의 철학함도 역시 독자들의 관심사를 반영하여 주제가 설정되는 것이나, 그 공유 여부는 출판된 후 독자들의 반응에 의해 가려지는 것이므로 사후적이다. 하지만 구술적 철학함의 경우는 이와 달리 대화와 토론의 주제가 공유되어야 대화가 진행되는 것이므로, 관심사의 공유 여부는 선결 조건이다. 구술 시대의 철학적인 작업은 공동 작업이기에 정치적인 성격을 지닌다. 그것은 아고라, 폴리스의 공동체 구성원 모두가 공유하는 관심사res publica이다.

둘째, 철학적 대화는 의견을 상호 교환하고 질문을 주고받으며, 서로를 비판·검증하면서 진행된다. 비판과 검증이 이루어지는 이유는 주제에 대한 의견, 입장, 해답 등도 역시 공유되어야 하기 때문이다. 구술적 철학함에서는 즉각 반응하는 대면적인 타자가 존재하므로 비판과 검증은 구조적으로, 즉시 이루어진다. 실로 상호 비판과 검증은 구술적 철학함을 추동하는 원리인 것이다.

셋째, 의견의 개진, 상호 검증과 합의, 입장의 공유가 이루어지기 위해서는 공동의 기준이 있어야 한다. 그 기준은 사실과의 부합성과 합리성이다. 서로의 입장이 합리적이고 일관성이 있으며 모순이 없는지의 여부, 그리고 제안된 의견이 사실을 반영하는 진리alētheia인지의 여부가 지속적으로 확인되어야 한다. 소크라테스의 논박법은 합리성의 검증을 위한 대표적인 방법이다. 그리스에서 이성 개념의 형성과 발전은 바로 논쟁적이며 상호 검증적인 담론 문화에 힘입은 바이다. 이성이란 그리스인들에게 논쟁 과정에서 발견·확립된, 대화와 토론의 원리이자 기준에 다름 아니다. 이성의 핵심적인 내용 중의 하나는 발언이나 믿음이 일관성이 있느냐, 타인과 공유될 수 있느냐는 것이다. 공유할 수 있는 타인의 범위가 넓을 때 그것의 합리성 정도는 높아진다. 글쓰기는 말하기와는 달리 자신의 정신이나 진리만을 관심사로 하기에 주관성의 감옥에 갇힐 수 있다.

넷째, 주어진 것, 믿어진 것, 보여지는 것, 제안된 것이 바로 진리인 것은 아니다. 바로 이런 이유에서 철학적 대화는 시작되는 것이다. 진리는 감추어져 있다는 믿음을 전제로 해서, 구석구석 검색하며 파고들어 광맥에서 보석을 찾듯이, 길 없는 숲속에서 동물을 사냥하듯이, 거센 풍랑을 헤치고 안전한 항구로 항해해가듯이, 지속적이고 조심스러운 방법을 동원하여 찾아야 하는 것이다. 가까이 있는 것, 친근한 것, 그럴 듯해 보이는 것은 진리가 아닐 수 있다. 진리는 멀리 있다. 여기서 비판적 이성의 개념이 형성된다.

다섯째, 근현대 철학자들의 전형적인 모습은 수도원(토마스 아퀴나스 Thomas Aquinas), 평화 시의 한가로운 병영(데카르트), 오솔길(루소, 칸트), 외진 해변의 오두막(비트겐슈타인), 대학의 연구실이나 도서관(현대적 철학함) 등 삶의 현장에서 거리를 둔 고독하고 정일한 공간에서 이루어지는 사색이다. 이와 대조적으로 구술 시대의 철학함은 광장에서, 도시의 중심부에서, 삶의 현장에서 이루어진다. 플라톤 시대 철학적 활동의 전형은 도시의 현안이 논의되는 광장에서(『라케스』, 『국가』), 주연의 자리에서(『향연』), 법정에서(『변명』), 감옥에서(『크리톤*Kriton*』) 이루어졌다.

여섯째, 구술적 철학함의 주제들은 매우 구체적이고 현실과의 연관성이 높은 것들이다. 이론적 관심이 동기가 되기보다는 즉시 결단이 이루어져야 하는 실천적 문제들, 현실적 삶에 대한 태도 결정이 요구되는 문제들이다. 예를 들면 자신의 무죄와 올바른 삶의 길에 대한 법정에서의 변론(『변명』), 탈옥을 하는 것이 바른 선택이냐는 문제에 대한 감옥에서의 논쟁(『크리톤』), 불경죄로 고소당한 소크라테스와 자신의 아버지를 불경하다고 고소하러 온 에우티프론의 토론(『에우티프론』), 전쟁이 끝나고 전사한 천재를 애도하는 자리에서의 논구(『테아이테토스』) 등에서 보는 바와 같이 삶의 태도, 행위의 결정이 시급하고 절실하게 요청되는 문제들이다. 좀 더 가까이는 『파이돈』의 논의를 생각해보자. 이 논의의 시간적 배경은 소크라테스의 마지막 날, 독배를 마시고 신체적 생명이 종말을 고하게 되는 날이다. 이 자리에서의 철학적 토론 주제는 절박한 문제, 독배를 마신 후 소크라테스의 신체와 함께 소크라테스의 정신도 소멸하는가의 문제이고, 이곳의 담론 현장은 임박한 죽음과의 치열하면서도 냉정한 논리적 결투장이다.

일곱째, 이런 상황에서의 대면적 대화와 토론은 정신과 삶에 대한 태도 변화를 결과해야 하고, 그를 목표로 한다. 『파이돈』에서 소크라테스의 논증은 단지 이론적이고 지적인 관심을 충족시키기 위한 것이 아니다. 그 계제는 그리 한가한 시간이 아니다. 그는 마지막 토론을 통해서 자신은 물론 동료 제자들의 마음에서 죽음에 대한, 그리고 정신의 운명에 대한 막연한 불안과 공포를 몰아내고자 한다. 소크라테스의 철학함은 아고라에서의 정치 연설과 비슷한 성격을 지닌다. 정치가들은 정치 연설을 통해 데모스들에게 전쟁 혹은 협상을 선택하게 한다든가, 살라미스 해전을 준비케 한다든가, 전리품의 공정한 분배 기준을 확정하게 한다. 이를 위해서는 서로를 설득해야 하며, 설득력을 발휘하기 위해서는 합리적이고 진실에 입각한 언변이 개진되어야 한다. 소크라테스나 플라톤의 철학적 대화 역시 상대방의 정신을 변화시켜 그들의 행동, 삶의 방식을 변화하도록 유도해야 하는 것이다. 그래서 철학은 정신의 인도술psychagogia이다.

대화의 긴 과정은 참여자 모두의 정신에 각인·저장된다. 그러면서 정신의 변화가 일어나는 것이다. 정신의 변화에서 기억력은 필수적이다. 무엇이 암기된다는 것은 그것이 암기하는 자 자신의 것이 된다는 것이다. 암기되지 않으면 정신의 변화가 일어날 수 없다. 무생물은 기억하지 않는다. 동물들은 생래적 기억 이외에는 새로운 기억이 거의 없거나 단기간만 지속하는 데 그치기에, 성장한 후에도 그들의 두뇌 구조나 행태에 거의 변화가 없고, 변화하더라도 예측 가능하다. 인간 정신의 가장 핵심적인 특징은 아마도 기억, 그리고 이를 바탕으로 한 성장과 변화일 것이다. 기억된 바는 정신의 정체성을 위한 기반이다. 무엇을 기억하느냐에 따라 특정 정신의 정체성이 결정되고, 적어도 영향을 받으며, 기억이 점증적으로 축적됨에 따라 내면의 풍경이 달라진다고 할 수 있다.

구술적 철학함의 핵심적 특징은 동반자가 있다는 점이다. 즉 구술 시대의 철학함은 협동적 활동이다. 협동 작업이라는 것은 단지 공유의 관심사에 관해 함께 대화를 진행한다는 것을 넘어서, 참여자들 모두의 정신과 마음에 변화가 이루어진다는 것이다. 철학함의 동반자들은 자신만이 아니라 타자의 정신에도 관심을 갖고 배려하며 서로의 정신의 변화를 도모하고, 실제 그런 변화가 이루어진다. 문자적 철학함을 자신과의 대화라 한다면 구술적 철학함은 타자의 정신과 대화하는 것이므로, 자신은 물론 타자의 정신 역시 관심사가 된다.

함께 사유함, 즉 대화 과정에서의 문제 제기와 토론은 서로의 기억을 환기시키며 보편자나 추상체를 상기케 한다. 대면적 철학함이 진행됨에 따라 입장의 수렴이 이루어지면서 서로의 정신이 동질적으로 변모한다. 대화란 서로 멀리 있던 정신들을 점차 믿음을 공유하는 공동의 자리에로 다가가게 한다. 대화는 수렴적이다. 참여자들의 정신이 얹혀 있는 몸은 다르지만 그들의 정신은 대화의 과정을 거치면서 신체적 차이를 극복하고, 점차 정신의 동질성을 증대시키면서 공유적 존재, 같은 지평·차원에 올라선 존재가 된다.

여덟째, 구술적 철학함은 이론적·인식적 작업에 그치는 것이 아니라, 새로운 삶의 방식이 된다. 플라톤이 제안하는 구술적 철학함은 근현대의 문자적 철학함과, 그리고 이전 시대 시인들의 삶의 방식과 대비하여 이해되어야 한다. 근현대의 철학함은 문자 문화에 기반해 이루어진다. 저술들의 독서를 전제로 하여 그 내용을 바탕으로 사색이 이루어진다. 그 결과 독자나 사색가에게 지적인 고양감을 결과할 수는 있으나, 그의 행동이나 삶의 방식까지 변화시키는 것은 아니며, 이런 변화도 철저히 개인적이고 사적인 수준에 머문다. 플라톤은 철학함이란 인간됨과 삶에 총체적 변화를 가져다줄 수 있는 것으로 생각했다. 그리고 이런 변화는 타인과 정신적으로 교유하는 과정에서 일어나는 것이다.

플라톤은 새로운 인간상과 삶의 방식을 제시하고 있다. 시인이나 현자들이 문화를 주도하던 시대, 그들이 교육자, 뮤즈의 대리인, 문화의 주재자이던 시대에 일반 민중은 수동적인 존재이고 집단의 일부였다. 그들은 과거의 전승을 전범으로 하여 살아가기에, 거의 모든 사람들이 유사한 삶의 방식을 영위했다. 그들은 능동적 주체도, 개성적인 개인도 아니었다. 자기 고유의 정신세계나 내면세계라는 것이 없었다. 더 정확히는 내면이나 정신의 개념조차 없었다고 할 수 있다. 소크라테스와 플라톤에 이르러 프시케psychē 또는 정신의 개념이 확립되면서 이것이 인간의 본질, 인간에게 가장 중요한 것이라는 믿음이 확고히 자리 잡게 된다. 소크라테스가 아테네 시민들에게 전파하고 설득하고자 했던 바는 바로 이 믿음이었다. 인간은 영혼이나 정신의 소유자이며, 정신을 소유하기에 각 개인은 자기 삶의 주인이 될 수 있다는 것이다.

영혼 또는 정신 개념이 확립되면서 인간관이 변화하고, 당연히 새로운 삶의 방식이 제안되어야 하는 것이다. 철학함이란 바로 플라톤이 새로운 삶의 방식으로서 아테네인들에게 제시하고자 한 것이다. 정신이 인간 삶의 주체를 대신한다면 삶의 방식도 달라져야 한다. 그러므로 철학적 활동은 삶의 가장 중요한 일부, 모든 일상인들에게도 삶의 핵심적 일부이다. 철학은 소수 전문가의 전유물이 아니라 소크라테스가 지적하듯이 모든 사람들의 삶에서 가장 중요한 업무인바, 어떻게 하면 잘사는가의 물음에 답하려는 작업이다.

5. 구술적 철학함과 기억

구술적 철학함의 핵심 조건이나 특징으로는 기억력, 비판적 이성의 개념, 정신 또는 마음의 공명성을 들 수 있다. 이제 이들의 의미를 검토하기로 한다.

기억과 정신의 역동적 변화

플라톤이 모델로 하는 대면적 철학함에서는 문자 기반의 철학함에서와 달리 기억력이 필수적이고 핵심적인 역할을 한다. 구술적 철학함은 기억력을 강화시키지만, 문자에 기반한 철학함은 오히려 기억력을 퇴화시킨다. 플라톤은 문자의 핵심적인 폐단으로 사람의 기억력을 저하시키는 부작용을 비판한 바 있다. 이는 그가 기억력을 인간 정신의 중심 능력으로 평가함을 시사한다. 이런 비판과 시사는 그가 생각하는 철학함의 목표와 관련이 있다. 플라톤에게 철학함의 궁극적 목표는 이론 지식의 획득, 가령 실재계에 대한 진리의 인식이라기보다는 인간 정신과 삶의 변화이다. 기억력은 이런 목표 성취를 위한 필수 조건이다.

플라톤에 따르면, 앎에서 기억력은 필수적이다. 감각적 인지란 마음의 밀랍에 찍힌 감각적 인상들을 기억하는 일이며, 수학, 논리학 등의 이론적 지식을 인식하는 일은 생전에 이성을 통로로 하여 마음에 각인된 선험적 인상들을 회상해내는 것, 이성적 기억의 힘을 회복하는 작업이다. 인간 정신은 이렇게 기억력 속에 저장된 인식을 기반으로 하여 작동하며, 발전하고 변화할 수 있다. 구술적 철학함의 과정은 정신의 활성과 역동성을 추진력으로 하는데, 그런 역동성은 정신에 무언가가 내장되어 있어야 발휘될 수 있다.

지식을 살아 있는 정신의 기억력이 아니라 침묵하는 문자나 책에 저장하는 것은 존재론적이고 윤리적인 문제를 낳는다. 그것은 진리가 우리의 정신과 아무 상관이 없을 수도 있다고 가정하거나, 적어도 그런 위험성에 노출시키는 것이다. 진리나 진정한 인식이란 우리 정신에 영향을 끼치고 우리의 행동과 삶을 변화시켜야 한다. 그러기 위해서 그것은 우리 정신에 내장되고 정신의 일부가 되어야 한다. 그때 비로소 진리는 정신과 함께 활성화되어 우리의 행동으로 구현되면서 삶을 변화시킬 수 있다. 진리를 책 속, 문자 속에 저장할 때 진리는 박제화되고 정신에 대해 임의적이고 자의적인 것으로 전락하고 만다. 이 경우 인식과 실천, 철학적 진리와 인간 삶은 서로에 대해 손님에 불과하게 되며, 지와 행의 괴리가 필연적으로 발생한다.

문자와 암기력 감퇴: 『파이드로스』

구술 시대에는 사고함이 곧 기억함이었다. 근대 이후 자연스럽게 정신의 능력으로 간주되는 다양한 활동에 대한 개념이 확립되어 있지 않았으니, 구술 시대에 기억력은 정신의 중심적인 기능이었다. 이제 플라톤이 문자를 명시적으로 비판하고 있는 그의 저서의 구절을 살펴보자.

> "나는 이집트의 나우크라티스Naucratis에 아주 오래된 신들 중의 하나가 있었다고 들었는데, 그의 신성한 새는 이비스Ibis였고, 그 신 자신의 이름은 테우스Theuth이다. 이 신은 수, 산수, 기하학, 천문학, 체커게임draughts, 주사위, 그리고 가장 중요한 것으로 문자를 발명했다고 한다. 그 당시 이집트 전역을 주재하는 통치자는 타무스Thamus 신이었는데, 그는 상부 지역의 위대한 도시, 그리스인들이 이집트의 테베Thebes라 부르던 도시에 살고 있었다. 그들은 그 타무스를 암몬Ammon이라고 불렀다. 테우스는 그 왕에게 가서 자신의 발명품들을 보여주며, 이것들이 다른 이집트인들에게도 전파되어야 한다고 말했다. 타무스는 그들 각각의 용도가 무엇인지를 물었고, 테우스가 그 용도들을 말하자 왕은 바르게 설명되었다고 또는 잘못 설명되었다고 생각되는 것들을 지적하면서, 어떤 것은 비판하고 어떤 것은 칭찬했다고 전한다.
>
> 전해지는 바에 따르면, 타무스는 테우스에게 그 각각의 기예의 장단점에 관해서 많은 것을 이야기했다는 것인데, 여기서 다시 반복하기에는 너무 길 정도이다. 그런데 문자의 차례가 되자 테우스는 다음과 같이 말했다고 한다. "왕이시여, 여기 나의 발명품 하나가 있는데, 일단 배우면 이집트인들이 보다 현명해지고 암기력이 향상될 수 있게 하는 것입니다. 나는 암기력과 지혜를 위한 묘약을 발명한 것입니다." 이에 대해 왕은 다음과 같이 답했다고 한다. "진정으로 재주가 넘치는 테우스여, 기예를 발명할 수 있는 능력을 가진 사람

과, 그를 이용하는 자에게 그것이 어떤 이로움과 해로움을 줄지를 판단하는 사람은 전혀 다른 사람입니다. 당신은 글쓰기의 아버지이니만치, 그것에 대한 애정이 넘쳐서 그것이 실제 할 수 있는 것과는 반대의 것을 말하고 있는 것이지요. 사실상 문자들은 그를 배워 사용하는 사람들의 정신에 망각을 주입할 것입니다. 그들이 암기력을 소홀히 할 것이기에 말입니다. 그들이 문자에, 즉 정신 외적인 것이며 타자에 속하는 문자에 의존하고, 스스로의 힘으로 내부로부터 생각해내려 하지 않을 것이기 때문이지요. 당신은 기억하기 또는 생각해내기mnemes('remembering')를 위한 묘약이 아니라 생각나게 하기hypomnemes ('reminding')를 위한 묘약을 발명한 것이지요. 당신은 자신의 학생들에게 지혜로 보이는 바sophias doxan만을 제공한 것뿐입니다. 진정한 지혜sophias aletheian가 아니라 말이지요. 학생들이 제대로 가르침을 받지 않고 많은 것을 읽기만 해서는 단지 많은 것을 아는 것처럼 보이기는 할 것이나, 대부분의 경우 실제로는 아무것도 모르는 무지한 자, 그리고 다루기 힘든 사람이 될 것입니다. 그들은 실제 현명한 자들이 아니라 외양만 현명해 보이는 사람들이기에 말입니다." (『파이드로스』, 274c–275b)

플라톤이 타무스의 입을 통해 피력하고 있는 문자 비판의 내용은 다음이다. ① 문자는 사람들의 정신에 망각을 주입한다. ② 지식의 보관을 문자에 의존하기에 그들 정신의 암기력을 소홀히 하게 된다. ③ 문자는 정신에 외적인 것이며, 타자에 속하는 매체이다. ④ 문자에 의존하는 사람들은 스스로의 힘으로 내부로부터 암기하려 하지 않는다. ⑤ 문자는 기억하기가 아니라 생각나게 하기를 위한 간접 도구에 불과하다. ⑥ 문자나 문헌을 통해서는 진정한 지혜가 아니라 지혜로 보이는 바만을 획득할 수 있다. ⑦ 문헌의 독서로는 제대로 가르침을 받지 못한다. ⑧ 많은 것을 읽기만 해서는 단지 많은 것을 아는 것처럼 보이기만 할 것이다. ⑨ 다루기 힘든 사람들이 되어 학습하려 하지 않을 것이다.

소통의 매체가 말에서 문자로 이동한다는 것은 지식과 지혜의 저장소가 정신의 암기력에서 종이 위로 이동함을 함의한다. 이는 단지 저장 매체를 바꾸는 것에 그치는 것이 아니라, 정신을 지식으로부터 소외시키는 위험에 처하게 한다. 문자에 담긴 지식은 적어도 직접적으로는 정신에 영향을 미치지 못한다. 말은 이와 달리 정신을 직접 자극하여 그를 움직이고 감정과 믿음과 행태를 변화시킬 수 있다. 그래서 구술 시대에 말은 일종의 행동으로 간주되었다. 말은 살아 있는 것이지만, 글은 독자가 읽기까지는, 그리고 글의 의미를 새기고 수용하기까지는 가수假睡의 상태에 있는 것이다. 저자가 전하려는 의미는 독자가 적극적이고 능동적인 사유로 되살리기 전까지는 그저 문자 속에서 잠자고 있다. 구술 시대에는 지혜가 정신에 각인되어 인간 내면을 능동적으로 변화시킬 수 있지만, 문자 시대에는 종이 위의 끄적임으로 남아 자신을 되살려줄 독자와 사색가를 하염없이 기다릴 뿐이다.

구술 시대에 가장 중요한 정신 능력은 암기력이다. 당시에는 정신의 개념이 아직 확립되어 있지 않았다. 비판, 추론, 귀납과 연역, 개념 형성, 개념 분석, 환원, 일반화, 창의성이나 상상력 등 다양한 정신 능력의 개념도 미약했으니 암기력은 정신의 가장 핵심적인 능력일 수밖에 없다. 문화란 지식, 지혜, 정보, 법과 제도, 관습과 의례 등 정신적인 내용들이 축적되어야 비로소 전개되고 풍요해질 수 있다. 그리고 우리의 정신은 이를 바탕으로 활동하여 인간의 삶을 정신적이고 문화적으로 만들 수 있는 것이다. 문자 시대에는 지식이나 지혜를 책에 기록하여 언제든 다시 볼 수 있고, 책에 의존하여 사유하는 등의 정신적 활동을 하고 문화적 삶을 영위할 수 있다. 문자가 없는 구술 시대에는 전해진 지혜를 간직할 곳이 머릿속 정신의 기억력뿐이다. 기억력으로 암기하지 않으면 사라져 지식이 순간적인 것이 되고 지속하지 못한다. 따라서 문화적이고 정신적인 내용들의 축적이 불가능하니 풍성하고 다양한 문화가 전개될 수 없다. 더 근원적으로 문화적 내용이 축적되어 있지 않으면 인간의 정신 활동 자체가 불가능해진다. 유아 또는 아동의 사유가 미칠 수 있는 범위를 생각해보라. 기억력은 풍부하고 다양한 정신과 사유 활동의 전제 조건이다.

정신에 기억함이 더 중요한 이유는 그래야만이 진리의 검증과 발견, 정신의 발전이 가능하기 때문이다. 대면적 담론 과정에서의 사유가 진전되기 위해서는 서로의 말들을 주고받으면서 이들 말의 진리성을 확인해야 한다. 이를 위한 최소한의 조건은 발언들 간의 일관성이나 모순의 존재 여부를 확인하는 것이다. 나아가 한 발언에서 다른 발언으로 이어지는 추론 과정이 타당한지 역시 확인하여야 한다. 진리를 위한 최소한의 조건을 합리성이나 논리성이라 할 수 있는데, 정신에 의한 기억은 이런 합리성의 확인을 위한 최소한의 선결 조건이다.

서로 말을 주고받으며, 동의하거나 이견을 제시하고 비판하면서 정신의 변화가 이루어진다. 정신의 변화란 정신적인 내용들, 감정, 정서, 믿음, 태도의 변화를 의미하기 때문이다. 이들의 변화는 정신적인 틀, 사고법의 혁신을 결과할 수도 있을 것이다. 이들은 모두 기억의 형태로 정신의 내용을 채운다. 지식이나 지혜, 타인의 생각이 책에 기록되어 언제든 돌아볼 수 있는 것이 될 때 그것은 편리한 것일 수 있으나, 바로 그런 이유에서 자의적이고 임의적인 것에 머문다. 그것은 독자의 정신에 내재화되지 못하고, 당연히 그의 정신의 변화를 귀결하지 못한다.

구술 시대 시인의 기억력은 도서관, 아카이브, 교과서였다. 한 공동체의 문화 전체, 건국 신화, 전쟁 서사, 조상 신화, 규범, 가치, 선대의 행적 등 모든 것이 서사시의 형태로 시인들의 기억에 저장되어 전승되었다.

일반 대중은 이들 시인이 전하는 서사시를 암기하면서 자기 자신의 정신이나 내면세계를 형성했다. 당시의 시인들은 진리의 주재자, 나아가 정신 형성자의 역할을 했다. 플라톤의 시인추방론은 살아 있는 말의 힘, 그리고 이런 힘의 일방성이 지닌 문제점을 인식한 결과이다. 그는 일반 대중이 스스로 생각하고 의견을 제시하는 문화적 주체가 될 수 있다고 믿었다.

소피스트와 소크라테스의 시대를 거치며 문화 세계에서 시인들의 독점적 지위가 쇠퇴함에 따라 일상인들도 문화 세계 전개에 참여할 수 있게 되었다. 일반 시민들도 진리에 접근하고 평가할 수 있으며, 지식 생산에 참여할 수 있게 된 것이다. 플라톤의 시인추방론은 시인들의 하향적이고 일방적인 언어를 상호적이고 변증적인 언어, 대면적 언어로 교체하자는 것, 새로운 담론 문화를 도입하자는 것이다. 시민들이 주체적 존재가 될 수 있기 위해서는 스스로 정신에 내장한 바가 있어야 한다. 그래야만 이를 기반으로 타인을 비판하고 지식 생산에 참여할 수 있다. 그들도 지혜를 오래 보존할 수 있는 암기의 능력과 자세, 암기한 지혜에 대한 책임을 지니고 있어야 한다. 문자는 그러나 이를 위한 능력과 책무를 방기하고 경시하게 할 수 있기에, 플라톤은 문자에의 의존성을 비판한 것이다. 문자는 대중을 계몽시키는 것이 아니라 오히려 우중으로 만들 수 있다는 것이다.

기억과 각인:『테아이테토스』

기억은 어떤 방식으로 이루어지는가? 플라톤은『테아이테토스』(192e-196c)에서 우리의 마음을 일종의 밀랍덩이에 비유한다. 외부 지각이나 생각은 마치 인장과 같아서 마음의 밀랍에 찍히면 그것이 각인되어 인상으로 남고, 이는 인식의 기초 역할을 한다. 플라톤의 밀랍론에 따르면 감각적 지각에 기초한 인식은 이 밀랍에 찍힌 인상을 되살려내는 것이다.[30]

> "논의를 위해서 우리 정신 속에 밀랍덩이가 있다고 상정하기로 하세. 어떤 이에게는 보다 큰 덩이가, 다른 이에게는 보다 작은 덩이가, 그리고 어떤 이에게는 보다 순수한 덩이가, 다른 이에게는 보다 불순하고 딱딱한 밀랍덩이가, 어떤 이에게는 보다 부드러운 덩이가, 그리고 어떤 이에게는 적절한 질의 밀랍덩이가 있다고."
>
> "그리 상정하겠습니다."
>
> "그러면 우리는 이것이 뮤즈 여신들의 어머니인 므네모시네Mnēmosynē의 선물이라 말하기로 하지. 그리고 우리가 보고 들은 바나 홀로 사념한 바를 암기하고자 한다면 그 밀랍덩이를 감각 내용들이나 사념 내용들 아래에 놓고서 그 내용의 모습을 밀랍에 각인한다고 말하기로 하세. 마치 인장 반지seal ring로 도장을 찍듯이 말이네. 그리고 각인된 것이면 무엇이나 우리는 암기하고 인식하는 것이지, 그것의 인상이 남아 있는 동안까지는. 하지만 인상이 지워지거나 아예 각인되지 못한 것은 우리가 망각하고 인식하지 못하는 것이지."
>
> "그렇게 상정하도록 하지요." (『테아이테토스』 191c-e)

여기서 유념할 것은, 기억이란 정신의 밀랍덩이에 각인된 감각 내용을 불러내어 다시 보는, 일종의 이차적 감각이라는 발상, 그리고 감각만이 아니라 사념 내용도 암기되기 위해서는 그 내용의 모습이 인장처럼

---

30 여기서의 전후 관계는 마음을 일종의 밀랍판으로 상정할 때 허위 믿음의 존재를 설명할 수 있다는 입장을 플라톤이 비판하는 문맥이기는 하나, 그가 밀랍론까지 비판하는 것은 아니다. 기억에 관한 최근의 이론은 기억이란 두뇌가 외부의 인상을 수동적으로 수용·각인받는 것이 아니라, 기존의 개념들을 사용하여 선별적으로 구성한 결과라는 입장이다.

밀랍에 각인되어야 한다는 주장이다. 인식이란 일종의 각인, 정신 내부에 인상을 만드는 것, 즉 외부 대상의 축소된 모습을 정신의 밀랍덩이에 각인시켜 인상을 남기는 활동이다. 밀랍의 비유는, 인식이란 외부 모습의 반영이라는 인식관과 일관된 것이다.

말의 힘과 글의 무력함

플라톤은, 인식이 일종의 각인이라 한다면, 말과 글 사이의 가장 중요한 차이란 정신에 대한 지혜나 지식의 영향력이라고 평가한다. 구술 시대에는 지식이나 지혜를 담은 음성이 우리의 정신을 직접 두드리거나 인상을 남긴다. 문자 시대에는 그것이 양피지나 파피루스에 흔적으로 머물며 우리의 정신이 다가오기를 기다린다. 말을 통해 전해져 정신에 각인된 지혜는 정신을 변화시킨다. 암기된다는 것은 정신의 일부가 되는 것이다. 새로운 것이 암기되면 정신도 새로워진다. 기억이 소실되는 것이란 정신의 파편들이 떨어져 나가는 것이다. 치매란 기억항들을 벽돌로 하여 구축된 정신이라는 건물이 와해되어 폐허화하는 것이다. 플라톤이 『파이드로스』 등에서 우려한 것은 단지 암기력의 감퇴 자체가 아니라 지혜가 정신에 외부적인 것이 되어 정신의 감화를 결과하지 못하리라는 것, 나아가 정신이 굶주리고 아사하리라는 것이다.

구술 시대에 앎과 함, 지식과 행위의 괴리는 낯선 현상이었다.[31] 청취되어 정신에 들어온 지식은 청취자의 정신의 일부가 되어 그의 행위와 삶을 변화시킬 수 있는 힘을 발휘한다. 문자가 도입되어 지식이 문헌을

31 Frede(1999: 5). 그리스 시대에는 이성이란 인식 능력, 그리고 행동을 인도하는 능력을 지닌 것으로, 이성과 실천의 능력은 긴밀하게 연결되어 있는 것으로 인지되었다.

주 거처로 할 때 그 지식은 독자의 정신과는 아무 상관없이 종이와 함께 스러져갈 수 있으며, 책들은 도서관에서 먼지만 쌓이게 될 수 있다. 그것을 읽느냐 마느냐는 독자의 자의적인 선택에 달린 것이며, 읽는다 해도 구태여 그 내용을 암기할 필요가 없다. 문자는 말과 달리 의미의 차원을 개현시키는데, 지식을 담은 문장을 읽는 것, 그 의미를 이해하는 것, 그리고 이해한 바를 실행하는 것은 전혀 별개의 사항들이다. 종이 위의 지식이 지식의 외양만 지닌 것이라고 플라톤이 폄하하는 이유는 그것이 독자의 정신에 외부적인 것으로 머물러 있기 때문이다.

암기력의 감퇴는 앎의 기반을 허문다. 앎이란 일종의 기억이다. 그리스어에서 '안다'는 동사는 '보다'는 동사의 완료형이기에, '안다'는 '본 바가 있다'는 의미이다.[32] 정확히 말해서, 아는 바란 본 바를 기억하는 것이다. 문자란 앎의 기반인 기억력을 소홀히 하게 하므로, 플라톤이 우려한 바대로 정신을 더 현명하게 하기보다는 무지하게, 무지의 늪으로 빠져들게 하며, 정신을 사물적인 존재로 변질케 한다. 암기력이 소실되어가는 정신에게 있어서 학습이란 그물이나 체에 물을 붓는 것과 같이 헛수고를 하는 것이다. 매일 망각하는 사람의 삶이 어떠할지를 상상해보자 (삭스, 2016 참조).

문자는 정신으로 하여금 기억하게 하는 것이 아니라 기억을 환기시키기 위한 도구일 뿐이라고 플라톤은 수정한다. 문자는 일차적으로는 일종의 끄적임이나 흔적이다. 시각적 존재로서의 문자는 흔적 배후에 있는 의미를 우리 마음속에 상기케 함으로써만이 비로소 언어 요소가 될 수 있고, 그런 후에야 독자의 마음을 자극하고 영향을 줄 수 있다. '건성으로 읽는다'라는 표현이 있다. 이는 독자가 문자의 형태를 눈으로 지각

32 이에 관해서는 아래 4장 7절의 동사상verb aspect에 관한 논의 참조.

할 뿐, 문자 배후의 의미를 상기하지 못하기에 문자가 독자의 정신에 영향을 주지 못하는 상태를 이른다. 앞서 지적한 바와 같이 지혜가 행동이나 삶으로부터 괴리되는 이유는 지극히 물리적인 것인데, 그것은 근본적으로 문자가 정신과 공간적으로 떨어져 있기 때문이다. 말은 프시케(정신)에 각인되므로 그와 일체화되며 청자의 정신을 조탁하는 힘을 발휘한다. 이와 달리 글은 독자가 능동적으로 의미를 환기하고 기억에 새기는 여러 단계의 과정을 거쳐야 그의 정신의 일부가 될 수 있다. 도서, 즉 문자에 담긴 지혜는 말하자면 침묵하는 지혜, 지혜의 그림자나 그 외양에 불과하다고 평가되는 것이다. 문자에 담겨진 지식의 생명력은 전적으로 독자의 임의적인 노력에 의존한다.

지식이 정신에 각인되더라도 기억의 창고 속에 보관되어 있기만 하다면 그것은 도서관에서 먼지만 쌓이고 있는 책 속의 지식과 별다를 바가 없다. 더구나 시간에 따른 퇴색화를 견딜 수 있는 문자와 달리 그것은 조만간 망각에 빠져들어 무화無化될 위험성을 안고 있다. 살아 있는 것, 지속적으로 활용될 수 있는 것이기 위해서는 반복적으로 재생되고 부활되어야 한다. 지식이나 지혜가 다른 이들에게 구전되어 다시 기억되고, 다시 제3자들에게 전달되는 과정이 반복되어야 그것은 거듭 되살아나 그것의 활성이 연장·확산될 수 있다. 자신의 기억력 속의 이야기를 불러내어 암송함으로써 타인에게 전달한다는 것은 잠자던 지혜를 재생·부활시키는 일이다.

이야기로서의 대화록

이야기를 전달하면서 전달자는 자신의 기억력을 새롭게 하며, 전달되는 지혜가 전달자의 정신 속에서 활성화되고 그래서 그 자신이 변모해

감을 체험하게 된다. 파이돈은 소크라테스의 마지막 대화를 에케크라테스에게 전달하면서 대화 내용을 그와 공유할 기회를 갖기도 하지만, 정신의 불멸에 관한 소크라테스의 논변을 자신의 정신에 되새긴다. 그럼으로써 그는 소크라테스적 삶에, 그리고 그의 정신의 불멸성에 서서히 다가가는 연습을 하는 것이다. 이를 듣는 에케크라테스와 그의 동료들 역시 그런 동질화의 체험을 한다. 플라톤은 그런 기대를 품고서 소크라테스의 최후에 관한 이야기를 전하는 것이다.

『리시스』, 『프로타고라스』, 『향연』, 『에우티데모스』, 『파이돈』, 『파이드로스』, 『국가』 1권 등의 저술 구조는 이전에 들은 이야기를 시간이 흐른 후 타인에게 전달하는 형태를 갖추고 있다. 이런 구조의 대화록을 서사적 대화록narrative dialogues이라 한다.[33] 그의 저술들이 이야기 전달 방식의 구조를 지니고 있는 것은 그가 아직도 구술 문화적 전통에 몸담고 있음을 시사한다. 이야기 또는 서사narrative는 드라마drama와 대조되는 양식이다.

서사 또는 이야기란, 그 주제가 되는 사건은 이미 일어난 사건인데, 화자나 필자가 이를 경험하고 기억한 후 그 기억을 일깨워 타인에게 전하는 언어 양식이다. 듣는 자가 이 서사의 주제인 사건을 실제 경험하거나 목도하지 않았음을 전제한다. 청취자는 이를 전해 듣고 이야기를 통해 간접 경험하는 것이다. 드라마에서는 작가가 사건을 구성하여 사건의 등장인물들로 하여금 관중 앞에서 대화하고 행동을 하게끔 연출한다. 그럼으로써 관중이 그 사건의 발생·전개를 직접 목도하는 듯한 기분을, 현장감을 느끼게 하는 언어 양식이다. 드라마의 사건은 상상의 공

33 이와 구분되는 것이 드라마적 대화록으로, 해럴드 태런트Harold Tarrant는 그 예로 『크라틸로스*Cratylus*』, 『메논*Menon*』, 『고르기아스』, 『소 히피아스*Hippias Minor*』, 그리고 후기 대화록들을 지적하고 있다(Tarrant, 1997: 145).

간 속에서이지만 처음 일어나는 것이다. 지금 일어나고 있는 사건·사고를 TV 등의 매체를 통해 실시간으로 접하는 것, 또는 운동 경기를 실황 중계로 접하는 것이 드라마를 접하는 것이라 한다면, 어제 일어난 사건이나 치러진 경기를 신문 기사 등을 통해서 전해 듣는 것은 이야기를 접하는 것이다.[34]

구술 시대의 주된 담론을 구성하는 것은 남으로부터 들은 이야기, 기억을 통해 전승되는 이야기들이다. 과거에는 주목할 만한, 그리고 공통의 관심사가 될 만한 사건들이 일어나면 이들에 대한 경험이 이야기로 구성되어 타인에게 전파되고 공동체에 의해 공유된 후 후대에 전달되면서 점차 문화의 지평이 확대되었다. 전달된 이야기에 새로운 화자가 조금씩 첨삭을 하면서 이야기는 풍부해지고 가지를 벋게 되며, 이것이 다수에 의해 공유되고 세대에서 세대로 누적될 때 설화, 신화, 거대 서사가 형성되고, 한 공동체의 고유 문화로 전승된다.

구술 시대에는 드라마의 개념, 즉 언어 공간에서 사건의 선개plot를 창작하거나 허구적으로 구성한다는 개념이 희미했을 것이다. 구술 시대에는 항상 타인과 대화하면서 사유해야 하기에 홀로의 사유, 개인적 사유라는 것이 있을 수 없었기 때문이다. 더구나 상상의 공간에서 허구적으로 극적인 사건을 전개한다는 의식을 갖는 것은 거의 불가능했을 것이다. 마음속에서 홀로 허구적 사건을 전개시키거나 논리적 사유를 전개시키는 활동은, 창의적 상상력을 발휘할 수 있고 개념적·논리적 추론을

34 소포클레스의 『오이디푸스 왕*Oedipus the King*』. 하루 동안에 동일한 장소에서 일어나는 드라마이다. 그런데 오이디푸스의 현재 처지를 설명하는 과정에서 다른 등장인물들이 그의 출생 및 이력 등과 관련하여 다양한 장소, 오랜 과거에 일어난 사건들을 언급하는데, 이들은 등장인물이 관중에게 이야기를 전달하는 형식으로 희곡의 일부를 구성하고 있다. 그의 희곡은 이런 점에서 드라마와 서사를 절묘하게 결합하여 구성한 것이다.

통해 논지를 전개시킬 수 있을 때에나 가능한 정신 활동이다. 그런 일은 개인적 사유 활동의 개념이 확립되고, 나아가 문자와 종이 또는 파피루스의 도움을 받아 자신과의 대화를 개진할 수 있을 때, 홀로 사유할 수 있을 때에나 시도될 수 있다.

문자 시대의 저술과 독서는 혼자만의 사색을 동반한다. 사색한 바가 저술되는 것이고, 사유 세계에 침잠하기 위해 독서한다. 저술과 독서는 자신의 마음 또는 사유가 전개하는 의미의 세계와 관계하는 고독한 활동이며, 사회적 삶의 세계를 떠나는 측면이 있다. 이에 비해 구술 시대에 말하고 듣는 일은 항상 타인과 가장 중요한 종류의 관계를 맺는 일이다. 그것은 정신적 관계를 맺는 것을 넘어서 정신을 형성하는 일, 공동체의 구성원이 되어가는 일이다. 구술 시대의 사람들은 타인으로부터 전해지는 먼 이야기, 과거로부터 전해지는 공동체의 오래된 전설들을 전해 듣고 암기하여 마음속에 저장함으로써 정신을 확장·심화하면서 공동체의 일원이 되어간다. 이야기를 전해 듣는 것, 이것이 구술 시대의 학습이고 정신 형성 과정이다.

선험적 기억과 진정한 인식: 『파이돈』

플라톤에 따르면, 기억에는 경험적 기억과 선험적 기억의 두 종류가 있다. 앞서 논의한 밀랍론은 전자의 구조를 보여준다. 그러면 후자는 어떤 모습으로 존재하며, 양자의 관계는 무엇인가? 인간은 선험적 기억을 지니고 태어나는데, 선험적 기억은 경험적 기억의 기반이 되는 한편으로 이를 평가하는 준거나 기준의 역할을 한다.

우리는 주위의 다양한 구체적인 정의로운 것, 정의로운 사람, 정의로운 분배 상태, 정의로운 재판 등을 경험하고서 이들에 내재한 공통적인 정의로움 자체를 생각하게 된다. 다른 예를 들면 우리는 다양한 종류의 둥근 것들, 둥근 달, 둥근 쟁반, 둥그런 호박 등을 지각한다. 이들을 단서로 하여 우리는 둥긂의 일반적인 성질을 사념한다. 뿐만 아니라 이들 정의로움, 둥긂을 잣대로 하여 경험계의 정의로운 것들, 둥근 것들을 비교·평가한다. 이것이 『파이돈』에서 전개된 정신불멸을 지원하는 세 번째 논변인 상기론의 요지이다.

대면적인 대화와 토론이 중요한 이유는 이 과정에서 참여자들이 감각경험의 단계에서 개념적 단계로 이행할 수 있기 때문이다. 대화 과정에서 참여자들은 물상들을 오감으로 경험·지각하기보다는 언어로 기술된 것으로서의 모습에 주목하게 되며, 그들이 관여하고 있는 보편적이고 추상적인 존재를 인지하게 된다. 대화와 토론은 우리로 하여금 보편자나 추상체를 상기하게 함으로써 이들의 인식 기원이 되는 선험적 기억 기제로 거슬러 올라가게 한다. 선험적 기억의 존재를 논하는 플라톤의 논변을 살펴보자.

> 케베스가 응답하며 말했습니다. "더 나아가 진정으로 당신이 종종 이전에 주장하던바, 즉 우리의 학습이란 상기 이외에 다른 것이 아니라는 주장이 진리인 경우에는, 이 주장에 의거하면 지금 우리가 상기하는 것은 우리가 이전에 언젠가 배웠던 것임에 틀림이 없습니다."
>
> …… (중략) ……
>
> "다음의 것도 동의하지? 앎이나 인식이 다음과 같은 방식으로 발생한다면 그것이 상기라는 것을 말이네. 여기서 내가 의미하는 방식이란 다음의 것이지. 어떤 이가 무엇을 보거나 듣거나 또는 다른 감각을 통해 인지할 때, 그는 그것만 인지하는 것이 아니라 다른 것도 사념하게 되었을 때—그런데 그 다른 것에 대한 사념은 지각과 동일한 인식이 아니라 다른 종류의 인식일 터인

데—, 우리가 사념ennoian의 대상이 된 것을 상기하게 되었다고 말한다면, 그것은 올바른 언명이지 않을까?"

…… (중략) ……

"그럼 어떤 이가 유사한 것들을 보고서 무엇을 상기할 때 그는 필연적으로 다음과 같은 생각을 더 하게 되는 것이지? 즉 그 유사한 것(가령 심미아스의 그림)이 유사함을 기준으로 할 때 그것에 의해 상기되는 것(심미아스)에 미치지 못하는가, 그렇지 않은가를 헤아리게 되는 것이지?"

…… (중략) ……

"그러면 우리는 다음에 합의하는가? 어떤 이가 무엇을 보고서 다음과 같이 사념한다면, 즉 내가 지금 보는 것은 존재자들 중의 다른 어떤 것이기를 목표로 하나 그것에 미치지 못하며, 그 다른 것과 같이 되는 것은 불가능하고, 그것에 비해 열등한 것이라고 생각한다면 다음은 필연적이지. 즉 이런 사념을 하는 사람은 그가 본 바가 그와 같은 것이기를 원하나 그에 미치지 못한다고 판단되는 바, 그 비교의 준거가 되는 것을 이전에 인식했었음이 필연적이지?"

…… (중략) ……

"그러면 우리는 다음도 합의하는 것이지. 우리는 그런 생각을 다른 것을 계기로 해서 하는 것이 아니라—다른 것을 계기로 생각함은 불가능하네—, 시각이나 촉각, 또는 다른 감각을 계기로 해서 하는 것이라는 점을. 그리고 그 계기가 어떤 감각이더라도 상관이 없네만."

…… (중략) ……

"그런데 우리는 이런 감각적 활동을 하기 이전에 같음에 대한 인식을 취득했어야만 한다고 언명해야지?"

…… (중략) ……

"그러므로 우리가 태어나기 이전에 그것을 취득했었음이 필연적인 것으로 보이는군."(『파이돈』 72e-75c)

우리는 감각적 대상들을 지각하고서 그것들의 지각 내용을 마음속에 있는 무언가에 조회하여 그와 비교한다. 가령 같아 보이는 두 개의 사물을 보고서 그들이 크기에서 같음을 지각한 후 엄격한 기준에서도 같은지를 평가하는데, 이 평가에서 준거가 되는 것이 있을 것이다. 우리가 주위에서 경험하는 사물들, 가령 도토리 두 알은 형태나 크기에서 매우 유사하나 완전히 같지는 않다. 그런 비교 판정을 내릴 수 있는 것은 우리 마음속에 같음의 표준이나 기준이 있기 때문이다. 플라톤은 이 표준을 같음 자체, 같음이라는 성질의 원형이나 전범으로 본다.

표준이나 기준으로서의 같음의 개념은 어디에서 획득된 것일까? 플라톤은 이 개념이 외부 대상을 감각적으로 경험해서 얻은 결과일 가능성은 없다고 배제한다. 그것은 오히려 우리가 감각 지각을 하기 이전부터 우리 마음속에 내재해 있던 것이라 할 수 있다. 그러하기에 감각 지각에 대한 판단 기준이 될 수 있었다는 것이다. 그렇다면 그것은 애초부터 마음의 일부로 심어져 있는 것일 수도 있고, 정신이 어느 때엔가 경험하고서 기억하는 것일 수도 있다. 플라톤의 입장은 후자로, 그것은 경험적인 것이 아니기에 생전, 즉 정신이 신체의 옷을 입기 전에 인식한 것이리라는 것이다.

앞의 논의는 두 개의 인상을 비교하는 행위를 전제로 한다. 우리는 감각 지각을 통해 각인된 두 외부 대상 간의 '같음'의 인상(지각 내용)과, 이전부터 지니고 있었으나 감각 지각에 의해 환기된, 마음 내부에 내장해 있던 '같음'의 인상을 비교하고서, 전자가 후자에 미치지 못한다고 평가한다. 이런 평가가 가능하기 위해서는 후자가 전자와 등위적인 존재로, 즉 후자의 기준이나 표준이 되는 것도 일종의 밀랍에 각인된 인상의 형태로 시각 경험 이전부터 존재해야 한다. 그리고 이 후자의 선험적이고 초자연적 인상은 정신이 생전 신체의 옷을 입기 전에 형상들을 인지하거나 이성적으로 인지했을 때에 얻어진 인상일 것이다. 이 선험적인 인상의 환기와 기억을 우리는 선험적 기억이라 부를 수 있다.

구술적 철학함에서 기억이 중요한 이유는 앞서 논한 바와 같이, 기억됨으로써 지식은 정신의 일부가 될 수 있으며, 그런 방식에 의해 인간 삶의 방식을 변화시킬 수 있기 때문이다. 선험적 기억에 의해 접하는 보편자나 추상체는 경험적 지각 내용을 평가하고 판단할 수 있는 표준이나 기준을 제공한다. 이들은 둥근 쟁반, 둥근 달, 둥근 사과 등과 같은 경험적이고 구체적인 특수자들이 지니는 속성의 근거가 된다. 나아가 이들 특수자의 속성이 가변적이고 상대적이며 관계 의존적인 것과 달리, 표준이나 기준은 불변적이며 절대적이고 독립적이다. 이들은 이런 점에서 감각 경험의 대상들을 단서로 사념되고 알려지며 기억되는 것이기는 하나, 이들보다 더 실재적이다.

플라톤에게 안다는 것은 보편자나 추상체에 대한 선험적 기억을 되살리는 것이다. 선험적 기억은 우리로 하여금 새로운 세계에로 도약하게 한다. 이는 현생의 시간적 삶으로부터 탈출하여 형상의 질서로, 즉 신적인 질서로 비상함을 의미한다. 경험적 기억은 연장적이다. 그것은 같은 시간의 축에 있으되 과거의 것을 기억하는 것임에 비해, 선험적 기억은 그런 시간 축을 비약하여 영원과 초자연적 차원에 있는 것을 기억하는 것이다. 전자가 수평적 이동이라 한다면 후자는 수직적 이동이다. 선험적 기억은 과거라는 시간으로의 회귀가 아니라 시간으로부터의 탈출이다. 그리하여 개인의 정신을 신적인 세계와 합일케 하는 것이다. 서양 철학사에서 선험성의 이념은 데카르트의 생득 관념, 그리고 칸트의 선험적 범주 등으로 계승된다.

선험적 기억의 대상인 보편자나 추상체는 대화와 토론을 통해 자극되고 그 계기가 마련된다. 구술적 철학함이 권장되는 중요한 이유는 바로 이를 통해 선험적 기억이 되살아날 수 있기 때문이다(Frede, 1999 참조).

정신 개념의 혁신: 자체적인 것의 인식

우리는 플라톤 당시 인간 정신의 개념이 근현대와 같지 않았다는 것을 유념할 필요가 있다(Frede, 1999 참조). 그의 시대에서 멀지 않은 자연철학자들의 시대에는 (아마도 피타고라스를 제외하고) 정신의 개념이 막연하고, 개인 스스로가 내적으로 사유하여 진리를 탐구하거나 윤리적 실천을 하는 인식적 주체 또는 윤리적 주체라는 생각이 확고하게 자리 잡지 못했다. 지적이거나 학문적인 작업을 할 수 있다는 믿음이 자리 잡기까지는 수백 년을 더 기다려야 한다. 이런 점에서 노예 사동이 적절한 질문들의 인도를 받아 스스로 기하학적인 명제를 발견할 수 있음을 알려준 것(상기설), 비판적 대화 과정을 통해 상대방의 입장을 논리적으로 논파할 수 있음을 보여준 것(논박법) 등은 당시로서는 지적 충격으로 다가왔을 것이다.

소크라테스는 자신의 지적 자서전에서 아낙사고라스가 '지성(누스 nous)'의 개념을 도입하기는 했으나 이를 생성·존재·소멸 과정을 설명함에 원용하지 않았다고 아쉬워하고 있다(『파이돈』 97c 이하). '지성'이라는 어휘는 등장했으나 그 개념적 내용이 미흡하다는 것이다. 소크라테스에 이르러 인간을 구성하는 두 요소 중 하나가 프시케이며, 정신이 더 주축을 이룬다는 믿음이 형성되었고, 정신이 윤리적 삶을 위한 주체라는 입장이 들어서게 되었다. "너 자신의 프시케를 배려하라."라는 그의 권고는 정신의 존재에 대한 통찰에 기반한다.

플라톤에 이르러 그는 프시케의 개념을 더욱 확장하여, 프시케는 감각적 지각과는 차별적인 인식 행위를 하는 인식 주체이며 보이지 않음에도 더 실재적일 수 있는 존재를 인식 대상으로 한다는, 실로 과감한 논제를 제안하게 된다. 그런 존재가 보편자이다. 경건한 신전, 경건한 기도의 행위, 경건한 사제 등 구체적으로 경험할 수 있는 경건한 물상들 이외에도 이들에 공통적인 경건함 자체가 존재한다는 것이다. 정신은 윤리의 주체일 뿐 아니라 인식 주체로서 고유의 대상을 갖는 존재라는 견해가, 그리고 이들 인식 대상은 경험적 사물들과는 독립적으로 존재할 수 있는 실체적 존재라는 혁신적인 믿음이 시도된다.

플라톤이 인간 정신의 능력을 표현하기 위해 사용하는 어휘는 그리 많지 않다. '누스nous', '디아노이아dianoia', '디알레게스타이dialegesthai', '디아이레시스diairesis', '심플로키symplokē', '로고스logos', '므네모시네mnēmosynē' 등이 그가 저술에서 정신 능력을 표현하기 위해 동원하는 어휘들이다.[35] 그는 『파이돈』 이외에도 『파이드로스』, 『국가』, 『테아이테토스』, 『필레보스*Philebos*』 등 여러 대화록에서 프시케에 대해 논의했으나, 이러한 그의 개념은 근대적 정신 개념과는 상당한 거리가 있다. 그의 프시케는 아직 개별화되지 않았으며, 공간성을 지니는 것으로 묘사되고 있다는 점에서 호메로스 시대의 프시케 개념의 잔영을 털어내지 못하고 있다. 호메로스 시대에 프시케는 생기를 관장하는 미세한 질료적 물질로 여겨졌다. 하지만 플라톤의 프시케는 아직 질료성이나 물질성을 완전히 탈각하지는 못한 존재로, 데카르트의 사유 실체와는 차별적이다.

그럼에도 플라톤의 프시케론은 혁명적이다. 그에 이르러 정신이 인

35 이들의 의미는 대략 다음과 같다. 'nous': 최선을 헤아려 선택할 수 있는 능력(『파이돈』). 'dianoia': 간접 추론의 능력(『국가』). 'dialegesthai': 대화하고 변증적 사유를 할 수 있는 능력(여러 곳). 'diairesis': 개념 분석의 능력(『소피스트』). 'symplokē': 개념 결합의 능력(『소피스트』). 'logos': 정의, 가설 설정의 능력(『파이돈』). 'mnēmosynē': 기억력.

간의 중심을 이루고, 가치를 지향하고, 보이지 않는 존재자를 인식하며, 나아가 사후에도 존재할 수 있는 독립적이고 불멸적인 실체일 가능성이 생겼다. 프시케의 능력에 대한 이해는 상당한 진전을 이루었는데, 기억의 능력에 더하여 플라톤이 가장 주목한 것으로 추정되는 또 다른 능력은 무엇인가? 그것은 대화 과정에서 설득·비판·추론할 수 있는 능력이라고 생각할 수도 있으나, 아마도 가장 중요하며 혁신적인 것은 '자체적인 것'을 인지할 수 있는 능력에 대한 통찰일 것이다.

자체적인 것은 어떤 특징을 지니는가? ① 인간이 프시케를 지니고 있기에 접할 수 있다. 정신이 이를 인식할 수 있는 이유는 정신이 감각 지각과는 전혀 다른 차원의 능력이기 때문이다. ② 이것은 상대적이고 관계적인 감각 대상들과는 다른 질서에 속하는 존재이다. ③ 색, 모양, 향기 등 감각 내용들이 무언가에 얽혀 의존적이고 관계적으로 존재하는 것과 달리 이것은 독립적이며 말 그대로 '그 자신에 즉해서', '자체적으로' 존재할 수 있다. ④ 감각적 지각의 대상을 특수적·신체적·구체적인 것이라 한다면, 이것은 보편적·사념적·추상적인 것이다. ⑤ 우리가 사용하는 형용사나 보통명사 등은 이것을 지칭한다는 점에서 이것의 이름이다. 이것은 말하자면 형용사나 보통명사의 의미에 해당하는 것이라 할 수 있다.

이들 자체적인 것은 대체로 추상체, 보편자, 의미체라 부를 수 있다. 이것은 감각적 경험 세계에서는 발견할 수 없고 대화와 토론의 과정에서 인지할 수 있는데, 대체 대화의 어떤 측면이 이를 가능하게 하는가 하는 의문이 당연히 제기된다. 감각 기관의 존재는 일상생활에서 쉽사리 확인되는 것이다. 감각은 시공적이고 구체적인 특수자를 대상으로 하며, 이들은 상호 의존적 관계에서 존재한다.

감각적으로 경험되는 것들은 대화·토론의 대상이 되는 과정에서 언어적으로 규정되면서 다양한 술어로 서술된다. 감각 대상, 가령 시각적으로 인지된 빨간색을 언어적으로 규정한다는 것은 지각 내용을 변용시켜 개념화한다는 것을 의미하며, 이런 개념화란 '자체적인 것'의 관여에 의해 가능해지는 것이다. 우리는 '빨갛다'와 같은 언어적 규정, 또는 형용사를 사용하면서 이들 형용사에 상응하는 의미의 근거나 속성의 전형 등을 상정한다. 그리고 이를 구체적인 사물이 지니고 있는 속성들과 비교하면서 후자가 완전한지 불완전한지를 평가한다. 가령 단풍의 붉은색이 '아직은 이르다', '옅은 빨간색이다', '아주 빨갛다'고 평가한다. 의미체나 속성의 전형에 대한 사념, 그리고 이런 사념을 준거로 한 비교와 평가는 우리 정신 내부에 자체적인 것에 대한 인식이 내장되어 있음을 함의한다고 플라톤은 추론한다.

그러면 그 인식은 어떻게 획득되었는가? 앞서 우리는 플라톤에게 인식이란 일종의 기억임을 언급했다. 플라톤은 자체적인 것에 대한 인식 역시 인식인 한에서 일종의 기억력을 바탕으로 한다고 논한다. 단 그 기억력은 생후에 경험한 것에 대한 기억이 아니라 감각 경험 이전, 즉 생전에 경험한 것에 대한 인식이라는 것이다. 우리의 일상적 대화와 토론은 개념적 세계를 일깨우며, 선험적 기억의 존재를 깨닫게 한다. 대화와 토론이, 그리고 술어의 사용이 일상적인 만큼 선험적 기억력 역시 일상인들 모두가 지니고 있는 능력이다. 이제 평범한 시민들도 자체적인 것, 추상적이고 보편적인 것, 즉 진리이자 실재적인 것을 스스로 탐색할 수 있음을 플라톤은 아테네인들에게 자각시킨 것이다.

시인들의 시대에 호메로스 등의 시인들이 지닌 기억력은 신적인 것이었다. 책 두 권 분량의 내용을 통째로 기억해서 그리스의 대중에게 암송함으로써 과거 선조들의 영웅담, 신들의 신화, 전설 등 '진리의 세계'를 개시해주는 능력, 그것은 일상사와는 다른 세계를 알려주는 능력이기에

신적이며, 특별한 사람만이 지닐 수 있는 능력으로 평가되었다.

플라톤은 진리 발견의 능력을 감싸고 있던 신성성의 안개를 흩날려 버리고 세속화했다. 그것은 일상의 감각 경험과는 다른 능력이기는 하되, 모든 사람이 지니고 있는 일종의 기억력, 하지만 선험적인 기억력이다. 이런 세속화와 함께 그 특별한 능력이 대상으로 하는 바 역시 다른 위상을 부여받게 된다. 인간은 선험적 기억력을 통해서 일상의 질서와는 다른 질서를 접하기는 하되, 그것은 영웅과 신들의 세계가 아니라 보편자·추상체의 세계, 개념들의 세계이다. 이제 '신적이고', '초월적이며', 비경험적인 기억력은 시인들만이 아니라 일반인들 모두가 지닐 수 있는 것이 되었다. 시인과 같이 선택되거나 점지된 사람들만이 아니라 보통 시민들도 스스로의 사유 활동에 의해 뮤즈의 지위에 오를 수 있게 된 것이다. 단 이런 초자연적인 세계로 인도하는 기억력을 향유하고 배양하려면 정신의 정화, 신체적인 것을 정신에서 씻어내는 정화 과정, 즉 철학함의 연습과 훈련이 필요하다는 것이다.

시인들의 기억력이 개현하는 세계는 일상의 세계와는 차원이 다른 세계였다. 시인들이 전하는 과거는 일반 시민들이 사는 현재의 연장선에 있는 시간의 다른 부분이 아니라, 현재와는 차원이 다른 세계, 신적이며, 일상인들에게는 감추어져 있는 차원이었다. 그것은 시인들의 기억력에 의해서만 개현될 수 있는 은폐성의 세계이다. 플라톤 역시 진리를 개현하는 것은 기억력, 특히 선험적 기억력이라고 보았으나, 그는 진리를 상기케 하는 그 기억력을 신비한 것에서 이성적이고 일상적인 것으로, 즉 일반 시민들이 대화와 토론 등 구술적 방식의 철학함에 의해 되살리고 발견할 수 있는 것으로 변모시켰다.

3장

그리스의 담론 매체와 이성의 발견

1. 구술적 철학함과 비판적 이성

선험적 기억과 비판적 이성

고대 그리스가 서양에 선사한 가장 귀중한 선물은 이성이다. '인간은 이성적 동물'이라는 논제는 그리스 이래 서구적 인간관의 중심을 차지한다. 서양인들은 이성이란 신의 선물이며, 이로 인해 인간의 위상이 높아질 수 있다고 자부해왔다. 시대에 따라 그 모습이나 성격은 변화하지만, 이성은 기본적으로 인간 고유의 특성, 인간 정신의 핵심 능력으로 여겨져왔다. 그것은 고대에는 초자연적인 능력, 중세에는 신의 선물, 근대에는 생득적이거나 선험적인 인간 본성으로서 인간을 자연 이상의 존재로 만드는 핵심 요소로 간주되어왔다.

이성의 능력은 논리, 추론, 연역, 비판적 사고, 과학적 탐구 등의 모습으로 발휘된다. 이성이나 합리성은 다양한 정신 능력의 기초일 뿐 아니라 서양에서 모든 가치의 기준이기도 하다. 말과 행동, 사고, 사회적 법과 제도, 가치, 운영 원리 등 모든 것은 합리성을 기준으로 평가된다. 심지어 감정과 정서까지도 합리성을 기초로 형성된다.

대화와 토론의 구술적 철학 활동은 새로운 존재자를 발견하게 할 뿐 아니라 인간의 이성을, 특히 비판적 이성을 발현하게 한다. 비판적 이성은 경험적 기억을 선험적 기억과 비교하는 과정에서 형성된다. 대화와 토론은 선험적 기억을 환기시켜 보편자나 추상체를 상기하게 하여, 이들을 준거로 감각적 지각 경험을 비교·평가할 수 있게 하고, 이 과정에서 이성의 능력, 특히 비판적이고 논쟁적인 이성 능력을 발현시킨다. 비판적 이성은 기억력과 함께 구술적 철학함의 특징인 동시에 이를 추진하는 힘이자 원리이다.[1]

고대 그리스에서의 로고스

이성은 주어진 것인가, 점진적으로 형성되는 것인가? 이성 개념은 플라톤, 아리스토텔레스 등의 철학자들에 의해 정련되었지만, 기본적으로는 그리스 문화 특유의 활발하고 다양한 담론 활동을 터전으로 하고 있다. 그리스어에서 가장 폭넓은 의미 내용을 지니는 어휘들 중 하나는 '로고스logos'인데, 그것은 말, 담론, 정의, 논변, 이유, 설명, 비례, 이성 모두를 의미한다. 이 다양한 의미는 '말'이라는 기초적인 의미가 확장·심화되면서 자라난 것들이다. '언어'를 의미하는 그리스어 로고스가 '이성'을 의미하기도 한다는 언어적 사실은 그리스인들이 '이성'을 위한 별도의 다른 어휘를 필요로 하지 않았음을 알려준다. 이는 또한 고대 그리스

1 비판적 이성은 논박법에서도 발휘되는데, 논박법은 주로 소크라테스 사상과 연관이 있고 필자가 다른 곳에서도 논한 바 있어 여기서는 논의를 생략한다(남경희, 2016 참조).

에서 언어와 이성이 본질적 연관성이 있었음을 시사한다.[2]

흔히 인간이 자신의 사고 내용을 표현·전달하기 위해 언어를 고안했다고 생각한다. 정신이나 이성 능력이 언어 능력에 앞선다는 것이다. 하지만 그리스인들은 언어 자체가 이성이며, 언어 활동의 과정에서 이성이 형성되었다고 생각한다. 본래 '이성'을 의미하던 로고스가 '언어'를 의미하게 된 것이 아니라, '언어'를 의미하던 로고스가 '이성'을 의미하게 된 것이다.

담론 문화는 이미 논한 바와 같이 구술적 단계와 문자적 단계가 있는데, 어느 단계이냐에 따라 다른 종류의 이성 개념이 형성·발전된다. 구술적 단계는 다시 두 단계로, 즉 특수 계층의 엘리트들(진리의 주재자들)이 주도하고 일반 시민들은 수동적으로 이들의 말을 수용하는 시인과 현자들의 시대,[3] 그리고 모든 시민이 대등한 화자로서 광장에 모여 논쟁적 담론에 참여하는 시민적 구술 시대로 구분할 수 있다. 소피스트나 철학자들의 활동은 후자에서 이루어진다. 이들 사이에는 활발하고 다양한 종류의 논쟁과 토론이 이루어졌는데, 이를 통해 비판적 이성이 발달했다.[4] 이들은 구술적 토론과 대화를 하는 한편으로, 점차 문자의 사용이 확대됨에 따라 저술 활동도 병행하게 되었다. 새로운 매체의 등장은 사고법의 혁신을 결과한다. 당시의 지식인들은 저술을 하면서 문자와 함

---

2 'logos'는 다시 'legein'이라는 동사에서 왔다. 이는 '모으다', '분류하다'라는 의미를 지니는데, 여기서 '이성', '정의' 등의 의미가 연유했을 수도 있다.

3 마르셀 데티엔Marcel Detienne(1996)은 이들을 '진리의 주재자들'이라 부른다.

4 진리의 주재자들인 시인, 현자, 사제들에 대한 비판 의식은 플라톤 이전부터 진행·형성되어온 것이다. 플라톤보다 100년 앞선 아이스킬로스Aeschylus의 『아가멤논*Agamemnon*』 중 1132행의 내용은 다음과 같다. "진실로 선한 것으로 / 예언자들이 인간들에게 가져다준 것이 있습니까? / 말만 많이 늘어놓은 기교는 / 오직 악을 통해서만 / 당신의 신탁을 말해줄 뿐입니다. / 예언자들은 인간들이 두려움에 떨도록 항상 / 공포를 가져다줍니다."(해밀턴, 2009: 35).

께 사유를 전개하게 되었고, 이 과정에서 추론적 이성 개념이 발전했다. 두 종류의 이성 개념, 즉 비판적 이성과 추론적 이성은 모두 언어와 긴밀하게 연결되어 있는데, 전자는 구술 문화와, 그리고 후자는 문자 문화와 연관되어 있다.

동아시아의 위계적 언어 문화

고대 그리스 시대의 언어와 이성의 관계를 살펴보기 위해서는 우선 그 시대의 특징을 살펴볼 필요가 있다. 고대 그리스 사회는 동아시아와 대조적이다. 동아시아에서는 고대 서양과 달리 일찍이 중앙집권적 국가가 자리 잡았다. 고대 중국은 시민들의 자유나 개인들 간의 경쟁·토론·논쟁보다는 사회 전체의 질서, 조화, 전범, 예의의 준수가 강조되는 사회였다. 이의 영향을 받은 한국 사회 역시 안정적 조화와 질서가 공동체의 일차적인 가치였다. 사회의 규범과 질서는 지배층에 의해 설정되거나 점복占卜 등을 통해 초자연적 차원에서 계시되는 것이었다. 그것은 민중이 토론하고 설득하며 합의해서 설정할 수 있는 것이 아니다. 고대 그리스에서 구술적 담론은 비판적 이성을 자라나게 하고 공동체의 규범 정립을 위한 정치적 역할을 수행했으나, 고대 중국에서의 구어는 이런 기능과는 거리가 멀었다. 그것은 전적으로 의사소통 수단에 머물렀다. 한문권에서는 계약, 설득, 합의 등이 의사소통의 주요 목표라는 생각이 낯설다. 한문과 같은 문자적 언어는 주고받는 소통의 수단이라기보다는 하늘의 계시가 전달되는 신성한 매체 또는 통치자가 지시·명령하는 가치나 규범을 담아 전달하는 지배자의 언어였다. 문자적 질서에 대한 비판이나 논박, 전승되는 경전적 문헌의 권위에 대한 회의와 논쟁, 그리고 이들 문헌의 내용에 대한 검증과 증명, 또는 오류의 가능성이 있으며,

논파될 수 있다거나, 말의 질서를 지키지 않아 조리logos에 맞지 않는다거나, 모순을 결과한다는 등의 생각은 동아시아에서 위험한 이단이었다.

엄격한 위계적 사회이기에 일반 대중이 정치적 토론이나 논쟁의 장에 참여하는 것은 상상하기 어려웠다. 한문이라는 난해한 문자언어는 공동체의 규범 정립을 위해 공유된 매체라기보다는 민중이 규범적 담론장으로 진입하는 것을 가로막는 차단벽이었다. 문자 세계를 장악하고 있던 지식층이나 지도층에서도 토론은 제한적이었다. 맹자와 고자, 명가의 혜시, 묵가의 변설, 제자백가의 논쟁적 논설들이 있기는 하나, 이들의 논설은 자신의 다양한 견해를 개진한 것에 그치는 것으로서 상대를 앞에 두고 하는 대면적이고 상호 발전적인 토론은 아니었을 것이다. 광대한 영토의 지리적 거리 때문에 대면적 토론 자체가 물리적으로 가능하지도 않았을 것이다.

말의 평등성과 논쟁적 담론 문화

고대 그리스는 동아시아와 전혀 다른 사회 환경과 구조를 지니고 있었다. 그리스는 지리적으로 좁은 반도의 80%를 차지하는 산악지대 사이사이에 여러 소규모 도시국가가 독립적으로 산재해 있는 지역이었고,[5] 이들 사이에서는 전쟁과 분쟁이 끊이지 않았다. 자원도 부족하기에 그리스의 도시국가들은 일찍부터 해양으로 나가 무역을 하거나 식민지를 개척하면서 개방적이고 역동적인 상업적 해양국가로 발전해갔다. 고

5 소크라테스가 살던 헬라스는 1000개에 가까운 서로 다른 폴리스(도시국가)의 연합체였다. 각각 인구가 1000명에서 3000명 사이였던 헬라스의 도시국가는 보통 공화국의 형태였다(휴즈, 2010: 45; *Ancient History Encyclopedia* 참조). 아테네, 스파르타, 시러큐스, 테베 등 7~8개의 도시국가를 제외하고는 대부분 군소국가였다.

대 중국이 정착적 농업국가이자 내륙국가였던 것과는 대조적이다. 양 문화권의 차이는 극적일 정도로 달랐다.

그리스 사회는 평화 시 시민들이 도시국가 운영에 직접 참여하고, 전쟁 시에는 자신의 무기를 직접 준비해 전쟁에 참여하는 것이 당연할 뿐 아니라 권리인 사회였다. 상비군이 아니라 민병대 국가로, 시민들은 전쟁 참여와 기여도에 따라 전리품을 분배받을 수 있었기 때문에 전쟁 참여는 일종의 투자 기회, 부를 증식시킬 수 있는 기회였다. 그리스의 도시국가는 시민군사 사회였다. 시민들은 전리품을 획득하기 위해 목숨과 재산을 걸고 전쟁에 참여했다. 이들은 전쟁의 개시, 전략의 숙의, 전리품의 분배에 관한 담론에 적극 참여했을 것이고, 그 논쟁은 치열했을 것이다. 목숨과 재산을 걸고 나간 전쟁터에서, 이해관계가 첨예한 담론장에서 자신의 주장을 펼칠 말의 권리, 발언권, 말의 평등성, 말의 설득력 등은 당연히 가장 중요한 제1의 가치가 될 수밖에 없었다.

그리스 도시국가들 중 큰 국가라 해도 전체 인구가 대략 20여만 명인데, 여기서 정치에 참여할 수 있는 시민인 자유인 성인 남성은 3~4만 명 정도였으니 도시국가는 거의 대면적 사회였다고 볼 수 있다. 이런 공간에서 국가 운영을 위한 정쟁이나 논쟁은 그들 삶에서 중요하고 필수적인 일상사였다. 정치는 '정치인'들의 전문적 소관 업무가 아니라, 일반 시민들의 삶에서 일상적 국면이었다. 시민들이 바로 정치인이며, 정치는 시민들의 의무이자 권리이고 그들 생활의 핵심적 일부였다. 현대 영어에서 정치가를 의미하는 'politician'이라는 어휘의 어원이 고대 그리스에서 시민 또는 도시국가의 구성원을 의미하는 'politēs'인 것도 이와 관계가 깊다. 현대적 삶에서 정치가가 하는 일은 고대 그리스에서 시민들의 일상 업무였다.

권위주의적이고 위계적인 동아시아와 달리 그리스 사회는 시민들 간의 수평적인 관계에서 이루어지는 다양한 경쟁적 관계가 일상적인 사회였다. 'agon(경쟁)'은 고대 그리스 문화의 핵심 특징이다(Wang, 2010: 6805-6812). 전쟁에서 적과의 투쟁은 물론, 동일 진영 내에서도 전략 토론과 전리품 분배를 둘러싼 치열한 다툼, 올림픽 경기에서의 승부 경쟁, 아고라에서의 정치적 논쟁, 법정에서의 논고와 변론, 나아가 소피스트들과 철학자들의 이론적 토론 등의 다양한 경쟁적이고 논쟁적인 관계가 그들 문화의 주축을 구성하고 있었다. 플라톤은 심지어 인간의 정신적 활동도 정신 또는 영혼을 구성하는 이질적 요소들 간의 주도권 경쟁이라고 설명했다. 지성과 기개와 욕망, 검은 말과 흰 말과 이들을 통어하는 기사, 지성과 감정, 억견과 인식 등 간의 경쟁과 갈등이 인간 정신 내면의 풍경이라는 것이다. 그들의 담론 문화도 경쟁적이기에 변증술dialektikē, 이중 논변dissoi logoi, 반론술antilogikē, 논박법elenchus, 쟁론술eristikē 등 다양한 논쟁의 방식이 생겨났다. 경쟁적 관계란 말의 권리나 말의 평등성에 대한 믿음을 전제로 하며, 이런 믿음은 전시에나 평화 시에나 그들 도시적 삶에서 주축의 원리이자 가치로 기능했다.

말의 정치적 기능

그리스 도시국가의 시민들이 직접민주주의를 발전시킨 것은 주지하는 바이다. 그들은 정치적·군사적·사법적 분야 등의 다양한 도시국가의 문제를 말을 통해서, 대화와 토론 문화를 통해서 해결하려 했다. 말은 그들에게 가장 중요한 정치적 도구였다. 말은 그리스인들에게 생각을 표현하고 전달하는 표현 수단이나 소통의 매개체에 그치는 것이 아니라, 정치사회적 관계의 질서와 규범을 확립하게 하는 정치적 촉매제였다.

전시에는 전략을 숙의하고 전리품을 공정하게 분배하기 위해 논쟁했고, 평화 시에는 아고라에서 국가 운영에 관한 다양한 주제로 토론했다. 도시국가의 아고라는 그들 삶의 중심이었다. 이 아고라에서 시민들은 공동선에 관해 정치적 논쟁과 토론을 벌이거나 대중적 연설을 통해 서로를 설득하면서 자신의 위상과 입지를 확립했다. 또한 법정에서는 자신의 권리를 주장하며 정의를 확립하기 위해 치열한 논고와 변호를 개진했다. 그리고 저녁이면 심포지엄이나 김나지움에서 주연을 벌이거나 운동을 하면서 에로스, 용기, 경건 등의 본성에 관한 각자의 견해를 개진하고 토론을 벌이는 것이 그들의 일상이었다. 그리스인들은 여가 scholē를 중시했는데, 이 여유의 시간을 채우는 것이 그들의 논쟁적 담론이었다. 심지어 그들은 로마인들이 검투사의 경기를 즐겼듯이, 토론회에서 논쟁하며 이기고 지는 경기를 주요 여흥으로 했다고 한다.[6] 고대 그리스인들에게 담론 활동은 도시국가의 문제를 해결하기 위한 그리스 도시국가 고유의 방식임은 물론, 그들의 정신적·문화적 삶의 주축을 이루는 활동이었다.

고대 그리스의 중심인 아테네는 대외적으로는 막강한 군사력으로 주변 도시국가를 제패함은 물론 동방의 대제국 페르시아도 패퇴시킨 군사 강국이었지만, 대내적으로는 말이 주축이 된, 말로 싸우고 문제를 해결하는 언론 중심의 사회였다. 담론의 과정에서 그들은 말의 힘을 확인하고, 말다운 말, 정당성을 지닌 말의 기준을 확립하려 노력했다. 그들의 언어에 대한 관심은 그리스 문화를 다른 문화와 구별 짓는 특징이었다.

언어 중심의 문화는 언어에 대해 특별한 생각을 형성하게 한다. 논쟁

---

6 아리스토텔레스의 『소피스트적 논박*On Sophistical Refutations*』(183a 25)과 『변증론*Organon*』(161a); 베르낭(2006) 참조.

적인 구술 문화에서 말은 설득되고 논증되고 동의·합의되어야 한다. 글쓰기에서와 달리 대면적 대화·토론에서는 발화가 이루어짐과 동시에 비판적인 검토가 이루어지며, 제안된 주장의 설득력이 검증 대상이 된다. 문자 시대의 언술은 그에 대한 진위 검증이 사후적으로 이루어지지만, 구술 시대의 언술은 그 설득력이나 타당성이 즉시적으로 검토·확인된다. 대화나 토론에서는 화자의 발언을 상대방이 수용할 수 있어야 대화가 진행될 수 있기 때문이다.

말과 생각을 공유해야 정치도, 일상적 삶도 순조로울 수 있고, 전쟁에서도 합심이 되어야 협력하여 적을 상대로 싸울 수 있다. 말을 통해 타인의 마음을 얻어 합의하는 일은 그리스적 삶의 질서에서 선결적이고 필수적인 요소이다. 이런 선결 요건을 충족시키기 위해서는 언술의 일정한 특성, 가치, 규범 등을 갖추어야 한다. 말은 말다워야 한다는 생각이 자리 잡고, 이를 단초로 이성, 로고스의 개념이 형성된 것이다. 말이란 본질적으로 대면적인 것이기에 말다움의 가장 기초 조건은 타인의 수용 여부이다. 이성이란 한 화자의 발언이 상대방에 의해 수용될 수 있게 하는 조건, 대화와 토론의 참여자들 모두가 수용할 수 있게 하는 말의 조건, 말다운 말의 특성, 말의 본질 이외의 다른 것이 아니다. 이런 조건이나 특성은 최소한 타인의 비판적 검토를 견뎌낼 수 있는 능력을 포함해야 한다.

궤변적 수사학과 철학적 변증술

구술 시대에는 두 단계가 있음을 지적한 바 있다. 호메로스 시대는 일반 대중이 시인, 현자, 예언자들의 말을 일방적으로 청취·수용하던 시기이고, 이후 도시국가의 데모스들이 정치적 장에 진출하고 정치적 참여가 활발해지면서 수평적이고 대면적인 시민적 담론 문화가 발전하게 되었다. 언술은 주술적·종교적 권위로부터 독립하여, 특별한 종류의 사람이나 절차, 예외적 기억력 등의 후견에 의해서가 아니라 타인의 비판적 검증을 거침으로써 진리성을 취득할 수 있다는 믿음이 형성되었다. 언어 또는 로고스의 자율성이 확보된 것이다. 말의 정당성은 누가 말을 하느냐에 의해서가 아니라 말 자체의 내재적 원리에 의해 평가되고 확보되는 것이다.

수평적 구술 시대에는 타인의 마음을 얻는 설득적 수사학이나 상대방을 굴복시키는 논파술이 가장 강력한 자산이었다. 당시에 수사학이나 논파술이란 좋은 글을 쓰는 문장 작법이 아니라, 대중의 마음을 살 수 있는 말하기의 능력을 의미했다. 이런 기술을 공급하겠다고 나선 이들이 소피스트이다. 이들은 능숙한 말의 기술을 사용하여 상대방을 논파하고 대중을 설득하는 능력을 가르칠 수 있다고 주장했다. 그런데 소피스트의 수사학은 오로지 승리만을 목표로 하기에 궤변을 부려서라도 그런 타산적 목표를 성취하려 한다. 말의 능란한 기술을 가르치는 소피스트에게 논리적 정당성이나 진리는 이차적인 관심사일 뿐이다. 소크라테스는 이들의 궤변적 태도를 비판하며, 이들의 수사학을 대체하는 새로운 말하기의 방식을 제안한다. 그는 올바른 말하기란 승리가 아니라 진리를 목표로 하며, 타인과의 대화는 진리를 드러내는 과정이어야 한다고 논한다. 대화와 토론이 올바로 전개될 때, 이는 우리를 진리로 인도할 수 있다는 것이며, 소크라테스는 이런 올바른 말하기의 방법으로 논박법, 문답법, 산파술 등을 제안한다. 그는 소피스트들과 달리 자신이 무지한 자임을 자처하고, 항상 질문을 던지는 자의 위치에 서서 말다운 말의 원칙과 조건에 비추어 타인의 주장을 이성적으로 검토한다. 진리 추구를 위한 선결 조건은 모순이나 비일관성의 배제이며, 그다음으로 적절한 질문들에 의해 우리의 정신이 촉발될 때 우리의 정신이 배태한 지식들이 산출될 수 있다는 것이다. 그는 이런 다양한 어법을 제시하면서 우리를 진리로 인도하는 원리이자 인도자는 자신과 같은 현자 혹은 특정한 개인의 권위가 아니라, 말 자체의 논리, 즉 이성임을 알리고자 한다.

우리의 생각이나 발언들이 논리적·이성적으로 검증되어야 한다는 믿음은 플라톤이나 소크라테스 이전 자연철학자들, 특히 파르메니데스와 제논의 논변에서 이미 확립된 것이다. 이들은 존재의 단일성, 존재와 사유의 일치(파르메니데스의 단편 1, 2 참조), 운동과 다수의 불가능성을 논하는 다양한 역설[7]을 개진했는데, 그 정당성 여부와는 상관없이 이들은 존재 개념에 대한 논리적 분석에 의거하고 있는 것이다. 대체로 이들 논변의 논리적 지렛대는 논리학의 제1원리라 할 동일률을 주축으로 하고 있다. 소크라테스는 한 걸음 더 나아가 모순을 찾아 논파하는 철학적 방법론인 논박법을 진리 검증의 핵심적 방법으로 제안한다. 이는 논리학의 제2원리인 모순 배제율의 원형을 이룬다.

플라톤은 스승의 정신을 이어받아 철학적 사유의 중심 원리는 논리나 이성이어야 함을 주장한다. 진리를 발견하기 위해서는 사물 자체를 관찰하기보다는 로고스를 통해 간접적으로 진상을 탐구해야 한다는 것이다. 우리의 대화록 『파이돈』에서 플라톤은 로고스 혐오증을 경계해야 한다고 주의를 준다(『파이돈』 88c-91c). 이어서 자연철학자들의 경험적 방법이 우리를 오도할 가능성이 있음을 지적하며, 진리로 가는 차선의 항해책으로 로고스를 통한 진상 규명의 방법을 제안한다(『파이돈』 99e). 그가 저술한 모든 대화록은 로고스를 통한 철학적 탐구의 구체적 사례들이며, 형상론은 이런 로고스 방법론을 위한 가장 기초적인 가설이다.

7 제논의 역설Zenon's paradox. 그는 정교한 논변을 동원하여 운동, 다수, 변화 등을 부정했다.

그는 로고스에 의존하는 방법을 더욱 진전시켜, 가설hypothesis의 방법(『파이돈』, 『국가』, 『필레보스』), 변증술의 방법(『파이돈』, 『국가』, 『필레보스』), 분석diairesis과 종합synthesis의 방법(『소피스트』) 등 다양한 방법을 시도한다. 로고스는 인식의 핵심 3요소 중 하나일 수 있으며(『테아이테토스』), 이성적 사유나 이성에 의한 간접 추론dianoia은 인식의 전형(『국가』)이고, 한 사태에 대해 로고스를 줄 수 있음logon didōnai은 그 사태를 인식함의 필수 조건이다. 이렇게 그리스에서 이성 개념은 소크라테스, 플라톤, 아리스토텔레스를 거치면서 점차 완전한 모습을 갖추게 된다.

말다운 말과 'logon didōnai'

구술적 철학함 또는 대면적 토론은 기본적으로 말을 주고받는 과정이다. 그런데 말을 주고받는다는 것은 서로의 의사, 생각, 믿음을 가청적 매체에 담아 서로에게 전달한다는 것 이상의 의미를 지닌다. 무엇에 관해 말한다는 것은 언술의 주제, 이 주제와 인간 정신의 관계, 정신의 이성적 능력 등에 관해 중요한 요소들을 드러낸다. 이들은 이성 개념과 관련이 있다. 언어와 이성의 관계에 대한 그리스인들의 생각을 드러내는 간명한 숙어적 표현이 있다. 그것은 'logon didōnai'라는 어구이다. 이 숙어는 '설명하다', '근거를 대다', '이해할 수 있게 하다', '정의하다' 등을 의미한다. 플라톤은 이 표현을 철학적으로 확장·심화시켜 철학적 인식의 조건으로 규정하고 있다.

> "앎을 소유한 사람은 그가 알고 있는 것에 관해 설명할logon didōnai 수 있어야 하지. 안 그런가?"
>
> "절대 필연적입니다, 소크라테스여."(『파이돈』 76b)

플라톤에 따르면 무엇을 안다고 평가받을 수 있기 위해서는 그에 대해 'logon didōnai'할 수 있어야 한다. 로고스는 앎의 필수 조건이다.[8] 로고스는 '말' 이외에도 '논변', '설명', '정의' 등을 의미하니 앞의 조건은 특별하다 할 이유가 없을 듯하다. 그런데 문제는 원래 단지 '말', '언어' 등의 일상적인 의미를 지니던 로고스가 어떻게 하여 '논변', '설명', '비례', '정의', '이해' 등의 전문적이고 인식론적인 함의를 갖게 되었는가, 그래서 단지 무엇에 대해 '말을 부여하다', 그것에 관해 '언명하다'라는 의미의 'logon didōnai'라는 어구가 어떻게 해서 '설명하다', '근거를 대다', '정의하다' 등의 인식적 능력을 기술하는 어휘로 변모하게 되었는가 하는 것이다.

물상에 로고스(언어)를 부여한다는 것은 그리스인들에게 사물에 이름을 붙이고, 사태에 관한 문장이나 발언을 만들며 언표한다는 것 이상의 의미를 지녔다. 언표란 무엇인가? 외부 대상을 언어화한다는 것은 그것을 인간적 삶의 문맥 안으로 편입시켜 인간적 관심의 대상으로 한다는 것이다. 언어화란 가장 기초적인 수준의 자기화 또는 전유화專有化; appropriation, 그리고 인간화이다. 인간화한다는 것은 어떤 성격의 작업인가? 그것은 인간이 자신의 관심 지평이나 이해 지평 위에서 자신에게 익숙한 방식으로 물상의 모습을 규정하는 것이다. 그 지평이란 기존의 숙지되어 있는 삶의 방식일 수도 있고, 관습일 수도 있으며, 자신의 삶의 배경이 되는 개념이나 믿음의 체계일 수도 있을 것이다. 언어화는 인간적 이해와 설명, 그리고 작업을 위한 아르케, 즉 단초이자 원리이다. 무엇에 이름 붙이고 그것을 문장의 일부로 함으로써만이 비로소 그것에

8 'logon didōnai'가 인식의 필수 조건이라는 믿음은 그의 대화록 여러 곳(95d, 101d)에서 표명되어 있다. 여타 대화록에서 이 숙어가 나오는 부분들은 Ast(1835) 참조.

대한 이해나 관계가 시작될 수 있다.

물상이 언어의 옷을 입어 문장의 일부가 되고 언어의 좌표대 위에 놓일 때에 어떤 변화가 일어나는가? 물상이 언어의 옷을 입고 이름을 지닌 후에야 그것은 우리 기억에 내장되어 있는 다른 어휘들과, 이미 언어의 옷을 입고 있는 다른 것들과 관계를 맺을 수 있으며, 이런 관계에 들어서야 그것은 비로소 검토·규명·논의·분석·설명·정의될 수 있다. 말로 표현된다는 것은 그것이 설명·이해되기 위한 선결 조건이므로, 명명과 언표는 인식적 활동의, 나아가 인간적 실천의 첫 단계이다. 어떤 물상에 말을 준다 또는 부여한다logon didōnai는 것은 단지 인간적인 소통의 매체로 기술·묘사·전달하는 것 이상으로, 그것을 저편 사물의 세계에서 인간적 삶의 지평으로, 인식적 좌표대 위로, 삶의 공간 안으로 이전시키는 것, 그리 될 수 있도록 변환시킨다는 것이다.

정리해보자. 첫째, 대상의 언어화는 허공에서 이루어지는 것이 아니다. 그것은 이미 구축되어 있는 언어 그물망이나 믿음 체계를 배경으로 해서 그것의 일부로 만드는 것, 그 안에서 자리 잡아 개념화하는 것이다. 이렇게 개념화됨으로써 그것들은 다시 다른 개념들과 관계 맺을 수 있게 되며, 다른 어휘들과 연결되어 문장의 일부가 될 수 있다. 이런 언어적 그물망이나 체계는 그 대상을 이해할 수 있는 좌표대가 된다. 물상에 대한 인식과 이해는 그를 대면하고 감각적으로 지각하는 것만으로는 이루어질 수 없다. 언어적 관계망 내에서 다른 것들과의 관계를 검토하는 과정 중에 다른 것들과의 유사점과 차이점 등이 드러나며, 그 대상 자체에 속하는, 그것의 본질을 드러내는 로고스, 즉 정의를 발견할 수 있는 것이다. 이것이 좁은 의미의 'logon didōnai(정의하다)'이다.

둘째, 물상의 언표는 새 어휘를 고안하고 어휘와 어휘를 연결하는 것으로 충분하지 않다. 말이란 일정한 제약 하에 특정한 원리와 규칙을 준수하면서 이루어진다. 우리의 말은 어떤 유효성을 지녀, 진리로 수용되거나 상대방의 반응을 유발하거나 일정한 행위를 결과해야 한다. 이를 위한 선결 조건이 이해 가능성의 조건이다. 이런 조건을 충족하기 위한 가장 중요한 사항 중 하나는 대화의 배경이 되어 있는바, 이미 오간 발언들, 이미 이해되어 있는 믿음들의 좌표대 위에서 다른 믿음들과 일관성·정합성을 구비해야 한다는 것이다.

우리의 말은 항상 타인을 의식하고서 이루어진다. 화자나 필자는 이해된 자신의 발언이나 문장이 청자나 독자에 의해 수락되기를 기대한다. 그러기 위해서는 그의 발언이나 문장은 그 자신이 진리라고 생각하는, 또는 화자들이 진리로 생각하는 바를 반영하고 있어야 한다. 이를 위해서 화자는 경험적 증거, 정당화의 요건 등을 준비할 수 있어야 할 것이다. 이를 우리는 진리 가능성의 조건이라 부를 수 있다.

화자는 발언하면서 자발적으로 어떤 준칙이나 원리에 준거하여 스스로의 발언을 검토·제약·확인하는데, 그 이유는 바로 자신의 발언이 타자에 의해 의미 있게 이해되고, 나아가 진리로 수락되기를 희망하기 때문이다. 화자의 발언에는 이미 어떤 원리나 가치가 담겨 있다. 청자 역시 화자의 발언에 적극 반응하고 그것을 이해하면서 어떤 제약·가치·원리가 준수되어 있다고 간주하는 것이며, 그 자신이 발언할 때 역시 유사한 가치·원리·규범의 제약 하에서 발언하는 것이다. 이렇게 하여 서로의 대화와 토론이 진행되면서 그들 서로가 상정한 제약·가치·원리는 점차 수렴된다.

이것이 대면적 대화·토론과 구술적 철학함을 통해서 이성이나 합리성이 형성되는 과정이다. 우리는 상호의 담론을 이해하기 위한 조건, 진리를 위한 조건, 이들 조건을 충족시키는 제반 사항들을 모두 합하여 이성이나 합리성이라 이름 붙일 수 있다. 언어적 소통은 이성을 전제하며,

이성을 형성해간다. 언어는 이성의 현현이며, 이성은 말의 본질이다. 이성이나 합리성이란 다름 아닌 이해와 진리를 위한 조건, 그러므로 말이 곧 말이 되기 위한, 말다운 말의 조건이다.

그리스적 언어관은 말에 대한 인식적 관점을 취한다 할 수 있는데, 말에 대한 다른 관점과 비교할 때 그 고유성이 드러날 수 있다. 유가의 언어 이론은 정명론正名論에 요약되어 있다. 이에 따르면 언어란 규범이다. 동아시아에서 언어란 사실을 기술하기보다는 행위를 처방하고 규제하는 규범의 역할을 한다. 군주는 군주다워야 하고, 신하는 신하다워야 하며, 어버이는 어버이답게 행동하고, 자식은 자식답게 부모에게 효도해야 한다. 동아시아적 사유에서 사물에 로고스를 준다는 생각은 낯설 뿐 아니라 이해되지 않는 생각이다. 한문 문자의 품사가 가변적이라는 사실을 유념할 필요가 있다.

이성의 터전으로서의 논쟁적 담론

우리는 담론 활동의 구조를 분석함으로써 대화와 토론의 활동이 이성 개념을 형성해가는 과정을 보다 구체적이고 세부적으로 드러낼 수 있을 것이다. 첫째, 무엇이 대화의 주제가 된다는 것은 그것이 언어로 묘사할 수 있는 일정한 모습을 지니고 있음을 전제로 한다. 그 일정한 하나의 모습은 어느 정도의 지속성을 지니고 있어야 하며, 그 대상에 대한 언어적 규정 행위가 정당한 것이려면 언표의 대상이 되는 것들이 자기동일성을 지니고 있어야 한다. 파르메니데스의 존재 논증이 이 원리에 기반한다. 언표의 행위는 논리학과 이성 작동의 제1원리인 자기동일률을 전제로 한다.

둘째, 대화가 전개되면서 대화자의 관심은 물상에 대한 경험적이고 감각적인 지각에서 언어적이고 개념적인 차원으로 이행해간다. 이제 물상들을 감각된 것으로서가 아니라 언어적으로 기술된 것으로 대하면서 개념적 존재자를 발견하게 한다. 플라톤은 진리로 가는 차선의 항해책으로 사물들을 직접 관찰하려 하기보다는 로고스를 매개로 하여 분석·검토할 것을 제안한 바 있다. 이런 제안을 하면서 그가 염두에 둔 것은 개념적 존재들이었다.

우리가 주위에서 경험하는 것들, 가령 빨간 우체통, 빨간 사과, 빨간 옷이란 보거나 맛보거나 입는 것이 아니라 언어적으로 규정되는 것으로, 개념적 존재로 파악할 때 이들이 어떤 공통적인 것을 지니고 있음이 드러난다. 이들은 하나의 동일한 형용사 '빨간'에 의해 기술되어 있으며, 그런 점에서 모두 하나의 일반적이거나 보편적인 것과 관계하고 있다. 빨간 우체통, 빨간 사과, 빨간 옷 등은 경험 대상으로서는 각각 우체통, 사과, 옷으로 구별되며 서로 다른 종류의 특수적 존재자들이지만, 모두 빨간색과 관여하고 있다는 점에서 유사한 사물들이다. 이들이 관여하는 이 공통적인 존재를 보편자라 칭할 수 있다. 형용사의 사용과 같은 가장 단순한 언명도 보편자의 인지와 다수의 특수자를 비교하여 공통적 속성을 추출하는 이성의 활동을 전제로 한다.

셋째, 소크라테스의 철학적 담론은 대부분 'What-is-x?'라는 물음으로 시작하는데, 이 물음은 그 공통적인 것(x)의 본질을 규명하기 위한 것이다. 이 물음에 대한 답을 추구하는 과정은 대화와 토론, 더 구체적으로는 문답법과 산파술이다. 문답을 주고받으며 서로의 사유를 자극하여 새로운 착상을 하게 하고, 개념적 존재를 상기케 할 수 있으며(『메논』, 『파이돈』 참조), 말의 조리를 명료히 하고 오가는 문장과 술어의 논리적 구조를 규명할 수 있다. 또한 대상을 개념적 차원에서 파악·분석하여 서로를 관계지을 수 있다. 일종의 개념적·논리적 추론이 이루어지며,

이를 통해 우리가 감각적 지각에 매몰되어 있을 때와는 전혀 다른 차원의 존재자들을, 그리고 그것들의 새로운 모습을 발견·규명할 수 있다. 소크라테스와 플라톤이 대화의 과정을 중시한 이유는, 대화와 토론이 새로운 존재자의 본질을 드러낼 수 있는 인식적인 잠재력을 지니며, 따라서 탐구의 방법이 될 수 있다고 보았기 때문이다. 대화가 진행되면서 수동적 매체에 그쳤던 말logos이 탐구를 위한 능동적 방법으로서의 이성logos으로 변신한다. 플라톤의 이데아론은 이런 대화의 과정을 거쳐 제안된 것이다.

넷째, 특수자들에 대한 언어적 규정에 주목함으로써 보편자의 존재를 인지할 수 있다면 이성에 의해 이들의 본질을 규명할 수 있다. 특수적인 것들의 인식은 감각기관에 의해 이루어진다. 그러나 공통적인 보편자의 본질 규명은 이성에 의해 이루어진다. 이 두 종류의 존재자들의 존재 양상이 다르기 때문이다. 경험적 사물들은 경험되는 한에서는 항상 다른 것들과 함께 존재한다. 빨간 사과의 빨간색은 사과의 둥근 모습, 사과의 신맛과 함께 존재하며, 사과나무 가지에 매달려 있거나 쟁반에 얹혀 있다. 이처럼 우리가 주위에서 경험하는 모든 것은 항상 다른 것들과의 관계에서 존재하고, 그것의 모습은 그런 관계의 영향을 받는다. 그러나 언표되는 것으로서 그들을 검토할 때 우리는 사과의 모습, 맛, 나뭇가지 등과 분리하여 빨간색 자체를 추출할 수 있으며, 그것의 특징을 분석할 수 있다. 빨간색은 사과나 옷의 일부 또는 속성이 아니라 그 자신만의 어떤 특성을 지닌다. 그것은 색깔이되 삼원색의 하나이며 가시적인 것일 것이나, 둥근 모습, 신맛 또는 직물의 촉감과는 상관이 없는 것이다. 자체적인 존재자들의 이런 특성들과 구조는 개념적 분석, 이성적 분석에 의해 드러난다.

다섯째, '말하다'를 의미하는 그리스어 'legein'은 '모으다', '가르다'라는 어원적 의미를 지니고 있다. 무엇에 관해 말한다는 것은 그것에 이름을 붙이고 발언의 대상으로 삼는다는 것이며, 이는 그 무엇을 언어화된 기존의 다른 사물들과 함께 놓아 비교하고, 유사한 것들과 함께 분류하는 행위를 핵심으로 한다. 물상에 대한 언어적 활동은 일정한 관점에서 특정한 목적을 가지고 주위 사물들을 수집·분류하는 행위를 포함한다. 말하는 것은 망명 피해에서 그물을 던져 물고기를 잡는 것과 유사하다. 수집과 분류를 위한 기준은 담론에 참여하는 모든 이가 수용할 수 있는 객관적이고 공유될 수 있는 것이어야 한다. 이런 조건을 합리성이라 할 수 있으며, 여기에서 이성의 맹아가 돋아나는 것이다.

여섯째, 오가는 말은 일정한 규범을 지켜야 한다. 말은 의미를 지녀야 소리나 소음이 아닌 말다운 말로 대접받을 수 있다. 그러나 의미의 후원만으로는 부족하다. 우리의 말은 독립적으로 이루어지는 것이 아니라 다른 발언들과의 연관적 관계에서 이루어지는 것이므로, 전후의 발언들과 일관성을 지녀야 한다. 이런 타자와의 공존 가능성 및 일관성을 지니지 않는 사태를 '모순矛盾'이라 한다. 일관성이 지켜지고 모순이 없어야 한다는 것은 말을 위한 최소한의 조건이다. 이런 원칙에 의거해 상대방의 말을 검토하고자 하는 것이 소크라테스의 논박법이다.

이와 같이 논쟁적 담론은 자기동일률의 원리와 모순배제율 등의 이성적 원리를 드러내고, 이의 대상으로서 개념적 존재, 이에 대한 선험적 기억, 개념들의 논리적 분석 등의 이성적 요소들을 부상하게 한다. 우리의 일상적 담론은, 지극히 단순한 것이라도 감각적 경험만이 아니라 선험적 요소, 그리고 이에 기초하는 이성의 능력이 관여하여 이루어지는 활동이다.

2. 문자적 철학함과 추론적 이성

문자 도입과 사유의 발견

플라톤이 준구술 시대의 사상가라 한다면, 문자의 도입과 글쓰기는 플라톤 철학에 전혀 긍정적 영향을 끼친 바 없는가?[9] 플라톤은 문자를 비판하며 대화와 토론을 철학함의 기반으로 생각하기는 했으나, 예상과 달리 그의 철학 이론 여러 부분에서 문자 문화의 영향을 찾아볼 수 있다. 이런 영향 관계를 지적하기 이전에 우선 그의 철학이 지닌 구술 문화적 요소들을 정리해보자. 대화록이라는 저술 형식, 이야기식 문체, 문자에 대한 명시적 비판, 그가 철학함의 모델로 삼았을 스승 소크라테스의 대면적 철학함, 아카데메이아에서의 철학함의 방식, 당시의 문자적 자원의 희소성 등 사회적·물리적 요건이 그것이다.

문자 문화에 기반한 것으로 판단되는 그의 주요 철학 이론이나 개념 역시 다수이다. 형상의 존재, 자체성의 개념, 철학적 인식의 이상으로 제안한 지적 정관(프로네시스), 실재의 불변성, 정태적 인식의 주체로서의 정신, 실재 탐구를 위한 차선의 방법으로서의 언어방법론, 가설의 방법, 변증법, 분석과 종합의 방법, 추론적이고 연역적인 사고의 강조 등이다. 이에 더하여 플라톤이 『국가』에서 시인을 추방해야 한다고 주장했음은 주지하는 바인데, 이 비판은 시라는 문학 장르 자체를 대상으로 한 것이라기보다는 시인들에 의해 형성되는 구술적 사고방식의 부정적 측면을 우려한 것이다(Foley, 1988: 62).

플라톤 철학이 상호 대조적인 두 측면을 지니는 이유는 무엇인가? 이

---

9 문자 도입이 철학에 끼친 일반적인 영향에 관해서는 Harris(1991: 63-64) 참조.

들은 그가 구술 문화적 사고와 문자 문화적 사고 간의 균형을 잡으려 한 결과일 수도 있지만, 아마도 그가 양자의 장단점을 인지하면서 갈등을, 구술 시대에서 문자 시대로 이행하는 과정에서의 갈등을 겪고 있었음을 증거하는 것일 수도 있다. 이제 구체적으로 문자 도입이 그의 철학에 어떻게 영향을 주었는지 살펴보자.

문자 도입은 그리스인들에게 사유 능력과 사유 세계를 발견하게 했다.[10] 구술 시대에 사유가 없었음, 아니 구술 문화에서는 대화와 토론이 사유를 대신했음은 이미 지적한 바 있다. 홀로의 내면적 사색이 가능하게 된 것은 문자의 도입 이후이다. 문자 시대에는 타인과의 협조가 없어도 문자와 종이의 도움으로 사유의 축적이 가능하고, 이를 바탕으로 하여 확장적이며 심도 있는 사유를 전개할 수 있다. 문자 시대의 문자와 종이는 구술 시대의 대화 상대방을 대신하는 기억 장치이기 때문이다.

플라톤은 애초에 대화를 모델로 하여 사고 활동을 이해한 것으로 보인다. 플라톤은 사고를 일종의 내면적인 대화라 규정한 바 있다(『테아이테토스』 189e). 이런 모델에서 사고란 정신이 홀로 의미나 개념(기의)과 관계하며 분석하고 추론하는 이성적이고 논리적인 활동이 아니라, 자신 안에 타자를 설정하여 그와 말(기표들)을 주고받는 일종의 대화이다. 이런 규정에서 추정컨대, 그는 사고에 관한 한 여전히 구술 시대 모델에 머물러 있다고 볼 수 있다.

대화 모델의 사고관에 변화를 가져온 것은 문자 문화의 영향이라 추정할 수 있다. 플라톤은 저술을 하고, 문자의 특색에 주목하고 반성하면서 사유를 점차 정신이 독립적으로 홀로 수행하는 특유의 활동이라고

---

10 Harris(1991) 참조. 윌리엄 해리스William V. Harris는 문자 도입이 철학에 영향을 주었으리라 추정하나, 구체적인 내용은 제시하지 않았다.

보았으며, 경험계와는 다른 고유의 대상에 관여한다는 생각을 갖게 된 것으로 보인다. 그렇다면 그런 사고관의 변화를 가져온 문자 문화의 특색은 무엇인가?

우선 새로운 사고관의 특징을 지적해보자. 첫째, 사고 활동이란 정신이나 영혼이 신체와 독립적으로, 그리고 홀로 수행할 수 있는 고유의 활동이다. 둘째, 감각 대상을 다루거나 기표 또는 말을 주고받는 것이 아니라, 전혀 다른 존재, 자체적이고 보편적이며 개념적인 존재를 인식과 논구의 대상으로 한다. 셋째, 이들을 인지하는 것을 넘어서 이들에 대해 새로운 종류의 활동, 가령 비교, 평가, 공통점 추출, 추론, 연역, 일반화 등의 활동을 수행한다. 그리고 넷째, 이들을 경험계의 대상들, 또는 이들에 대한 인식과 관계시킨다. 이런 제반의 조건 중 가장 핵심적인 것은 두 번째로, 관여 대상들, 자체적인 것, 보편자 또는 추상체의 존재를 확인해야 하는 일이다. 이런 존재자들은 이미 소크라테스의 'What-is-x?'의 물음에서, 그리고 보다 체계적으로는 플라톤의 형상론에서 확인할 수 있다.

우리는 앞서 플라톤의 철학 모델은 구술적 철학함이되, 그 구체적인 방식은 대화와 토론이라고 논한 바 있다. 구술적 철학함에서는 타인과의 협동 작업을 통해서만이 지속적이고 심층적인 사유 활동이 가능하며, 이런 과정에서 공적이고 추상적인 공간이 구축될 수 있다. 이런 공간이 있어야 경험적인 사물들이 공유하고 있는 보편자, 추상체, 보이지 않는 것, 의미 등이 들어설 자리가 마련되기 때문이다. 대화와 토론은 물리적 공간인 아고라에서 음성적인 존재인 기표들을 주고받으며 전개되지만, 대화가 진행됨에 따라 곧 참여자들의 정신은 심적 아고라로 이동한다. 그리고 이곳에서 추상체, 자체적인 것을 발견하고 이들과 관계하게 되는 것이다.

철학적 사유는 구술 시대에도 감각적 지각을 넘어서는 추상적이고 보편적인 존재자들을 상정해야만 전개될 수 있다. 문자 문화는 이런 믿음에 확고한 논거를 제공해서 뒷받침해주며, 나아가 정신의 개념적 사유와 논리적 추론 능력의 존재 이유를 부각시킨다. 그러면 문자의 어떤 측면이 사고를 발견하게 했는가, 또는 새로운 사고 모델에 착상하게 했는가? 말은 가청적인 소통 매체인데, 이는 바로 우리의 귀에, 그리고 정신에 작용한다. 소통 매체로 기능하는 데 매개자를 필요로 하지 않는다. 말은 직접 우리의 귀를, 그리고 우리의 영혼을 두드리며 메시지를 전하고, 나아가 우리의 영혼을 변화시킬 수 있다. 정신의 적극적·능동적 노력을 필요로 하지 않는다. 말 자체가 행위이기 때문이다. 히브리어 'dabar'는 '말'과 '사건' 두 가지를 의미했다고 한다(옹, 1995: 54). 이와 달리 문자는 그 자체로서는 물리적 끄적임에 불과하기에, 우리가 그것을 보기만 한다고 해서 무엇이 전달되는 것이 아니다. 우리가 그것을 시각의 대상으로만 보는 것이 아니라 능동적인 사유의 대상으로 삼아 배후의 의미를 사념해야만 매체로서 작동할 수 있다. 이런 점에서 문자는 말과 달리 비효율적이며, 홀로는 매체로서 역할을 할 수 없는 존재이다.

문자의 비효율성이나 의존성은 오히려 정신의 등장이나 활성화를 가능하게 하는 적극적 기능을 한다. 문자는 정신에 의해 사념될 수 있는 추상적이며 비가시적인 존재를 요청한다. 그런 것의 매개 없이 그것은 소통 수단이 될 수 없기 때문이다. 문자는 무언가의 대리인이다. 문자가 언어라고 한다면, 그것의 존재 기반이 되는 자체적이고 추상적인 의미가 반드시 존재해야 한다. 문자는 이들 추상체를 대리하는 것이며, 추상체는 문자의 배후 후견인으로서 이들을 지원한다고 여겨지기에 문자 문화는 추상체나 자체적인 것의 존재에 대한 플라톤의 믿음을 강화시켰을 수 있다.

글에 대한 이런 믿음은 말에도 전이되어 언어 일반에 대한 입장을 형성할 수도 있다. 언어 활동이란 단지 말소리나 끄적임을 주고받는 행위가 아니라 개념, 의미, 추상체를 주고받으며 공유해가는 과정이다. 그리고 말하기나 글쓰기와 같은 언어 활동은 내면의 정신적 사유 내용을 객관적 매체로 표현하여 타인에게 전달하기 위해 행해지는 사회적 활동이다. 이에 비해 정신 활동은 개념, 의미, 추상체와 같은 비가시적이고 자체적인 존재를 대상으로 하므로, 사회적 관계 없이도 이루어질 수 있으며, 그 구체적이고 세부적인 활동들은 사유 활동, 개념화, 일반화, 비교, 추론, 귀납과 연역 등의 다양한 모습으로 나타난다. 이렇게 해서 문자에 대한 반성은 플라톤으로 하여금 그가 철학적 사유에서 필수적이라 생각했던바, 즉 자체적인 것, 보편적이고 추상적인 것, 정신의 고유 영역이 있다는 확신을 갖게 했을 것이다.

추상체나 자체적인 것은 독립적인 존재자들이지만 다른 추상체들과 관계할 수도 있다. 영혼은 생명성, 삼각형은 도형 및 3각, 짝수는 분할 가능성, 2보다 큰 소수는 홀수성과 관계한다. 이런 관계는 논리적·추론적 관계라 할 수 있는데 신체의 감각기관에 의해서는 파악되지 않기에, 영혼 또는 정신의 특별한 능력, 이성과 사유의 개념 분석 능력과 추론 능력이 관여해야 한다. 이런 과정을 통해 문자 문화는 사유 활동, 이성적 추론 활동을 발견하게 한다.

보이지 않는 의미와 형상론

들리는 말과 보이는 글은 들리지도 보이지도 않는 추상체가 있어야 소통의 매체로 기능할 수 있다. 이 추상체, 자체적인 것, 감각이 아니라 사념의 대상이 되는 것을 일반적으로 '의미'라 한다. 언어는 의미가 있어야 기능하는 것이며, 의미가 곧 언어의 정신이나 본질이라고 할 수 있다. 현대적 관점에서 보면 의미가 존재함은 당연하지만, 플라톤 시대는 구술적 소통이 대세였다는 점을 유념할 필요가 있다. 음성적 말은 정신을 바로 자극하기에, 그 배후에 의미를 동반한다는 생각이 들어서기 어렵다. 플라톤이 의미의 존재를 착안하게 된 주요 계기는 문자적 질서에 대한 반성이다.

보이는 끄적임은 보이지 않는 무엇이 있어야 언어가 될 수 있는 것이다. 플라톤의 중요한 통찰은, 보이지 않는 것이 바로 이런 근거적 역할 때문에 보이는 것보다 중요하며, 나아가 더 실재적일 수 있다고 평가한 것이다. 그 이유는 그것이 감각보다 중요한 정신에 의해, 이성이나 지성에 의해 포착되는 것이기 때문이다.

의미 개념은 형상 개념으로 이어진다. '장미는 아름답다', '모나리자는 아름답다', '설악산의 경치는 아름답다' 등의 문장에서 '아름답다'라는 술어에 의해 묘사되는 대상들은 볼 수 있는 것이고, 어쩌면 그들의 아름다움도 구체적으로 볼 수 있는 것일 수 있다. 다른 한편으로 '아름답다'라는 술어는 이들 문장에 공통적인데, 이 술어의 의미는 볼 수 있는 것이 아니다. 우리가 볼 수 있는 것은 구체적인 장미나 설악산 등인데, 우리는 이들 구체적인 사물 각각의 어디에서도 '아름답다'라는 형용사의 의미를 찾아볼 수 없다. 그렇다면 이 의미는 어디에 있는가? 달리 표현하면, 앞의 문장들은 어떤 사실을, 즉 구체적 특수자들에 공통적인 사실을 기술한다. 앞의 문장들이 기술하는 사태의 주체인 장미, 모나리자, 설악산은 모두 아름다움의 속성을 공통적으로 지니고 있다. 이 공통적인 속성의 언어적 상응체가 공통적인 의미, 즉 '아름답다'라는 술어의 의미일 것이다. 그런데 이 공통적인 속성은 어디에 존재하는가? 이들 각각 모두에 존재한다고 한다면, 그것은 '하나의 동일한 공통적 속성'일 수 없을 것이다. 그러면 문제는 그것이 어디에 어떤 방식으로 존재하며, 시공적으로 구분되는 서로 다른 사물들이 어떻게 하나의 동일한 속성을 공유할 수 있는가 하는 것이다.

플라톤은 아름다움 자체 또는 아름다움의 형상이 자연 및 우리의 경험 세계 저편 어디엔가 존재하며, 이들 모두가 이 아름다움 자체와 관여하기 때문에 동일한 속성을 공유하는 것이라고 제안한다. 자체적인 것, 형상, 이데아idea 등의 개념은 술어의 의미나 경험적인 것들의 공통 속성을 설명하기 위한 개념이다. 아름다움의 형상은 '아름답다'라는 어휘의 의미의 기반 또는 의미체라 할 수 있으며, 그것은 우리 주위의 사물들이 지니는 어떤 속성들의 존재론적 근거가 된다. 이것은 주위에서 경험하는 다양한 사물과 달리 보이지 않는 것이지만, 오히려 이들을 기술하는 술어의 의미 기반이 되는 것, 이들로 하여금 일정한 속성을 갖게 하는 것이다. 전자는 시공적이고 특수적이며 구체적이지만, 후자는 심적이고 보편적이며 추상적이다. 우리의 언어와 경험 세계의 배후에는 이런 보이지 않는 것들이 근거로서 자리하고 있다는 것이 플라톤 형상론의 요체이다.

보이지 않는 의미, 보편자, 추상체 등의 개념은 고정적 문자나 문헌이 없는 구술 문화에서는 품기 힘든 생각들이다. 시각은 표면적이지만 청각은 내면적이다. 시각은 분리적이지만 청각은 연결적이고 통합적이다. 시각과 시각 대상 사이에는 거리가 존재하지만 청각과 청각 대상은 인과적으로 연결되어 있다. 말소리는 바로 청각을 울리며 마음의 변화를 유발하기에, 말소리 자체에 대한 반성이 거의 어려우므로 의미라는 추상체가 개입할 여지가 없다. 나아가 동일한 술어가 사용된 발언들이라 해도 발화된 문맥이 서로 다르기도 하거니와, 말이란 시간에 따라 흘러가는 것이므로 여러 발언을 함께 청취하며 비교하기는 어렵다. 따라서 구술적 환경에서는 여러 발언에 공통적으로 등장하는 술어 배후에 어떤 보편자나 추상체가 있다고 상정하기가 쉽지 않다.

구술 문화권의 사람에게 '망치', '톱', '나무', '손도끼'를 분류하라고 하면 다음과 같은 식으로 답한다고 한다. '모두 비슷비슷하고 같은 무리에 속하죠. 톱은 나무를 자르고, 도끼는 통나무를 가르며, 망치는 나무에 못을 박고……' 이에 대해 앞의 것들 중 셋은 도구라고 지적하면, '연장이 있더라도 역시 나무가 있어야죠. 그것이 없으면 아무것도 할 수 없으니까요.'라고 하고, 다른 사람은 나무를 제외했다고 지적하면, '아마 그런 생각이 그 사람의 피에 흐르고 있기 때문이겠죠.'라는 식으로 대꾸한다는 것이다. 이들은 범주적이 아니라 상황 의존적으로 분류한다. 이들에게는 범주(카테고리), 유개념 등의 의식이 없어 개념적 분류를 하지 못한다는 것이다(옹, 1995: 82-83 참조).

구술 시대의 말은 기표와 기의로 구분되는 이중적인 매체라기보다는 양자가 일체화되어 있는 통합 매체이다. 그러나 문자는 통시적인 매체이므로 글을 쓰거나 쓰인 글을 읽으면서 문장들을 비교하여 공통의 술어를 쉽사리 추출할 수 있고, 이들 술어들에 공통적인 어떤 것이 있으리라는 추론을 촉발한다. 그 결과 문자는 말과 달리 기표와 기의로 구성된 이중적 매체로서 파악된다.

자체적인 것

플라톤의 대화록 중 형상이 언급되는 문맥에서 자주 등장하는 어구로 'auto kath' hauto(그 자신에 즉해 있는 것/자체적인 것itself by itself)'이라는 개념이 있다(『파이돈』 64c, 102d, 103e). 이는 자체성, 불가환원성, 독립성, 실체성 등을 함의하는 표현으로, 플라톤의 인식론과 존재론 특유의 것이자 그가 실재라 생각하는 바를 분리해내기 위한 장치이다. 아마도 이는 철학사에서 처음 등장하는 개념일 것이다. 파르메니데스의 단편들에서 우리는 존재 자체에 대한 논리 전개를 목도할 수 있지만, 그가 자체성의 개념을 지니고 있다고 보기는 어렵다. 플라톤은 자체성이라는 어휘로 무엇을 포착하고자 한 것일까? 우리가 무엇에 주목하기를 요청한 것일까? 'auto kath' hauto(자체적인itself by itself)'는 'pros ti(무엇과 관계하는in relation to)'와 대비된다. 눈앞에서 보는 미인의 아름다움은 혈색, 자태, 안색, 눈, 코 등과 함께 관계하여 존재하고, 그녀의 아름다움은 타인의 추함이나 평범함과 비교된다. 그러나 '그녀는 아름답다'는 문장이나 사태에서 '아름답다'의 의미나 아름다움의 속성은 홀로 그 자체로서 인지되고 이해될 수 있다.

우리가 경험하는 세계의 구성원들은 다른 것의 일부로서, 다른 것과 함께, 다른 것과의 관계 속에 존재한다. 홀로 자신의 모습만을 지니고 있는 것은 그 어느 것도 없다. 좀 더 좁혀서 여러 형용사적 성질을 생각해보자. 우리가 주위에서 경험하는 빨간색, 아름다움, 정의로움 등은 항상 다른 것의 일부로서 또는 다른 것들과의 관계에서 존재한다. 아름다운 여인은 사람이며, 그의 연인과 함께 있고, 다른 아름다운 사람과 비교하여 그녀의 아름다움을 평가할 수 있다. 빨간 사과, 정의로운 강재구 소령이 지닌 빨강이나 정의로움 역시 그러하다.

앞의 경험적 사물들에 대한 언어적 기술을 생각해보자. 가령 '춘향은 아름답다' 혹은 '에덴의 사과도 빨간색이었을 것이다' 등의 문장에서 '아름답다' 혹은 '빨갛다'의 의미 및 이들 형용사가 기술하는 성질은 어떻게 이해·파악되는가? 이들은 다른 것들의 일부로서나 다른 것들과의 관계에 의한 어떤 것으로서가 아니라 독립적인 실체로서 인지된다. 이렇게 인지되는 이유는 우리가 이들 문장의 의미를 눈으로 보기보다는 정신적으로 사념하기 때문이다. 이때 아름다움이라는 미적 성질은 '추함'과 명확하게 대조되는 것이고, 정의로움이라는 윤리적 성질과 범주를 달리하는 심미적 성질이다. '아름답다'의 의미 역시 다른 어휘의 의미와 명석 판명하게 구분되는 질적인 의미 내용을 지니고 있다. 춘향의 아름다움은 그녀의 여성성, 나이, 자태, 키 등 그녀를 구성하는 여러 다른 요소로부터 분리되어 그것 홀로만, 그 자체로서 파악된다. 사과의 빨간색은 사과의 둥근 모습이나 사과의 달콤함 등과는 무관하게 시각적 감각질의 하나로서 인지된다. 그것은 시간과 공간, 혹은 다른 것들과의 관계의 영향으로부터 자유롭다. 감각 경험의 대상으로서의 아름다움의 속성은 항상 무엇의 일부로서, 다른 무엇과의 관계에서 존재하지만, 사념의 대상으로서의 아름다움은 그런 관계성이나 의존성에서 벗어나 그 자신의 모습만을 지닌 것으로 인지된다. 이런 특성을 포착하고 표현하기 위해 플라톤은 자체성이라는 어휘를 사용한 것이다.

자체적인 것은 크면서 동시에 작기를 원하지 않는다(『파이돈』 102d). 자신의 고유성, 정체성, 동일성을 지키려 하기에 자신이면서 다른 것이기를 원하지 않는다. 이것이 질質의 논리이다. 존재계란 어느 정도는 고정적으로 스스로의 모습이나 성질을 유지하고 있는 존재자들이 있어야 구축될 수 있다. 논리학의 제1법칙인 자기동일성의 원리는 플라톤의 이 자체성이라는 개념에 기반하고 있다. 영원히 자신의 모습으로 있으며 자신의 이름을 갖는 존재, 이런 것을 서양철학에서는 실체, 본질, 자기동일적인 존재라 한다. 이런 것이 존재한다는 믿음은 서구 존재론, 서양철학의 기본 강령이다.

자체성의 개념은 플라톤이 문자와 문헌을 기반으로 하여 철학적 사색을 했음을 시사한다. 자체성을 사념하여 추론한다는 것은 사물들을 언어적으로 기술한 연후에야 가능한 것인데, 그 언어는 구술적 언어라기보다는 문자적 언어이다. 구술적 언어, 즉 말은 시간적인 매체이므로 흘러가는 것이기에 순간에만 존재하며, 비분절적이고 항상 관계적이다. 시간에 따른 말의 흐름에서는 그 술어를 반성적으로 사고하거나 술어적 속성을 분리하여 독립시키기 어렵다. 구술 시대의 음유시인들에게는 어휘, 문장, 행, 단락의 개념이 없었다고 한다. 그래서 플라톤의 대화록을 포함하여 그리스 초기의 필사본들은 단어와 단어 사이를 떼지 않고 잇대어 쓰는 경향이 있다.

노란 것들 이외에 노랑 자체가 있어야 할 이유가 있는가? 그것은 불필요한 가정, 오컴의 면도날Occam's Razor로 잘라버려야 할 가정이 아닐까? 플라톤의 논리는 모든 노란 것은 노랑의 성질을 공통적으로 지니고 있으며, 노란색 자체가 없이 노란 것들이 노란색을 지닐 수 없다면, 또는 모든 노란 것이 노랑 자체에 의해 노란 것이 된다고 한다면, 노랑 자체의 존재를 상정하는 것이 정당하며 자연스럽다는 것이다.

시각적 인식관

형상의 개념과 관련되어 있는 것이 시각적 인식관이다. 형상은 플라톤 철학 이론의 중심 개념인데, 이에 해당하는 그리스어 'eidos'나 'idea'는 원래 그리스어로 눈에 보이는 대상의 '모습'이나 '형상'을 의미한다. 그의 존재론의 실체라 할 수 있는 형상은 이성적 사유를 통해 인지할 수 있는 것들인데, 이를 가리키기 위해 'eidos'나 'idea' 등의 어휘를 빌려왔다는 것은 그가 우리의 이성적 사념 활동을 일종의 시각적 활동이라고 보았음을 시사한다. 사념 내용이나 추론적 사유의 단위가 되는 것은 개념들인데, 이 개념들은 각자의 정체성을 지닐 것이며, 그런 것으로서 다른 것과 분명히 구분되는 경계를 지닌다. 그것은 눈으로 보는 모습과 유사한 구조를 지니며, 고로 그것의 내용이나 모습은 일종의 보여진 것,

마음의 눈으로 본 바의 것이라 플라톤은 상정한 것이다. 그래서 그는 이를 'eidos'나 'idea'라는 어휘로 칭한 것이다. 단 이것은 신체의 감각기관인 눈으로 보는 모습이 아니라 정신의 눈으로 보는 모습이다.

플라톤은 감각적 시각에 대조하여 정신적 시각의 개념을 제시하고 있다. 정신적 시각의 개념은 이후 서양정신사에서 'intellectual intuition(지적 직관)', 'introspection(내관)', 'mental representation(심적 표상)', 'mental image(심상)', 'Anschauung(독일어, 직관)' 등 다양한 모습으로 다시 등장한다. 정신적 시각은 우리가 경험하는 구체적 사물들의 일부로 있는 속성을, 그것으로부터 독립하여 있는 속성 자체나 개념 내용을 대상으로 한다.

말이란 듣는 것만으로도 소통이 이루어진다. 반면에 문자는 보는 것에 더하여 정신이 능동적으로 사념해야 언어적 매체로서 기능한다. 플라톤이 형상에 근접한 개념을 제안한 가장 이른 시기의 저술은 『에우티프론』(5d)이다. 이곳에서 그는 우리가 말을 하고 어휘를 사용하면서 단지 그 어휘만이 아니라 어떤 불변의 자체적인 존재를 보거나apoblepō 사념하며ennoeō 그 어휘를 사용하지 않는가 하고 확인한다. 나아가 우리는 그것을 준거로 하여, 가령 모든 경건한 것이 진정으로 완전하게 경건한지의 여부를 평가한다고 시사한다. 이런 구절들은 플라톤이 말보다는 글을, 그리고 문자 배후의 의미를 염두에 두고 물음을 제기했음을 보여준다. 우리는 글을 읽으면서 신체의 눈으로는 글자를 보지만, 마음의 눈으로는 글자의 배후 의미를 본다는 것이다.

의미체와 언어방법론

문자의 도입은 감각에는 드러나지 않으나 인간의 정신으로 인지되는 의미를 상정하게 하는 데 크게 기여했다. 의미의 존재는 플라톤으로 하여금 실재 탐구를 위한 새로운 방법론을 제안하게 했다. 플라톤은 『파이돈』에서 소크라테스의 입을 통해, 자연계의 생성, 존재, 소멸의 진정한 원인을 물상들 자체를 직접 관찰하고서 탐구할 경우 혼란에 빠질 수 있다고 경고하면서, 그런 직접적 방법을 대체하여 진리와 실재의 대륙으로 가는 차선의 항해술로 언어적 방법[11]을 제안한다. 비유컨대 태양을 바로 바라보고 태양을 연구할 경우 눈이 멀 수 있으므로, 호수 등에 비추인 반영상을 보고 간접적으로 연구하는 것이 안전할 수도 있다는 것이다.

언어적 방법이란 어떤 방법이며 그 특징은 무엇인가? 그것은 의미나 보편자와 어떤 관계가 있는가? 감각되는 바로서의 사물들은 다면적·의존적·관계적·비분절적이다. 이에 비해 언표된 것으로서의 사물들은 일의적·독립적·자체적·분절적이다. 우리가 한입 베어 무는 빨간 사과에서 감각되는 빨간색은 윤기가 있고, 초록색이나 노란색이 섞여 있으며, 사과 표면의 일부이고, 사과의 둥근 형체 및 사과의 새곰달곰함 등과 관계하고 있으며, 그 색의 경계는 불투명하다. 그러나 언어적으로 기술된 빨간색, 즉 '내가 베어 무는 사과의 색깔은 빨갛다'의 술어 '빨갛다'는 빨강일 뿐으로, 홀로, 자체적으로 의미를 지니며, 분명 초록이나 노랑과 명확히 구분된다. 이런 차이는 말을 통한, 언어적 규정을 통한 존재 탐구가 지닌 중요한 장점을 드러낸다. 이 방법은 존재자들이 지각적 경험을 통해 탐구할 때 처하는 어려움들, 관계성, 다의성, 불순성에서 연유하는 사고의 혼란을 피할 수 있게 한다.

언어적 방법은 사물과 사태에 대한 감각적 경험 내용보다는 그에 대

---

11 원어는 'logos에 의한 방법'인데, 여기서 'logos'의 의미에 대해서는 다양한 해석이 존재한다. 즉 정의, 논변, 가설, 이성, 언어로 이해되어왔는데, 필자는 '언어' 또는 '개념'으로 해석한다.

한 언어적 기술에 주목하고 이를 분석하는 것이다. 이런 분석은 다음을 드러낸다. 첫째, 특수하고 구체적인 사물들이 보편자나 추상체와 관여하고 있다. 둘째, 보편자는 우리가 경험하는 구체적 감각 지각으로부터 분리·구분될 수 있다. 셋째, 이들은 고유의 존재 구조를 지니고 있으며, 넷째, 이 보편자들은 상호 연관되어 있다. 이런 상호 연관 관계를 논리적 관계, 개념적 관계라 할 수 있다. 보편자들의 존재는 언어, 특히 문자적 언어를 통해서만 드러나며 그것의 모습은 내포적 의미나 개념 내용의 형태로 파악된다. 이들은 논리적·개념적·언어적 분석의 대상이 되고, 보편자들 간의 논리적 관계는 이런 분석의 결과이다.

이 분석 결과를 산출하는 언어적 방법에서의 언어는 구술적 언어가 아니라 문자적 언어이다. 진리 탐구의 기반이 되는 것이 구술적 언어라기보다는 문자적 언어인 이유는 무엇인가? 언어를 통해 진리를 탐구하기 위해서는 물상에 대한 언어적 기술을 객관적으로 파악하고 분석할 수 있어야 한다. 하지만 구어적 언어는 객관적 거리를 유지할 수 없어 반성적 사유가 불가능하거나 어렵다.[12] 구어는 자신을 분석 대상으로 제시하지 않는다. 반면 문어, 즉 문자로서의 언어는 우리 망막에 인상을 남길 뿐, 우리의 정신을 바로 두드리지는 않는다. 오히려 우리의 정신으로 하여금 문자나 인상의 배후를 탐사하게 한다. 그래야 의미를 사념·상정할 수 있기 때문이다.

의미는 심적인 존재이기에 소리나 끄적임과 달리 불변적이고 고정적이며 정태적이다. 더 중요한 것은, 그것은 질적인 것임에도 의미 내용 또는 개념 내용을 지니기에 분석 대상이 된다는 점이다. 플라톤이 문자에 비판적이기는 했으나, 그가 언어방법론에 착안한 것은 문자의 배후

12 구술 문화와 문자 문화 사이의 사고법의 차이는 옹(1995) 참조.

인 의미의 불변성, 고정성, 정태성, 고립성, 객관성 그리고 분석 가능성 등에 주목했기 때문일 것이다. 플라톤은 물상을 개념화하여 분석함으로써 그 물상의 진정한 모습을 인식할 수 있다고 본 것이다. 언어는 실재나 진리를 드러낸다. 앞서 우리는 대화적 언어가 진리로 나아가게 하는 추동력을 발휘한다고 논한 바 있다. 이제 문자적 언어 역시 진리와 관계하되, 그 방식은 의미의 존재와 연관이 있는, 전혀 다른 것이 되었다.

개념의 타자 연관성과 추론적 이성

언어적 방법은 물상들 간의 관계를 개념적 관점에서 분석하는 것이다. 개념 분석은 물상이 지닌 상반되는 두 측면, 자체성과 타자 연관성을 드러낸다. '저 사과는 빨갛다'라는 문장을 분석해보자. 그 사과는 '빨갛다'라는 형용사로 서술되는 속성 빨간색을 지니는데, 이 속성은 초록이나 노랑과 명확하게 구분된다. 이 속성을 기술하는 어휘 '빨갛다'는 홀로 자체적으로 의미를 지니며, 그 의미는 다른 색깔 어휘들의 의미와 분명하게 구분된다. 속성이나 의미 모두 자기 자신의 자체적인 하나의 모습을 지니고 있다. 이것은 사과의 새콤함, 사과의 둥근 모습, 매력적인 미인의 입술과는 아무 상관이 없다. 이것이 앞서 논의한 자체성의 측면이다. 다른 한편으로 이것은 다른 것들과 긴밀한 관계를, 내면적이고 논리적인 관계를 맺고 있다. 빨강은 하나의 색깔이며, 가시적이고, 그런 점에서 어떤 측면에서는 연장성을 지녀야 하고, 평면성을 지닌 물체만이 지닐 수 있는 성질이다.

다른 예로 '책상 위의 사과는 둘이다' 또는 '나의 다섯 손가락의 숫자 다섯은 소수이다'와 같은 문장을 생각해보자. 이들 문장의 주어는 구체적인 특수자를 지시하나, 그 술어는 보편적이고 추상적이다. 술어들, '둘이다'나 '소수이다'에 대응하는 술어적 존재나 사태 '둘임' 또는 '소수임'을 생각해보자. 둘임은 짝수이며 정수로 분할 가능하고, 2보다 큰 소수는 홀수임과 연관되어 있다. 이는 둘이라는 개념이 짝수나 분할 가능성의 개념을, 소수라는 개념이 홀수성의 개념을 내포하고 있음을 시사한다. 개념 분석에 의해 우리는 짝수와 분할 가능성, 소수와 홀수를 연결하여 새로운 문장('2는 둘로 나눌 수 있다', '2보다 큰 소수는 홀수이다')을 논리적으로 추론해낼 수 있다. 『파이돈』 후반(101 이하)에서 전개되는 논변, 곧 불, 온기, 생명, 정신이나 영혼 등에 관한 개념적 논의는 바로 개념들 사이의 논리적 관계를 추론하는 과정이다. 불이란 온기 그 자체는 아니나 온기를 개념적으로 내포하며, 눈은 냉기 그 자체는 아니나 냉기를 본질로 한다('불은 따스하다', '눈은 차갑다'). 정신이나 영혼 역시 생명 그 자체는 아니나 생명성을 본질로 한다.[13] 추론적 이성과 논리적 추론의 방법론을 발견하고 개념화한 사상가는 플라톤이라 평가할 수 있는데, 이는 그가 실재 규명을 위한 언어적 방법을 채택함으로써 이룬 성과이다.

자연철학자들이나 소피스트들도 역시 추론의 개념을 지니고 있었다. 파르메니데스나 제논의 단편, 그리고 소피스트들의 저술에서 우리는 당혹스러울 정도로 치밀한 논리적 추론을 마주하게 된다. 존재의 일자성一者性에 대한 파르메니데스의 논변은 존재 개념을 논리적으로 정교하게 분석하여 이루어지는 추론이다. 제논의 역설은 2000년 이상 논리학자, 철학자, 수학자들에게 논리적 난제를 제공해왔으며, 수사학과 논쟁술의 전문가임을 자처한 소피스트들의 추론 기술은 허위를 진리로 믿게 할 만큼 능란한 것이었기에 플라톤이 그들을 궤변가들이라 비판했을 것이다.[14]

13 '정신'이나 '영혼'으로 번역되는 'psychē'는 고대 그리스에서는 생기를 의미하기도 했다.

14 이들의 활동에 관해서는 커퍼드(2003: 6장) 참조.

철학 이외의 영역, 가령 수학이나 기하학[15] 등에서도 논리적 추론, 연역의 방법이 다양하게 원용되었다. 이들 학문은 연역이나 추론의 체계라 할 수 있다.

플라톤의 기여는, 그가 추가한 것은 무엇인가? 그는 논리적 추론법에 확고한 철학적 근거를 제시하고 토대를 단단히 하여 서구 학문의 공식적 방법으로 자리매김했다. 그는 감각 대상들과 추론 대상들을 구분했다. 두 부류의 대상들은 명확히 차별적이지만 인식론적으로는 연관되어 있다. 우리는 감각 대상들에 대한 언어적 기술을 분석함으로써 보편자, 추상체, 의미체 등을 발견할 수 있으며, 이들은 감각체에 의존되어 있기는 하지만 감각이 아니라 사념에 의해 파악된다. 이들이 논리적 분석을 필요로 하는 이유는, 이들이 감각 내용들과는 전혀 다른 존재론적 위상과 고유의 구조를 지니고 있기 때문이다. 술어, 혹은 개념들의 의미 근거인 보편자, 그리고 추상체는 분석될 수 있는 복합성을 지니고 있으며, 이를 기초로 하여 다른 개념들과 논리적 연관성을 맺을 수 있다. 플라톤은 논리적 분석과 추론의 인식론적 기초 및 존재론적 근거를 마련했으며, 그것이 언어와 관련이 있음을 통찰했다.

논리적 추론은 의미체나 개념들의 존재를 전제로 한다. 추론은 이들의 개념이나 의미 내용을 분석하여 이루어지는 것이기 때문이다. 대상이나 사태를 감각적 지각의 대상으로만 파악할 때 논리적 관계나 개념적 관계는 드러나지 않는다. 논리적 관계는 언어적으로 기술할 때에만 드러날 수 있다. 그러므로 어떤 대상이나 사실이 언어적으로 기술될 수

---

15 유클리드Euclid(영어식 발음) 또는 에우클레이데스Eucleides의 『에우클레이데스의 원론 *Euclid's Elements*』은 기원전 300년경에 저술된 것이나, 그 바탕이 되는 자료들은 더 이전부터 유포되어 있었을 것이다. 그는 알렉산드리아 도서관에서 활동했으며, 이집트인이라는 설도 있다.

있다는 것은, 그것이 감각 경험 대상이라 하더라도 이미 어떤 개념적인 존재, 보편적이고 추상적인 존재와 관여하고 있음을 시사한다. 그리고 이들에 대한 언어적 기술을 분석하여 관여되어 있는 개념적 존재들을 추출하고, 이들 간의 추론적 관계를 규명할 수 있다는 것은 이들이 논리적 질서 속에서 관계 맺고 있음을, 그리고 우리의 언어 능력은 이성이나 논리적 능력의 발현임을 보여주는 것이라 할 수 있다.[16]

개념 분석의 원용

플라톤은 개념 분석과 논리적 추론에 대한 관심을 여러 곳에서 표명하며, 이를 원용하여 자신의 논제를 개진하고 있다. 첫째, 추론적 이성에 의한 정신불멸 논증은 『파이돈』에서 제시된 4개의 논증 중 가장 마지막, 그리고 가장 중요한 논변을 구성한다. 둘째, 『국가』에 나오는 선분의 비유에서 그는 수학과 기하학적 지식을 추론적 사유에 의해 획득되는 지식의 전형적인 사례로 들면서, 이들 지식을 산출하는 능력을 'dianoia'라고 분류하고 있다. 이 어휘는 'dia-noia' 두 요소로 구성된 어휘인데, 'dia'는 '통해서through', 'noia'는 'nous(누스: 정신, 지성)'를 의미하므로, 이를 직역하면 '정신이나 지성을 통해서' 또는 '지성을 매개로 해서'라는 의미를 지닌다. 수학적 지식이란 수나 도형 등을 감각 지각을 통해서가 아니라 정신 및 지성을 통해서 파악할 때 얻어지는 지식이라는 것이다. 셋째, 플라톤은 경험에 의존하지 않고 개념들을 분석함으로써 존재계의 구조를 드러낼 수 있다고 본다. 그를 위한 철학적 방법으로

---

16 그는 이런 능력을 좁은 의미의 'logos', 'nous', 'logon didōnai', 'dialegesthai', 'logismos' 등 다양한 어휘로 기술한다.

그가 제안하는 것이 변증법인데, 이는 일종의 논리적 추론 또는 개념 분석의 방법이다. 이들 방법론에서 대상이 되는 것은 개념적 존재, 그리고 이들의 의미 내용 분석이다.

변증법의 구체적인 사례를 『소피스트』의 논의[17]를 통해서 살펴보자. 그는 명제로부터 다른 명제를 추론할 수 있는 근거를 탐색하는 과정에서 어휘나 개념, 또는 이들에 상응하는 존재자의 내부에는 특정한 구조, 그 어휘나 개념으로 하여금 어떤 어휘와는 결합하게 하고 다른 것들과는 결합할 수 없게 하는 특정한 구조적 요소들이 내장되어 있다고 주장한다. 논리적 발언이나 문장이란 개념 내부의 결합 가능성 또는 불가능성이 현실화된 것이다. 이성에 의한 추론이란 어휘나 개념 내부 또는 그에 상응하는 존재자들의 내적 구조를 분석하여 가능한 사태를 이끌어내는 과정이라는 것이다. 그래서 개념의 의미 내용이나 그에 상응하는 존재자의 내적 구조를 분석하면, 일정한 발언이나 문장이 정당한 것인지, 부당한 것인지, 그리고 문장들로부터 다른 문장의 추론이 정당한 것인지의 여부를 순수하게 사념적·논리적으로 가릴 수 있다고 플라톤은 논한다. 순전히 언어적 기술의 분석만을 통해서 존재의 진상을 규명할 수 있다는 것이다.

가령 '둘임'은 '분할 가능함'을 내포하므로, '둘은 정수로 분할 가능하다'라는 명제는 진리이나 '둘은 나눌 수 없다'는 허위이다. 그리고 '2보다 큰 소수임'은 '홀수임'을 내포하므로 '2보다 큰 소수는 홀수이다'는 진리이나, '2보다 큰 소수는 짝수이다'는 허위임을 개념 분석에 의해 확정할 수 있다. 다른 예를 들면, '도형 원에는 각이 없다' 역시 '원'의 개념 분석

17 이 대화록에서 'symplokē eidōncombination of Forms'에 관한 논의 부분(251e 이하). 변증론을 논의하는 또 다른 대화록들은 『파이돈』, 『파이드로스』, 『필레보스』이다.

을 통해 그 진리치를 확정할 수 있다. '삼각형은 맛이 없다'라는 문장은, '삼각형'의 개념 분석을 통해 진리치 소유 여부 이전에 우선 유의미성의 기준을 충족시키지 못한다고, 즉 무의미하다고 판정할 수 있다. '보라색은 시큼하다'는 문장 역시 공감각이라는 예외적 지각 능력을 지니지 않은 일반인들에게는 맛볼 필요도 없이 무의미한 명제이다.

분석 대상이 되는 어휘는 기표로서의 어휘가 아니라 기의로서의 어휘, 즉 의미체 및 개념 내용을 의미한다. 이것은 어휘의 정신이자 본질이다. 구술적 환경에서는 개념적 존재나 의미체의 존재를, 또는 어휘에 상응하는 존재자를 착안하는 것이 불가능하거나 극히 어렵다. 플라톤이 이런 착안을 할 수 있었다는 것은 그가 문자적 사고에 상당히 진입해 있었음을, 그의 철학적 사유가 문자 문화에 기반하고 있었음을 시사한다. 근현대적 사유에서 의미체나 개념 내용 등은 자연스러운 개념이지만, 그 당시에 그런 개념을 운위했다는 것은 지적 혁명으로 평가될 수 있다.

언어적 소통을 가능하게 하는 것은 문자나 말소리 배후에 있는, 보이지 않으나 정신에 의해서 파악될 수 있는 의미들이다. 그것은 정신적 시각이나 직각의 대상으로서 단일하고 하나의 모습을 지닌 것monoeides이지만, 그럼에도 그것은 분석 가능한 내용이 있어 분석과 추론의 대상이 된다. 이들은 통합적이면서도 복합적인 측면이 있어 여러 다른 존재와 관계 맺을 수 있으며, 이들이 관계 맺음에 의해 문장이 이루어진다는 사실의 발견은 완전히 새로운 차원을 전개시킨다. 언어의 분석과 논리적 추론을 통해 우리는 감각적 질서와는 전혀 다른, 개념들의 질서에로 나아가 실재의 모습을 규명할 수 있다는 혁신적·철학적 통찰에 이를 수 있는데, 이는 플라톤이 문자적 언어의 배후를 주목했기 때문에 가능한 것이다.

플라톤이 언어적 방법을 채택함으로써 비로소 인간의 새로운 능력인 이성은 충전적이고 실질적인 내용을 갖추게 된다. 인간 정신은 모순배제율에 의거하여 허위 논제를 비판·논파할 수 있을 뿐 아니라, 개념 분석에 의해 새로운 논제를 추론하고 진리를 발견할 수도 있다. 인간의 정신은 물상을 직접 관찰하기보다는 그들로부터 시선을 돌리고 그들의 언어적 모습에 주목함으로써 오히려 진상을 발견할 수 있다는 것이다. 외부 세계의 경험에 의존하지 않고도 단지 이들의 개념 내용만을 분석·추론함으로써 실재계의 질서를 규명할 수 있게 된 것이다. 이후 이성은 서구 정신사에서 중심적 위치를 갖게 되었으며, 비판적 논박과 논리적 추론은 서구 학문의 주축적 방법으로 확고히 자리 잡을 수 있게 되었다.

『파이돈』의 정신불멸 논증은 비판적 사고와 추론적 사고의 전형을 보여준다. 소크라테스의 제자와 동료들은 곧 다가올 스승의 죽음을 예감하면서 두려움과 슬픔에 잠겨 있다. 그들의 정신을 사로잡고 있는 것은 감각적 경험이나 속견적 믿음의 사슬이다. 소크라테스의 로고스(비판적 이성)는 이런 장애들, 즉 감정과 믿음의 사슬을 하나씩 파쇄·제거하면서 부정적이고 어두운 정서를 날려버리고 구속적인 허위 믿음들을 논파하여 자신의 정신과 그들의 정신을 자유롭게 한다. 비판적 논증의 과정은 자유를 향해 나아가는 사다리이다.

비판적 이성이 정신을 해방시킨다면, 추론적 사유는 그를 부양시켜 보편자의 지평으로 날아오르게 한다. 『파이돈』에서 개진된 주요 주장들은 모두 논리적 추론에 의존한다. 특히 언어적 방법을 원용한 제4의 논증은 형상 또는 개념의 존재를 상정한 후 개념들 간의 내적이고 논리적인 관계를 추론함으로써 영혼 또는 정신의 불멸성을 입증하려는 시도이다. 추론적 사유는 단지 발전된 단계의 사유법이거나 인식론적 작업에 그치지 않는다. 그것은 인간 정신에 불멸성을 불어넣고 육체의 감옥으로부터 해방시켜 구원하는 윤리적 작업도 수행한다.

4장 고대 그리스어의 언어철학

1. 존댓말 부재와 수평적 토론 문화

한국어에는 존댓말이 상당히 발달해 있으나 고대 그리스어나 서구어에는 존댓말이 없다. 고대 그리스나 서구적 담론의 상황에서는 스승과 제자, 노장과 소장이 대화·토론하는 경우, 언어 사용에 있어 상대방의 지위나 나이를 고려할 필요가 없다. 이와 달리 한국적 담론 상황에서는 대화하기 전에 상대방의 나이, 지위, 성별 등을 우선 확인하여 어떤 호칭이나 동사 어미를 사용할지를 신중하게 선택해야 한다. 잘못하면 대화는커녕 싸움만 하게 될 가능성이 크다. 말을 걸었는데 의사의 소통이 아니라 오히려 단절이 일어날 수 있다. 말할 내용을 표현할 문장을 만들기 전에 어떤 동사 어미를 사용할지 세심하게 주의해 선별해야 하는 것이 한국적 담론에서의 선결 조건이다.

존댓말은 사회적 위계를 확실히 하고 기존 질서를 안정시킬지는 모르나, 의사소통에는 장애가 된다. 실제로 우리는 어떤 동사 어미를 사용하고 존칭을 선택할지가 부담스러워 상대방에게 말 걸기를 주저하기도 한다. 사람을 가려 존댓말을 사용한다는 것은 단지 상대방을 존중하겠다는 태도의 표명임을 넘어서 상대방의 발언을 어느 정도는 수용·존중하거나, 적어도 정면으로 반박·비판하는 일은 삼가겠다는 종속적 자세를 표현하는 것이다. 존댓말을 하면서 적극적으로 자기주장을 한다는 것은 도전적인 태도이다. 연하자나 하급자가 연상자나 상급자와 담론하면서 존댓말을 사용하지 않는다면 그것은 무례 이상으로 일종의 폭력, 언어 폭력으로 여겨진다. 한국적 담론에서 말대답하는 것은 버릇없는 짓거리이며, 과감한 비판이나 정면 논박은 싸움을 각오해야 하는 말버릇이다. 그런 고로 제자가 스승에게 이의를 제기하고 문제점을 제시하면서 토론하는 담론의 양식이란 동양에서는 상상하기 어렵다. 『논어』 등의 동양 고전서에서는 『파이돈』에서와 같은 스승과 제자 간의 비판적인 토론이나 논전을 거의 찾아볼 수 없다.

서구어에 존댓말이 없다는 것은 서구문화에서 담론이나 대화가 어떤 관계에서건 수평적이고 대등한 입장에서 이루어짐을 시사한다. 고대 그리스는 근현대 서구보다 더 수평적인 사회였다. 민주주의, 즉 민중의 통치 체제는 고대 그리스에서 기원한다. 이는 그들의 도시국가가 시민들이 모두 통치적 질서에 직접 참여하는 시민 사회였음을 집약적으로 증명한다. 그들 사회는 대화, 토론, 정치 연설, 법정 공방 등이 일상적인 사회였다. 아니, 그것들은 사회 운영을 위한 기본적인 원리였고, 민주주의는 그 귀결이었다.

고대 그리스에서 수평적인 토론 문화는 생사가 오가는 한계적 상황을 터전으로 하여 자라나고 발전한 것이다. 그리스 반도에서는 전쟁이 일상적이었다. 한 가정의 아버지가 40세경에 전사하여 장남이 18세가 되면 가장이 되는 비율이 전체 시민의 절반 정도에 이를 정도였다고 한다(Powell, 2001: 30). 고대 그리스에서는 바다만이 아니라 반도 내륙에도 섬이 많았다. 수많은 소규모의 도시국가가 다도해의 섬들처럼 산재하여 자리 잡고 다투는 것이 고대 그리스 반도의 정치적인 지형도였다. 험준하고 척박한 산악들이 도처에 솟아 있어 넓은 평야가 펼쳐질 수 없었고, 그리스 반도의 좁은 분지 여기저기에 소규모의 도시국가들이 흩어져 독립적인 정치 단위로 발전하며 다투고 있었다. 이들은 서로 치열한 경쟁 관계에서 수시로 전쟁을 치르며 부침을 지속했다.

시민들에게 군역은 당연한 의무를 넘어서 일종의 권리였다. 유사시에는 시민들이 자신의 무기를 준비해 참전하고, 전쟁에서 승리하는 경우 패배한 도시국가의 포로와 재화를 전리품으로 탈취·분배하여 자신들의 재산을 증식시켰다. 고대 그리스는 전쟁이 부를 축적하는 주된 기회로 여겨졌던 약탈적 사회이고, 도시국가들은 군사국가였다. 그들이 자발적으로 무기를 구비하여 전쟁에 참여한 것은, 그들 자신의 삶의 근거지를 방어하려는 애국적 동기도 있었으나 타국의 재산과 국민을 전리품으로 탈취하려는 경제적(탐욕적) 이유 때문이기도 했다. 그들에게 전쟁은 재산과 목숨을 건 벤처 투자였다.

승전 후 전리품은 참전자들의 기여도에 따라 공정하게 분배되어야 했다. 재산과 목숨을 걸고 전쟁에 참여한 것이기에, 공정 분배는 당연한 요청이었다. 전쟁에서 전술 전략의 숙의와 전리품 분배 과정에서의 토론은 필수적이었고, 이런 토론은 전쟁의 수행과 전리품 분배에서 핵심적이었기에 말할 권리의 대등성이 중요한 가치로 부각되었다. 그들의 담론 문화는 생사를 건 전쟁의 상황에서 자라난 것이기에 대등한 것일 수밖에 없었다.

대등하고 수평적인 담론 문화는 말의 권리라는 개념에 기초한다. 수평적 문화와 권리 개념이 아고라로 이전되면서 그리스의 민주주의를 위한 씨앗이 뿌려지고 자양분이 공급되었다. 의견의 갈등, 이해의 충돌을 해소하고 동료 시민들을 설득하기 위해서는 오가는 말들이 어떤 덕목이나 탁월성을 갖추어야 하는데, 이런 덕목이 이성이라는 개념으로 결정을 맺게 된 것이다. 그리스에서 '말'을 의미하는 'logos'가 '이성'을 의미하기도 한다는 것은 이미 지적한 바 있다.

한문에도 존댓말이 없다. 그럼에도 우리는 고대 중국에 대해 수평적 사회라거나 대등한 담론 문화가 성했다고 하지 않는다. 한문에 존댓말이 없음에도 수평적 담론 문화가 발달하지 않은 이유는 무엇일까? 첫째, 한문은 기본적으로 비굴절어이므로, 동사 어미를 사용해서 위계적 관계를 표시하기가 어렵다. 둘째, 한문은 특수층에 국한된 언어이며, 그것도 의사소통을 위한 구어라기보다는 문언이다. 한문이나 이집트의 상형문자는 지배자들 사이의 언어로서, 그것은 신이 인간에게 예언하는 계시적 언어, 왕이 신민에게 칙어를 내릴 때 사용하는 하향적인 언어, 현자가 대중에게 지혜와 규범을 가르치기 위해 사용하는 교시적 언어이다. 셋째, 중국어에 존댓말은 존재하지 않는다 해도 담론의 방식에는 위계적 관계가 나타나 있다. 『파이돈』에서 소크라테스와 제자들 간의 대화 방식과 『논어』에서 공자와 제자들 간의 대화 방식을 비교해볼 필요가 있다. 전자에서는 제자들이 소크라테스와의 수평적 관계에서 비판, 반론, 이의 제기, 질문, 증거의 요구 등을 통해 적극적으로 스승의 입장에 도전하고 있다. 반면 후자에서 공자와 제자들 간의 담론은 대화라기보다는 가르침의 전달 과정이다. 제자는 묻고 공자는 답하고, 그러면 제자들은 그 의미를 헤아리고, 그것으로 그치는 것이다. 『논어』는 대화록이 아니라 읽고 본받아야 할 스승의 언행록이자 행위 지침서이다. 제자는 스승의 말에 담긴 함축적 의미를 스스로 살펴 마음속 깊이 담아 행동으로 실천할 뿐이다. 제자들이 스승에게 논거를 요청하는 경우는 거의 없다. 주지하다시피 중국은 예의 나라이다.

플라톤의 대화록에서 우리는 스승과 제자들이 대등한 관계에서 서로의 입장을 치밀하게 검토하며 토론하는 광경을 목도한다. 더 놀라운 것은 대개의 경우 질문을 시작하는 자는 제자라기보다는 오히려 스승인 소크라테스라는 점이다. 그는 실로 『변명』에서 자신은 무지한 자, 자신의 무지를 아는 자일뿐이라고 고백하고 있다. 『파이돈』에서도 제자들은 스승의 입장에 예리하고 집요하게 비판적인 질문을 던지거나, 그를 반박하는 논거를 계속해서 개진한다. 스승이고 연장자이기는 하나, 그래도 자기 자신의 입장에 대한 설득력 있는 논거를 제시해야 한다고 추궁하는 것이다. 스승의 권위는 이성과 논리에 종속되는 것이다. 그들 사이의 대화를 추진하는 동력은 지위나 나이가 아니라 이성과 합리성의 존재 여부이다. 그리스인들은 이성이 최종적인 권위를 지닌다고 믿었기에 수평적 대화 문화를 발전시킨 것이고, 그 반대의 경우 역시 성립한다.

2. 어순의 중요성

문장 요소들의 자유로운 배치

한국어 문장에서 술어나 동사는 대체로 문장 끝에 위치하며, 주어는 거의 대부분 문장의 첫머리에 온다. 문장 요소를 수식·제한·관형하는 어구나 문장은 수식·제한되는 그 어구 앞에 놓인다. 복문의 경우, 종속문 또는 부문을 주문의 앞에 위치시켜 주문을 제한하거나 수식하는 것임을 명확히 한다. 고대 그리스어는 문장 요소들의 배치 방식이 한국어를 비롯한 다른 언어들보다 훨씬 자유로워서 주어, 술어, 목적어의 위치가 고정되어 있지 않다. 이는 아마도 그리스어의 동사 어미 변화 방식과 관련이 있을 것이다. 그리스어는 동사 어미 하나에 구문적 요소들(인칭, 수, 시제, 양태, 상)이 다수 담겨 있다. 그래서 주어가 생략되어도 동사 어미로 주어를 인지할 수 있으며, 주어가 표현되는 경우에도 문장의 중간, 심지어 말미에 위치할 수 있다. 술어의 경우도 문장의 첫머리, 중간, 뒤 등 어디든 배치될 수 있다.

그리스어에서 문장 요소 배치의 순서를 결정하는 주요 요인들 중 하나는 강조 여부이다. 발언이나 문장 중에 강조되는 요소는 문장의 첫머리에 앞세우고, 그다음 순으로 강조되는 것은 문장의 끝머리에 배치하는 것이 일반적이다(Smyth, 1920). 한국어에서도 이런 경향이 있다. 가령 '화분에 물을 주었지'라는 문장을 '물을 주었지, 화분에'라고 순서를 바꾸어 표현하는 경우가 있는데, 이는 '물을 주다'는 행위를 강조하기 위한 것이다.

이처럼 그리스어 문장에서는 배치 순서를 통한 강조 어법이 빈번히 사용되는 편이다. 앞서 논의한 내로 플라톤이 토론 모임에서의 낭송을 위한 대본으로 대화록을 저술했다는 가설이 맞다고 한다면, 그는 대화록 저술에 있어서 문어적 문체보다는 구어적 문체를 채용했을 수 있다. 구어적 문장에서는 어순의 조절에 의한 강조법이 더 자주, 자연스레 사용되기 때문이다. 이런 구술 문화적 측면을 감안하여, 뒤에 오는 『파이돈』의 번역에서는 가급적 이런 강조 어법을 반영하고자 한다.

복문에서 주문과 종속문의 순서

문장이란 몇 개의 부속 문장이 어떤 식으로 결합되어 있는가에 따라 단문, 중문, 복문으로 분류할 수 있다. 주부와 술부가 각각 하나인 문장이 단문, 대등한 두 단문이 접속사에 의해 연결되어 있는 것이 중문, 종속 문장이나 관계 문장을 포함하고 있는 문장이 복문이다. 복문이나 중문의 구성에서 그리스어는 한국어와 차이를 보인다. 플라톤의 대화록에는 복문이 대단히 많은데, 그는 복문을 구성하는 문장들을 한국어의 경우보다 훨씬 자유로운 방식으로 결합시키고 있다. 종속문을 앞, 뒤, 중간에 끼워 넣은 경우도 많고, 여러 개의 종속문을 연이어 부가하기도 한다. 대체로 한국어의 경우와는 달리, 주문을 먼저 앞세우고 부언적·조건적·상황적·단서적 부문장, 즉 조건절, 이유문, 관계절, 부사절, 형용절은 후치하는 것이 일반적이다.

서구 문헌의 번역에서 어려움을 겪는 대표적인 문장들은 관계 문장이다. 한국어에는 관계절이라는 것이 없기 때문이다. 그리스어에도 서구어에 특유한 관계대명사와 이것이 이끄는 관계절이 있는데, 이들 역시 문장의 뒤쪽에 위치시키는 것이 일반적이다. 고대 그리스어에서는 이런 관계절의 사용이 더 빈번하고, 배치 방식이 현대 서구어에서보다 자유로운 것으로 보인다.

한국어에는 관계대명사가 없어 서구어에서의 관계 문장은 형용어구, 수식어구로 번역하는 것이 상례이며, 그래서 선행사의 앞에 놓이도록 번역되는 경우가 많다. 하지만 이런 식으로 번역할 경우 관계절이나 종속절이 수식어로 변형되므로, 수식 부분이 매우 장황하고 부자연스러울 정도로 길어진다. 이런 부자연스러움보다 더 중요한 문제점은 원어에 표현된 사고의 순서를 제대로 반영하지 못한다는 것이다. 원어에서는 뒤이어 이루어져 부차적이고 종속적인 생각들이, 주문의 사유 내용보다 앞서서 사유된 듯이 오해하게 만들 수 있다.

관계 문장에 담긴 내용은 일종의 부연적 사고 내용, 주축이 되는 사고 내용을 먼저 언표한 후에 추가되는 부차적 내용이다. 이런 추후적 사고를 번역문에서 선치하는 것은 대상 언어권에서의 사고 순서를 뒤바꾸는 것이다. 여러 관계절, 종속절 등이 추가로 길게 부연되는 것은 구술 시대 어법의 특징일 가능성도 있다.[1] 그렇다면 이런 담론 문화의 구술적 분위기를 드러내는 방식으로 번역하는 것이 바람직할 것이다. 2부의 『파이돈』 번역문에서는 다소 어색하더라도 관계절, 조건절, 상황이나 때를 나타내는 종속절 등은 가급적 후치하여, 주문 다음에 놓는 방식으로 번역했다.

조건문의 구성에서도 그리스어와 한국어는 대조적이다. 그리스어를 포함한 서구어의 조건문에서는 주절을 먼저 언술하고 다음으로 조건절을 배치하는 경우가 많으나, 한국적 어법에서는 조건절이 거의 앞에 온다. 한국적 어법에 따라 조건절을 앞세워 번역하는 것은 종속적인 것으로 여겨지는 관계문이나 조건절을 주문보다 앞서 배치시키는 것과 다름없다. 이런 식의 번역은 그리스적 사고방식을 한국식의 사고방식으로 재구조화하여 왜곡하는 것이다.[2] 그리스적 또는 서구적 사고가 직설적이라 한다면, 한국인의 사고방식은 우회적이고 완곡하다 할 수 있기 때문이다.

어순과 사고방식

그리스어를 포함한 서구어와 한국어에서 복문의 구성, 주문과 종속문의 배치가 상반된 이유는 무엇일까? 서구어에서 주문을 앞세우는 이유

1 옹(1995: 37)은 「창세기」 1장 1~5절을 인용하고 있다; Rockwell(2003: 16-17, oral dialogue/written or invented dialogues).

2 한국어에서 중문과 복문의 짜임새는 대체로 안김과 안음의 관계로 처리한다(남기심·고영근, 1985: 374 이하). 이런 구조 하에 한국어에서 복문의 주문은 대부분의 경우 문장의 뒤쪽에 위치한다.

는 당연하다. 주문은 말 그대로 주된 사고 내용을 담고 있고, 부문장이 표현하는 조건, 상황, 이유 등은 주문장이 기술하는 사태에 비해 이차적이고 부차적이기 때문이다. 그러므로 사고의 순서에 따라 주문을 선치하고 부문을 후치하는 것이 자연스럽다.

한국어에서는 왜 부문장을 오히려 선치시키는가? 어법상의 차이는 사고방식을 반영한다. 서구인들은 자신의 입장이나 사고를 표현하는 데 보다 직설적인 것일 수 있다. 그들은 우선 말하고자 하는 주된 내용을 먼저 표명하고, 그다음으로 이차적이고 종속적인 내용인 조건, 이유, 단서 등을 언명한다. 하지만 한국인의 어법은 우회적이고 지연적이며 간접적인 마음의 태도가 반영된 것일 수 있다. 한국인이 주된 생각을 앞세우는 데 다소 소극적임을, 자신의 주된 생각이 제약적임을 알리고 표현하려는 것일 수 있다. 한국인은 자신의 믿음이나 입장을 표명함에서 항상 타자를 의식한다. 보다 긍정적으로 이해하면, 한국인은 자신이 사유한 바를 총체적이고 상황적인 연관 관계를 고려하여 표현하고자 하는 것일 수 있다. 주문의 사태는 종속문이 표현하는 조건, 상황, 단서 등에 의존적이라, 이들의 제약 하에서만 그 주문의 사태가 성립된다는 논리적·인과적 관계를 감안해서 문장을 구성하는 것으로 볼 수 있다.

복문의 구성 요소들을 달리 배치하는 이유가 무엇이건 간에, 발언이나 문장에서 어휘의 순서, 주문과 부문의 어순은 사고의 순서를 반영한다. 앞서도 언급한 바이지만, 플라톤의 대화록에는 조건절, 이유절, 부사절, 관계절, 형용절 등이 주문 뒤에 연이어 길게 부연되는 문체가 자주 등장한다. 부연적 문체가 나타나는 이유는 새로운 생각들이 추가되기 때문이며, 이런 문체는 구술 문화적 어법의 흔적으로 볼 수 있다. 문자 문화에서는 생각을 정리하고 체계화·조직화하여 표현하지만, 구술 문화에서는 생각나는 대로 표현한다. 아니, 말하면서 생각한다. 말이란 시간적인 매체이기 때문이다. 그래서 구술 문화에서는 부연적 문체가 많은 것이 일반적이다(옹, 1995: 60 이하).

부연적 복문을 어떻게 번역할 것인가? 한국어에서는 복문의 경우 부문을 먼저 서술하고 주문을 나중에 배치한다. 그래서 통상의 번역서들에서도 한국어의 관례적 어법을 좇아 조건, 상황, 계제, 단서, 관계절 등의 부문장을 먼저 언명하고 그다음에 주문장을 번역 배치하는 경우가 많다.

언어가 없이는 사유가 움직이지 않는다. 사고는 어휘와 문장에 담기어 전개되는 것이므로 사고 활동은 어휘나 문장이 등장하는 순서로 이루어진다. 더구나 구술 문화적 환경에서는 더욱더 '어휘와 문장의 순서 = 생각의 순서'라는 원리가 정확히 적용된다. 그러므로 번역 대상이 되는 문헌이 쓰일 당시의 사고방식을 드러내려 한다면 어휘의 전개 순서를 살려 번역하는 것이 옳다. 2부에서는 다소 어색하더라도 가급적 내상 언어의 순서를 고려하여 번역한다. 즉 그리스어에서 주문장에 해당하는 것을 먼저 오도록 하고 부문장의 내용은 뒤에 배치하는 방식으로 번역할 것이다. 뒤의 번역문에서 '~말이지요'와 같은 표현이 자주 사용되는 이유는 바로 이런 이유에서이다.

서구어의 복문 번역에서 한국어법을 고수하면 번역 문장은 자연스러울 수 있으나, 그들의 사유법은 번역된 한국어법에 묻혀버리거나 왜곡된다. 반면 그리스어의 특색, 그들의 사고법을 최대한 드러내어 번역하면 번역문이 부자연스럽고 어색할 수밖에 없을 것이다. 그래도 번역의 목표에 충실하자면 후자의 방법을 택하는 것이 바람직하다. 번역문(한국어)의 자연스러움은 번역 대상문(고대 그리스어)의 관점에서는 부자연스럽다. 따라서 가급적 원어의 사고법을 드러내주는 것을 번역의 원칙으로 해야 한다. 우리가 번역을 통해서라도 외국의 문학, 철학, 사상을 접하는 이유는 그들의 정신세계, 그들의 사고법을 이해하고자 하는 것이기 때문이다.

3. 어조사와 구술 시대의 어법

고대 그리스어 문장, 특히 플라톤 대화록의 문체적 독특성 중 하나는 다양한 어조사가 매우 자주 사용된다는 것이다. 일종의 문장 또는 발언 부사sentence adverb로서 다른 언어에서는 상응하는 어휘를 찾기 어려워, 한국어는 물론 영어로도 번역하기 어려운 어휘들이다. 이들은 잠시의 휴지, 주저, 강조, 어휘의 강세 등으로 표현될 수 있는 의미를 지니며, 착상과 착상들 간의 논리적 관계, 생각에 대한 정서적 태도 등을 표현하기 위해 사용된다.'[3]

어조사란 한국어에서 구태여 대응하는 어휘를 찾는다면 '어', '뭐라 할까', '단언컨대', '글쎄', '아다시피', '잠깐', '그러니까', '그런데', '말하자면', '실로', '진정으로', '한편으로', '적어도' 등과 같은 어휘나 어구들이다. 그리스어의 어조사는 한국어나 현대 서구어의 경우보다 훨씬 많으며 다양하고, 대체로 단음절(men, de, gar, ge, toi, ……)이다. 이들은 화용론상 매우 중요한 요소로, 화자의 생각이 문맥적으로 어떤 관계나 위상에 있는가를 알려주는 표지판, 화자의 사유에 관해 청자를 인도하는 안내자의 역할을 한다.

일반적으로 문장론에서는 이런 어조사의 사용을 권장하지 않는다. 모범적 문장을 쓰려면 간투사, 어조사, 심지어 접속사 등도 생략하라고

---

3 Denniston(1996); Eleanor(2016); Smyth(1920: 2771절 이하).

권장한다. 문어적 상황에서는 어조사가 사용되지 않아도 이들이 전하고자 하는 바가 대략 문장의 전후, 흐름, 문맥 등을 통해서 짐작될 수 있기 때문이다. 이런 원칙과 달리, 플라톤의 대화록에서는 어조사들이 매우 빈번하고 다양하게 사용되어 문장의 흐름이 지연되는 경우마저 있다. 어조사에 관한 존 데니스턴John D. Denniston의 고전적인 저서는 500쪽 이상에 이르는 두터운 대저인데, 이 저서에 사례로 나온 어조사 사용례의 상당수가 플라톤의 대화록을 출처로 한다.[4] 최근에는 그리스어 어조사에 관해 5권의 거질이 나올 정도로 어조사는 그리스어의 독특한 특징이다(Bonifazi, 2016 참조).

플라톤은 분명 탁월한 문장가이므로 어조사의 사용을 최소화했어야 할 것으로 기대되는데, 그와 반대로 빈번하게 사용했다는 사실은 설명을 요한다. 그것은 그의 문장이 모범적이지 않다는 반증일 수도 있으나, 그의 일부 대화록은 문학적 고전으로 평가받는다. 다른 가능성은 어조사의 사용이 앞서 논한 바와 같이 그의 저술의 의도와 관계된 것일 수 있다. 즉 그가 독서를 염두에 두고 저술한 것이 아니라 낭독과 청취를 염두에 두고 저술했을 가능성을 시사한다는 것이다. 데니스턴[5]은 플라톤 대화록에서의 어조사의 빈번한 사용이 구술적 어법의 증거라고 제안한다.[6]

어조사는 한문의 허사와 같이 그리스어 특유의 요소이기에 이를 번역하기는 불가능하고, 따라서 번역문에서 구술적 분위기를 표현하기도 어렵다. 그러나 번역문을 읽어가면서 이런 구술적 환경이 배경이 되고 있음을 유념할 필요는 있다.

---

4 Denniston(1996)에 인용된 어조사 사용의 예문 목록은 그 양이 아리스토텔레스의 경우 색인집 2쪽에 불과한 데 반해 플라톤의 경우는 색인집 13쪽에 달한다.

5 Denniston(1996: lxxii 이하).

6 이에 관한 논의는 Coulter(2009) 참조.

4. 음성문자적 언어관과 의미체

끄적임의 배후

문자 형성의 기반이 무엇이냐는 언어관 형성에 기초적인 영향력을 끼친다. 그리스어를 포함하여 서구어는 음성문자이다. 고대 그리스에 페니키아 알파벳이 도입된 것은 기원전 8세기경이었다. 그리스 문자는 음성을 가시적 매체로 전사하는 음성문자이다. 그리스 알파벳과 달리 한문은 표의문자 또는 상형문자로, 이는 물상의 모양이나 뜻을 표현하는 방식으로 문자를 생성한다. 상형적인 경우 문자는 사물의 축소판으로 간주되며, 표의적인 경우 문자가 바로 의미이기에 문자의 의미는 가시적인 것이다.

음성문자는 그 자체로서는 물리적 끄적임이기에 그것의 의미, 혹은 그것이 지칭·묘사하는 사물이나 사태와 전혀 무관하다. 기표는 기의에 대해 자의적이다. 그래서 음성문자적 문화는 끄적임의 배후에 그 물리적 흔적을 언어로 역할하게 하는 의미체가 존재한다는 생각을 갖게 한다. 가시적 끄적임이나 흔적은 시각적인 존재에 불과하기 때문에 홀로는 언어기호로 기능할 수 없다. 그래서 그를 소통의 매체로 기능할 수 있게 하는 어떤 것이 배후에 있어야 한다는 생각은 자연스럽다. 배후의 것은 끄적임과는 달리 보이지 않지만 존재하는 것이며, 눈이나 귀로는 지각할 수 없으나 우리의 마음이나 정신으로는 인지할 수 있는 것이다. 나아가 보이지 않는 것이기에 시간과 공간을 초월해 있을 수 있다.

보이지 않는 것은 지각할 수 있는 기표, 끄적임이나 소리의 실체이며, 기표는 그 실체를 명명하는 라벨이거나 이름이다. '이순신'이라는 어휘가 어휘 요소가 될 수 있는 것은 그 어휘가 조선조에 존재했던 한 해군

제독의 이름이기 때문이다. 한 표현(끄적임이나 소리)이 언어의 일부가 되기 위해서는 그 표현의 이면에 그 표현에 상응하는 어떤 대상이나 존재가 있어야 한다. 같은 논리로 일상어의 수많은 어휘, '같다', '둥글다', '정의롭다' 등과 같은 어휘들이 단지 끄적임이나 소리에 그치지 않고 언어 요소가 될 수 있는 것도 같은 원리에 의거한다고 추론할 수 있다. 이들 끄적임의 배후에 어떤 의미체나 실재적인 것이 이들을 뒷받침하고 있어 이들을 언어의 일부로, 의미 있는 어휘들로 기능하게 한다. 가령 '같음', '둥긂', '정의' 등의 어휘로 이름 붙일 수 있는 보이지 않는 존재자들이 배후에 있다고 상정할 수 있으며, 이런 경우 형용사 등은 이들의 이름 또는 고유명사가 된다. 고유명사만이 아니라, 형용사나 보통명사도 특정 존재자의 이름이기에 의미를 지니며 언어 요소로서 기능하는 것이다.

보이는 것과 보이지 않는 것의 구분은 플라톤의 대화록에서 신체와 정신의 구분과 맞물려 서로를 지원한다. 신체는 보이는 것, 정신은 보이지 않는 것과 관계한다. 신체의 감각 기관은 보고 들리는 바의 기표를 접촉하지만, 정신의 이성적 기능은 보이지 않는 기의 또는 의미를 파악하고자 한다. 보이지 않는 것, 모든 어휘의 의미 기반이 되는 것은 정신의 인식 대상이다.

보이지 않는 실재

서양의 음성문자적 언어관은 보이지 않는 의미가 언어의 정신, 언어의 실체, 진정한 언어라는 생각을 형성하게 한다. 그것은 보이지 않으므로 시각이 아니라 정신이나 사유에 의해서만 접촉·인지할 수 있다. 의미라는 개념은 보이지 않는 세계가 존재하며, 나아가 그 보이지 않는 세계가 보다 중요하고 실재적이라는 믿음의 촉매제가 된다. 실재적인 것은 보이지 않고 직접 경험될 수 없기에 적극적이고 능동적으로 탐구되어야 하는 것이다. 실재나 진상은 드러나 있는 것이 아니어서 그를 가리는 엄폐물을 제거하고 탐사되어야 한다. 그래서 진리의 발견은 일정한 방법을, 즉 분석, 논리적 비판, 변증, 방법적 회의, 현상학적 환원 등의 학문적 방법을 필요로 한다. 서구의 학문이 방법론을 중시한 이유는 바로 이런 진리 개념과 관련되어 있다.

한문적 언어관에서 문자란 그림을 상형하거나 의미를 표현한다. 문자 그 자체가 의미이며 유사類似 실재일 수 있기에, 보이는 것의 배후에 보이지 않는 것을 상정할 필요를 느끼지 않는다. 한문적 사유에서는 그러므로 은폐되어 보이지 않는 진리라는 개념이 들어설 단서나 계기가 주어지지 않는다. 동아시아적 사유에서 진리나 가치는 멀리 있지 않다. 동아시아적 사유에서 경전적 문헌은 진리나 가치의 지평이며, 진리나 가치는 탐구되는 것이 아니라 역사적으로 전승되는 경전에서, 문자적 질서에서 찾을 수 있다. 유가의 이런 믿음은 한문적 언어관과 관련되어 있는 것으로 볼 수 있다. 물론 모든 문자적 텍스트가 진리를 담고 있는 것은 아니다. 오직 일정한 종류의 텍스트, 즉 경전적 문헌에서만이 그런 진리와 가치의 지평이 펼쳐진다. 그래서 중국에서는 일정한 주기로 경전적인 문서를 선별·결집하는 작업을 수행했다(중촌원, 1990 참조). 동아시아적 정치 질서에서 경전적 문헌은 정치적·윤리적 권능을 지닌 것으로 간주되었다.

기의 또는 의미는 추상체, 보편자, 정신적인 것의 모습으로 존재한다. 소크라테스가 자신의 문답법을 시작하는 전형적인 물음은 'What-is-x?'이다. 이런 물음에서 그가 관심을 갖는 것은 주로 도덕적 덕목을 가리키는 어휘들('정의', '용기', '우정' 등)이다. 이런 물음을 단서로 하여 철학적 탐구를 전개하는 과정에서, 그는 자신이 정의하고자 하는 그 'x'란 구체적 특수자들, 정의로운 특정 사회, 정의로운 어떤 사람, 정의로운 어떤 행동이 아니라 이들 모두에 공통적이며 편재적인 정의 그 자체의 존재라고 본다. 소크라테스는 대화의 상대방에게 이 점을 거듭 확인시킨다(『에우티프론』, 『파이돈』, 『국가』 1권 등 참조). 소크라테스는 우리가 주위에서 접하는 구체적 특수자들에 공통적인, 그러나 이들과 구분되는 일반적 또는 보편적 존재자가 있다고 믿었다. 보편자의 발견은 철학사적으로 소크라테스의 가장 중요한 업적이라 평가할 수 있다.

의미체와 형상

소크라테스가 발견한 보편자 개념은 플라톤의 형상 개념으로 이어지는데, 이런 계승·발전 과정에서 음성문자적 언어관이 중요한 역할을 한다. 소리나 끄적임은 의미의 지원이 없으면 의사소통의 매체로서 기능하지 못한다. 소리에 의미가 실려 있지 않으면 소음에 불과하고, 끄적임이란 의미의 후견 없이는 그 무엇도 전달하지 못한다. 그러므로 플라톤은 소리와 끄적임의 배후에 보이지도 들리지도 않는 무엇이 있다고 추론한다. 그것이 우리가 말하는 의미이다. 의미는 마음에 의해 파악·접촉할 수 있는 것이기는 하나, 그렇다고 해서 주관적인 것은 아니다. 그것은 의사소통하는 쌍방이, 실로 한 언어공동체의 구성원 모두가 공유할 수 있는 객관적인 위상을 지녀야 한다. 보이지 않음에도 언어공동체 구성원 모두에 의해 공유되는 어떤 존재자들의 세계는 인간에게 새로운, 정신적 삶의 공간을 제공한다.

음성문자적 언어관에서 보이지 않는 의미체의 존재는 필수적이다. 그런데 문제는 이 보이지 않는 의미체의 위상을 어떻게 규정하느냐 하는 것이다. 이것이 플라톤의 철학적 과제였고, 그가 제안한 것이 형상의 이론이다. 형상론은 언어에 대한 플라톤의 통찰과 밀접하게 연관되어 있다. 언어적 소통은 종이 위의 흔적을 눈으로 보는 것만으로는 이루어지지 않는다. 정신으로 그 배후의 의미를 사념해야 한다. 언어의 실체이자 언어를 소통의 수단일 수 있게 하는 것은 그러므로 사념된 것, 정신으로 접할 수 있는 보이지 않는 것이다. 그런 점에서 보다 실재적인 것은 보이는 것이 아니라 보이지 않는 것들이다. 우리의 문장들이 진정으로 의미 있고, 나아가 진리를 반영하고 있는 것이라 한다면 이 문장들의 의미 기반이 진정한 존재, 실재자여야 한다고 추론한 것이다. 플라톤은 언어의 현상에서 존재의 실마리를 찾았다. 그의 존재론은 의미론의 연장이다. 이들 실재는 보이지 않으나 일종의 모습을 지니고 있으되, 이들의 모습은 마음의 눈에 드러나는 모습들이다. 그래서 그는 이 실재자를 그리스어에서 '모습'을 의미하는 어휘를 원용하여 'eidos' 또는 'idea'라 했다. 음성문자적 언어관은 이런 과정을 통해 플라톤의 형상론으로 가는 지름길을 마련해주었다.

은폐적 진리관과 이성

우리는 보이지 않는 의미체를 올바로 인식할 수 있는가? 보이는 것들은 보이지 않는 것들을 인지할 수 없게 만드는 차폐막이나 훼방꾼의 역할을 한다. 나아가 우리는 보이는 바나 들리는 바만을 진상으로, 사실로 간주하고 고집하려는 경향이 있다. 이런 집착과 독단에 의해 진리나 진상은 은폐될 수밖에 없게 된다. 보이지는 않으나 실재적인 것이 은폐 상태에 있는 것은 우리가 일상에서 가시적인 것에 집착하는 경향성 때문이다.

플라톤은 신체와 정신을 배타적으로 구분하며, 전자보다는 후자에 관심을 갖는 것이 철학자의 일차적 의무라고 논한다. 보이는 것/보이지 않는 것의 구분은 신체/정신의 구분과 맞물려 서로의 정당성을 강화한다. 진리나 실재는 보이지 않는 것으로, 보이는 것들의 뒤에 숨어 있다. 인간의 정신 역시 보이지 않고 숨어 있는 것이지만, 이에 의해서만이 그 보이지 않는 것이 인식될 수 있다. 신체나 보이는 것들은 진리 인식에 장애물을 제공하기에 인식을 위한 노력은 비판적 논파를 거치면서 이루어져야 한다. 그래서 비판적인 논리와 추론적 이성 능력을 동원해야 하는 것이다.

음성적 문자와 이에 기초한 언어관은 은폐적 진리 개념과 인식론의 중요성을 정당화하고, 비판과 탐구로서의 학문의 개념을 촉구한다. 『파이돈』에서의 정신 존재의 불멸성 논증 과정은 학문적 탐구의 모범 사례이다. 플라톤은 여기서 정신에 관한 기존의 통념과 상식을 비판적으로 검토하여 이들이 진리를 은폐하는 선입견이자 편견임을 보이고, 정신에 관한 진상을 드러내기 위한 변증법적 과정을 개진한다. 이성은 이런 비판과 탐사를 위한 기준이면서 대화와 토론을 진리로 나아가게 하는 추동력으로 기능한다.

보이지 않는 실재는 마음에 의해 인식될 수 있는 것인데, 이런 사실은 어려운 문제를 제기한다. 마음이란 내적이고 주관적인 것이며, 따라서 마음이 인식하거나 발견했다고 믿어지는 진리나 실재가 과연 진정한 실재인지를 확인하기란 쉽지 않다는 점이다. 나의 마음과 너의 마음은 전혀 다를 수 있으며, 서로가 진리라고 믿고 주장하는 바는 갈등의 소지가 될 수 있다. 보이지 않는 것은 보이지 않는 것이다. 보이는 바의 것은 그것의 모습을 서로 확인할 수 있으나, 보이지 않는 것의 모습은 객관적으로, 모든 이가 동의할 수 있는 방식으로 확인하기 어렵다.

한 사람의 마음이 진리라 믿고 주장하는 바가 객관적인 진리인지의 여부를 확인할 방법이 필요하다. 이를 위한 가장 직관적이고 단순한 방법은 그 믿음과 주장이 타인에 의해 수용될 수 있는지를 확인하는 것이다. 타인은 다른 이의 믿음을 무조건 수용하지는 않을 것이며, 그가 생각하는 여러 기준을 동원하여 다각적으로 그의 믿음을 비판하고 검토할 것이다. 이런 과정에서 공유할 수 있는 논리적 기준이 합의되고, 주관적 단계에 머물던 믿음이 타인에 의해 수용될 수 있는 가능성이 높아지며, 그것을 수용하는 사람들의 수가 늘어날 때 주관적 믿음이 객관적 진리로 변화할 수 있는 것이다. 이를 가능하게 하는 방법이 대화와 토론이다. 개인이 자신의 마음으로만 확인한 것이되 객관성의 지평에 이르지 못한 것을 플라톤은 '억견doxa'이라 이름 붙인다. 소피스트들이 가르치는 것, 전달하는 것은 바로 이 억견의 수준에 머물러 있는 것이다.

진리가 은폐되어 있다는 입장은 진부할 수 있으나, 동아시아에서 이런 사고는 낯선 것이다. 동아시아인들에게 진리와 가치란 선현들의 전범적 언행 속에 드러나 있으며 역사적 과정을 거치면서 전승되는 것이다. 우리의 일상적 삶의 세계 자체가 진리성이나 실재성을 지니므로 진리는 가까이에 있다(『중용中庸』 3장 '道不遠人'). 이런 사실은 동아시아에 진리라는 것이 개념조차 없는 이유를 설명한다. 진리라는 인식론적 목적지가 없으므로, 그곳으로 항해하기 위한 방법론이나 비판적 논박과 상호 합의를 위한 준거로서의 이성 및 논리의 개념도 필요로 하지 않았을 것이다. 진리는 드러나 있으며(『논어』 「술이述而」 7:23 '吾無隱乎'), 학문이란 과거의 것을 새로이 함으로써 삶의 지침과 준거를 확보하는 일이다(『논어』 「위정爲政」 2:11 '溫故而知新'). 서구에서 학습이란 비판적 이성으로 탐사하는 것, 허위 주장을 논리적으로 논파하고 진상을 탐사하여 발견하는 것임에 비해, 동아시아에서 학습은 전승된 전범을 보고 훈련과 연습을 통해 모방하고 몸에 익히는 것이다(『논어』 「학이學而」 1:1 '學而時習'). 진리란 인식의 대상이라기보다는 행위를 위한, 삶을 위한 전범이다. 따라서 세계의 진상과 모습이라는 개념이 동아시아에는 없는 것이다.

5. 'einai' 동사와 진리 서술적 언어관

그리스어 'einai' 동사와 진리에 대한 관심

그리스어를 포함한 서구어의 그리스어 동사 중 가장 많이 사용되는 동사는 be동사(is; 'einai' 동사)이다. 이 동사의 주요 역할은 존재 주장을 하거나('존재하다') 사실을 서술하는('~이다') 기능을 하는 것이다. 한문이나 한국어의 경우는 be동사가 아예 없거나, 있어도 그 기능이 주변적이다. 서구어 문장에는 '있다' 또는 '이다'를 사용한 문장이 한문이나 한국어 문장에서보다 훨씬 많다. 이런 언어적 차이는 서구인들이 동아시아인들과 달리 존재, 사실, 진리에 지대한 관심을 지니고 있음을, 나아가 자신의 생활 세계가 사실, 진실, 진리의 공간인지의 여부를 항상 의식하고 있음을 보여주는 듯하다.

그리스어를 포함한 서구어 발언이나 문장의 전형은 서술문이다. 서술문이란 담론 대상이 되는 바의 특성을 동사, 형용사, 명사 등의 술어로 기술하는 문장으로, 그 구조는 '주어+동사', '주어+be동사+명사 또는 형용사'의 형태를 갖춘다. 서술문 구성은 be동사의 가장 중요한 기능으로, be동사의 이런 기능을 계사繫辭적 기능이라 한다. 한문과 한국어 등 동아시아의 언어에서는 be동사가 발달하지 않아 문장 구성에서 부차적인 역할만 수행한다. 한문에서 존재사가 사용되는 경우는 매우 드물며, 한국어에서 존재사는 품사적으로 형용사이거나 조사이다.

그리스어의 be동사는 존재 언명이나 서술문 구성의 기능보다 더 상위의 핵심적인 역할을 하는 것으로 보인다. 미국의 고전학자 찰스 칸Charles H. Kahn은 그리스어 be동사의 진리 확인적 역할을 조명하면서 그리스어 be동사는 ① '존재한다'는 의미('a is' = 'a가 있다'), ② 계사적 역할('a is P' = 'a는 P이다')에 더하여, 보다 기초적인 의미로서 ③ 진리 서술적 의미('a is P' = a가 P라는 것은 참이다')를 지니고 있다고 논한다. 그리스어 be동사는 자신이 연결사가 되어 서술된 사태가 객관적 사실이며 진리임을 주장하고 확인하는, 상위 술어(메타)적인 역할도 함께 수행한다는 것이다. 칸은 그 근거로 'einai'의 분사형에서 파생된 부사('ontōs')와 형용사('on')가 결합된 어구 'ontōs on'이 '진정으로 실재인really real'을, 'tō onti'가 '실제로really'나 '진실로truly'를, 'esti tauta'가 '이들은 사실이다these are true' 또는 '이들은 진실이다these are real'를 의미한다는 사실을 지적한다.[7] 그는 더 나아가 '진술된 바가 진리이다 또는 사실이다'라는 진리 언명적 의미가 그리스어 be동사의 보다 중심적인 의미라고 주장한다(Kahn, 1973; 1982; 2009).

칸의 이런 제안은 이후 여러 학자의 공감을 얻어왔다(Barry, 1993; Campbell, 1992; Furth, 1974). 칸의 주장이 맞다면 이는 진리 진술 여부가 그리스인들에게는 언어적 서술의 제1 관심사였을 가능성을 시사한다. 서술한다는 것은 세계에 대해 진리를 주장하는 것이다. 'einai' 동사를 사용하여 무언가를 서술하고, 서술되는 바가 진리임을 주장하려 한다는 것은 역으로 그것이 논파될 가능성을 우려한다는 것을 함의한다. be동사를 사용한 사실 언명이나 주장이 일상적이고 빈번히 이루어질수록 진

---

7 칸은 진리 또는 사실 언명적 의미로 사용된 문헌상의 사례로 아리스토텔레스의 『형이상학*Metaphysics*』(1051b 1)과 플라톤의 『테아이테토스*Theaetetus*』(151e–152a)를 들고 있다.

리 주장에 대한 비판 의식은 첨예해질 수 있다. 그래서 진리, 사실, 실재가 은폐되어 있다고 회의를 품게 할 여지를 제공한다.

앞서 지적한 바처럼 그리스 사회는 경쟁적·논쟁적·투쟁적 사회였고, 이런 다툼을 극복하고 공동체를 구성하기 위해서는 상호 합의하여 공유할 수 있는 객관적 지평을 확립하는 토론과 협의 작업이 필수적이다. 객관적 지평을 마련해주는 것은 진리·진상·실재의 세계이다. 진리와 실재의 세계로 가기 위한 상호 비판과 토론의 과정에서 합의를 위한 기준이 마련되는데, 이 기준이 비판적 이성이다. 진실, 실재, 진리로 주장되는 바는 비판적 이성의 테스트를 거쳐야 한다. 논쟁 과정에서 형성된 비판적 이성은 그리스인들에게 진리란 스스로 개시되어 있는 것, 가까운 곳에 있는 것이 아니라 탐구되고 발견되어야 하는 것임을 확인하게 했다.

언어에는 인간, 사회, 세계를 보는 사용자들의 사고방식이 구조화되어 내장되어 있다. 한 언어공동체의 자연언어는 그 공동체의 세계관, 인간관, 나아가 사회관이 온축되어 있는 포괄적이고 근원적인 철학이다. 특정의 자연언어를 사용한다는 것은 이미 특정한 방식으로 세계를 정리하고 규정하며, 이에 기반하여 믿음과 정서를 형성하고, 행동하고, 상호 사회적 관계를 맺으며, 사물들을 대하는 것이다. 한국인은 한국어의 틀에 담아 삶의 세계를 분류·기술하며, 미국인은 영어로 자신이 경험하고 사유한 바를 규정·정리한다. 한국인과 미국인은 신체적으로는 같은 행성인 지구 위에 발을 디디고 있지만 양자의 마음과 삶의 주거지는 다른 분위기의 세계일 것이다.

철학자는 개념적 사유 전문가로서, 그들 자신이 사유한 바, 개념, 관점이나 이론 등을 그가 속한 공동체의 정신적 자산에 추가한다. 이런 추가적인 작업은 기존의 세계관을 개념화, 논리화, 조직화 그리고 재조정함으로서 이루어지는 것이지, 허공에서 전적으로 새로운 무엇을 발견하고 창조함으로써 이루어지는 것이 아니다. 이처럼 플라톤의 철학도 그리스어에 내장되어 전승된 그리스의 오래된 세계관, 존재관, 인간·세계·삶을 보는 관점을 개념화하고 체계화함으로써 이루어진 것이다. 그의 철학이 동시대의 다른 이들에게 호소력을 발휘할 수 있었던 것은 바로 그런 이유에서일 것이다.

플라톤 철학에서, 더 일반적으로 서양철학에서는 인식론이나 존재론이 중심적인데, 그 이유는 그리스어의 be동사가 지닌 서술적 역할이나 진리주장적 의미와 관련이 있다. 그리스 이래 서구적 사고에서는 실재란 무엇이냐, 언표되는 바가 객관적 사실을 반영하는 것이냐가 가장 중요한 관심사였다. 철학은 오랫동안 서구 학문의 중심이었고, 철학이나 학문의 가장 중요한 목표는 진리의 인식이었다. 자연철학자들은 서양철학의 비조鼻祖로 평가되는데, 그들의 전형적인 물음, 아르케에 관한 물음은 바로 '진정으로 존재하는 것이 무엇이냐' 하는 실재에 관한 존재론적 물음이었다.

존재론이 없는 철학

언어의 일차적 기능은 외계를 기술하는 일이라는 입장은 당연한 듯하나, 우리의 이런 태도는 서구의 기술적 언어관을 수용한 결과이다. 기술적 언어관이란 보편적인 것이 아니다. 고대 한문에는 be동사가 없고 주어가 생략되는 경우가 매우 흔하다. 따라서 서술적 구조는 한문의 전형적인 문장 형태가 아니다. 고대 중국에서는 발언이나 문장의 일차적인 기능을 서술이나 기술과는 다른 것으로 파악했다. 홀Hall과 에임스Ames(1987), 그레이엄Graham(1989) 그리고 한센Hansen(1992) 등의 견해에 따르면, 고대 중국에서 언어는 세계를 묘사·기술하기보다는 행위를 처방하거나 타인과 소통하기 위한 매체였다. 언어는 인식적이라기보다는 사회적이라는 것이다.

많은 평자가 동아시아에서는 존재론이나 인식론이 거의 발달하지 않았기에 학學으로서의 철학의 전통이 미약하다고 평한다. 유교는 일종의 삶의 방식이라는 것이다. 동아시아에서 '무엇이 실재냐'는 물음은 철학적 사유의 중심 주제가 아니었다. 가장 중요한 물음은 '어떻게 행위해야 하느냐'는 실천적 물음이다. 유가의 중심 경전인 『논어』는 물론이고 다른 사서四書들도 대체로 정치철학적 혹은 윤리학적 저술이다. 『논어』에서 가장 많이 언급·논의되는 개념은 예禮, 즉 바른 몸가짐이다. 『주역』의 계사와 주석들은 외부 세계의 모습이나 진행을 주제로 하기는 하나, 이는 행위 처방을 위한 판단의 근거 혹은 수단에 머문다. 그래서 혹자는 동아시아에 학문으로서의 철학이 없다고 폄하하기도 한다. 우리는 삶의 중심 문제들에 대한 고도의 정신 활동이 전개되었다면 철학적 사유가 진행된 것이라 평가할 수 있다. 동아시아에는 서구와는 다른 유형의 철학함이 있었을 뿐이다. 어쩌면 동아시아에서는 서구보다 더 포괄적인 영향력을 행사하며 철학적 사유가 전개되었을 수도 있다.[8]

한문에서는 품사가 고정되지 않은 경우가 많은데, 이런 유동성은 언어의 기능이 외계를 기술 혹은 서술하는 것이라고 생각하지 않았음을 시사한다. 언어의 기능이 외계의 모습을 기술하는 것이라고 한다면 언어 요소와 외계 요소 간의 대응적 관계를 맺을 수 있어야 하고, 기술되어야 할 외계의 모습이나 그에 상응하는 언어의 요소들도 역시 고정적

8 유가는 한漢대 이후 중국의 정치철학 및 윤리학의 기초를 제공했으며, 동아시아인들의 삶의 방식 전체에 포괄적인 영향력을 끼쳐왔다.

이고 일의적이어야 할 것이다. 하지만 한문에서 어휘의 품사는 그것이 기술할 것으로 간주되는 외부 대상의 구조가 아니라 다른 어휘들과의 관계나 문맥에 의해 결정된다.

한글은 한문과 달리 표음문자이기에, 한국의 언어관은 중국과 다소 다르리라 생각할 수도 있다. 그러나 한국어에서 존재사에 해당하는 '있다', '없다'는 형용사이며, '~이다', '~이 아니다' 등은 계사 또는 연결동사라기보다는 서술격 조사이거나 부정사이다. 이들은 한국어에서는 주축이 되는 역할을 하지 않는다(남기심·고영근, 1985) 이런 언어적 특징들에 함축되어 있는 한국적인 언어관 역시 서양의 세계 기술적 언어관과는 차별적인 것으로 추정할 수 있다.

진리 개념의 일상성과 외계에 대한 관심

그리스어 be동사의 기저적인 의미가 진리 주장이라고 한다면, be동사가 일상적인 만큼 그리스인들은 진리 개념을 상시적으로 의식하고 있었다고 진단할 수 있다. 이에 대한 한 증거는 그들이 'alēthes(진리)'라는 어휘를 대화의 과정에서 자연스럽게, 그리고 매우 자주 사용한다는 사실이다. 우리는 『파이돈』을 포함하여 플라톤 대화록의 도처에서, 가령 대화 과정에서 상대방의 말이 진리임에 동의하거나, 진리인지의 여부를 되묻는 과정에서 이 어휘를 만날 수 있다.[9] 'alēthes'라는 어휘를 빈번하게 사용하며 담론을 진행한다는 사실은 대화 참여자들이 진리를 목표하고 있음을 확인하게 한다. 철학자의 시대 이전에 진리는 시인, 현자, 신

9 『파이돈』 70b, 대표적 플라톤 저술 어휘 색인집인 Ast(1835)의 *Lexicon Platonicum*에 따르면, 관련 어휘가 들어간 어구 전거만 6쪽에 이른다(Ast, 1835: 93-98).

관 등 '진리 주재자masters of truth'들의 전유물이었다(Detienne, 1996). 그것은 시인들의 기억을 통해 전승되는 것, 현자의 특별한 능력에서 나오는 것, 초자연적 질서로부터 사제에게 계시되는 것이었다. 철학자들에 의해 이제 진리란 일상적으로 탐구되는 것, 매일의 언어 활동에서 지속적으로 언급되며 확인되는 것으로 위상이 변화하게 된다.

진리 개념의 일상성은 동아시아의 담론적 상황과 비교하면 더욱 두드러진다. 진리 개념은 유가의 대표 경전 4서에는 전혀 등장하지 않는다(박헌순, 1995). 한국어에 '진리'라는 어휘가 있기는 하지만 그것은 서구 문화의 영향을 받은 것이다. 한국적 문맥에서 '진리'라는 어휘는 여전히 추상적이며 학술적인 전문 용어로서, 일상적 대화에서는 그리 빈번하게 사용되지 않는다.

이런 차이는 진리에 대한 그리스인들의 의식이, 나아가 일상적 발언이나 문장에 대한 그들의 태도가 우리와는 상당히 다름을 시사한다. 타인의 주장을 'alēthes'라 동의한다는 것은 단지 자신이 수용할 수 있는 발언으로 인정한다는 정도가 아니라, 그 주장이 진상을 반영하는 발언, 저기 저편의 객관적 사실과 부합하는 언명, 객관적으로 존재하는 진실을 담고 있는 말이라는 함의를 지닌다. 그리스어에서 서술적 문장들이 주축을 이루는 이유나 'alēthes'를 빈번하게 사용하는 이유는, 항상 그들이 언술하고 있는 바가 언어 저편, 언어의 주제인 진리나 실재 자체를 기술하고 있는지의 여부를 중심적인 관심사로 하기 때문이다. 인간의 삶과 행위가 올바로 이루어지기 위해서는 올바른 준거나 규범이 있어야 한다. 이런 규범은 관습적·사회적·정치적인 것일 수도, 우리가 사는 세계의 진상일 수도 있다. 그리스인들은 후자가 그 준거라 생각했다. 관습적·사회적·정치적인 것은 상대적·관계적일 수 있으며, 가변적이기에 최종적·궁극적 준거가 되지 못한다고 평가한 것이다.[10]

우리의 일상적 감각 경험은 세계의 진상을 드러내주는가? 아니다. 우리가 경험하는 바, 그리고 이를 표현하는 일상 언어의 세계는 외계의 실재 모습으로부터 괴리될 수 있다. 양자 간의 괴리에 대한 의식은 고대 그리스인들의 의식 세계의 기저에 깔려 있었다. 신 등의 초자연적인 존재가 인간을 속이거나 실재를 감추어 실재가 은폐되어 있다는 비관주의 혹은 회의주의는 그리스인의 심층 의식을 이루고 있었다.[11] 진정한 실재에 대한 지적 호기심과, 다른 한편으로 일상의 존재 언명에 대한 비판 의식은 그리스 철학자들의 철학적 사유의 단초를 제공한다. 자연철학자들은 아르케에 대한 물음을 던짐으로써 철학사의 장을 열었다. 소크라테스는 자신이 현명할 수 있다면, 그것은 자신이 스스로의 무지 상태를 깨닫고 있기 때문일 것이라고 고백하며 'What-is-x?'라는 물음으로 철학적 대화를 이끌어갔다. 인간의 삶은 어두운 동굴 속에서 영위되며, 인간의 영혼은 신체의 감옥에 갇혀 있다는 것이 플라톤의 평가이다.

그리스어에서는 동사태mood의 하나로 가정법subjunctive이나 희구법optative이 활용된다. 이들 어법은 일상생활에서 언어로 기술되는 세계가 외계와 분리된 것일 수 있다는 의식을 구문적으로 표현하기 위한 장치이다. 가정법이나 희구법은 한문이나 한국어에는 없는 문법적 특색이다. 이런 동사태들이 발달하는 한 이유는, 그 언어권의 언어 주체들이 외계의 객관적 사실과 주관적 사유 내부에서 상상 단계에 머물고 있는 사태를, 즉 마음 밖의 세계와 마음속의 사태를 민감하게 구분하고 있기 때문일 것이다.

객관과 주관의 차이에 대한 민감성은 존재론, 형이상학, 인식론을 철

---

10 소피스트시대의 'nomos/physis 논쟁'은 이런 구분을 기반으로 한다. 커퍼드(2003) 10장 참조.

11 고대 그리스의 비극들을 생각해보자(Detienne & Vernant, 1991 참조).

학적 사유의 중심에 놓게 하는 데 일조한다. 동아시아에서 철학적 사유의 중심적인 관심사는 서구와 달리 윤리학, 수양론, 정치철학이다. 서구 정신사에서 학문적 활동은 존재와 실재를 반영하고 파악하는 이론적인 작업이었으나, 동아시아에서는 학문 혹은 학습이란 올바른 행위의 수행을 위한 심적 자세나 태도를 수련하는 윤리적 실천이다. 이론적이기보다는 실천적인 성격을 지니는 것이다. 동아시아적 사유에서 행위를 산출하지 않는 앎이란 공허한 불임성의 앎이다. 그런 앎은 앎이긴 하되, 허위를 담고 있는 것이라기보다는 앎으로서의 자격이 없는 앎, 앎답지 않은 앎이다. 그런 고로 동아시아에서 지知와 행行의 괴리는 부조리한 현상으로, 정상적 상황에서는 있을 수 없는 사태이다. 그런 사태는 학문이나 앎의 본성에서 연유한 것이 아니라, 학문과 앎이 부족해서 결과한 것이다.

진리와 진실

그리스의 담론 상황에서 '진리'에 대한 관심은 한국적 상황에서 '정말', '진심' 또는 '진실'에 대한 관심과 대조적이다. 전자는 외계에 대한 관심, 후자는 사람의 마음에 대한 관심이다. 한국적 담론 상황에서는 상대방이 어떤 언명을 하면 '그 말 정말이야?', '그 말 진심이야?' 하고 묻는 경우가 많다. 그와 유사한 문맥의 그리스적 담론에서는 '그 말 alēthes(진리, 진상)야?' 또는 '그 말 einai(사실, 존재하는 것)야?' 하고 묻는다. 이 양자는 중요한 차이를 지니는데, 전자는 화자의 윤리성, 즉 화자가 정직하게 말하느냐를 묻는 것이다. 이에 비해 후자는 화자의 윤리성보다는 그 화자의 말이 사실, 진상, 객관적 사실을 있는 그대로 반영·기술하고 있는가를 궁금해 하는 것이다. 한국인은 화자의 심성에 대해 윤리적 관심을 갖는다면, 고대 그리스인들은 언명이 실재하는 사실을 반영하느냐는 인식론적 관계를 알고 싶어한다.

플라톤 대화록에서 빈번하게 등장하는 'alēthes'라는 어휘는 '진실', '정말', '정직한 말'로 번역하기보다는, '사실', '진상', '진리', '있는 바 또는 ~인 바의 것' 등의 어휘로 번역하는 것이 정확하다. 전자는 화자의 마음, 내면성, 주관성에 대한 관심을 담고 있는 어휘이고, 후자는 사실, 대화 참여자들이 공유할 수 있는 외부의 실재, 객관성과 관련된 어휘이다.

그리스어 'einai' 동사의 중심적인 의미가 진리이며, 진리가 그리스적 담론에서 일상적이라는 사실은 플라톤 철학, 나아가 그리스 철학 일반에 어떤 영향을 주었는가? 한마디로 말해서, 플라톤 철학의 주된 관심사는 'einai(존재)'나 'alēthes(진리)'이다. 그의 중심적인 과제는 진정으로 존재하는 것, 진상, 진정한 실재, 진리의 인식 등 존재론이나 인식론적인 것들이다. 철학적 활동에 대한 이런 패러다임은 이후 서양철학사나 정신사에 지속적인 유산으로 전승된다. 서구 학문의 목표는 진리에 대한 이론적 탐구이다. 이는 학의 목표는 수양과 인격의 도야라는 유가의 실천적 이념과 대조적이다. 동아시아에는 '존재 자체'라는 개념도 생소하지만, 존재가 저기 저편에 고정된 모습으로 있으며, 인식의 대상으로 인식되기를 기다린다는 믿음이 형성되어 있지 않다.

다음과 같은 반론이 제기될 수 있다. '그리스어의 특색이 플라톤 철학에 영향을 주었다기보다는 후자가 그리스인의 정신세계와 후대 철학자들에게 영향을 준 것이다'라는 반론이다. 이것은 전혀 틀린 주장은 아닐 것이다. 언어와 사유의 영향 관계는 다음과 같이 정리할 수 있다. 앞서 논한 바와 같이, 철학적 사유는 그가 속한 문화에 널리 유포·공유되어 있으나 아직은 무정형적인 개념 더미, 또는 암중모색하는 사유의 대체적인 경향성에 머물며, 아직 분절되지 않아 애매모호한 사유 내용들을 명료하게 개념화, 정형화, 논리화, 조직화, 체계화하는 역할을 수행한다. 이렇게 하여 철학적 사유는 기존의 문화권에 새로운 어휘, 개념, 관점, 사유 틀을 추가하고 확산·지속케 하여 일반화하며, 추가적 사유를 위한 좌표대를 마련해준다. 철학적 개념 등이 허공에서 고안되거나 황무지에서 발견되는 것은 아니다. 철학은 기존 언어에 암묵적으로 전제되어 있거나 배경이 되는 개념, 사유, 시각 등을 명료히 정리하고 체계화하는 역할을 수행한다.

다른 한편으로 이런 개념화나 정형화를 수행함에 있어서 철학적 사유는 언어를 사용하여 전개되는 것이기에 기존 언어의 어휘들, 개념 틀, 논리적 구문들에 의존할 수밖에 없다. 당연히 그 언어의 제약을 벗어나기가 쉽지 않다. 동과 서의 철학적 사유가 판이하게 다르게 전개된 것은 이런 근본 제약과 관련이 있을 것이다. 하지만 철학은 개념화, 정형화, 논리화, 체계화의 과정을 통해 기존 문화와 언어권에 새로운 개념이나 시각 등을 공급함으로써 기존의 언어와 문화를 더 풍부하게 할 수 있으며, 새로운 시각은 기존 언어 틀에 대한 비판적 관점을 갖게 하여 기존 언어의 제약을 극복할 수 있게 한다.

6. 관사와 존재론

관사의 실체화 기능

한문이나 한국어에는 추상체나 보편자의 개념이 극히 미약하거나 거의 없다. 그래서 서구 문헌에 등장하는 그런 개념들을 한국어로 번역하는 데 상당한 어려움을 겪는다. 서양철학에는 여러 특수자가 공유하는 공통적인 특성에 상응하는 실체적 존재자가 존재한다는, 상당히 오래 지속되어온 믿음이 있다. 가령 정의로운 상태, 정의로운 사람, 정의로운 국가 등에 공통적인 도덕적 특성으로서의 '정의로움'을, 그리고 이에 상응하여 정의로움을 완전히 구현하면서 독립적으로 존재하는 '정의로움의 전형이나 원형'을 생각할 수 있다. 마치 이 세계의 모든 1미터인 것들이 공유하는 1미터 길이의 원형으로서 미터 원기가 있듯이 말이다. 서양철학은 이것의 성격을 '추상체', '보편자' 또는 '의미체'라 규정하며, 이를 실체로 상정한다. 플라톤의 형상은 그런 사유 과정을 거쳐 상정된 존재자이다.

서구어에 고유한 관사라는 언어 장치는 공통 속성을 실체화하는 데 핵심적인 기여를 한다. 고대 그리스어에도 현대 서구어에서와 같이 관사가 있는데, 후자와 달리 부정관사는 없고 정관사만 있다. 그리스어 정관사는 나아가 명사, 형용사 등과 같이 성, 수, 격에 따라 변화하며, 활용 범위가 더 넓어 고유명사나 추상명사의 앞에도 올 수 있다. 형용사, 동사 부정법, 심지어 부사와 함께 사용되어 명사를 만들어내기도 한다. 고대 그리스어의 관사는 원래 지시사에서 파생된 것이기에, 약한 지칭성이나 지시적인 의미를 지녔다. 우리말로 구태여 번역한다면 '그', '저' 등이 이에 상응할 것이다.[12]

언어적 장치의 유무는 사고방식에 영향을 준다. 자연언어는 한 언어 공동체가 그들의 사유를 객관적 모습으로 담아 소통하며 공유하는 객관적 매체이다. 한 자연언어가 어떤 언어적 장치를 갖느냐는 그 언어를 사용하는 문화권의 내용에 기초적인 영향력을 발휘한다. 어떤 새로운 경

---

12 호메로스 시대의 그리스어에는 정관사가 없었다. 후기 그리스어에서 관사로 사용되는 'ὁ', 'ἡ', 'τὸ'는 당시에 지시대명사로 사용되었다(Scott, 1910: 220; Smyth, 1920: 1099–1100절).

험을 하고 특별한 착상을 한 사람들이 그 경험 내용이나 사유 내용을 그가 속한 언어권에 구비되어 있는 언어적 장치에 담아 전달할 때, 그것은 비로소 타인들이 접근하고 공유할 수 있는 것이 된다. 그렇게 공개되고 객관화된 후, 그것이 다수의 승인과 동의를 얻고, 나아가 시간의 테스트를 거치면 그것은 그 언어권의 공적인 정신적 자원이나 문화가 된다. 어떤 개념이나 사유 방식에 착안하고 새로운 정신세계를 발전·전개하려 해도, 그를 담을 수 있는 언어적 장치가 없으면 그 개념이나 방식 등은 일정한 모습을 형성하지 못하고 개인의 주관적인 머릿속에서만 구름처럼 맴돌다 사라져버린다. 설령 그의 머릿속에서 일정한 모습으로 형성된다 해도, 언어적 장치 없이는 이를 객관화하여 통용시키거나 공유할 수 없을 것이다. 언어적 장치는 사유 활동이 더 높은, 또는 새로운 단계로 올라가게 하는 비계 역할을 한다.

그리스어를 포함한 서구어에서는 형용사에 정관사를 붙이면 그 형용사가 기술하는 성질을 지닌 어떤 보편자나 추상체를 가리키는 이휘를 만들어낼 수 있다. 'the red'는 보고 만질 수 있는 'red apples', 'red lights' 등과 대조되어 빨강 자체, 빨강의 성질, 빨강의 본질을, 'the just'는 'just societies', 'just decisions' 등에 공통적인 덕목인 정의 자체, 정의로움, 정의의 본질을 지칭한다.[13] 이들 보편적이고 추상적이며 자체적인 것, 그러면서 특수자들에 공통적인 본질은, 관사의 도움을 받아 존재론적인 추론을 거치면 쉽사리 실체로서의 추상체나 보편자로 변모한다.

---

13 'the just'나 'the red'가 구체적인 사물을 의미하는 경우도 있는데, 이 경우는 복수의 의미로서 '정의로운 것들', '빨간 것들'(다수의 특수자)을 의미한다. 다른 한편으로 추상적 의미를 지니는 경우에는 정의로움의 성질을 지닌 어떤 것, 정확히 'just'라 불리는 어떤 실체, 정의로움을 전형적으로 지닌 어떤 추상체나 보편자를 가리키는 어휘로 사용될 수도 있다.

서구어의 관사가 이렇게 형용사를 실체화할 수 있는 이유는 지칭적인 기능을 행하기 때문이다. 지칭될 수 있는 것은 어디엔가 존재하는 것이다. 'the red'나 'the just' 역시 관사적인 것, 즉 지칭될 수 있는 것이며, 그런 점에서 어떤 존재자이다. 신체 감각을 통해 경험할 수 있는 구체적이고 특수한 사물들이 거주하는 세계가 있다면, 그에 상응하여 정신의 이성적 사유에 의해 인지되는 추상체나 보편자들을 구성원으로 하는 어떤 세계가 존재한다고 추론할 수 있다. 플라톤에 따르면, 이들 보편자나 추상체의 세계는 이성적 사유에 의해 인지되는 것이기에 감각적 경험계보다 실재적이고 진상에 가까운 지평이다.

보편자(빨강 자체)는 특수자(빨간 것들)와 관계하기는 하되, 별개의 독립적 실체라 할 수 있는 것으로 보인다. 그 이유는 다음이다. 보편자는 특수자들과는 전혀 다른 논리적 구조를 지니고 있다. 빨강의 한 사례인 빨간 사과는 맛볼 수 있고, 새콤달콤하고 둥글 것이며, 특정의 시간과 공간에 존재할 것이다. 하지만 빨강 그 자체는 이런 속성들과는 전혀 무관한 특성을 지닌다. 그것은 새콤하고 둥글지는 않으나, 색깔임, 시각적임, 연장성 등의 속성을 지니며, 여러 빨간 것에 편재적이다. 즉 이는 여러 특수자에 반복해서 등장하는 바, 특수자와는 달리 시공적 차이를 넘어서 보편성이나 일반성을 지닌 존재자이다. 우리는 보편자들에 내재하는 이런 속성들을 분석해내는 작업으로서 새로운 학문을 생각할 수 있는데, 이것이 논리학 또는 변증론이다. 이들 학문은 감각을 배제하고 철저히 논리적인 작업을 통해 이루어진다. 구체적 존재는 감각 지각에 의해, 추상체는 이성에 의해 접근할 수 있는 존재자들이다.

세계에 관한 언어

관사의 실체화 기능은 관사 사용에 내재되어 있는 언어관과 관련이 있다. 관사는 지시사에서 파생된 것으로 지칭적인 의미를 담고 있다고 지적한 바 있다. 지시사는 언어의 바깥 세계에 존재하는 사물을 가리키는 것으로, 그리스어에 관사가 주요 구성 요소로 자리 잡은 요인은 이처럼 언어가 외계에 관한 것이라는 언어관 때문이다. 이런 믿음은 술어 구문의 전형성, 'einai' 동사의 진리언명적 기능, 지칭대명사의 존재 등에도 내재되어 있다. 언어의 일차적 기능은 세계의 사실들을 기술하는 것이라는 언어기술론은 현대 언어 철학의 언어그림론, 진리대응론, 지칭reference 개념 등에 이르기까지 서구적 사고에서 연면하게 지속된다.[14] 서구적 언어관에 따르면, 어휘들은 기본적으로 세계 내 대상들의 이름이다. 어휘들은 대상들을 지칭하거나 명명함으로써 의미를 취득한다. 이런 언어관은 플라톤의 형상론, 비트겐슈타인의 언어그림론과 논리적 원자론의 논리적 분석 개념 등을 산출한다.

동아시아 언어(한문, 한국어 등)에는 관사가 없고, 지시사도 그리 발달해 있지 않다. 이미 지적한 대로 진리 개념조차 없거나 미약하다. 한자 어휘들의 품사는 고정적이지 않고 문맥에 따라 달라지기 때문에 지칭이라는 개념이 형성될 수도 없다. 그러므로 어휘나 문장이 세계의 사물들이나 사실들과 대응한다는 생각이 자리 잡기 힘들다. 서양철학에서의 지칭의 근거나 지칭의 가능성은 형이상학이나 존재론에서 중심 과제이나, 동아시아적 사고에서는 그런 문제가 아예 제기되지도 않는다.

14 버트런드 러셀Bertrand A. W. Russell, 피터 스트로슨Peter F. Strawson, 루트비히 비트겐슈타인 Ludwig J. Wittgenstein, 솔 크립키Saul A. Kripke, 도널드 데이비슨Donald H. Davidson 등 참조.

서구에서 언어는 세계를 기술하는 것임에 비해, 동아시아에서 언어는 행위를 계도하기 위한 것이다. 전자를 존재론적 언어관(진리 서술적 언어관, 인식적 언어관), 후자를 사회적 언어관(행위 처방적 언어관)이라 할 수 있다. 후자의 입장은 공자와 순자의 정명론에 집약적으로 표현되어 있다.

관사와 형상론

플라톤의 형상론은 그리스어 관사의 실체화 기능에 힘입은 바 크다(스넬, 1994 참조). 그는 관사를 사용하여 경험 세계의 구체적이고 시공적인 사물들과는 다른 차원의 존재자를 실체화하여 형상론을 제안했다. 플라톤의 형상론은 다음과 같은 입장이다. '아름답다', '용기 있다', '둥글다' 등의 형용사는 일상의 언어 생활에서 우리가 가장 많이 사용하는 어휘들이다.[15] 형용사는 술어의 전형이다. 우리는 이들 어휘를 사용하여 '아름다운 사람', '용기 있는 행동', '정의로운 국가'와 같이 주위 사물들이나 사람들을 기술한다. 나아가 이들 어휘들은 특정의 한 사물이나 사람만이 아니라 '아름다운 사람', '아름다운 꽃', '아름다운 그림', '아름다운 산하' 등 여러 다양한 대상들에 반복적으로 적용될 수 있다.

플라톤은 형용사와 보통명사의 의미 근거와, 이들에 의해 기술되는 물상들이 공통적으로 지니는 성질의 근거가 되는 것이란 동일하다고 추론했다. 사물들이 특정한 형용사('정의롭다')나 명사('정의')에 의해 의미 있게 서술되는 이유는 그것이 그 어휘에 의해 기술되거나 지칭되는 어떤 속성(가령 '정의로움')을 지니고 있기 때문이다. 나아가 그는 어휘 의미

15 플라톤은 형용사만이 아니라 일반명사에 상응해서도 형상들이 있다고 보았는데, 명사는 '용기 → 용기 있는', '사람 → 사람다운', '정의 → 정의로운' 등 쉽사리 형용사화하여 실체적 존재를 구성할 수 있다.

의 거처이자 속성의 근거를 어떤 실체적 존재로 상정하고 이를 '형상'이라 이름 붙인다. 형용사나 명사는 그 실체 또는 형상을 명명하는 이름이다.

아름다운 사람, 아름다운 꽃, 아름다운 산하는 모두 '아름답다'고 의미있게 서술될 수 있고, 그런 기술이 진리일 수 있는 이유는 이들이 '아름다움'이라는 어떤 일반적이고 보편적인 특성과 관련이 있기 때문이다. 보편적이면서도 '아름다움'의 근거가 되는 이것을 플라톤은 그리스어 형용사에 관사를 붙여 'to kalon(아름다움the Beautiful)'이라고 부르며, 나아가 이를 'to kalon auto kath' hauto(자신에 즉해 있는 아름다움 그 자체 Beautiful itself)'라 칭하면서 다양한 아름다운 것들로부터 분리 구분했다.

후자의 아름다운 것들은 어느 때는 아름다우나 시간이 지나거나 다른 관점에서 보면 그것의 아름다움이 퇴색되어 보일 수 있다. 그러나 아름다움 자체는 항상 아름다움을 간직하는 것으로, 그것의 아름다움은 그 어느 상황에서도 변색하지 않으면서, 모든 아름다운 것의 존재 근거가 된다고 플라톤은 논한다. 자체적인 것은 바로 이런 근거나 소이연所以然; aitia으로서 상정된 것이다. 아름다운 꽃이 아름다운 이유, '아름답다'고 불리는 소이연은 그것이 아름다움 자체와 관여하기 때문이다(『파이돈』 100 이하). 아름다움 자체나 정의로움 자체 등의 자체적인 것은 무수히 많은 다양한 아름다운 것이나 정의로운 것 또는 사람들과 구분되지만, 후자는 전자와 관여함으로써만이 아름다움이나 정의로움의 성질을 갖게 되며, 그 자체적인 것('아름답다' 또는 '정의롭다')의 이름으로 불릴 수 있다. 이런 설명은 우직하고 단순할지 모르나, 가장 논리적이고 안전한 설명이라는 것이 플라톤의 논리이다.

7. 동사상과 행위 양상

활동의 내적 구조로서의 동사상

고대 그리스어 동사 어미에는 동사상verb aspect이라는 범주가 존재한다.[16] 이는 동사 시제와 같이 시간에 관한 정보를 전달하는 어법 및 시간을 표상하는 하나의 방식이기는 하나, 시제가 시간 축 위의 일정 지점을 가리키는 데 반해, 동사상은 시간의 양태 또는 양상을 표현한다. 동사상도 시제의 한 부분으로 취급되는 경우가 있긴 하지만, 일반적으로 시제와 동사상은 구분된다. 시제는 시간 축 위에서 사건의 위치를 표시하기 위한 장치인 반면, 동사상은 '상황의 내적인 구성'[17]을 기술하거나 '과정 자체의 흐름을 개념화하는 방식'[18]이다. 동사 시제는 동사가 기술하는 활동이 일어난 때를, 동사상은 그 활동이 일어난 시간이 어떻게 진행되는지[19]를 드러내는 어법이다. 시제는 활동이 일어난 시점을 알리므로 시간 축의 다른 시점과 비교됨에 비해, 상은 사건이나 사태가 일어나는 시간 자체의 양상 혹은 결을 표시하므로 동일 사건의 여러 양상들을 분별한다. 가령 그 활동이 시간의 일정 지점에 일어났는지, 시간의 지속적인 기간 동안 진행되었는지, 또는 시간 축의 여러 지점에서 반복적이고 연

---

16 남기심과 고영근(1985)은 '동작상'이라는 표현을 사용한다. 'verb aspect'는 동작이나 활동에 관한 것이기는 하나, 동사 어휘를 통해 동작의 양태를 구분하는 어법적 기제이다. 여기서는 원어 'verb aspect'를 반영하여, 그리고 'verb tense'가 '동사 시제'라 번역되는 것에 맞추어 '동사상'이라 번역한다. 한국어의 동사상 또는 동작상과 관련한 논의는 고영근(1981)과 남기심·고영근(1985: 312 이하) 참조.

17 Comrie(1976: 3). "the internal temporal constituency of a situation."

18 Wikipedia: "a way of conceiving the flow of the process itself."

19 Wikipedia: "tense refers to temporally when, while aspect refers to temporally how."

쇄적으로 일어났는지를 구분·표현한다.

동사 시제는 크게 과거, 현재, 미래의 셋으로 나뉜다. 동사상은 활동의 완료, 지속, 일회성 여부를, 또는 그것이 결과적인 것인지 계획된 것인지 등을 구분하기 위해 사용된다. 하나의 동사는 시제에서는 동일하면서도 동사상에서는 다를 수 있다. 같은 시점에 일어난 같은 사건이나 활동이라 해도, 그 사건의 양상은 일회적인 것일 수도, 진행적인 것일 수도, 완료된 것일 수도 있다. 이런 동사상의 차이를 표현하기 위해 그리스어는 다른 동사 어미를 사용한다. 가령 과거형 시제에는 반과거 동사상 어미imperfect, 부정과거 동사상 어미aorist, 완료 동사상 어미perfect의 세 가지 다른 동사상을 표현하는 동사 어미가 있다.

그리스어만이 아니라 다른 언어권에서도 동사상들 간의 차이는 인지되어 있다. 영어나 한국어에서도 활동의 일회성, 반복, 지속, 완료 등에 따라 서로 다른 동사상을 구분하기는 하나, 그리스어에서와 달리 이 구분을 동사 어미에 위탁하는 것이 아니라 해당 동사에 다른 보조적 어휘('used to~', '~ing')를 부가하여 표현한다.[20] 가령 'I loosed(나는 풀어놓았다)', 'I used to loose(나는 풀어놓곤 했다)', 'I was loosing(나는 풀어놓고 있었다)', 'I had loosed(나는 풀어놓은 적이 있었다)' 등이다. 그리스어는 동사상의 표시를 구조화하여, 동사상에 따라 어미를 달리해 하나의 어휘로 표현한다는 점에서 독특성을 지닌다.[21] 행위가 일회적인 경우는 부정과거형 'ελουσα(나는 풀어놓았다I loosed)'으로, 이루어진 행위가 반복적이거나 진행적인 경우는 반과거형 'ελουον(나는 풀어놓곤 했다I used to loose/나는 풀어놓고 있었다I was loosing)'으로, 그리고 완료적이거나 결과를 강조하는 경

---

20 한국어의 경우에는 보조적 연결어미와 보조동사의 결합에 의해, 또는 연결어미에 의해 표시한다.

21 그리스어와 같이 동사 어미를 통해 동사상을 구분하는 또 다른 언어는 러시아어이다.

우는 과거완료형 'ελελυκη(나는 풀어놓은 적이 있었다I had loosed)'으로 표현한다.

언어적 차이는 사고법에서의 차이를 드러낸다. 그리스어는 동사상을 동사가 기술하는 동작이나 활동 자체의 내적 일부로 인지하고 있는 데 비해, 영어권이나 한국어에서는 동사상을 그 활동에 외부적인 것, 동작이나 활동이 이루어지는 상황이나 문맥의 특성으로 간주한다. 그리스어는 일회성, 반복성, 진행성, 완료성 등을 동사가 표상하는 활동이나 행위 자체의 구조적 일부로 파악한 것이다.

시각의 결과로서의 인식

동사의 어미 변화를 사용하여 동사상을 구분하는 기제는 그리스의 인식 개념 형성에 도움을 준다. 그리스어에서 '알다' 또는 '인식하다'라는 동사에 해당하는 어휘는 'οἶδα(oida)'인데, 이는 '보다'를 의미하는 동사 'ὁράω(horaō)'의 완료형 동사상이다. 당시는 지적 탐구나 학문적 활동이 구체적 경험으로부터 독립된 영역을 확보하지 못한 시대였기에 지식이란 경험의 결과로 여겨진 것이다. 시각적 경험은 경험의 대표적인 유형이므로, 시각적 경험과 지식은 쉽사리 연결될 수 있다. 그리스어의 동사상이라는 언어적 장치는 이런 연관 관계를 쉽게 표현할 수 있게 한다. 아는 것이란 본 바가 있는 것, 이전의 시각적 경험을 기억하는 상태이다. 그래서 '알다'에 해당하는 그리스어 동사의 현재형 어휘 'οἶδα'는 '보다'에 해당하는 그리스어 'ὁράω'의 완료형 동사상 어미를 지닌 어휘이다. 그리스인들에게 앎이란 시각적 행위의 결과, 즉 '보다'라는 동사의 한 동사상인 완료적 동사상으로 표현할 수 있는 사태이기 때문이다.

- ὁράω('나는 본다I see'): 시각동사의 현재형 … 진행형 동사상
- εἶδον('나는 보았다I saw'): 시각동사의 부정과거형 … 일회성 동사상
- οἶδα('나는 본 바 있다I have seen'): 시각동사의 완료형 … 완료형 동사상
- οἶδα('나는 안다I know'): 인식동사의 현재형

그리스적 관점에서 '안다'는 것은 '본 바가 있다'는 것, 즉 시각적으로 경험한 바의 결과이다. 앎이나 인식이란 그 자체가 독자적으로 이루어지는 정신적 활동이라기보다는 어떤 경험적 행위, 즉 보는 행위의 결과, 본 바를 기억하고 있는 상태라는 것이다.

서양철학에서 인식의 원형은 시각을 모델로 한다. 'Idea(형상)', 'intellectual intuition(지적 직관)', 'Anschauung(직관)', 'contemplation(정관, 관조)', 'representation(표상)', 'mental image(심상)', 'clear and distinct(명석 판명)', 'philosophy as mirror of nature(자연의 거울로서의 철학)' 등의 어휘나 어구들을 생각해보자. 이런 사고법의 기원을 우리는 그리스에서 찾을 수 있다. 그리스적 관점 혹은 서구적 관점에서 앎이나 인식은 시각적 지각의 결과이므로 대상과의 거리가 있어야 획득할 수 있는 것이며, 인식 상태는 정신의 어떤 정태적인 상태이다. 인식 대상과 인식의 행위는 구분되어 있는 것이기에 앎과 행위 간의 괴리는 자연스러운 귀결이다. 동아시아적 인식관은 이와 대조적이다. 동아시아에서 앎知이나 배움學이란 행위와 밀접하게 연관되어 있다. 지知란 어떤 행위, 특히 윤리적 행위를 할 수 있는 능력이며, 학學이란 전범을 모방하여 반복해서 연습·체화하는 것이다. 이런 동아시아적 인식관에서는 인식 주관과 인식 대상의 구분이란 없다. 오히려 양자의 일치가 인식의 목표이다.

'einai'의 동사상과 진리 개념

그리스어에서 'einai'는 영어의 'is'와 같이 일상의 문장에서 가장 많이 사용된다. 그들에게 'einai(to be)'의 사태, 즉 '있음'이나 '~임'의 사태는 일상에서 가장 많이 접하는 사태로 여겨진다. 플라톤은 이런 통념을 비판하며, '있음'이나 '~임'의 사태란 그리 쉽사리 접할 수 있는 사태가 아니라고 수정한다. 진정한 존재란 인간 정신이 죽음을 통해 신체의 구속으로부터 해방되어야, 그리고 철학적 수련을 거쳐 신적인 경지에 이르러서야 비로소 접촉할 수 있는 것으로 상향 조정한다. 진정한 '있음'이나 진정한 '~임'은 철학적 인식의 최고 단계에서나 도달할 수 있다는 주장이다. 영원한 진리나 진정한 실재라는 개념은 서양철학에서 중심적 위치를 차지하는데, 이는 그리스적 존재관의 유산으로 이해할 수 있다. 서양철학의 전통에서 철학적 인식의 궁극적 목표는 바로 존재 또는 실재, 진상을 인식하는 것이다.

플라톤은 통념적 'einai'관(존재관)에 비판적이기는 하지만, 그의 비판은 'einai'의 일상적 용법이 기대고 있는 기저적 의미에 기초한다. 플라톤은 그의 비판에서 존재란 영원하고 지속적이며 시간적 동일성을 유지하는 것이어야 한다고 전제하는데, 이런 논제는 그리스어 be동사 'einai'에 내재해 있는 그리스적 존재 개념에 기반한다. 동사적 활동을 세 가지 상相; aspect으로 나누는 동사상의 구분은 이런 존재 개념에 영향을 주었다.

칸의 지적에 따르면 'einai'는 부정과거형과 완료형 없이, 현재형과 반과거형 동사상만이 있는 소수 동사에 속한다(Kahn, 1982: 166-167). 동사상 어미와 관련한 이런 사실은 다음을 시사한다. 첫째, 그리스인들에게 부정과거적 존재자(일시적이거나 일회적 존재자), 완료적 존재자(존재하게 되는 것 또는 생성 과정을 거쳐 등장하는 존재자)의 개념은 형성되기 어려웠다. 둘째, 'einai' 동사의 시제가 어느 때이건, 그것은 항상 지속성의 의미를 지닌다. 호메로스 문헌에서 'einai'는 '살아 있다', '생존하고 있다'는 의미를 지니며, 철학적 사유의 단계에 이르면, 가령 파르메니데스의 저서에서 'einai'는 '영원히 있는 것'을 의미한다. 그는 존재가 영원하며 단 하나의 둥근 원이라고 주장하고 있는데, 이 주장을 지지하는 논변의 한 전제는 'einai'에 대한 의미 규정, 즉 'einai'적인 것은 지속적이고 불변적이라는 의미 규정이다. 앞서 살펴본 바와 같이, 진리성이 'einai'의 핵심 의미라 한다면 그리스인들에게 존재나 진리는 지속하는 것이나 영원한 것과 동의적이다. 셋째, 존재나 진리가 지속성을 지닌 것이라면, 이는 생성과 대조적인 것이다. 파르메니데스는 'einai'를 'gignēsthai(생겨나다)'와 대조적인 것으로 비교하고 있는데, 우리는 이를 이런 의미 연관에서 이해할 수 있다.

그리스인들이 이해하기에는, 존재 또는 'einai'를 술어로 하여 기술되는 사태는 엄밀히 말해서 단지 일시적으로, 상대적으로, 우연적으로만 존재하는 것이 아니다. 그들의 의식에는 항상 지속적으로, 누구에게나 존재하는 것으로 여겨지는 것만이 'einai'를 술어로 하여 서술될 수 있다는 생각이 자리 잡고 있었다. 그리스적 존재론의 바탕이 되는 바, 현상적 존재/실재적 존재, 주관적 존재/객관적 존재, 일시적 존재/영원한 존재의 구분은 그리스어의 'einai' 동사 논리에 이미 내재해 있다고 볼 수 있다.

'einai' 동사의 언어적 특색과 'einai'에 대한 그리스인들의 사유 방식 중 어느 것이 먼저인지는 가리기 쉽지 않으나, 일단 양자가 상호적이며, 언어적 특색이 그들의 사유 방식을 확고히 하고, 그것이 개념적 모습을 갖게 하는 데 기여했다고 말할 수는 있다. 그리스인들이 'einai' 동사를 사용하면서 품고 있었던 생각이 동사상이라는 언어적 장치를 통해 드러나고, 이런 생각들이 철학자들에 의해 분명하게 인지된 후 정리되고 개념화됨으로써 그들의 존재관이 형성된 것이다.

그리스적 존재 개념의 독특성은 중세 이후의 존재 개념(라틴어 'existere'; 영어 'exist')과 비교할 때 더욱 분명해진다(Kahn, 1982: 167 이하). 그리스어 동사 'einai'와 라틴어 동사 'existere' 간에는 중요한 차이가 있다. 그리스어 'einai'는 방금 지적한 바와 같이 지속적 상태를 나타내는 동사로서 'gignēsthai'와 대조된다. 이에 비해 라틴어나 영어의 존재동사는 오히려 '생겨남'과 논리적으로 연결되어 있는 동사이다. 라틴어 'existere'는 두 어휘 요소 'ek-sistere'로 구성되어 있다. 이런 구성에 비추어볼 때, 이 동사는 '앞으로 나옴', '걸어 나옴', '존재하게 됨', '어두운 배경으로부터 대낮의 밝은 빛 속으로 부상함'을 의미한다. 이 동사의 접두사인 'ex(ek)'는 과정의 완료를, 그리고 어간 'sistere(서게 되다)'는 지속성을 함의하는 'stare(서 있다)'와 달리 부정과거aorist의 일회성이나 순간성을 함의한다. 이렇게 분석해보면 'existere'라는 동사는 'gignēsthai'의 반대가 아니라 그것의 결과, 즉 생성 과정이 완료되었다는 의미를 지닌다. 다시 말해 'existere'는 '존재하게 되다', '생성 과정의 결과로 어떤 상태에 이르게 되다'를 의미한다. 이 어휘를 문자 그대로 번역하면 '부상하게 되다'를 의미하므로, 존재자들이란 '부상하게 된 것들id quod existit'이다. 이렇게 부상하게 되어 대낮의 빛 속에 들어선 것은 우연적인 것이다. 그것은 부상하지 않고 어두운 배경에 머무를 수도 있으며, 곧 사라져버릴 수도 있다. 중세 신학은 성서의 영향을 받아 존재와 본질을 구분하고 있는데, 이런 구분법에는 존재가 우연적이라는 생각이 담겨 있다. 우연한 존재의 개념은 마르틴 하이데거Martin Heidegger의 현존재dasein 개념으로 계승된다.[22]

'einai'의 명사적 형태라 할 수 있는 그리스어 'ousia'는 '우연적 현존existence'이 아니라 '항구적으로 지니고 있는 성질', '본질essence'이라는 의미를 지닌다. 고대 그리스의 'einai'는 중세적 'existere'와 달리, 우연적이고 일시적으로 있음이 아니라 지속적으로 있음을 의미한다. 고대 그리스의 존재 개념은 중세나 이후 실존철학의 존재 개념과는 정반대적이라고 할 정도로 현격한 차이를 지닌다. 그리스어의 존재 개념이 같은 언어권과 전통에 속하는 중세 이후 서구의 존재 개념과 이렇게 상이하다면, 전혀 다른 언어권에 속하는 한문이나 한국어의 존재 개념과의 차이는 범주적인 것일 것이다.

그리스인들에게 인식 활동과 언어적 기술의 주된 역할은 진리를 발견하여 표현·전달하는 일, 생성·변화의 세계를 넘어서 영원히 지속하는 진상을 탐구하고 서술하는 일이다. 한 문장이 진리임이 확언되어야 함은 그것이 허위일 수 있음도 전제한다. 언어의 세계가 객관적 외계로부터 괴리될 가능성이 항시 존재하며, 이런 가능성 때문에 현상과 실재, 생성계와 영원한 세계, 우연과 당위, 믿음과 인식 간의 이분법적 구분이 이루어진다. 일상 언어에 의해 그려진 것은 실재가 아니라 현상에 불과하다는 판단은 현상계의 물상들을 복합체, 이차적인 것, 가상이나 감각적인 것으로 격하 규정하게 했다. 이런 격하적 규정은 저편의 것에 대한 다양한 관념들, 진상, 진리, 아르케, 근원적 단순자, 원소 개념을 산출한다. 이런 개념군들은 서양철학이나 정신사에서 환원주의의 전통을 형성하는 데 기여하며, 저편의 진리나 근원적 존재자를 찾고자 하는 이념으로서의 형이상학과 서구적 학문 일반의 이념을 형성케 한다. 그리스어의 'einai'에 기반을 둔 개념들과 그 구분들은 그리스 철학, 나아가 서양

---

22 실존철학에서의 핵심적인 실존existence과 본질essence의 구분을 생각해보자.

정신의 사유 틀을 형성하는 사유 범주들의 기초를 이룬다.[23]

진리 개념의 중심성, 언어와 존재의 구분, 기술적 언어관 등은 서구적 사고에만 고유한 것, 그것도 그리스어의 특색에서 연원한 것이라고 할 수 있는가? 이는 보편적이라 할 수 있지는 않을까? 비교적 관점을 취해 보자. 동아시아의 고전 철학서에서 진리라는 개념이 언급되지 않음은 이미 지적한 바 있다. 동아시아의 전통에서는 언어와 존재의 관계를 논하거나 실재와 현상, 인식과 믿음, 이성과 감성을 배타적으로 구분하는 경우는 거의 없다. 환원주의적 태도나 논리적 분석이 전개되지 않음은 동아시아적 사유의 특징으로 또는 약점으로 자주 거론되곤 한다.

서구적 진리 기준에 준거하여 한문 문장의 진리치를 판정하려 해도 곤혹스러움을 느끼며, 논리적 분석을 가해 한문 문장을 서구의 기호 논리법으로 명제 계산하기도 상당히 어렵다. 동양의 철학이나 학문적 전통에는 진리 개념이 없으니 당연히 진리 발견이 철학적 사유의 목표로 설정될 수도 없는 것이다. 우리가 사는 세계, 더 정확히는 문자로 기록된 세계 저 너머에 형이상形而上의 세계나 본질들의 왕국이 있다는 믿음 자체는 동아시아의 철학자들에게 낯선 생각인 것으로 보인다.

한문적 언어관에 따르면, 언어는 사회통합적인 역할을 수행한다. 동아시아적 사고는 언어, 특히 문자의 공유를 통해 사회, 나아가 세계에 질서를 부여할 수 있다고 보았다. 그들에게 문자의 공유는 사회 구성원들의 삶과 행위 방식에 동질성과 규범적 질서를 갖추게 하기 위한 가장 기본적이고 원초적인 조건이며, 이런 조건을 충족시킴으로써 그들은 사

---

23 서구의 진리중심적 인식론. 인식이란 자연이나 세계의 반영이라는 인식관은 리처드 로티Richard Rorty의 저서 *Philosophy and the Mirror of Nature*(1979)의 제목에서도 잘 나타나 있다. 이 저서에서 주요 논의의 대상이 되는, 20세기 미국의 대표적인 분석적 형이상학자 도널드 데이비슨은 진리를 원초적 개념으로 본다(Davidson, 1984 참조).

회적 통합을 이루었다.[24] 진시황제는 천하를 통일한 후에 문자를 표준화했는데, 이는 그의 통일 과업을 완결시켰다. 무력으로 광대한 지역을 정복한 후에 문자 체계를 통일함으로써 그 지역을 하나의 동질적인 의사소통의 공간, 그리고 문화공동체로 만들어 실질적인 통합을 이룩한 것이다. 중국을 2000년 동안 하나의 통합체로 유지하고, 동질적인 문화권으로 형성·지속시킨 것은 진정으로 표준화된, 그리고 표의성에 기반한 한자였다(김근, 1999 참조). 음성문자와 달리 상형문자는 소리를 묘사하는 것이 아니라 의미를 표현하거나 사태를 그리는 것이기에, 지역 차에도 불구하고, 그리고 장구한 세월이 흘러도 변화하지 않는다. 다양한 인종과 수많은 인구가 거대한 지역에 산재해 있음에도 오랫동안 동족으로 소통할 수 있었던 것은 한자의 이런 문자적 특색에서 기인한다. 실로 세계 최고最古, 최대最大, 최장最長의 문화를 가능하게 한 것도 한자의 상형성 또는 표의성 원리 덕이라고 할 수 있다.

목적 내재적 실천

동사상의 구조적인 구분은 그리스인들에게 진행적 활동과 완료적 활동을 명확히 의식하고 구분할 수 있게 했다. 'praxis(프락시스)'와 'poiēsis(포이에시스)'의 구분은 아리스토텔레스 윤리학 또는 행위철학의 중심 이론 중 하나인데, 이는 그리스적 사유에서 동사상 구분에 대한 민감성을 보여주는 좋은 사례이다. 'poiēsis'는 대략 '노동', '제작'이라 번역될 수 있는 어휘로, 외부에서 주어진 어떤 목적을 성취하기 위한 수단적 활동

24 남경희(1997). 공동체 형성의 기초로 거론되는 사회계약의 진정한 내용은 공유언어 사용의 계약이다.

을 의미한다. 외재적 목적이 성취되면 그 행위는 종료된다. 가령 '(밭을) 갈다'라는 동사가 기술하는 경작의 활동은 밭을 다 갈게 되면 종료된다. 목공일은 가구가 완성되면 더 이상 수행할 필요가 없다. 이와 달리 '실천'이라 번역할 수 있는 'praxis'는 그 자체가 목적인 활동을 의미한다. 산책하기, 놀이하기, 운동하기, 명상하기, 지적 호기심 충족하기, 수학 문제 풀기, 우주의 질서를 관조하기 등의 활동은 실천적 활동이다. 이들 활동은 어떤 외부적 목적을 성취하기 위한 것이 아니라 그 자체가 즐거움을 주며 가치를 지니기에 활동 그자체가 목적이 된다.

아리스토텔레스에게 활동을 두 종류로 구분하는 것은 윤리적 삶과 행위를 규정함에 있어서 필수적이다. 그에 따르면, 인간 삶의 목표는 'eudaimonia(에우다이모니아)'이다. 통상 이는 'happiness' 또는 '행복'이라 번역되어왔는데, 이런 번역은 오도적이다. 영어 'happiness'나 한국어의 '행복'은 일종의 마음의 상태를 의미한다. 그러나 그리스어의 '에우다이모니아'는 심리적 상태라기보다는 어떤 활동을 의미하는데, 다양한 활동 중에서도 앞서 구분한바, 자체 목적적인 활동인 실천(프락시스)이다. 삶의 목표인 에우다이모니아는 어떤 행위를 통해 도달한 상태나 무엇을 성취하여 이룬 결과가 아니라, 그 자체가 목적이 되고 가치를 지닌 진행적인 실천 활동인 것이다. 우리는 실천과 노동의 차이를 그리스어 동사상의 구분을 빌어 표현할 수 있다. 노동이나 제작이란 부정과거 동사상(일회성으로 끝나는 활동)이나 완료 동사상(행위의 완료 또는 행위에 의해 이르게 된 상태)적 활동이다. 이에 비해 실천이나 그 전형인 에우다이모니아는 반과거 동사상(진행적 활동)으로 표현될 수 있는 활동이다.

근간에는 에우다이모니아에 담긴 활동성의 함의를 살려 이 어휘를 'faring well'이나 'flourishing' 즉 '잘 지냄' 또는 '잘 삶'으로 번역한다. 아리스토텔레스는 에우다이모니아의 구체적인 모습이란 중용의 덕을 발휘하거나, 이성적으로 우주적 질서를 관조하는 것이라 논한다. 중용의 덕을 실천함 혹은 이성적 관조는 그 자체가 가치를 지닌, 자체 목적이기에 지속적으로 진행되는 활동이며, 그런 점에서 실천(프락시스)의 전형이거나 이상이다. 우리는 아리스토텔레스의 윤리적 사유가 그리스어의 동사상을 근거로 했는지는 확언할 수 없으나, 그리스어의 동사상 구분이 그의 사유에서 일회적·완료적 활동과 진행적 활동의 구분을 용이하게 했으리라는 추정은 할 수 있다.

8. 번역을 위한 지침

본서에서는 그리스어 번역을 위해 대략 다음의 지침들을 따른다. 첫째, 번역의 전략으로 흔히 직역과 의역을 구분하지만, 이 양자는 모두 잘못된 언어관에 기초한다. 자연언어는 시공적 존재이기에 직역이란 불가능하다. 더구나 고대 그리스어는 2500년 전 저 멀리 지중해에서 사용되었던 언어이다. 다른 한편으로 의역이란, 의미를 공유한다는 전제 하에서만 가능한 것인데, 어휘의 의미는 말소리나 끄적임이라는 물리적 존재, 즉 기표의 시간적·공간적 사용의 영향을 받는다. 소쉬르의 언어학이나 비트겐슈타인의 언어철학을 좇아, 의미란 기표의 불가분리적인 이면이거나 기표의 사용례들이라 한다면, 기표가 다를 경우 기의도 다를 것이고, 기표가 사용되는 시간과 공간이 달라질 경우 사용례의 의미도 편차가 생길 수밖에 없다. 의미의 동일성이란, 그리고 기표로부터 독립된 의미의 존재란 일종의 신화에 불과한 것이다.

편의적으로 번역 방식을 구분한다면, 대상 언어(그리스어)의 어휘들이나 구문들의 특색을 가능한 범위 내에서 적극 반영하여 번역하는 방식과, 목적 언어(한국어)의 어법에 맞추어 대상 언어를 번역하는 방식을 구분할 수 있다. 전자는 어법상으로 다소 어색할 수 있으나 그리스적 사고방식을 드러내는 데 효과적일 것이다. 후자를 택하면 번역 문장이 자연스러울 것이나 그리스적 사고방식을 은폐하거나 왜곡할 수 있을 것이다. 플라톤 저술의 현대 서구어 번역본들 중에서는 벤저민 조웨트Benjamin Jowett의 번역이 후자에 속하고, 폴 쇼리Paul Shorey의 영어 번역이나 프리드리히 슐라이어마허Friedrich E. D. Schleiermacher의 독일어 번역은 전자에 해당한다. 후자는 그리스어의 어휘 하나하나를 거의 모두 놓치지 않고 축자적으로 번역하고 있는데, 이런 것이 '직역'에 가까운 사례일 것이다. 언어에서 기표의 기초성이나 중심성을 감안한다면 축자적 번역이 보다 정확하고 원의에 근접한 번역이므로, 본서의 번역도 가급적 이런 원칙을 따르도록 한다. 특히 철학적으로 중요한 부분에서는 '직역' 또는 축자적 원칙에 따라 번역한다.

직역이건 의역이건, 한국어 번역을 통해 그리스어의 어휘나 구문에 담긴 의미 및 사고법을 정확히 전달하는 것이 불가능하다고 한다면, 최소한 그리스어의 특징들이 함의하는 의미나 사고방식에 대한 일반적인 기술이라도 개진하는 것이 필요하다. 앞서 개진한 그리스어의 여러 특색에 대한 논의는 바로 이를 위한 것이다. 본서의 2부에서는 최대한 실제의 그리스적 사고방식이 드러나게 번역하도록 노력할 것이다. 그러나 한국어 번역문으로 고대 그리스인의 사고방식을 드러내는 것은 극히 어려우므로, 본 1부의 언어철학적 논의가 이런 어려움에 대한 보완책이 될 것이다.

둘째, 본서의 번역에서는 존댓말이나 낮춤말의 사용을 최소화한다. 존댓말을 쓰는 경우와 쓰지 않는 경우는 대화의 분위기가 상당히 다르다. 후자의 경우 비판, 질문, 이의 제기, 논리 추궁 등이 훨씬 더 자유롭게 진행될 수 있다. 대화 참여자들 간의 대등성이 유지되기 때문이다. '소크라테스 선생님'이나 '저'와 같은 표현은 타자에게 가르침을 받겠다는 간접적 태도 표명과 존경감을, 그래서 그의 의견을 대체로 존중·수용하겠다는 입장을 함의하며, 비판적 태도를 삼가겠다는 의사를 간접적으로 표현하는 것이다. 플라톤의 대화록을 번역함에 있어서 이런 표현은 가급적 절제하는 것이 대화의 분위기를 제대로 반영하는 것이다.

존댓말을 전혀 안 쓸 수는 없다. 손윗사람에게 반말을 하는 것은 대등성이라기보다는 하대, 반발, 모욕으로 간주되는 것이 한국적인 정서임을 감안할 때, 소크라테스에게 건네는 제자들의 말을 존칭의 표현 없이 번역하는 경우 그것은 상대방을 무시하고 반발하거나, 심지어 모욕하는 등의 태도로 오해하게 할 수 있다. 언어는 단지 의사만을 전달하는 것이 아니라 타자에 대한 자세, 정서, 윤리적 태도까지 표현한다. 따라서 차선책은 제자들의 소크라테스를 향한 질문 등에서 존댓말의 사용을 최소화하는 것이다. 같은 이유에서 '저'와 같은 낮춤말 대신 '나'라는 대등어를 사용한다. 중요한 것은 대화적·논변적 상황에서의 대등성을 표현·전달하는 것이다.

셋째, 복문에서 주절과 종속절 등의 어순을 번역할 때 그리스어의 어순을 반영한다. 한국어 복문에서는 종속절이나 부문장이 먼저 오고 그 다음에 주절이 오는 것이 일반적이다. 하지만 그리스어를 포함한 서구어에서는 이와 달리 주절이 먼저 진술된다. 그래서 주된 문장, 주절 또는 주문장이라 하는 것이다.

많은 번역이 서구어 문장을 한국어로 번역하는 과정에서 주문장과 종속문장의 순서를 바꾸어 번역하곤 한다. 그것이 한국어에서는 더 자연스럽기 때문이다. 한 문장 안에서의 어휘의 순서, 복문이나 중문에서의 문장 배치의 순서는 생각의 순서나 마음의 태도를 반영한다. 한국인들은 자신의 생각을 피력하는 데 있어 완곡하고 간접적이라 한다면, 서양인들은 보다 직접적이고 적극적이다. 서양인들은 주된 생각이 담긴 주문장을 먼저 표현하고, 단서적·조건적·상황적 종속문장은 차후에 표현한다. 좋은 번역이란 번역 대상어를 사용하는 사람들의 사고방식을 최대한 드러내는 것이다. 이런 번역의 목적에 부합되게, 2부의 번역에서는 가급적 그리스 복문에서의 주문장과 종속문장의 어순을 준수하여 번역한다. 한국어식으로 종속문장을 먼저, 주문장을 다음에 배치하기보다, 다소 번거롭더라도 대체로 주문장을 먼저 배치하여 번역하도록 한다. 단문의 경우도 문장의 앞이나 끝머리에 놓아 강조하고자 하는 것으로 이해되는 경우에는 그 강조되는 어구를 먼저 배치하도록 한다.

넷째, 그리스어에서 'alēthes'는 학문적 전문 용어라기보다는 일상적 어휘, '진상', '사실' 등의 의미를 지니고 있는 것이므로, 가급적 이를 살려 번역한다. 이 어휘는 사실과의 부합 관계, 사실 확인의 중요성을 강조하는 어휘이기에 '정말'이나 '진심' 또는 '진실'이라는 심리적 어감의 어휘, '진리'라는 다소 학술적인 어휘보다는 문맥에 따라 '사실'이라는 일상적 어휘로도 번역한다.

다섯째, 앞서 우리는 그리스어의 다양한 언어적 특징을 지적하면서 이들이 그리스적 사고, 플라톤의 철학에 끼친 영향 관계를 살펴보았다. 이와 관련하여 유념할 것이 있다. 사고법에 대한 언어의 영향력을 논하는 본 해제의 주장은 인간의 사고가 언어의 제약에 갇혀 있음을 강조하고자 하는 것은 아니다. 언어의 본질은 자유이다. 그런 언어의 제약으로부터 벗어날 수 있는 방안은 오히려 우리가 언어의 제약이나 영향을 반성적으로 자각하는 데서 찾을 수 있음을 이야기하려는 것이다. 인간의 정신은 자신이 하고 있는 사유의 제약·한계·문제점 등을 반성적으로 스스로 비판함으로써 다른 문화와 사고방식에 개방적일 수 있다. 인간의 정신사는 다른 문화를 수용하고, 이와 수렴·융합하면서 발전해왔다.

우리는 서구의 문화나 철학을 수용하는 과정에서 그들이 전제하는 서구 보편주의를 무의식적으로 수용했다. 같은 식으로 우리는 오랫동안 중국의 영향 아래 중국 문화를 수용하면서 유가나 불가의 사유를 보편적인 것으로 간주해왔다. 플라톤 철학이나 서구의 사고가 그를 담고 있는 언어에 의해 제약되어 있는 만큼, 동아시아적 사유도 우리가 기대고 있는 언어의 틀을 벗어나기란 쉽지 않을 것이다. 다른 문화를 적극 수용하고, 외국어를 학습하며, 먼 나라의 오래전 문헌을 번역하는 이유는 바로 자신이 몸담고 있는 문화의 제약을 자각하고 극복하고자 하기 때문이다. 이런 자각을 가지고 서로 교유·교류하면서 인간 정신사의 지평은 확대되고 심화되는 것이며, 보편성이나 일반성의 정도를 높여가는 것이다. 인류의 역사에서 영원한 사상이나 보편적인 철학이란 아직은 이상에 그친다.

2부

플라톤의 『파이돈』:
철학적 번역

Platōn's
Phaedōn

1. 『파이돈』 내용 요약 및 해설

플라톤(428/7-348/7)은 상당량의 대화록을 저술하여, 전해지는 것만 27～30편에 이르고, 서간문도 7～8편이나 남겼다. 그가 살았던 시대는 인쇄나 출판의 개념이 없었고, 저술이나 독서가 일반적인 시대가 아니었다. 그럼에도 그가 이렇게 풍부한 저술을 한 이유는 앞서 1부의 해제에서 논의했다.

플라톤의 저술은 시기나 내용상으로 초기, 중기, 후기의 3기로 구분·분류되는데, 『파이돈』은 이 중 중기에 속하는 저술이다. 중기 저술에서 플라톤은 소크라테스의 영향력에서 벗어나 자신의 철학 이론을 전개·제시하고 있으며, 내용에서도 윤리적 문제만이 아니라 존재론적·인식론적 주제에 관한 철학적 담론을 개진하고 있다.

이런 철학적 내용과 별개로, 『파이돈』에서 플라톤은 그의 스승 소크라테스의 생애 중 가장 중요한 순간을 기록하고 있다. 스승이 독배를 마시고 세상을 하직하는 마지막 날 하루 동안 이루어진 대화를 담고 있으며, 죽음을 대하는 스승의 자세를 감동적으로 서술하고 있다. 그 대화의 내용은 신체의 죽음 이후 정신의 불멸성과 그 운명에 관한 것이다. 이것의 역사성에 관해서는 학자들 사이의 의견이 갈리고 있으나, 이 대화록이 소크라테스의 마지막 실제 모습을 기술하고 있고, 소크라테스가 동료 및 제자들과 대화를 하며 마지막 날을 보냈으리라는 점, 그리고 그 대화 내용은 신체의 죽음 후 정신의 운명에 관한 것이었으리라는 점 등은 역사적 사실로 보아도 무방할 것으로 판단된다. 다만 그 대화의 내용에서 플라톤 고유의 철학 이론이라 할 수 있는 형상론, 상기론 등이 논의된다는 점에서 대화의 세세한 부분 모두가 정확히 소크라테스의 말이라 보기에는 무리가 있을 것이다.[1]

플라톤은 자신의 거의 모든 대화록의 주인공을 소크라테스로 설정할 만큼 스승의 영향력을 인정하며, 그를 경애하는 제자였다. 그는 여러 저술에서 소크라테스의 언행을 기술하고 있는데, 이들은 소크라테스의 재판과 죽음에 관한 4부작을 구성한다. 젊은이들을 타락시킨 죄와 이방의 신을 섬겼다는 불경죄로 소크라테스가 고소당해 법정에 출두하는 장면이 배경이 된 『에우티프론』, 소크라테스가 법정에서 자신의 죄목에 대해, 그리고 철학적 삶에 대해 변호하는 『변명』, 감옥에 수감되어 있는 소크라테스를 그의 가까운 친구 크리톤이 찾아가 탈출을 권유하는 『크리톤』, 그리고 소크라테스가 독배를 마시는 마지막 날의 대화와 모습을 기록한 『파이돈』이 그것이다. 이 중 분량으로나 내용적으로 가장 중요한 것은 『파이돈』일 것이다.

'psychē': 영혼 또는 정신

이 대화록의 주제는 'psychē'이다. 이 어휘를 어떻게 번역할 것인가? 어떤 어휘로 번역하느냐에 따라 대화록의 주제에 대한 이해 방식이 전

---

1 Bluck(2014), Burnet(1911), Grube(2002), Guthrie(1962), Hackforth(1955) 등의 논의를 참조할 것.

혀 달라질 것이다. 이 어휘는 통상적으로 '영혼'이라 번역되나, 여기서는 여러 이유들을 고려하여 '정신'이나 '마음'이라는 어휘로 번역한다. 그 이유는 다음이다.

첫째, 현대 한국어에서 '영혼'이라는 어휘는 종교적인 함의가 있는 어휘로 일상적으로는 잘 사용되지 않는 어휘이다. 서구에서는 오래전부터 기독교적인 영육靈肉; soul-body의 이분법에 익숙해 'soul'이라는 어휘가 자연스레 여겨질 수 있으나, 영어권에서와 달리 한국어에서 '영혼'이라는 어휘는 기독교적인 함의가 강하거나 최소한 종교적 또는 초자연적이고 비일상적인 어휘이다.

전체적으로 플라톤의 'psychē'는 ① 'sōma(신체)'와 대척점에 있는 인간의 구성 요소, ② 윤리적 삶을 추구하는 윤리적 주체, ③ 인식과 사유의 주체이자 로고스(언어, 이성)를 주재하는 존재로 규정되어 있다. 한국어의 '영혼'이나 영어의 'soul'은 언어나 이성의 능력을 넘어서는, 또는 그 상위의 존재라는 함의를 지닌다. 이런 점을 감안할 때, 플라톤의 'psychē'는 '영혼'이라기보다는 '정신' 또는 '마음'으로 번역하는 것이 더 적절하다고 판단된다. 통상적인 방식으로 '영혼'이라 번역할 경우 플라톤의 대화록을 종교적인 주제에 관한 것으로, 비일상적인 주제에 관한 저술로 오해케 할 수 있다.

『파이돈』에서 플라톤의 주제 'psychē'는 인간을 구성하는 것으로 신체나 몸과 대조항을 구성하는 인간의 요소이다. 『파이돈』의 주된 논의는 지극히 일상적인 주제, 매일매일 의식하게 되는 인간 자신의 모습인 '정신 존재'나 '정신 현상'의 본성과 운명에 대한 논의이다. 현대적인 문맥에서 신체의 대조항은 '정신'이나 '마음'이지 '영혼'이 아니다. 물론 영혼도 신체와 대립적인 존재이기는 하나 정신보다 좁은 개념이며, 정신의 어떤 부분 또는 그 상위에 있는 초자연적인 존재라는 어감을 지니고 있다. 가령 '영성', '영적인 것', '혼령', '혼백', '영매', '민족혼' 등의 어휘에서 보듯이, '영혼'은 이들이 지니는 종교성이나 초자연성의 어감을 느끼게 한다. 이런 어감 때문에 이는 정신의 특정 핵심 부분 또는 정신 상위의 존재라는 인상을, 인간의 종교적 영적 삶을 주관하는 것, 인간을 초자연적인 존재와 관계케 하는 요소라는 함의를 내포한다. 그래서 정신과 영혼은 차별적인 존재일 수 있으며, 이에 따라 인간의 구성 요소를 신체, 정신, 영혼으로 3분하는 것이 가능하다. 그리스어의 'psychē'는 이런 함의를 전혀 내포하지 않으며, 고대 그리스어에는 'sōma', 'psychē'에 더하여 제3의 요소에 해당하는 어휘가 없다. 'sōma'와 'psychē'의 중간에 있는 인간의 요소로 'nous'를 생각할 수 있으나 플라톤의 문맥에서 이 어휘의 철학적 역할은 미미하다.

『파이돈』은 영혼의 본성이나 불멸성에 관한 저술이라기보다는 정신의 본성과 불멸성에 관한 대화이다. 그 주제는 종교적인 것이라기보다는 인간 고유의 본성에 관한 것이며, 그런 고로 『파이돈』은 인간의 지극히 일상적이면서도 일차적인 관심사가 되는 주제를 논의 대상으로 한다. 정신이 인간의 본성이기에 인간의 운명에 관한 대화록이기도 한 것이다. 'psychē'는 2400~2500년 전 서양 그리스에서 사용되던 어휘이니 이를 완벽하게 전달하는 한국어 어휘를 찾는 것은 불가능하나, 현대적인 관점에서 보면 '영혼'이라는 어휘보다는 '정신'이나 '마음'이라는 어휘가 'psychē'의 원의, 적어도 플라톤이 염두에 두고 있던 원의를 가깝게 전달한다.

둘째, 'psychē'는 일상의 인간 삶에 있어 신체와 배타적 관계에서 신체적 욕망을 억제하고 때로는 갈등하면서 신체를 통어한다. 절제, 지혜, 용기, 정의 등의 윤리적 덕목을 선택하고 실천해가는 윤리적 주체로 기능하는 존재로 서술되어 있다. 'psychē'의 이런 활동은 매일매일의 삶에서 관찰·확인되는 사태들이며 특징이다. 현대적 관점에서 이런 윤리적·인식적 기능을 발휘하는 것으로 믿어지는 것은 '영혼'이라기보다는 '정신'이다. '영혼'은 앞서 언급한 바와 같이 현대의 일상적 담론에서는 거의 사용되지 않는다.

셋째, 불멸 논증 세 번째에서 'psychē'는 보편자나 추상적 개념을 인식 대상으로 하며, 그와 유사한 존재라고 기술되고 있다. 'psychē'는 철학자의 삶을 주도하며, 순수 인식, 지적 정관(프로네시스)을 추구하는 존재이다. 나아가 이는 경험적 지각 내용과 사념된 내용을 사유하고 비교·평가하는 등의 인식적 활동을 하는 인식 주체이다. 그것은 일상적 삶에서 로고스(언어 또는 이성), 이성적 헤아림, 논리적 판단을 하는 주체이며, 세계의 생성·소멸의 원인을 탐구하고 설명하기 위해 차선의 항해법을 모색하는 탐구 주체라고 기술되고 있다. 네 번째 논증에서는 가설을 기초로 하여 추론적 논변을 전개하는 논리적 추론과 개념적 사유의 주체이기도 하다. 이런 인식적이고 논리적인 활동을 하는 주체는 현대적 문맥에서는 영혼보다는 정신이다. 우리는 보편자나 추상체, 의미체 등을 인지하며 논리적 추론을 하는 것을 '영혼'이라고 하지 않는다. 플라톤의 『파이돈』에서 논의되는 'psychē'는 인간의 핵심적인 현상으로서, 매일 이루어지는 사유, 인식, 개념적 활동, 설명의 활동, 로고스의 전개 등 인간의 활동으로서 일상적이지만 인간 고유의 활동을 하는 존재이다.

넷째, 서구 번역본에서는 'psychē'를 'mind'가 아니라 'soul'로 번역하는 것이 상례인데,[2] 이는 어떻게 설명할 것인가? 대략 세 요인을 지적할 수 있다. 첫 번째 요인은, 서구에서는 중세 1000년 동안 기독교적 사유

---

2 프랑스어역 'l'âme', 독일어역 'Geist'. 번역자는 모리스 크루아제Maurice Croiset(1920), 오토 아펠트Otto Apelt(1919-1920), 프리드리히 슐라이어마허Friedrich E. D. Schleiermacher 등이다.

가 지배했으며, 이런 기독교적 사유의 영향으로 'body'에 대비되는 인간의 구성 요소가 'soul'로 간주되어왔음은 앞서 언급한 바 있다. 이런 전통의 영향으로 'soul'이라는 어휘는 서구인들에게는 자연스레 사용되고 수용되어왔다. 이런 언어 문화에서는 'body'에 대비되는 인간의 요소가 'soul'이라는 입장이 자연스러울 수 있다. 그러나 중세의 영향을 벗어나고 근세에 이르러, 특히 데카르트가 심신을 사유 실체와 연장 실체로 구분한 이후에 대체적으로 'soul' 대신 'mind'라는 어휘가 사용되기 시작한 것으로 추정된다. 이후 현대의 철학적 문맥에서 'body'와 대비되는 인간의 요소는 'mind'라는 입장이 주류적인 것이다. 근세 이후 철학에서 인간에 관한 가장 중요한 문제는 'soul-body' 간의 관계가 아니라, 'mind-body' 간의 관계이다. 즉 서구에서도 'body'의 대비항은 'mind'이다.

두 번째 요인은 'psychē'의 실체성과 관련된 것이다. 영어적 문맥에서 'soul'은 특정한 실체적 존재로 여겨지는 것에 비해, 'mind'는 어떤 기능이나 현상 또는 활동을 함의하는 것으로 여겨지는 경향이 있다. 불멸적인 것은 실체적인 존재인 'soul'이지 기능이나 현상으로서의 'mind'가 아니라고 판단하여 자연스레 'soul'로 번역하는 것일 수 있다. 하지만 『파이돈』 85e 이하의 하르모니아Harmonia의 비유 등에서 보는 바와 같이 'psychē'는 인간의 어떤 현상으로, 신체적인 것과 분리되기는 하나, 신체 전체에 확산되어 있는 현상으로 기술되어 있다. 호메로스 시대에 'psychē'는 몸 전체에 퍼져 있는 생기, 생명의 기운이나 입자와 같은 것이었다.

세 번째 요인은 두 번째 요인과 긴밀히 연관되어 있는 것인데, 플라톤에게서 'psychē'는 정신적인 주체일 뿐 아니라 생명의 원리이다. 현대 한국어의 '정신'이나 영어의 'mind'는 생명성의 어의를 지니지 않는다. 그런 점에서 'psychē'를 '정신'으로 번역하는 것은 좁은 번역일 수 있다. 그러나 이는 'soul'로 번역하는 경우에도 마찬가지이다. 근대 서구의

'soul'은 고대 그리스의 'psychē'와 달리 생명의 원리라는 의미를 지니기보다는 오히려 종교성, 영성, 신성성을 함의하기 때문에 생명성의 의미를 담아내기에는 '정신'보다 더 협소한 개념이다. 이와 같은 이유에서 본 번역에서는 'psychē'를 '정신'으로 번역한다. 이 번역어 역시 미흡한 점이 없지 않으나, '영혼'이라는 번역어보다는 원의를 가깝게 전달한다는 것이 필자의 판단이다.

『파이돈』의 주제는 바로 '정신'이나 '정신 존재', 죽음에 대한 철학자의 태도, 신체와 정신 혹은 신체와 정신 존재의 관계, 신체 소멸 후 정신 존재의 사후 불멸성, 정신의 사후 생애 등이다. 중심적인 주제는 정신의 신체로부터의 독립성, 그리고 정신의 불멸성으로, 이에 대한 4개의 논변이 대화를 구성하고 있다. 플라톤은 『파이돈』만이 아니라 여러 다른 대화록, 즉 『국가』, 『파이드로스』, 『향연』 등에서 'psychē'에 관해 논하고 있다. 이들에서도 역시 그의 관심사는 종교적 대상이거나 비일상적 주제가 아니라 우리가 일상의 삶에서 관찰·목도하는 인간의 보다 중요한 측면, 신체적 활동과 대척점에 있는 정신적 활동이라는 비근한 주제이다.

『파이돈』과 『향연』

『파이돈』은 소크라테스의 삶의 마지막 날과 죽음이 배경이 되는데, 이미 언급한 소크라테스의 재판 4부작의 하나를 이루는 것으로 평가되어왔다. 그러나 영혼에 관한 교설 내용으로 봤을 때, 『파이돈』은 오히려 이 대화록의 저술 직전에 저술된 대화록 『향연』과 긴밀한 연관성을 맺고 있다. 저술의 시기로 보아서도 서로 가깝다(Guthrie, 1962: 365; Ross, 1951). 『파이돈』은 『향연』[3]과 삶과 죽음에 관해 대조적이며 상보적인 2부작을 이룬다.

두 대화록은 시간, 장소, 분위기, 스타일, 등장인물, 나아가 주제와 제시되는 삶의 방식 등에서 짝을 이룬다. 『향연』은 고대 그리스의 비극 작가 아가톤의 수상을 축하하기 위해 열렸던 연회를 배경으로 하고 있으며, 저녁부터 새벽까지 대화가 이루어지면서 떠들썩하고 즐거우며 코믹하고 에로틱한 향연의 자리를 묘사하고 있다. 이 대화록은 문학적인 스타일을 입고 있으며, 등장인물들도 아가톤, 아리스토파네스 등의 문학가들이거나 아폴로도로스Apollodoros, 알키비아데스Alkibiades 등의 젊은이들이다. 공식적인 주제는 삶과 정신의 원리로서의 에로스로서, 에로스를 삶의 원리로 하여 삶의 이상이 실현될 수 있다는 논제가 설파된다. 주제에 걸맞게 대화는 다양한 화자가 등장하여 역동적으로 전개되는데, 이를 통해 플라톤은 자신의 문학적인 능력을 충분히 과시하고 있다. 삶의 이상은 에로스를 추동력으로 하여 단계적으로 상승해가면서 아름다움의 이데아를 인식하는 것이다. 『파이돈』에서 삶의 이상이 인식적이고 도덕적인 것에 비해, 여기서는 예술을 포함하여 삶의 다양한 활동에 의미를 부여하는 방향에서 삶의 목표가 설정된다. 대화가 깊은 밤까지 진행된 후 드디어 향연이 종료되고 모두가 깊은 잠으로 빠져 들어간다. 이어 새벽이 되면서 새날을 맞게 되고 소크라테스가 신들에게 기도를 드리러 가면서 대화록은 끝을 맺는다.

『파이돈』은 우선 시간과 공간에서 『향연』과 대조적이다. 이 대화록의 시공은 소크라테스가 독배를 마시는 날의 새벽에서 저녁까지 그가 갇혀 있는 감옥이다. 철학자가 삶의 최후, 죽음을 마주하는 자리로서 슬

---

3 '향연'으로 번역되는 대화록의 원제는 'Symposion'으로, 이는 직역하면 '함께 마시는 자리'이며, 당시 그리스에서 'Gymnasion(육체적 훈련소)'에서의 모임과 함께 그리스 시민들의 사교적·문화적인 모임이었다. 함께 식사와 음주를 하면서 교제하고 대화·토론을 하는 자리이다. 원의에 가깝게 번역하면 '주연'이나 '회식' 정도일 것이나, 관례적인 번역을 따른다.

프고 엄숙하며 비극적일 수 있는 분위기이다. 대화의 장소도 흥겨운 주연의 자리와 상반되는 어두침침한 감옥이다. 소크라테스는 이런 자리에서 논리적이고 이성적인 논변으로 미지의 죽음을 해명하려 하고 있다. 대화의 주된 참여자들은 비의적이고 폐쇄적인 학단을 이루고 있던 피타고라스학파의 철학자들이다. 삶의 중심이자 주체라 할 수 있는 정신이 불멸성을 통해 신체의 소멸 이후에도 존속할 수 있는지의 여부가 대화의 주제이다. 생명의 약동을 느끼게 하는 에로스와 대조적으로, 이성에 의해 형상들을 정관함(프로네시스)이 삶의 이상으로 제시되고 있다. 인간의 정신은 인간이 살아 있는 동안 신체의 감옥에 갇혀 있는바, 정신의 이상은 그런 감옥에서 벗어나는 것이며 그런 점에서 정신의 수양을 목표로 하는 철학 활동은 죽음에의 연습이라고 소크라테스는 설파한다. 우리는 이성과 논리를 통해 죽음을 극복해야 한다는 것이다. 정신의 불멸성을 입증하려는 네 갈래의 논변을 개진한 후, 드디어 저녁이 되어 소크라테스는 독배를 마시고 죽음이라는 깊은 잠으로 빠져 들어간다. 그리고 그와 함께 대화록은 끝을 맺는다.

우리는 두 대화록을 다음과 같이 대조할 수 있다. 『향연』이 삶, 삶과 정신의 원리, 젊음, 현존적 삶에서 정신의 역동성, 불완전성, 감성과 아름다움, 아름다움을 지향하는 정신의 활동, 생동적인 에로스와 밝은 낮의 윤리학이라 한다면, 『파이돈』은 죽음, 죽음과 이성의 의미, 정신의 해방과 논리적 정태성, 완전성, 논리성과 이성, 자체적인 진상들의 인식, 지적 정관(프로네시스)과 차분한 밤의 윤리학이다. 전자는 신체와 정신의 조화를, 후자는 정신의 신체로부터의 해방을 역설하고 있다.

『파이돈』의 내용

이 절에서는 정신불멸론 논증들을 중심으로 『파이돈』의 내용을 간략히 검토한다. 플라톤은 소크라테스의 죽음 이후 아테네인들에 대한 실망감으로 아테네를 떠나 오랫동안 지중해 세계를 여행한다. 10여년의 방랑 끝에 그는 아테네로 돌아와 기원전 388년경 아테네 인근 아카데메이아에 학교를 설립하게 되는데, 이 대화록의 저술 시기는 대략 이 직후로 추정된다. 소크라테스의 영향에서 벗어나 서서히 자신의 철학적 입장을 확립하기 시작하는 시기로, 중기의 초반에 해당된다.

본 대화록은 격자 소설의 구조를 지니고 있다. 외곽 대화와 그 속에서 전개되는 본격적인 대화로 구성된다. 에케크라테스는 필리우스Phlius에 있는 피타고라스학파의 회합 장소에서 파이돈을 만나, 그에게 소크라테스의 마지막 날의 장면을 이야기해달라고 요청한다. 전자는 외곽 대화를, 후자는 내부의 주된 대화를 구성한다. 후자의 주 대화자는 소크라테스, 그리고 피타고라스학파의 일원인 심미아스와 케베스이다.

소크라테스가 세상을 떠나는 날, 그의 동료 제자들은 그와 마지막 날을 함께하기 위해 면회를 온다. 이 자리에서 소크라테스는 동료 제자들에게 진정 지혜를 사랑하는 자라면 자신을 따라 빨리 죽음을 준비하라고 권유함으로써 대화의 단초를 잡는다. 죽음이란 정신이 신체를 떠나는, 또는 신체의 질곡으로부터 해방되는 계기이며, 이런 계기를 통해 인간의 정신은 실재자들을 정관할 수 있는 기회를 얻게 된다는 것이다. 지혜란 정신이 신체의 방해와 질곡으로부터 해방됨으로써, 현생에서 자신을 오염시키고 있는 신체적이고 물질적인 요소들을 최대한 정화함으로써 얻어질 수 있다. 철학이란 지혜에 대한 사랑이라 할진대, 철학은 신체적이고 물질적인 것을 정화시키려는 노력, 그런 것의 구속으로부터 해방되려는 노력이다. 죽음이란 정신이 신체의 구속을 벗어나는 것이라 한다면 철학이란 죽음에의 연습, 정신을 신체로부터 해방시키려는 노력이라 할 수 있다.

우리가 철학을 한다는 것은 정화에의 노력을 하는 것, 죽음에의 연습을 하는 것이다. 이런 이유에서 그는 독배를 마시고 죽음을 맞게 되었음에도 죽음을 두려워하기보다는 오히려 어떤 기대를 품고 있다고 고백한다. 정신이 신체로부터 해방되어 실재를 정관할 수 있게 되며, 먼저 간 훌륭한 자들이나 신들을 만나리라는 희망을 가질 수 있다는 것이다. 소크라테스는 자신이 주위 친구들이나 제자들에게 자신의 죽음을 슬퍼하지 말라 당부하고, 심지어 죽음까지 권유하는 동기는 바로 이런 믿음 때문이라고 설명한다.

흔히 서양철학에서 심신 관계의 배타적 이분법은 데카르트의 '사유 실체/연장 실체'의 구분에 기초한다고 알려져 있다. 이 구분의 원형은 바로 이 『파이돈』에 있다. 단 후자에서는 정신이 공간성 등 물체에 특유한 특성을 완전히 털어내지 못하고 있기에, 이런 점에서 플라톤의 정신은 신체와 완전히 배타적이며 이질적인 것으로 개념화되어 있는 것은 아니라는 차이는 있다. 그럼에도 『파이돈』에서는 이미 정신이 인식이나 윤리의 주체로 인지되어 있다. 정신이 신체를 떠난 후에도 홀로 존재하고 자신의 고유 능력을 발휘하여 실재를 인식할 수 있다면, 그것은 진정 실체적인 존재이다. 이런 점에서 플라톤의 『파이돈』은 데카르트의 사유실체로서의 정신의 개념을 선취하고 있다.

서구의 윤리학은 전반적으로 동아시아, 특히 유가적 윤리학에 비해 정신주의적이라고 특징지을 수 있다. 유가에서는 정신 독립의 개념이 없으며, 정신 자체의 본성에 대해 무관심하다. 윤리의 중심은 예禮 또는 바른 몸가짐이다. 서구 윤리학에서 좋은 삶을 규정하는 기본적인 원리는 정신에 의한 신체의 통어, 이성에 의한 감정의 통제이다. 서구 윤리학사에서 쾌락이나 이기심을 행동 원리로 하는 윤리학(공리주의, 쾌락주의, 합리적 이기주의)이 없는 것은 아니나, 이는 대체로 비주류라 할 수 있다. 서구의 정신주의 윤리학은 칸트의 선의지, 정언명령 등의 개념에서 절정을 이루며, 기독교의 금욕주의에 철학적 기초를 제공한다. 정신주의나 금욕주의 역시 『파이돈』에서 그 맹아를 찾을 수 있다. 이런 내용 때문에 중세 기독교 지배 시대 유럽에서 가장 많이 읽혔던 플라톤의 저서는 『파이돈』이었다.

서양철학적 사유의 또 다른 특징은 자체성이라는 개념이다. 진리 그 자체, 실재 그 자체와 같은 개념은 서양철학에서 다양하게 변주되며 다시 나타난다. 순수 직관, 정관, 물物 자체, 선善 자체, 존재 자체, 진리 자체, 본질, 인격의 절대성, 목적 그 자체, 진면목 등이 그것이다. 아마도 자체성이라는 개념을 철학적 문맥에서 처음 중심적인 규정으로 사용한 것은 플라톤일 것이다. 그는 타자와의 관계 속에서 그에 의존하여 존재하는 경험계의 사물들에 대비하여, 정신에 의해 직관·정관될 수 있는 것으로서 실재 그 자체, 형상 그 자체라는 것이 있다고 상정한다. 이는 그의 존재론의 주축을 이룬다. 서구의 존재론과 인식론은 자체적인 것의 존재에 대한 믿음을 기반으로 한다. 궁극적인 자체성을 탐구하는 것, 이것이 철학의 핵심 과제이다. 순수 정관, 정신의 자립, 실체, 본질, 본질과 우연의 구분, 신체로부터 정신의 독립 존재 등은 이런 자체성의 개념과 밀접하게 연관되어 있다.

정신의 해방, 죽음에의 연습, 신체적인 것의 정화란 구체적으로 무엇을 말하는가? 철학적 노력의 중심에 있는 것은 로고스, 이성 또는 논변, 더 포괄적으로 언어에 대한 신뢰이다. 철학적 이상은 쉽사리 성취될 수 있는 것이 아니다. 소크라테스는 평생 철학적 삶을 살았지만, 그가 얻은 것은 어떤 적극적인 지혜라기보다는 인간의 지적 유한성에 대한 자각, 즉 '무지의 지'였다. 이런 유한성을 절감할 때 인간은 정신의 능력이나 논변에 대한 불신과 혐오에 이를 수 있다. 플라톤은 로고스 혐오증을 비판함으로써 철학적 과업이 지난함에도 불구하고 우리가 정신의 핵심 능력에 대한 신뢰를 잊지 말 것을 당부하며, 나아가 구체적으로 로고스가 어떻게 우리를 구원할 수 있는지, 정신을 자유롭게 할 수 있는지 보이고자 한다.

정신이 신체로부터 자유롭게 되기 위해서는, 또 죽음에의 연습이 의미 있는 것이 되기 위해서는 신체가 죽음을 맞더라도 정신 또는 영혼은 소멸되지 않아야 한다. 죽음과 함께 정신이 안개처럼 무산되어 사라져 버린다면 정신의 정화나 해방이란 무의미한 목표가 될 것이고, 그를 위한 철학적 노력은 헛수고가 되어버리고 말 것이다. 이런 우려를 불식시키기 위해 플라톤 또는 소크라테스는 정신불멸 논증에 들어선다. 우리는 로고스를 혐오해서는 안 된다. 나아가 로고스는 해방적 권능을 발휘하는 인간의 능력이기에, 우리는 죽음의 두려움을 마주하여 적극적으로 로고스의 도움을 요청해야 한다. 그는 로고스를 통해 정신의 불멸성을 논증하려 할 뿐 아니라, 그의 로고스적 방법을 자연철학자들의 기계론적 방법이나 직접 경험의 방법보다 우월한 진리 발견의 방법이라 자평하고 있다. 그의 형상론은 이 언어적 또는 개념적 방법의 일환이라 할 수 있다.

정신불멸에 관한 첫 번째 논증은 오르페우스Orpheus적인 순환론에 의거한 논증이다. 이 논증에서 주목하는 것은 만물의 순환과 재생에 관한 관찰이다. 인간사나 자연사를 살펴보면, 사라지는 것이 있는가 하면 새로이 생겨나는 것들이 있다. 천체는 순환하고 계절은 매해 사계절을 반복한다. 죽은 것이 있는가 하면 새로운 생명체들이 생겨나기도 한다. 새로운 것, 생명을 지닌 것들은 허무에서 우연히 솟아나는 것은 아닐 것이다. 이들은 어떤 원리에 따라 생겨난다. 오르페우스교Orphism는 이를 설명하기 위한 이론으로 반대자가 반대자들로부터 생성된다는 원리를 제안한다. 차가운 것은 뜨거운 것에서, 뜨거운 것은 차가운 것에서 생겨난다. 그리고 죽은 자들로부터 산 자들이 태어나는 것이다. 프시케는 인간만이 아니라, 모든 살아 있는 것들의 생명 원리라 할 수 있다. 그런데 프시케는 생명체가 죽으면 완전히 소멸하는 것이 아니라 하데스Hades나 명계冥界 등에 잠시 머물러 있다가 새로운 신체를 입고 다시 생명체로 태어나는 윤회의 과정을 반복한다는 것이다. 이런 윤회의 원리는 다음과 같은 논리에 의해 지지된다. 생명체가 죽을 때 그와 함께 프시케도 소멸한다면 새로운 생명은 매번 새로이 창조되어야 하거나, 아니면 언젠가 자연의 세계는 모두 죽음의 적막 속으로 빠져들 수밖에 없을 것이다. 그러므로 프시케는 신체를 떠난 후 어디엔가 살아남아 있어야 할 것이다.[4]

정신의 불멸성에 대한 두 번째 논증은 인간 정신의 특성에 대한 관찰에 기초하고 있다. 우리는 주위의 사물들을 감각적으로 지각하고서, 이를 이리저리 기술한다. 가령 어떤 아름다운 여인을 보고서 그녀의 아름다움을 찬탄하지만, 또 다른 미인이 등장하면 두 여인을 비교하며 '후자가 더 아름답다, 그러나 완전한 아름다움의 화신은 아니다'라고 비교·평가한다. 두 막대의 길이를 비교하여 그 둘의 길이가 비슷하다고 하면서, 다른 한편으로는 그러나 완전히 같은 것은 아니라고 평가한다. 이런 일상적인 비교·평가는 우리의 정신에 관해 중요한 사실을 드러낸다고 플라톤은 통찰한다. 우리는 비교·평가의 과정에서 아름다움이나 같음의 기준 또는 완전한 전형에 대한 인식을 전제하고 있다는 것이다. 그런데 이 기준 또는 완전한 전형 자체에 대한 지식은 감각적 경험을 통해 얻어진 것이 아니다. 특정 여인의 아름다움이나 막대의 길이는 감각적 경험이나 그에 준하는 것에 의해 지각된다. 그것의 인식 근거는 감각 경험이다. 그러나 아름다움이나 같음의 기준 또는 완전한 전형에 대한 인식은

4 여기서 확인할 수 있듯이, 당시의 'psychē'는 '정신성+생명 원리'의 의미를 지니는 어휘이다. 이런 점에서 이 어휘를 '정신'으로 번역하는 것은 미흡한 점이 있으나, 이는 '영혼'이라고 번역해도 마찬가지이다.

이와 달리 감각 경험에서 얻어지는 것이 아니다. 감각적 경험 대상이 되는 모든 것의 아름다움이나 같음 등은 불완전하기 때문이다. 그렇다면 플라톤의 추론은 그것, 같음 그 자체, 같음의 전형, 완전한 같음에 대한 인식은 정신이 신체의 옷을 입기 이전에 어디에선가 획득했다가 다시 상기하는 것이라 해야 한다는 것, 그리고 그런 생전의 인식이 가능하기 위해서는 정신이 신체에 들어오기 전에도 살아 있어야 한다는 것이다.

인간 정신의 선험성에 대한 통찰은 『메논』이나 『파이드로스』편에서 거듭 언급·강조된다. 전자에서는 수학을 전혀 모르는 시종 사동을 대상으로 적절한 질문을 던져 그의 정신을 자극·촉발함으로써 수학적인 명제를 자각케 하여 수학적 지식의 선험성을 입증하려 하고 있다. 대화는 인간의 정신을 자극하여 철학적 지혜에 대한 관심을 촉발하고, 보편자나 의미의 존재를 인지하게 하며, 나아가 이성을 발전시킨다. 이런 점에서 대화란 감각적 경험과 독립적으로 이루어지는 탐구의 방법이며, 이는 뒤에서 논의하는 언어나 개념을 통한 방법의 터전이다. 정신의 선험성에 대한 통찰은 근대에 와서는 데카르트의 본유 관념, 칸트의 선험적 범주라는 개념으로 보다 체계적으로 자리 잡게 된다.

세 번째 논증은 정신의 형상과의 유사성, 그리고 신체에 대한 우위성에 근거한 논증이다. 우리는 존재하는 것들을 비복합적인 것과 복합적인 것으로 구분할 수 있는데, 변화하고 소멸하는 것은 후자의 것들이다. 복합체를 구성하는 요소들이 변화함에 따라 이들을 부분으로 하는 복합체도 변화하고 소멸할 것이기 때문이다. 우리가 감각으로 경험하는 주변의 사물들은 생성하고 소멸하는 것들이다. 우리는 이를 경험적으로 확인할 수 있다. 이에 비해 이들에 속성을 부여하면서 반복적으로 여러 곳에 등장하는 자체적인 것들, 빨강 자체, 같음 자체, 아름다움 자체 등은 불변하며 비복합적인 것들이다. 아름다운 꽃, 아름다운 여인, 아름다운 산하 등은 언젠가는 시들고 늙어가고 파괴될 수 있지만, 아름다움 자체는 변화하지 않는다고 말할 수 있다. 그러하기에 오랜 시간을 두고 다수의 것들에 출현할 수 있는 것이다. 전자의 경험적인 것은 감각에 의해 지각되는 것이나, 후자의 자체적인 것은 정신의 사념적 활동에 의해 인식되는 것이다.

우리는 흔히 보이는 것, 감각되는 것들만이 존재한다고 믿는다. 그러나 정신은 보이지 않을지언정 그 존재만은 부정하지 않는다. 그것의 기능, 능력, 활동을 항시 체험하기 때문이다. 희로애락의 정서, 사유의 활동, 말하고 듣고 이해하기 등은 보이지 않는 정신이 없이는 불가능한 일들이다. 나아가 그 보이지 않는 정신은 보이는 신체나 물체보다 중요하며 우위의 존재라고 믿는다. 한편 우리는 살아가면서 정신적 활동을 하며 신체나 감각의 영향을 받는 경우가 많은데, 이때 정신의 활동은 부정적인 영향을 받는다. 감각적인 유혹을 받고, 정서적 동요로 지적 확신이 흔들리기 일쑤이며, 신체로 인하여 몽매의 상태에서 헤매는 경우가 많다. 그러나 우리가 지적 훈련과 도야를 통해 정신이 자신의 순수한 상태에 머물러 사유할 때, 가령 수학적 계산 혹은 증명을 하거나 천체의 질서를 관조하거나 종교적 명상에 잠길 때와 같은 경우, 정신은 명징하고 확실하며 안정적인 인식을 얻을 수 있다. 그런 상태를 지적 정관(프로네시스)이라 부른다. 이는 말하자면 정신이 신체적인 것의 오염을 씻어내어 정화되어 있는 상태이다. 이는 자체적인 형상이 홀로 있는 상태와 유사한 상태이다.

이런 사실들에 비추어볼 때, 정신은 자체적인 것들 또는 형상과 유사한 방식으로 존재한다. 자체적인 것들은 신적이고, 단일하며, 분해되지 않고, 항상 자기동일성을 유지하고 있다. 우리는 이런 것들을 형상이라 부를 수 있다. 정신은 이런 것들과 유사한 존재 방식을 지니고 있다. 이에 비해 신체는 인간적이며, 복합적이고, 분해될 수 있고, 변화의 과정 속에 있는 바의 주위 경험적인 것들과 유사하다.

여기에서 플라톤이 지적하려는 바는, 인간의 정신이란 보이지 않음에도 존재하되 신체와는 다른 방식으로 존재하고, 나아가 보이는 신체에 대한 우위에서 그를 통어한다는 사실이다. 정신적 사유는 감각들이 지각하는 부류의 것들과는 다른 자체적인 것을 사념 대상으로 한다. 이런 점에서 신체 독립적인 존재일 수 있다는 것이다. 그렇다고 한다면 정신은 신체와는 다른 차원이나 질서에 속해야 하며, 전자와는 달리 불가분적이고 불멸적일 가능성이 있지 않겠느냐는 것이다.

심신 관계의 문제는 서양철학사의 가장 중심적인 문제들 중의 하나이다. 이는 데카르트의 이원론으로 이어지며, 칸트에서 마음의 선험성 논제로 계승된다. 현대에 들어서는 경험주의적인 자연과학의 발전과 함께 정신이 물리적인 요소들로 환원될 수 있다는 심신일원론이나 심신동일론 등이 한때 세력을 얻었으나, 현재는 마음이나 의식이란 여전히 물리적인 요소로 환원·해명되기 어렵다는 주장이 대세로 들어서고 있다.

세 번째 논증의 핵심은 정신의 비물질성이나 초자연성에 대한 믿음이다. 이 논증은 두 번째 논증과 중요한 공통점을 공유하는데, 양자 모두 정신이 추상적인 개념, 보편자, 비가시적인 존재자, 형상과 관계한다는 사실을 기초로 한다. 두 번째 논증은 정신이 감각적 지각과는 별개로 이런 보편자를 사념·인식하고 있다는 사실에 주목하여 이루어지는 데 비해, 세 번째 논증은 정신이 이들과 유사한 존재, 자체적이며 비가시적·신적·비물질적이라는 사실을 전제로 정신불멸론을 추론한다. 양자 모두 인간이 정신을 통해 자연계나 경험계와는 다른 질서를 접한다는 사실에 대한 통찰에 기초한다.

이상 정신의 불멸성에 대한 세 편의 논증이 제시되자 소크라테스의 주 대화자인 심미아스와 케베스는 이들에 대한 비판을 개진한다. 이에 소크라테스는 이들의 논박을 진지하게 수용·대응하는 한편으로, 자신의 증명이 불충분함을 인정하면서 이전과는 다른 방법론에 의거한 마지막 논증을 제안한다.

우선 두 피타고라스학도의 비판을 잠시 살펴보자. 심미아스는 제3논증의 전제, 즉 정신이 신적이며, 비물질적이고, 대단히 아름다운 존재임을 인정한다 하더라도 그것이 소멸될 수 있다고 비판한다. 정신은 수금 악기(리라)의 현들이 조정된 상태에서 결과하는 조율상태에 비유할 수 있다. 조율상태를 산출하는 수금 자체는 물질이며, 복합체이고, 당연히 소멸되는 것이다. 이것이 산출해내는 조율상태와 그 화음은 그지없이 아름답지만, 그럼에도 불구하고 악기가 깨어지고 현이 끊어진 이후에도 그 조화상태가 영속되는 것은 아니다. 인간의 정신이란 육체를 구성하는 건습냉온의 요소들이 조율상태를 이루어 생겨난 것이라 할 수 있으며, 그렇다고 한다면 정신도 신체의 죽음과 함께 소멸할 것이다.

케베스는 제2 논증의 타당성을 인정하면서 정신의 생전 존재를 수용하며, 정신이 신체보다 강하고 오래 존속할 수 있다고 동의한다. 그러나 신체와 정신의 관계는 옷과 직조공의 관계에 비유할 수 있다. 직조공은 옷을 직조하여 입고 해어트리며, 새로운 옷을 다시 만들어 입고 해어트리는 등의 행위를 반복하다가 언젠가는 죽을 것이다. 그는 자신이 입었던 많은 옷들보다는 오래 살아남지만, 마지막 옷보다는 먼저 소멸할 것이다. 그러나 우리는 그가 자신의 마지막 옷보다 먼저 사라진다고 해서 그가 옷보다 약하며 생존 기간이 짧다고 주장하지는 않는다. 다른 한편으로, 그렇다고 해서 그가 모든 옷보다 오래 존속하리라, 영원히 존재하리라는 식의 추론 역시 할 수 없다. 정신은 직조공과 같은 존재로서, 그 수많은 옷을 직조하여 입고 살아가는 과정에서 수고로움에 지쳐 언젠가는 소멸할 것이다. 즉 심미아스의 주장은 정신은 신체의 부수 현상에 불과하다는 것이며, 케베스의 비판은 정신이란 신체보다 우월할 수는 있으나 그런 우월성이 불멸성을 보장해주는 것은 아니라는 것이다.

소크라테스는 이들 비판이 예리함을 인정하면서도 그에 대응하기 위해 대략 세 가지 반론을 제시한다. 첫째, 상기설을 수용한다면 정신은 생전에 신체와는 독립적으로 존재했어야 한다. 그런데 조율상태론은 정신이 신체 현상에 부수적이라는 것이기에 정신독립론을 부정한다. 상기론과 조율상태론은 공존할 수 없음을 지적하자 심미아스는 자신의 조율상태론을 철회한다. 둘째, 정신의 선함이란 조율상태로, 정신의 악함은 조율되지 않은 상태라 해야 할 것이다. 그런데 정신은 항상 정신이고, 정신이 조율상태라 한다면 정신은 좋건 나쁘건 조율상태에 있다 해야 할 것이니 항상 선한 것이고, 그렇다면 나쁨이나 악의 현상을 설명할 길이 없게 된다. 셋째, 정신이 육체의 부수 현상이라 한다면 전자는 후자에 종속적이고 수동적일 것이기에 육체의 욕망을 통어할 수 없을 것이다. 그런데 우리가 체험하는 바는 그와 반대이다.

이런 반론에도 불구하고 소크라테스는 자신의 논증이 불완전함을 시인하고 새로운 방법론을 제시하면서 마지막 논증에 진입한다. 이 과정에서 소크라테스는 자신의 지적 자서전을, 지적 편력 과정을 기술한다. 이 기술이 역사적인 것인지, 즉 소크라테스 자신의 지적 과정인지 플라톤의 것인지는 불확실하다. 이 탐구 과정이 형상론으로 이어진다는 점을 고려하면 후자인 듯하나, 자연철학자들과의 관계, 그리고 이들과는 다른 방법을 취했다는 점은 소크라테스의 지적 과정의 일부라 볼 수 있는 측면도 있다. 소크라테스와 플라톤이 긴밀한 사제 관계에 있었다는 점이나 플라톤이 10년 이상 소크라테스의 제자로 그를 추종했다는 점을 고려한다면 양자를 완전히 분리하기는 어려운 점도 있다. 아마도 양자의 지적 경험이 혼재되어 있다고 보는 것이 무리 없는 해석일 것이다.

소크라테스는 젊은 시절 만물의 존재 방식, 생성·소멸의 이유에 관심을 갖고 자연철학자들의 이론에서 그 해답을 구하려 했다. 그런데 이들은 중요한 혼동을 하고 있다고 비판한다. 여기서 플라톤은 매우 흥미 있는 지적을 하며 특별한 구분을 하고 있다. 두 사람 A와 B를 비교하면서 전자가 머리 하나만큼 더 크다 할 때 그 'aitia(이유, 원인, 소이연, 까닭)'는 무엇인가? 자연철학적 관점에서는 A가 큰 이유가 머리 때문이라는 것인데, 이런 식으로라면 B가 작은 이유 역시 머리 때문이라는 식의 답변을 해야 할 것이다. 그런데 이는 모순이다. 동일한 것이 큼과 작음의 원인이라는 주장을 함의하기 때문이다. 이런 식으로라면 사과 한 개를 잘라 두 쪽을 만들어낼 때 둘이 생기는 이유나 원인을 분할이라 답해야 할 것이다. 다른 한편으로 사과 하나에 또 하나를 더하면 사과 둘이 생기고, 이 경우에는 둘의 이유 또는 원인은 더함이라 해야 할 것이다. 동일한 한 사태의 원인이나 이유가 분할이 될 수도, 더함이 될 수도 있다는 주장이다. 소크라테스 또는 플라톤은 이런 모순 때문에 자연과학적 설명은 취할 수 없다고 결론 내린다.

새로운 원인론을 추구하던 중 그는 아낙사고라스의 저술을 접하게 된다. 여기서 아낙사고라스는 누스(정신, 지성)를 언급하고 있으며, 이런 개념에 매력을 느끼며 소크라테스는 아낙사고라스가 만상의 존재 이유 또는 원인으로 지성을 제시하리라 기대한다. 이런 기대는 실망으로 끝나고, 그래서 스스로 탐구 방법을 모색한다. 그는 사물 자체를 관찰하는 대신 진리로 가는 차선의 항해책으로 로고스를 통한 탐구 방식을 취하게 되었다고 고백한다.

로고스 탐구법은 가설을 상정해놓고 이와 부합하는 것을 진眞으로, 부합하지 않는 것을 허위로 놓음으로써 특정의 결론을 추론하는 개념적 방법이다. 구체적으로 우리가 아름다움 자체, 선함 자체, 큼 자체 등이 존재함을 상정할 수 있다면, 이로부터 정신의 불멸성, 더 일반적으로 만물의 생성·소멸의 원인이나 이유를 설명할 수 있다는 것이다. 우리는 주위의 수많은 아름다운 존재의 아름다움을 어떻게 설명할 수 있는가? 그들의 존재 이유 또는 원인은 무엇인가? 아름다움 자체가 존재한다고 상정해보자. 그러면 가장 안전하고 확실한 설명 방식은 '모든 아름다운 것의 존재 이유나 원인은 아름다움 자체'라고 언명하는 것이다. 이 자체적인 아름다움이 경험적인 아름다운 것들, 꽃들, 여인들, 자연 풍광 등에 현재하거나, 이 후자들이 전자를 분유하기 때문에 아름다움의 속성을 갖게 되었다고 논하는 것이다. 두 사람의 키를 비교하는 예에서 A가 B보다 큰 이유는 큼 자체를 분유하기에, B가 A보다 작은 이유는 작음 자체를 분유하기에 그렇다는 것이다.

플라톤의 이런 설명 방식은 논리적이고 비환원적인 설명법이라 할 수 있는데, 이는 성질, 감각질이나 심적 속성의 불가환원성을 핵심 원리로 하는 입장이다. 20세기 이후 자연과학이 발전함에 따라 감각질이나 의식 상태를 물리적인 원자, 입자, 방정식 등으로 환원하려는 시도나 입장이 지속적으로 제기되었지만, 철학자들 사이에서는 감각질이나 정신적인 속성들이란 물리적인 요소나 신경 상태 등으로 환원되지 않는다는 입장이 이전보다 더 세력을 얻어가고 있는 상황이다. 플라톤의 입장은 이런 두 이론, 환원론과 불가환원론 중 후자의 원형이다.

두 방법론의 차이를 비교한 후 소크라테스는 질적 방법론을 원용하여 정신의 불멸론을 위한 네 번째 논증을 개진한다. 여기서 기초가 되는 입장은 자체적인 것들, 형상들이 존재한다는 가정이다. 이에 더하여 그는 형상 자체는 아니나 형상을 본질적으로 지니고 있는 존재자의 개념을 도입한다. 형상은 자신에 반대되는 형상을 수용하지 않는다. 그런데 형상 자체만이 아니라 형상을 본성으로 지닌 존재자 역시 그 형상 자체에 반대되는 형상을 수용하지 않는다. 가령 눈은 차가움의 형상 자체는 아니나 차가움을 본질로 하는 고로 차가움에 반대되는 뜨거움의 형상을 수용하지 않는다. 불은 뜨거움 자체는 아니나 이를 본질로 하는 고로 뜨거움에 반대되는 차가움을 받아들이지 않는다. 그리고 그것이 다가오면 물러가거나 소멸하는 것이지, 차가움을 수용하여 불이면서 차가울 수 있는 사태를 허락하지는 않는다. 다른 예를 들면, 셋은 홀수 자체는 아니나 홀수를 본질로 하므로 홀수와 반대되는 짝수성을 수용하지 않는다. 그래서 3개의 사과가 3개라 불리면서 동시에 짝수의 사과들이라 규정되는 일은 있을 수 없는 것이다. 플라톤은 이런 논리를 정신불멸 논증을 위해 원용한다. 정신은 인간 생명 자체는 아니나 인간 생명의 원리나 본질이라 할 수 있다.[5] 그런 고로 생명에 반대되는 죽음을 수용하지 않는다. 생명이 죽음을 수용하지 않듯이 정신 역시 죽음을 수용하지 않는다. 즉 불멸적이다.

이렇게 정신의 불멸성에 대한 네 벌의 논증이 개진된 후 인간이 사는 지구(대지)의 구조, 정신의 내세에 관한 상당히 긴 내용의 신화가 소개된다. 이 신화는 지하에 흐르는 거대한 강들, 그리고 그 강을 따라 이동해 가는 정신의 내세 모습에 관한 것으로서 이 신화를 통해서 인간의 정신이 사후에 어떤 식의 역정을 걸어갈 것인지, 어떤 보상이나 징벌들이 기다리고 있는지가 이야기된다.

논증과 신화에 대한 소개가 끝나고 소크라테스는 제자와 동료들에게 마지막 하직 인사를 한다. 이어서 플라톤은 독배를 마시고 의연히 죽음을 맞이하는 소크라테스의 모습, 그가 남긴 마지막 말들을 전달한 후 다

---

5 여기서도 역시 'psychē'는 '생명 원리'라는 의미를 지니고 있다.

음과 같은 최상급의 평가로 대화록을 마무리한다. "이것이 마지막, 에케크라테스여, 우리 친구의 마지막입니다. 감히 말하건대 우리의 세대에서 만난 사람들 중에서 가장 훌륭하고 전반적으로 가장 현명하며 가장 정의로운 친구의 마지막이었습니다."

정신의 불멸성을 논하는 앞서의 논증들에 대한 플라톤 또는 소크라테스의 입장은 어떠한가? 이들은 논리적 설득력을 발휘하지만, 플라톤은 이들이 정신의 불멸성에 대한 확정적인 증명이라고 주장하지는 않는다. 그러나 정신의 존재, 신체의 사후 정신의 운명 등에 관심을 가진 사람이라 한다면 누구나 진지하게 고려해볼 만한 논변은 될 수 있다. 소크라테스는 억울한 재판으로 감옥에 갇혀 있고, 이제 죽음이 임박한 마지막 날을 맞고 있다. 그럼에도 논리적 변론을 개진할 수 있었다는 것은 소크라테스가 수인의 상태에서도 실은 자유로운 존재임을 알려준다. 인간의 삶이 종식되려는 절박한 순간에도 로고스는 우리 정신을 죽음에 대한 불안과 공포에서 해방시켜줄 수 있음을 소크라테스는 그의 논변들을 통해 보여주었다.

『파이돈』에서의 정신불멸론은 소크라테스가 제자들에게 베푼 최후의 만찬이다. 소크라테스가 선택한 만찬의 메뉴는 포도주와 빵 대신 로고스였으며, 이를 통해 그의 제자와 동료들은 어느 정도는 정신의 자유와 해방감을 누릴 수 있게 되었을 것이다. 어떤 의미에서는 이런 논증의 과정을 통해서 소크라테스의 프시케, 즉 그의 정신은 불멸성을 확보한 것이다. 그의 대화는 2500년 후 여전히 우리에게도 읽혀지며 우리를 감동시키고, 정신의 비상을 시도하도록 고취하고 있기 때문이다.[6]

---

6 본서의 1부에서의 해제는 주로 『파이돈』이 저술된 당시의 담론 환경의 성격, 고대 그리스어의 특징이 서양철학적 사유에 미친 영향에 관한 것이다. 『파이돈』의 핵심 주제인 'psychē'에 관한 철학적 논의는 남경희(2016: 5장) 참조.

2. 『파이돈』 개요 및 인물 · 배경 소개

내용 개요[1]

1. 도입 대화: 57a–59c
2. 시인으로서의 소크라테스, 자살의 문제점: 59c–62c
3. 죽음에 대한 철학자의 적극적 태도: 62c–64c
4. 신체에 대한 철학자의 부정적 태도: 64c–67b
5. 도덕적 덕목, 진정한 것, 가짜인 것: 67b–69e
6. 정신불멸론 제1논증/반대자들의 순환: 69e–72d
7. 정신불멸론 제2논증/상기론: 72e–77a
8. 두 논증의 결합 결과, 주술사로서의 소크라테스: 77a–78b
9. 정신불멸론 제3논증/정신과 형상의 친족성: 78b–80c
10. 정화되지 않은 정신의 사후: 80c–82d
11. 철학자의 전진과 백조의 노래: 82d–85b
12. 심미아스와 케베스의 비판: 85b–88b

---

1 대화록 개요의 분절은 Hackforth(1955)를 따랐으나 내용 기술은 다소 수정했다.

13. 로고스 혐오증에 대한 경고: 88c–91c

14. 심미아스의 정신이론 논박: 91c–95a

15. 소크라테스의 지적 자서전과 자연철학적 설명의 문제: 95a–99d

16. 정신불멸론 제4논증/가설의 방법과 형상론: 99d–102a

17. 반대자들의 상호 배척: 102a–105b

18. 제4논증의 마무리/정신의 불사성과 불멸성: 105b–107b

19. 사후 정신의 생애에 관한 신화: 107c–110b

20. 진정한 지구의 광휘와 지하계의 강들: 110b–112e

21. 신화의 사실 여부와 가치: 112e–115a

22. 소크라테스의 마지막 모습: 115b–118

대화록의 언어 문화적 배경

구술 시대에서 문자 시대로 이행해가는 시기, 또는 준구술 시대의 저술이다. 이에 대해서는 1부의 지성사적·언어철학적 해제에서 자세히 논했다.

저술의 형식과 구조

대화 속의 대화 형식, 즉 파이돈이 피타고라스학파의 근거지에서 그 학파의 일원인 에케크라테스에게 소크라테스가 마지막 날에 제자들과 나눈 정신불멸론에 관한 대화를 전하는 구조를 취하고 있는 이중 대화의 형식이다. 대화록에서 기술된 대로 플라톤이 아파서 참석하지 못했다 한다면, 그는 다른 이들로부터 스승의 마지막 날의 언행을 전해 들었을 것이다. 바로 이런 전언을 기록하는 한편으로 자신의 생각을 추가하면서 정신 또는 정신의 불멸성에 대한 자신의 생각을 개진하기 위해 이 대화록을 저술했다고 이해할 수 있다. 또한 피타고라스학파의 모임 장소와 인물을 무대 및 청자로 택한 것은 대화의 내용과 관계가 있는 것으로 해석된다.

등장인물

실질적 대화가 열린, 소크라테스의 마지막 죽음의 현장인 감옥에 있던 것으로 기술된 인물들은 역사적으로도 실제 배석했던 인물들로 추정된다.

- 에케크라테스Echecrates: 외곽 대화의 주요 인물로, 그가 파이돈에게 소크라테스의 최후에 대한 이야기를 요청하면서 본 대화가 시작된다. 피타고라스학파의 일원이다.
- 파이돈Phaedōn: 원래는 펠로폰네소스 반도 엘리스Elis 지방 출신의 전쟁 포로였는데, 소크라테스의 눈에 띄어 그에 의해 자유인이 되었다고 전해진다. 나중에는 엘리스에서 자신의 학교를 설립했다고 하며, 이 대화를 전하는 당시는 젊은이로 설정되어 있다. 본 대화록(89b5)에서 그가 머리를 아직 기르고 있다는 기술이 나온다. 소크라테스의 제자 중 한 사람이다.

본 대화록에서 외부 격자 대화의 등장인물은 파이돈과 에케크라테스 둘, 그리고 둘 사이의 대화를 조용히 경청하는 몇 사람이나, 내부의 주된 대화에서의 등장인물은 여럿이다. 파이돈 이외에도, 물론 소크라테스 그리고 아폴로도로스, 케베스, 심미아스, 크리톤, 11인의 시종(재판관의 명에 따라 사형을 집행하는 간수) 등이다. 대화록 내부의 실질적 등장인물들은 다음이다.

- 메넥세노스Menexenus: 소크라테스의 어린 아들.
- 심미아스Simmias: 이 대화록의 내부 대화록의 주된 대화자이다. 테베에 근거지를 둔 피타고라스학파 철학자 필롤라오스Philolaus의 제자이면서 소크라테스학파의 일원이다. 『크리톤』에서는 소크라테스의 탈출을 돕기 위해 테베로부터 자금을 가져온 것(45b3)으로 기술된다. 이를 고려할 때 소크라테스와 피타고라스학파 사이에는 깊은 유대 관계가 있는 것으로 보인다. 이들이 주된 화자라는 사실은 『파이돈』 전체의 철학적 분위기(정신론, 정화론 등)가 피타고라스 사상과 유사하다는 점과 연관된다.
- 아리스티포스Aristippus: 키레네인Kyrēnē으로, 그의 이론은 플라톤 대화록에서 자주 거론된다.
- 아폴로도로스Apollodoros: 소크라테스의 제자. 키니코스학파Cynics의 일원이며 『향연』에서 주된 화자의 역할을 수행한다.
- 안티스테네스Antisthenes: 키니코스학파의 설립자. 플라톤 대화록의 상당수가 그에 대한 비판을 담고 있다.
- 에우클레이데스Eucleides: 메가라학파Megarian school(엘레아학파Eleatics의 교설 지지)의 수장으로, 『테아이테토스』에서 언급된다.
- 케베스Cebes: 심미아스와 동일.
- 크리시포스Chrysippus: 『에우티데모스』에 그의 이름이 나온다.
- 크리토불로스Critobulus: 크리톤의 아들로, 아름다운 자태로 유명하다. 고대 그리스에서는 여인보다는 미소년의 아름다움을 더 중히 여겼다.
- 크리톤Criton: 소크라테스와 동년배로, 소크라테스에 헌신적인 친구이자 같은 구역민이다. 그의 이름으로 된 대화에서 그는 수감 중인 소크라테스를 방문해 그에게 탈출을 권한다.

- 크산티페Xanthippe: 소크라테스의 부인.
- 클레옴브로토스Cleombrotus: 『파이돈』을 읽은 후에 바다에 뛰어들어 자살했다는 일화가 전해진다.
- 테르프시온Terpsion: 메가라학파의 일원으로, 『테아이테토스』에서 언급된다.
- 파이돈Phaedōn: 이 대화록의 제목이 된 사람의 이름이자 외곽 대화의 주 화자로, 소크라테스의 죽음에 관한 이야기를 전하는 사람이다.
- 헤르모게네스Hermogenes: 소크라테스의 가까운 제자들 중 하나로 『크라틸로스』의 화자 중 하나이기도 하며 소피스트에 관심이 많은 사람이다.

그 밖에도 아이스키네스Aeschines, 에피게네스Epigenes가 등장한다. 플라톤Platon은 아파서 배석하지 못했다고 기술되어 있다.

대화의 장소

- 외곽 대화의 장소: 에케크라테스의 거주지인 플레이우스Phleious인데, 이는 펠로폰네소스 반도 북동쪽에 있는 도시로 피타고라스학파의 모임 장소이다.
- 주된 대화의 장소: 아테네에 있는 소크라테스의 감옥이다.[2]

2 현재 그리스 수도 아테네 아고라 근처에는 '소크라테스의 감옥'이라고 하는 곳이 있다. 이는 고증된 역사적 장소라기보다는 관광용일 가능성이 있다. 소크라테스의 최후 장면을 그린 것으로는 1787년에 제작된 프랑스 화가 자크 루이 다비드Jacques-Louis David의 그림이 유명하다. 이 그림에서는 플라톤이 참석한 것으로 묘사되어 있다.

대화의 시기

에케크라테스가 파이돈으로부터 소크라테스에 관한 이야기를 전해 듣는 시기는 소크라테스의 죽음으로부터 오래지 않은 시기이다. 그러나 대화록의 주요 배경이 되는 시간은 소크라테스 생애의 마지막 날, 즉 그가 독배를 마시고 죽는 날 새벽부터 저녁까지이다.

3.『파이돈』

[57a] **에케크라테스**: 파이돈, 당신은 자신이 소크라테스가 감옥에서 독배를 마시던 바로 그날 그의 곁에 있었나요, 아니면 다른 사람으로부터 그의 최후에 관해 전해 들었나요?

파이돈: 나 자신이 그 자리에 있었습니다, 에케크라테스여.

에케크라테스: 그러면 그가 죽기 전에 한 말들이 대체 무엇이었는지, 그리고 어떤 모습으로 죽었는지 궁금하군요. 그런 것들에 관해 기꺼이 듣고 싶습니다. 요즘엔 플레이우스 시민들 중 아테네를 방문하는 사람이 별로 없으며, 그 사태에 관해서 우리에게 믿을 만한 이야기를 전달해줄
[57b] 어떤 외지인도 오랫동안 이곳에 오지 않았거든요. 그가 독약을 마시고 죽었다는 사실 이외에는 말이지요. 그래서 그 이상의 다른 것들을 우리에게 말해줄 사람이 없었습니다.

[58a] **파이돈**: 그러면 당신들은 재판이 어떤 식으로 진행되었는지도 듣지 못했겠군요?

에케크라테스: 아니, 어떤 사람이 그 이야기는 전해주었지요. 우리는 소크라테스에 대한 재판은 오래전에 이루어졌지만, 상당한 시간이 지난 후에야 그에게 사형이 집행되었다는 사실에 대해 의아해하고 있습니다. 대체 그 이유는 무엇이었지요?

파이돈: 어떤 우연한 계기 때문이었습니다. 즉 재판 전날에 아테네인들이 델로스로 보낼 배의 선미에 왕관을 씌우는 의식을 거행하게 되었지요.

에케크라테스: 그 배가 어떤 배이기에 그랬습니까?

파이돈: 아테네인들이 전하는 바에 따르면, 그 배는 테세우스가 일곱 쌍의
[58b] 의 젊은 미혼 남녀를 데리고 크레타의 미궁으로 가서 그들을 구하고 자신도 탈출했다는 전설을 기념하는 배이지요.[1] 아테네인들은, 전하는 바

에 따르면, 그들이 구출되면 매년 사절단을 델로스에 보내겠노라고 그때 서언했다고 합니다. 그래서 그때부터 지금까지 매년 신에게 사절단을 보내고 있는 것이지요. 그런데 일단 사절단 파견의 의식이 시작되면 그 배가 델로스를 방문하고 다시 아테네로 되돌아올 때까지의 전 기간 동안 도시를 정화된 상태로 유지하면서 누구도 공적으로 죽이지 못하는 것이 그들의 법이랍니다. 하지만 가령 바람이 항해를 방해하거나 하는 경우에는 오랜 시간이 소요됩니다. 사절단 파견은 아폴론의 사제가 배의 고물에 장식관을 씌우는 그때 시작되는데, 이미 말한 바와 같이 이 의식은 소크라테스를 재판하기 바로 전날 개최되었답니다. 이런 이유로 해서 소크라테스는 재판에서 사형까지 오랜 시간 동안 감옥에 있게 되었던 것이지요. [58c]

에케크라테스: 파이돈, 그는 어떤 모습으로 죽음을 맞이했는지요? 어떤 이야기들이 오갔으며 어떤 일들이 일어났는지, 그리고 그의 가까운 친구들 중 누가 그 자리에 있었지요? 혹시 관리들이 임종을 허락하지 않아서 그가 친구들의 배석 없이 혼자서 죽은 것은 아닌가요?

파이돈: 전혀 그렇지 않습니다. 친구들이, 그것도 많은 친구들이 그의 곁에 있었지요. [58d]

에케크라테스: 그러면 그때 일어난 일들을 될 수 있으면 명확하게 우리에게 기꺼운 마음으로 전해주기 바랍니다, 만약 그대에게 바쁜 일만 없다면 말입니다.

---

1 신화에 따르면, 크레타의 왕 미노스Minos는 아테네인들에게 매년 7쌍의 젊은 미혼 남녀를 크레타의 미궁 안에 사는 미노타우로스Minotauros에게 공물로 바칠 것을 요구했다. 테세우스Theseus는 이 미로에 들어가 그 괴물을 살해했다고 한다.

파이돈: 나로서는 별로 바쁜 일도 없으니, 흔쾌히 당신들[2]에게 자세한 이야기를 전하겠습니다. 게다가 나로서는 소크라테스를 회상하며 나 스스로 그에 관해 이야기하거나 다른 사람으로부터 그에 대한 이야기를 듣는 것이 언제나 가장 기꺼운 일지요.

에케크라테스: 진정으로 여기 우리가 그대와 같은 심정으로 그 이야기를 귀담아 들을 것이라고 간주해도 될 것입니다. 그러니 어서 모든 것을 가능한 한 자세하게 우리에게 전해주기 바랍니다.

[58e] **파이돈**: 나는 그의 곁에 있으면서 특별한 체험을 했습니다. 가까운 친구의 죽음을 목도하는 자리에 있었음에도 그 계제에 어울리는 애도의 정서가 생겨나지 않았답니다. 그는 진정 행복한[3] 모습, 에케크라테스여, 그의 태도나 말에 있어서 행복한 모습이었고 전혀 두려움 없이 품위 있는 자세로 죽음을 맞이했기에, 다음과 같은 예감이, 즉 그는 죽은 자들의 땅(하데스)으로 가기는 하되, 신의 가호 없이 가는 것이 아니며, 그곳에 가서는 그 누구보다도 좋은 삶을 살게 되리라는 예감이 들었습니다.
[59a] 바로 이러한 이유로 해서 나에게는 비탄의 감정이, 슬픔의 자리에 있는 사람에게 자연스러울 법한 바의 감정이 전혀 들지 않았습니다. 다른 한편으로 그 자리에서의 대화의 주제는 철학적인 것이었지만, 우리가 늘 그러하듯이 철학적 담화를 하면서 느꼈던 즐거움의 정서를 느낀 것도 아니었습니다. 그때 느낀 기분은 대단히 기이한 것이었는데, 그것은 즐거움에 슬픔이, 소크라테스가 곧 죽음을 맞게 된다는 생각이 야기하는 슬픔이 함께 뒤섞인 전혀 낯선 정서였습니다. 그 자리에 배석했던 모든

2 대화에 참여하지는 않지만, 파이돈의 이야기를 전해 듣는 사람들이 에케크라테스 이외에도 여럿인 것으로 추정된다. 원문 102a 8도 참조.

3 원문은 'eudaimon', 즉 '다이몬이 좋은 상태'를 의미한다.

사람이 거의 유사한 기분을 느끼면서 어느 때는 웃고 어느 때는 울곤 했는데, 우리 중 한 사람, 아폴로도로스Apollodoros[4]는 특별히 유난스러웠지요. 당신도 그 사람이나 그의 성격을 잘 알고 있지요? [59b]

에케크라테스: 왜 모르겠습니까?

파이돈: 실로 그는 스스로를 전혀 억제하지 못하고 있었으며, 그 때문에 나 자신은 물론 다른 사람들의 마음도 동요되어 있었답니다.

에케크라테스: 파이돈이여, 그곳에 배석했던 사람들은 누구였나요?

파이돈: 방금 말한 아폴로도로스가 동향의 아테네인으로서 참석했었고, 크리토불로스Kritoboulos, 그의 아버지[5], 헤르모게네스Hermogenes, 아이스키네스Aeschines, 그리고 안티스테네스Antisthenes[6]가 있었지요. 파이아니우스Paianieus 사람인 크테시포스Ctesippos도 자리를 함께했으며, 메넥세노스Menexenos와 다른 아테네인도 몇몇 배석했지요. 그러나 플라톤Platon은 내가 알기로는 아파서 자리를 함께하지 못했습니다.[7]

에케크라테스: 외지인들도 그곳에 있었는가요?

파이돈: 그렇습니다. 테베인 심미아스Simmias와 케베스Cebes,[8] 파이돈데스Phaidondes, 그리고 메가라에서 에우클레이데스Eukleides[9]와 테르프시온 [59c]

---

4 소크라테스의 제자이며, 『향연』에서 주된 화자로 등장한다.

5 즉 크리톤Criton. 소크라테스의 절친한 친구로, 그와 같은 나이이다. 같은 행정구역deme 내에 사는 동향인이며, 소크라테스에 헌신적인 후원자이다. 플라톤은 그의 이름으로도 대화록을 썼다. 이 대화록에서 크리톤은 소크라테스에게 탈옥을 하여 다른 도시로 가라 설득하나, 그는 거꾸로 소크라테스에게 설득을 당한다.

6 키니코스학파의 설립자.

7 이는 극적 장치라는 견해와 실제 역사적 사실이라는 두 입장이 있는데, 후자를 취하는 학자들이 많다(Burnet, 1911; Hackforth, 1955 참조).

8 이 두 사람은 테베를 근거지로 하는 피타고라스학파의 철학자 필롤라오스Philolaos의 제자로서, 이 대화록의 주된 화자들이다.

9 엘레아학파의 입장을 취하는 한 학파의 우두머리이다.

Terpsion이 그 자리에 와 있었습니다.

에케크라테스: 아리스티포스Aristippos와 클레옴브로토스Kleombrotos도 와 있었나요?

파이돈: 그렇지 않습니다. 그들은 그 당시 아이기나Aegina에 있었다고 하더군요.

에케크라테스: 그 밖에 다른 사람들은요?

파이돈: 방금 언급한 사람들이 거기 있었던 거의 모든 사람이라고 기억되는군요.

에케크라테스: 그런가요? 그러면 이제 어떤 말들이 오갔는지 전해주기 바랍니다.

파이돈: 모든 것을 처음부터 세세히 전하도록 노력하겠습니다. 그 이전
[59d] 에도 나와 몇몇 사람은 매일 소크라테스를 면회하곤 했습니다. 재판이
열렸던 그 법원에 새벽 일찍부터 함께 모여서 말입니다. 법원이 감옥 근
처에 있었기 때문이지요. 매일 우리는 감옥 문이 열리기 전까지 함께 시
간을 보내면서 기다리곤 했습니다.[10] 감옥은 이른 아침부터 문을 열지는
않았으니까요. 문이 열리면 우리는 안으로 들어가 소크라테스에게 가서
하루의 대부분을 그와 함께 보내곤 했습니다.[11] 그런데 바로 그날은 다
[59e] 른 때보다 일찍 모였습니다. 왜냐하면 그 전날 저녁 감옥에서 나오면서
배가 델로스로부터 귀환했다는 소식을 들었기 때문이지요. 그래서 우리
는 서로에게 연락하여 가능한 한 이른 새벽에 늘 모이던 곳으로 나오기
로 했습니다. 우리가 그날 새벽 그곳에 도착하자 항상 우리를 맞이하던

---

10 원문의 동사는 반과거형impf 동사상으로, 반복을 표시한다.

11 이 역시 반과거형impf 동사상으로, 반복을 표시한다.

감옥 수위가 나와서, 그가 권하기 전에는 들어오지 말고 기다리라고 하며 말했습니다. "11인의 집행관[12]이 소크라테스를 사슬에서 풀어주면서 그가 오늘 어떤 방식으로 죽음을 맞이할지[13]를 전하고 있습니다."라고. 오래지 않아 수위가 나와서 우리에게 들어오라고 허락했습니다. 안에 들어가자 소크라테스가 사슬에서 풀려나 있는 것과 크산티페Xanthippe[14] [60a]
—당신도 그녀를 알지요—가 그의 아이[15]를 데리고 그의 곁에 앉아 있는 것을 발견했습니다. 그녀는 우리를 보자마자 크게 울부짖으며 아녀자들이 그런 슬픈 계제에 하는 유의 말들을 했습니다. "여보 소크라테스, 이제 오늘이 당신의 절친한 친구들이 당신에게, 그리고 당신이 친구들에게 말을 건넬 수 있는 마지막 날이에요."라고. 그러자 소크라테스가 크리톤을 보면서 말했지요. "누군가를 시켜서 그녀를 집으로 데려가도록 해주게나."라고.[16]

크리톤의 시종들이 가슴을 치며 통곡하는 그녀를 데리고 나가자 소크라테스는 침상에 앉아 다리를 구부리면서 손으로 문지르더군요. 다리를 [60b]
문지르면서 그는 말했지요. "친구들이여. 사람들이 쾌락이라고 부르는

---

12 당시 아테네의 사형 집행관들.

13 죽음이란 일회적인 사건이므로, '맞이할지'에 해당하는 그리스어 동사에는 단순과거형aorist 동사상 어미가 사용되었다.

14 크산티페는 밤을 새웠을 가능성이 있다. 여하간 그녀는 소크라테스의 제자들이 감옥에 오기 전부터 소크라테스와 함께 있었다. 파이돈이나 플라톤 대화록의 어느 곳에서도 그녀가 악처라는 언급이나 시사는 없다. 그녀가 악처라는 전설은 아마도 안티스테네스의 말에서 유래한 것이라는 것이 존 버넷John Burnet의 추정이다(Burnet, 1911: 주석12 참조).

15 소크라테스에게는 아들이 셋 있었다. 람프로클레스Lamprocles, 소프로니쿠스Sophroniscus 그리고 여기에 함께 와 있는 것으로 추정되는 메넥세노스Menexenus이다.

16 대화록 뒷부분(116b)을 보면 알 수 있지만, 그녀는 아이들과 함께 돌아와 소크라테스의 마지막을 임종한다.

바의 것은 대단히 이상한 존재일세. 그것은 본성적으로 자신과 반대되는 것으로 보이는 바와 아주 놀라운 방식으로 관계하고 있다네. 그 둘은 사람에게 동시에 일어나길 원치 않으나, 우리가 하나를 추적하여 잡으려 하면 대개의 경우 우리는 그 반대자까지도 잡지 않을 수 없는 것이지. 그들은 마치 몸은 둘인데 머리는 하나로 붙어 있는 듯하다네. 그래
[60c] 서 아이소포스Aisopos가 그것들에 생각이 미쳤다면 다음과 같은 우화를 지었을 것으로 생각되는군. '신은 싸움질하는 이들을 화해시키길 원했으나 그것이 불가능했으므로 그들의 머리를 붙여 하나로 만들어놓았고, 그래서 하나가 어떤 사람에게 등장하면 뒤이어 그 반대자도 뒤쫓아 나타나는 것'이라고. 바로 지금 나 자신에게 일어나는 그러한 현상처럼 말일세. 족쇄 때문에 발에 고통을 느끼고 있었는데, 이제 쾌감이 뒤따라오는 것처럼 보이니 말이네."

그러자 케베스가 끼어들면서 말했습니다. "제우스에 맹세코, 소크라테스 당신의 말은 나에게 한 가지를 상기시켜주는군요. 그것은 그대가
[60d] 아이소포스의 우화와 아폴론Apollōn에게 바치는 서시에 운율을 붙여서 지은 바 있는 시poiema들에 관한 것인데, 그들에 관해서 몇몇 사람이, 특히 에우에노스Euenos[17]가 묻곤 했습니다. '당신은 무슨 생각이 들어서 이곳에 들어온 이후에 시들을, 이전에는 전혀 짓지 않던 시들을 쓰게 되었느냐'고 말이지요. 그가 다시 물어올 때에 에우에노스에게 내가 대답해주는 일에 당신이 관심을 갖고 있다면 뭐라고 답해야 할지 말해주시지요. 나는 그가 다시 물어올 것이라는 것을 잘 알고 있습니다만."

소크라테스가 말했습니다. "케베스여, 진정 그에게 사실대로 말하도

17 파로스Paros 사람으로, 선善에 관한 교사 또는 소피스트라고 전해진다.

록 하게나. 내가 이 시들을 지은 이유는 그나 그의 시들과 경쟁하기 위해서가 아니라—나는 그런 경쟁이 쉽지 않다는 것을 잘 알고 있지—, 다음이라는 것을 말이지. 나는 어떤 꿈을 꾸었는데 그 꿈이 무엇을 의미하는지를 알아보기 위해서, 그리고 그 꿈들이 나에게 지으라고 자주 지시한 바가 그런 종류의 문예 작품(무시케mousike)들이라고 한다면, 그 의무감을 덜기 위해서였다네. 내가 꾼 그 꿈의 내용은 다음과 같은 것이었지. 지나온 나의 생애에서 같은 내용의 꿈이 나에게 자주 나타나곤 했는데, 그 모습은 매번 다른 것이었으나 그것의 메시지는 항상 동일한 것이었다네. 그 내용은, '소크라테스여, 부지런히 노력해서 문예 작품(무시케)을 지어 완성하게'라는 것이었다네. 이전에 나는 그것이 내가 이미 해오던 바의 그것을 계속하라고 고취하며 용기를 북돋우는 것이라고 생각했었지. 마치 달리는 사람들에게 소리치며 응원하는 이들과 같이, 꿈도 나에게 내가 이미 해오던 것[18]을 하라고, 즉 문예 작품을 만들라고 응원한다고 생각했었네. 철학은 최고의 문예 작품[19]이며, 나는 이미 그것을 만들고 있었기 때문이지. 그런데 이제 재판이 종료되었지만, 신을 위한 제전이 나의 죽음의 시기를 연기시켰으므로 나는 생각했네. 꿈이 나에게 자주 나타나 지시하는 것이 그와 같은 대중적인 문예물(무시케)을 만들라는 것이라면, 나는 그 꿈의 지시에 불복하지 말고 따라야만 한다고. 나는 꿈의 지시를 좇아서 시poiēma를 창작함으로써[20] 신적 의무를 충실

[60e] [61a] [61b]

18 진행을 함의하는 반과거형impf 동사상 어미가 사용된 사례이다.

19 무시케mousike는 일반적으로 뮤즈의 신이 관장하는 분야로, 음악만이 아니라 문예 일반을 포함한다. 피타고라스학파에 따르면, 의학은 몸을 정화하고, 음악이나 무시케는 정신을 정화한다고 보는데, 그들은 철학이 이런 점에서 최고의 무시케라 생각했다.

20 포이에마, 무시케, 미토스, 로고스 간의 차이는 다음과 같다. 포이에마poiema는 운율이 붙은 시, 무시케mousikē는 음악보다 폭넓은 개념으로 문예 일반의 이야기, 미토스mythos나

히 이행하기 전까지는 현세를 떠나지 않는 것이 보다 안전하다고 생각했지. 그래서 나는 우선 현재의 제전이 헌정되고 있는 그 신을 위한 시를 만들었고, 신 다음에는 누구라도 시인이고자 한다면 그가 지어야 한다고 생각되는 것, 즉 로고스가 아니라 미토스mythos를 만들어야만 한다고 생각했었던 것이지. 그러나 나 자신은 미토스 작가가 아니므로, 내가 쉽사리 가장 먼저 접할 수 있었고 내가 숙지하고 있었던바, 아이소포스의 미토스들 중에서 가장 먼저 생각나는 것을 운문으로 만들었던 것이라네. 그러하니 케베스여, 에우에노스에게 이 말들을 건네면서 작별 인사를 전해주게. 그리고 그가 현명하다면, 될 수 있는 한 빨리 나를 따르
[61c] 라고 조언해주게나. 나는 오늘 떠나야 할 것으로 보이네. 그것이 아테네인들이 지시하는 바이므로."

그러자 심미아스가 말했습니다. "대체 에우에노스에게 무슨 조언을 하시는 것인가요? 나는 이미 그를 여러 가지 일로 만난 적이 있는데, 내가 느낀 바로 추정하건대 그는 자발적으로는 결코 당신의 말을 따르지 않을 것입니다."

"왜 그런가? 그는 철학인[21]이 아닌가?"

"그렇다고 생각합니다만." 하고 심미아스가 말했지요.

"그렇다면 에우에노스나 그 밖에 철학에 관심을 가질 만한 사람이라면 누구라도 나의 조언을 따를 것이네. 하지만 아마도 그는 자신의 목숨을 스스로 끊으려 하지는 않겠지. 왜냐하면 그것은 허용되지 않는 일이

로고스 모두 '이야기'를 의미하나, 전자가 더 허구적 성격을 지니는 이야기이다(Burnet, 1911 참조).

21 피타고라스학파에서 'philosophos'라는 어휘는 특정한 삶의 방식을 추구하는 사람을 일컫는 표현이다. 소크라테스는 에우에노스가 피타고라스학파임을 염두에 두고 이 어휘를 사용하고 있다. 원어에 즉해 번역하면, '애지자', '지혜를 사랑하는 자'이다.

라고들 하니까 말이네." 그는 이 말을 하면서 자신의 다리를 땅 위에 내 [61d]
려놓고서 그 같은 자세로 앉아서 나머지 이야기를 했습니다.

그러자 케베스가 그에게 물었습니다. "소크라테스여, 스스로 자신의 목숨을 끊는 것이 허용되어 있지 않은데, 왜 철학인이라면 죽는 자를 따라야 한다고 말하는 것입니까?"

"케베스, 무슨 말이지? 그대와 심미아스는 이런 일들에 관해서 들은 바가 없단 말인가, 필롤라오스[22]의 문도이면서 말일세?"

"소크라테스여, 적어도 확실한 말은 듣지 못했습니다."

"나로서도 다른 이들로부터 전해 듣고서 이런 것들에 관해 이야기하는 것이네만, 나는 들은 바의 것들을 주저 없이 말하도록 하겠네. 정말
로 그 일은 매우 적합하다고, 즉 피안으로 떠날 즈음에 있는 사람들이 [61e]
그 세계에 관해서, 그 세계에서의 삶이 어떠한지에 관해서 검토하고 이야기하는 것[23]이 매우 적합하다고 생각된다네. 게다가 해가 질 때까지의 시간 동안 다른 무엇을 할 수 있겠는가?"

"대체 사람들은 왜 스스로의 목숨을 끊는 것이 허용되지 않는다고 말하는지요, 소크라테스? 나도 당신이 방금 말한, 바로 그 이야기를 필롤라오스가 우리와 함께 머물렀을 때 그로부터 들은 바 있습니다. 그리고 다른 사람들로부터도 그런 일을 해서는 안 된다고 들은 바 있습니다. 하지

22 후기 피타고라스학파의 대표적 인물로 마그나 그라이키아Magna Graecia로부터 추방된 후 테베에 자리를 잡았다.

23 여기서 소크라테스는 'mythologein(이야기하다, 미토스를 말하다)'이라는 어휘를 사용하는데, 이는 그가 피안에서의 삶에 관한 이야기를 일종의 미토스로 여김을 시사한다. 그러나 아래의 정신불멸의 논증은 로고스(이성적인 이야기)이다. 위 61b에서 그는 꿈의 지시에 따라 로고스가 아니라 미토스를 지어야 할 의무가 있다고 말했음을 상기할 것(아래의 원문 110b 1, 114d도 참조).

만 그런 것들에 관한 명확한 이유는 누구로부터도 들은 바 없습니다."

[62a] 소크라테스가 말했습니다. "최선을 다하기로 하세. 자네는 곧 확실한 이야기를 들을 수 있을 것이네. 하지만 아마도 다음은 그대가 보기에는 놀라운 일일 것이네. 다른 모든 것 중에서 이것만이 단적으로 예외가 없다는 것, 즉 어느 때에는 또는 일부의 어떤 사람에게는 죽음이 삶보다 좋은 것일 수 있는 그런 경우란 결코 있을 수 없다는 것 말이네. 인간사의 다른 모든 것의 경우와는 달리 말이지. 다른 한편으로 그럼에도 혹시 사는 것보다 죽는 것이 더 나은 사람들의 경우라도, 그 사람들이 스스로 자신에게 좋은 일을 하는 것, 즉 목숨을 끊는 것은 불경한 일이며 다른 사람들이 그에게 좋은 일을 해주기를 기다려야 한다는 점은 자네에게 놀라운 일로 여겨질 것이네."

그러자 케베스가 조용히 미소 지으며 그의 고향 사투리로 말했습니다. "제우스는 아시겠지요!"

[62b] "그런 식으로 표현하니 비합리적인 것으로 보일 수도 있기는 하나, 하지만 아마도 어떤 합리성logos이 있을 수도 있지."라고 소크라테스가 말했습니다. "이런 문제들에 관해 비의적으로 말해진 것들, 인간이란 말하자면 일종의 감옥에 있으며, 이로부터 스스로 벗어나거나 도망가서는 안 된다는 주장은 매우 중요하지만 이해하기는 쉽지 않은 논제로 보이네. 하지만 케베스여, 다음의 주장은 잘 말해진 것으로 보이지 않는가? '신들은 우리의 수호자이며, 우리는 신들의 소유물 중의 하나'라는 주장은 말이네. 그대는 그렇게 생각하지 않는가?"

케베스가 말했습니다. "나로서는 그렇게 생각합니다."

[62c] 소크라테스가 말했습니다. "그러면 그대도 그대의 소유물 중 어떤 것이 그대가 그것이 죽기를 원한다는 신호를 보내지 않았음에도 스스로

목숨을 끊는다면 화를 내고, 할 수만 있다면 처벌을 하겠지?"

"분명히 그렇습니다."라고 그가 말했습니다.

"그러면 아마도 이런 관점에서 보면 신이 어떤 필연적 계기를 마련하여 하명하기 전에는, 지금 우리가 처한 것과 같이 말이지, 스스로 목숨을 끊어서는 안 된다는 논제는 합리성이 없는 것은 아니지."

"그럴 듯한 것으로 보입니다."라고 케베스가 말했습니다. "하지만 소크라테스여, 당신이 좀 전에 말한 것, 즉 철학하는 자들은 기꺼이 죽기를 원해야 한다는 논제는 불합리한 것으로 보입니다. 만약 당신이 방금 말 [62d]
한 주장이, 즉 신들이 우리의 수호자이며 우리는 그들의 소유물이라는 주장이 타당성(로고스)이 있다면 말이지요. 가장 현명한 자들이 그들 자신을 돌보는 신들로부터 떠남에도 존재자들 중에서 최선의 관리자 또는 주재자인 신들의 슬하를 떠남에도 고통스러워하지 않는다는 것은 부조리한 일입니다. 왜냐하면 가장 현명한 자들이라면 신들로부터 자유로워진다고 해서 그들이 신보다 그들 자신을 더 잘 돌볼 수 있으리라고 생각하지 않을 것입니다. 생각 없는 사람이라면 아마도 주인으로부터 도망 [62e]
가야 한다고 생각할 것이며, 훌륭한 주인으로부터 도망가지 말고 가능한 한 오랫동안 그의 곁에 머물러야만 한다는 점은 헤아리지 못하고, 그래서 그들은 그렇게 부조리하게 도망갈 것이지만 말이지요. 하지만 정신이 있는 사람이라면 자신보다 훌륭한 사람과 함께 항상 머물고자 할 것입니다. 논리가 이러하다면, 소크라테스여, 우리가 방금 말했던 바와는 반대되는 것이 더 믿을 만한 것처럼 보입니다. 분별력이 있는 자는 분명 죽음에 대해 걱정을 할 것임에 비해, 우둔한 자는 즐거워할 것입니다."

소크라테스는 이를 듣고서 케베스의 열의에 찬 논의에 흡족해하는 것으로 보였습니다. 그리고 그는 우리를 바라보면서 말했지요. "실로 케 [63a]

베스는 항상 논변을 잘 추적해 검토하며, 그 누가 무엇을 말하건 간에 그 말을 쉽사리 받아들이려 하지 않는군."

그러자 심미아스가 말했습니다. "글쎄요, 소크라테스, 적어도 이번에는 내가 보기에도 케베스가 무엇인가 의미 있는 말을 한 것으로 생각되는데요. 대체 진정으로 현명한 사람이라면 무엇을 원해서 자신보다 훌륭한 주인으로부터 달아나 그로부터 자발적으로 자유로워지고자 하겠습니까? 내가 보기에 케베스는 논변의 과녁으로 당신을 겨냥하고 있습니다. 왜냐하면 당신은 우리를 떠나면서, 그리고 당신 자신이 인정하는 바, 훌륭한 주재자인 신들을 떠나면서 그런 사태를 가벼이 여기고 있으니까요."

[63b] 소크라테스가 말했습니다. "자네들의 주장은 일리가 있네. 내가 보기에는 자네들은, 내가 법정에서 한 것처럼 이런 문제들에 관해 내가 자기 변호를 해야 한다고 주장하는 것이군."[24]

"진정으로 그렇습니다."라고 심미아스가 말했습니다.

소크라테스가 말했습니다. "자, 그러면 더 설득력 있게 자네들에게 나의 변론을 전개해보겠네, 법정의 재판관들에게 한 것보다도 말일세." 그는 말했습니다. "심미아스와 케베스여, 내가 우선 다른 현명하고 훌륭한 신들[25]에게로 가고, 그다음에는 이미 고인이 된, 이곳의 사람들보다 좋은 사람들에게로 간다고 생각하지 않는다면 죽음을 맞아 괴로워하지 않는 것은 잘못된 태도라고 할 것이겠지. 하지만 그대들도 잘 알다시피
[63c] 나는 그런 사람들에게로 가리라 기대하고 있지. 비록 내가 그런 기대에

24 아테네의 법정에서는 피소자가 스스로 변호하게 되어 있었다. 변호사가 따로 있는 것이 아니었다.

25 현생에서 우리를 관리하고 있는 신들과는 다른 신들.

대해 아주 확고한 믿음을 가지고 있는 것은 아니지만 말이네. 하지만 다른 어떤 것보다는 이 점에 관해서, 즉 진정으로 훌륭한 주인인 신들에게로 가리라는 것은 자네들도 알다시피 확언할 수 있을 것이네. 이런 이유 때문에 나는 죽음에 대해 그다지 괴로워하지 않으며, 죽는 자들에게 무언가 기다리고 있을 것이라는 기대, 그리고 예전부터 말해져왔듯이,[26] 악한 자들보다는 선한 자들에게 훨씬 더 좋은 것이 기다리고 있을 것이라는 기대를 갖고 있다네."

심미아스가 말했습니다. "소크라테스여, 그러면 당신은 그런 헤아림(디아노이아dianoia)을 마음속에 혼자서만 간직하고서 떠날 생각입니까, 아니면 우리에게도 나누어줄 것입니까? 진정 내가 생각하기에는 그 견해는 우리도 공유할 수 있는 좋은 소식으로 보입니다만.[27] 뿐만 아니라 당 [63d]
신이 방금 말한 바를 우리에게 설득할 수 있다면, 그것은 자기 변론의 역할도 할 것입니다."

소크라테스가 말했습니다. "나는 그대들을 설득하기 위해 노력할 것이네. 그러나 우선 여기 크리톤의 말을, 그 내용이 무엇인지 살펴보도록 하지. 그는 좀 전부터 나에게 무엇인가를 말하고자 하는 것으로 보이니 말이네."

크리톤이 말했습니다. "소크라테스여, 다른 것이 아니라, 독배를 당신에게 가져다줄 사람이 이전부터 나에게 말해오기를, 당신이 될 수 있으면 대화를 적게 하도록 주의를 주어야 한다는군. 그는 말하기를, 말을 많이 하면 체온이 올라가고 그런 체열은 독배의 효력 발휘에 도움이 되

---

26 오르페우스적 믿음을 염두에 두고 하는 말.

27 좋은 것은 공유되어야 한다는 생각은 피타고라스적 입장이다.

[63e] 지 않는다는 것이지. 그래서 그런 지침을 따르지 않고 대화를 계속하게 되면 때로는 독배를 두 번 또는 세 번까지도 마셔야만 하기도 한다는 것이네."

그러자 소크라테스가 말했지요. "그의 말에 괘념치 말도록 하지. 그런 경우에 대비해 그 자신의 일이나 준비하게 하도록 하세. 독배를 두 번 나아가 세 번째까지 마셔야 하는 경우, 독배를 줄 수 있도록 말이지."

"당신이 그런 말을 하리라고 나는 이미 짐작하고 있었네."라고 크리톤이 말했습니다. "하지만 그는 아까부터 나를 성가시게 하고 있다네."

"그대로 두도록 하세."라고 소크라테스가 말했습니다. "나는 그대들 재판관에게 나의 변론을 개진할 수 있기를 원하네. 내가 보기에는 다음은 자연스러운 것으로 보인다네. 진정으로 철학적 삶을 살며 생애를 보
[64a] 낸 사람이 죽음에 즈음해서 용기를 잃지 않고 죽음을 맞게 되면, 그는 그곳 죽음의 세계에 가서 가장 좋은 것을 얻게 될 것이라는 희망을 품는 것 말이지. 내가 어째서 사정이 그러한지, 심미아스와 케베스여, 그대들에게 보여주도록 시도하겠네. 올바로 철학을 추구한 사람들은 다름 아니라 죽음의 과정을, 그리고 죽음의 완성을 연습해왔다는 것[28]을 일반 사람들은 알아채지 못하는 것으로 보이는군. 이런 것이 진리라고 한다면, 전 생애에 걸쳐 다름 아니라 바로 죽음을 열망해오다가 막상 오랫동안 열망해오고 연습해온 바의 것이 가까이 다가오니까 그에 대해 괴로워한다면 이상한 일일 것이네."

그러자 심미아스가 웃었습니다. "제우스에 맹세컨대, 소크라테스여,

28 원문에서는 '죽다'를 의미하는 그리스어 동사가 2회 사용되었는데, 앞에서는 현재형 동사상apothneskein을 사용하여 죽음의 과정을, 바로 이어서는 완료형 동사상tethnanai을 사용하여 죽음의 완료를 표현했다. 철학은 죽음의 연습이라는 논제를 생각해보자.

나는 지금 웃을 입장이 아닌데 당신이 나를 웃게 만들었군요. 대중은 당신의 그 말을 듣고서 그 말이 철학자들에 대한 말로는 안성맞춤이라고 생각할 것입니다. 우리 도시의 사람들(테베인)은 철학을 하는 사람들[29]이 죽어 있는 것이나 마찬가지이며,[30] 그리고 그들이 죽음을 당할 만하다는 점을 간과하지 않고 있음에 전적으로 동의할 것입니다." [64b]

"그들의 말은 아마도 사실일 것이네, 심미아스여. 단 그들이 전혀 간과하지 않았다는 주장을 제외하고는 말일세. 그들은 다음을 놓치고 있기 때문이지. 진정으로 철학하는 사람들이 어떤 점에서 죽어 있는 것이나 마찬가지이며, 어떤 이유에서 죽음을 당할 만한지, 그리고 어떤 종류의 죽음을 원하는지를 말일세. 그러나 그들에게는 관심을 둘 필요가 없고, 우리끼리의 이야기나 하도록 하세. 우리는 죽음이라는 것이 '어떤 무엇'이라고 생각하지?" [64c]

"물론입니다."라고 심미아스가 답했습니다.

"그러면 그것은 정신이 신체로부터 풀려나는 것 이외의 다른 것인가? 죽음이란 바로 이것, 한편으로는 신체가 정신으로부터 풀려나 그 자체로 자신에 즉해 있게 되는 것이며,[31] 다른 한편으로는 정신이 신체로부터 풀려나 그 자체로 자신에 즉해 있게 되는 것, 바로 이것 이외의 다른

29 버넷의 주석에 따르면, 기원전 5세기 말경에 'philosophos'라는 어휘가 전문적 어휘로 확립된 것은 테베 지역이며, 이 어휘가 지칭하는 사람들은 피타고라스학파였다고 한다(Burnet, 1911: 29).

30 타나토스Thanatos. 삶을 향유하는 낙관적 태도를 취하던 테베인들은 피타고라스학파의 염세적·금욕적 태도에 비판적 태도를 취했다 한다(Burnet, 1911의 주석 참조).

31 'authēn kath' hauthēn(그 자신에 즉해 있는 것itself by itself)'. 이는 플라톤 철학의 중심적 어휘로 정신의 상태, 형상의 모습을 기술하고 규정하는 전형적인 수식어이다. 'pros ti(다른 것들과 관계하는in relation to others)'와 대조적인 어구로, 독립성, 불가환원성, 즉자성, 실체성 등을 함의한다.

것이 아니지?"

"다른 것이 아니라 바로 그것이지요."

"그러면 친구여, 내가 생각하는 바에 자네도 동의하는지 생각해보게.
[64d] 동의한다면 이를 기초로 우리의 논의 주제에 관해 더 잘 알 수 있으리라 생각되는군. 그대의 생각으로는 소위 쾌락이라 불리는 것, 가령 먹고 마시는 것으로부터 얻는 쾌락에 열중하는 것이 철학인(애지자)들에게 적합하다고 생각하는가?"

심미아스가 말했습니다. "소크라테스여, 조금도 그렇지 않습니다."

"성애에서 얻는 쾌락은 어떤가?"

"전혀 그렇지 않지요."

"신체에 관한 다른 관심사들에 관해서는 어떤가? 그대 생각으로는 철학자가 그런 것들을 중요하게 평가하리라고 생각하는가? 가령 남의 것보다 나은 의상이나 신발, 그리고 신체를 치장하는 다른 종류의 장식물
[64e] 들을, 그것이 꼭 필요한 경우가 아니라면, 귀하게 생각할까, 하찮게 생각할까?"

"내가 생각하기에는 진정으로 철학하는 사람들이라면 하찮게 생각할 것입니다."

"그러면 전반적으로 말해서, 철학자의 관심사는 신체에 관한 것이 아니고, 가급적 최대한 신체적인 것으로부터 거리를 두고, 정신에게로 관심과 열의를 기울이는 것이라고 그대는 생각하는 것이지?"

"그렇습니다."

"그렇다면 우선 이런 일들에 관해서 철학인들은 정신을 신체와의 결
[65a] 합 상태에서 최대한 풀어놓으려 하는 것이 분명하지? 다른 사람들과는 달리 말일세."

"그렇게 생각됩니다."

"다음은 어떻게 생각하지, 심미아스? 다수의 대중이 보기에는, 그런 것들의 어떤 것도 즐거움으로 여기지 않고, 그로부터의 쾌락을 추구하려고도 하지 않는 사람들에게 삶이란 살 가치가 없는 것이고, 신체를 통해서 즐길 수 있는 쾌락의 그 어느 것에도 관심이 없는 그런 사람들은 이미 죽어 있는 것이나 마찬가지겠지?"

"진실을 말씀하셨습니다."

"그러면 다음, 즉 순수 지혜(지적 정관phronēsis)[32]의 소유에 관해서는 어떻게 생각하는가? 신체는 방해자가 될까, 아닐까? 우리가 진상을 추구함에 있어서 신체를 동반자로 함께 참여하게 한다면 말이지. 내가 의미하 [65b]
는 바는 다음이네. 시각이나 청각은 사람들에게 진상alētheia을 보여주는가 아니면, 시인들까지도 그런 문제에 관해서 항상 우리에게 떠들어대는 바이지만, 우리는 시각이나 청각으로는 정확한 것을 볼 수도 들을 수도 없는 것이겠나? 신체에 있는 감각들 중 이 둘이 정확하거나 명백한 것을 알려주지 않는다면, 다른 감각들은 더 말할 것도 없겠지. 다른 감각들은 이들보다 더 열등한 터라 말일세, 자네는 그렇게 생각하지 않나?"

"물론 그렇게 생각합니다."라고 그가 말했습니다.

32 일상적으로는 실천적 함의가 있는 지혜, 사려, 분별, 실용적 지혜 등을 의미하는 어휘이다. 그러나 플라톤의 『파이돈』에서는 정관적이고 이론적인 인식을 의미하는 전문 용어로 사용되었다. 정신이 신체로부터 독립하여 그 스스로 있는 인식 주체가 되어서 자체적 존재자들, 형상들을 정관·관조할 때의 인식 행위를 가리키는 개념이다. 즉 철학자가 추구하는 최상의 순수 지혜 또는 지적 정관을 말한다. 이는 정신이 신체로부터 분리되고 해방되어 갖게 되는 것이기에 실천적이기보다는 이론적이고 정관적인 지혜 또는 인식이다. 아리스토텔레스는 최상의 삶이란 이성이 이론의 덕을 갖출 때라 논하는데, 이를 '지적 정관theorein'으로 기술한다. 이는 플라톤의 '프로네시스phronēsis'와 유사하다. 아리스토텔레스는 그의 윤리학에서 프로네시스를 일상 어법에 맞게 실천적 지혜를 의미하는 것으로 사용한다.

소크라테스가 물었습니다. "그러면 정신은 언제 진상을 파악하는가? 정신이 신체와 함께 무엇을 검토하고자 시도하면, 그때 정신이 신체에 의해 속임을 당하는 것은 분명하네."

[65c] "사실입니다."

"그런데 이제 바로 이성적인 헤아림[33]을 할 때에, 다른 경우가 아니라 말이네, 존재자들 중의 그 어떤 것이라도 명확하게 드러나지 않을까?"[34]

"그렇습니다."

"그런 조리 있는 헤아림을 가장 훌륭하게 할 수 있는 때는 바로 감각들 중 그 어떤 것도, 시각, 청각 또는 고통이나 쾌락 등의 어느 것도 곁에서 정신을 방해하지 않을 때, 정신이 신체에는 작별을 고하고 최대한 그 자체로 자신을 준거[35]로 할 때, 가급적 최대한 신체와 자리를 함께하지 않고 그것에 집착도 하지 않고 실재만을 추구할 때이지."

"그렇습니다."

"그러므로 이런 경우에도 철학자의 정신은 신체를 전적으로 하찮게
[65d] 여기고 그로부터 피하고자 하며, 그 자체로 자신에만 즉해 있기를 추구하는 것이지?"

"그렇게 보입니다."

---

33 원어는 'logijesthai'로, 버넷은 '수학적 헤아림'이라 주석했다.

34 정신이 홀로 헤아림, 수학적 헤아림을 할 때 존재가 가장 명료하게 드러난다는 생각은 정신이 두뇌 등의 신체적 기반을 떠나 존재할 수 있음을 전제하는 것이니, 상식적으로는 기이한 생각이다. 그러나 여기에서 플라톤의 존재관, 그가 진정한 존재나 실재로 생각하는 바가 무엇인가, 실재가 되기 위해 갖추어야 할 조건이 무엇인가에 대한 견해가 드러난다. 정신의 활동으로서의 'logijesthai'는 로고스에 의존된 활동이다. 감각들과는 달리 수동적으로 수용하는 것이 아니라 언어, 논리, 수학적 비례의 논리에 따라 적극적·능동적으로 이루어지는 활동이다. 그는 여기에서 감각과 로고스를 대비하고 있다.

35 'autē kath' hauthēn'. 정신이 온전히 자신의 모습으로 있을 때, 가령 기하학적 논증을 할 때.

"심미아스여, 다음을 생각해보세. 우리는 정의로움 그 자체가 어떤 것[36]이라고 말하는가, 아닌가?"

"제우스에 맹세코, 분명히 그렇습니다."

"훌륭함과 좋음도 역시 어떤 것이지?"

"왜 안 그렇겠습니까?"

"그러면 그 어느 때라도 그대는 이들의 그 어느 것이라도 눈으로 볼 수 있는가?"

"결코 그렇지 않습니다."라고 그가 말했습니다.

"그러면 신체를 거쳐 이루어지는 다른 어떤 감각을 사용해서 이들을 접촉하는가? 내가 말하는 바는 다음일세. 예를 들면 크기, 건강, 힘 그리고 한마디로 말해서 모든 것의 존재성, 각각의 것인 바의 존재성 또는 진상[37]을 말하는 것인데, 우리는 이들의 가장 진정한 모습[38]을 신체를 이용 [65c]
해서 바라보는가?[39] 아니, 바른 사태는 다음이라 할 수 있겠지? 검토의 대상이 되는 바에 관해 그 자체를 이성적으로 사고dianoesthai[40]하려고 최

---

36 플라톤의 대화록에는 이런 식의 질문, "그것은 무엇ti이지?" 하는 식의 질문이 자주 등장한다. 이는 단지 어휘만이 있는 것이 아니라 그 어휘에 대응하는 것이 실재 존재하는가의 물음으로 이해할 수 있다. 이 물음은 형상의 존재를 상정하게 되는 준비 단계가 된다.

37 "tēs ousias ho tungchanei hekaston on(of the reality, what a given thing really is)." 이 역시 플라톤의 철학적 전문어이다. 'ousia'는 그리스어 일상 어휘로서는 '재산', '부동산', '사유지' 등을 의미한다. 여기서는 철학적 어휘로, 소크라테스 또는 플라톤이 그리스어 be동사 'einai'를 기초로 만든 어휘로서 '~인 바의 것', '실재인 바의 것', '진상인 바의 것'을 의미한다. 이하에서는 '실재'로 번역한다(Burnet, 1911: 34).

38 'to alethestaton'. 이는 '진리다운', '진리인'을 의미하는 형용사의 최상급으로, 전형적인 철학적 최상급이다. 완벽한 진리, 최상의 진리라는 의미이다. 철학적 최상급에 관해서는 비트겐슈타인의 *Philosophical Investigations*(1952)와 남경희(2016) 참조.

39 여기서 '바라보는가'로 번역된 동사 'theoretai'는 원래 '구경하다', '정관하다'를 의미하는 어휘로, 철학적 문맥에서는 '이론적 관상', '정관'을 의미하며 실천적 함의가 없다. 아리스토텔레스는 철학적 정관을 지적 덕의 최고봉으로, 인간 삶의 이상으로 평가한다.

고도로 정확하게 준비하는 사람만이, 우리 중에서 그런 사람만이 각각의 진상을 인지할 수 있는 상태에 가장 가까이 다가갈 수 있을 것이겠지?"

"진정 그렇습니다."

"그러면 진상을 가장 순수하게 인지할 수 있는 사람은 다음의 사람이겠지? 즉 최대한 이성적 사유dianoia에 의해 각각의 사물에 다가가며, 이
[66a] 성적 사유를 함dianoesthai에서 시각이나 기타 다른 어떤 감각도 그의 논리적 사유logismos의 동반자로 이끌고 가지 않고, 명징한 사유 그 자체autē kath' hautēn만을 사용하며 명징한 존재자들의 각각hekaston ontōn 그 자체를 그 자체에 준거하여[41] 추적하려 시도하며, 눈이나 귀에, 말하자면 신체의 모든 것에 작별을 고하는 사람이겠지? 신체는 정신을 혼란스럽게 하고, 정신이 순수 지혜와 진리를 소유하게 놔두지 않기 때문이지. 심미아스여, 진상이나 존재를 접할 수 있는 사람이 있다면 다른 사람이 아니라, 바로 이런 사람이지?"

심미아스가 답했습니다. "전적으로 진리를 말씀하셨습니다, 소크라테스."

---

40 이하에서 '이성적 사유'로 번역되는 그리스어 어휘들은 'dianoia', 'dianoesthai', 'logismos', 'phronēsis', 'phronēsai', 'logos' 등이다. 플라톤은 아직 이성에 해당하는 하나의 통일된 어휘를 사용하지는 않고 있으나, 이들 어휘는 다음을 함의한다. 첫째, 대체로 감각적·직접적·경험적 지식에 대비되는 것이며, 둘째, 언어에 의한, 반성적·간접적·추론적·개념분석적 사유를 포괄한다. 이런 어휘들을 빈번히 사용하고 있음은 플라톤 철학이 이성적 사유의 개념을 적극적이고 의식적으로 모색·형성하고는 있으나, 아직 하나의 개념으로 확정하지는 않은 단계에 있음을 시사한다. 이들 어휘로 기술되는 활동은 자체적인 것, 감각적 경험과 별개로 존재하는 추상체, 보편자 등의 존재를 전제하고서 이루어지는 사유 활동이다. 이성은 상기설, 변증론, 가설의 방법, 개념 분석의 방법 등에 의해 그 성격이 점차 규명된다.

41 순수 지혜(프로네시스)의 상태에서는 정신도 자체적이며 명징하고, 존재도 자체적이고 명징하다. 플라톤이 인식의 모델로 생각하는 수학적 사유의 경우를 생각해보자.

"그러면 다음은 필연적이네. 이상의 모든 논의로부터 다음과 같은 믿음이 진정으로 철학하는 사람들에게 각인될 것이며, 그들은 그와 같은 말들을 서로 주고받을 것이네. '말하자면 좁은 오솔길과 같은 것이 우리를 인도해 혼돈으로부터 빠져나오게 하는 듯이 보이네. 왜냐하면 신체를 동반하는 한, 그리고 우리 정신이 이들 나쁜 것과 함께 뒤섞여 있는 한, 우리는 결코 우리가 욕구하는 바의 것—이를 우리는 진리to alethes라 하는데—, 그것을 소유하지 못할 것이기 때문이지. 실로 수많은 일로 신체는 우리를 분주하게 한다네, 불가피한 양육을 위한 활동을 핑계로 해서 말이지. 나아가 우리 몸이 어떤 질병에 걸리기라도 하면, 그것은 우리가 진상(실재)을 사냥하는 일을 방해하는 것이지.[42] 신체는 성적 욕망, 기타의 욕구들, 공포들, 온갖 종류의 허상들과 어리석음들로 우리를 가득 채우고, 그 결과로, 사람들이 말하듯이, 진실로 진정으로 존재에 관해 숙려할 수 있는 기회조차 우리에게 주어지지 않는 것이지. 전쟁과 분란과 전투를 야기하는 것은 다름 아니라 신체와 신체의 욕망들이네. 재물을 소유하려 하기 때문에 모든 싸움은 생겨나는 것이며, 신체 때문에 우리는 어쩔 수 없이 재물을 욕망하는 것이지, 신체에 부역하기 위한 노예 상태에 처해 있기에 말일세. 신체로 인한 이런 모든 일 때문에 우리는 지혜와 사랑을 위한 여유scholē를 누리지 못하는 것이라네. 가장 최악의 사태는, 우리가 이로부터 다소의 여유라도 갖게 되어 무엇인가 숙고하고자 관심을 돌리면, 이 경우에도 신체는 온갖 곳에서 튀어나오는 소음들로 우리의 탐구를 방해하고, 정신의 얼이 빠지게 하며 혼란을 야기한다는 것이네. 그래서 그것 때문에 진리 그 자체를 명징하게 관조할

[66b] [66c] [66d]

42 플라톤은 진리 추구나 철학적 논의를 사냥에 비유하는 경우가 많다(논변을 통한 진리의 사냥).

수 없게 되는 것이지. 그것은 진정 우리에게 다음을 확실하게 보여주는 군. 우리가 무엇인가를 순수하게 인식하고자 한다면, 신체로부터 벗어
[66e] 나야만 하며, 정신은 홀로 자신에 즉해서 사물들 자체를 정관해야 한다는 점을 보여주고, 그리고 우리가 열망하는 것, 그리고 그에 대한 애인이라고 우리가 자부하는 바의 순수 지혜가 우리에게 생겨나는 때는 바로 우리가 죽은 다음 그때이지 우리가 살아 있는 동안은 아니라는 것을 우리의 논변이 보여준다네. 그래서 우리가 신체와 함께 사는 한 무엇도 순수하게 인지할 수 없다면, 다음 둘 중의 하나이지. 인식을 획득하는 것이 불가능하거나, 가능하다면 죽은 다음이거나이지. 왜냐하면 그때
[67a] 정신은 신체로부터 자유로워져 스스로 자신에 즉해 있는 존재가 될 것이며, 그 이전에는 그런 것이 불가능할 것이기 때문이네. 그래서 우리가 살아 있는 동안에는 다음과 같은 경우에만 인식에 아주 가까이 갈 수 있을 것이네. 절대 필요한 때가 아니라면, 우리가 가급적 최대한 신체와 뒤섞이지 않고, 교유하지도 않으며, 신체의 성질에 오염되지 않고, 신이 스스로 우리를 풀어줄 때까지 신체적인 것을 씻어내는 경우에만 말이지. 이렇게 신체의 어리석음으로부터 해방되어 순수해질 때, 내 생각으로 우리는 그 순수한 것들과 함께할 것이며, 우리 스스로를 통해서 모든
[67b] 명징한 것을 인지하게 될 것이지. 아마도 바로 이런 명징한 것을 진리라고 생각해야겠지. 순수치 않은 존재가 순수한 진리를 접촉한다는 것은 신의 섭리에 맞지 않는 것이지.' 이런 이야기들을 나누며 이런 모든 생각을 받아들이는 것이 올바로 배움을 추구하는 사람에게 꼭 필요한 일이라네, 그렇지 않은가?"

"다른 어떤 말보다도 타당합니다, 소크라테스여."

소크라테스가 말했습니다. "이상의 말들이 진리를 담고 있다면, 나의

친구여. 이제 내가 떠나려는 목적지에 도달하게 되면 그곳에 이른 나는 우리가 지나온 생애에서 오랫동안 공력을 들여온 바람을 그곳에서, 다른 곳이 아니라 바로 그곳에서 성취하리라는 가슴 벅찬 희망을 품을 수 있을 것이네. 그 결과 이제 나에게 부과된바, 집 떠남에 대해 나는 낙관 [67c]
적 희망을 품을 수 있을 것이며, 다른 사람, 즉 오랫동안 준비하여 그 자신의 지성dianoia을 정화한 사람 역시 그런 희망을 품을 수 있을 것이지."

심미아스가 말했습니다. "전적으로 그렇습니다."

"정화[43]란 바로 오래전부터 말해져 오던 바로서, 정신이 신체로부터 최대한 분리되는 것, 신체의 모든 부분으로부터 최대한 정신을 소집하여 한데 끌어 모아 자신에 즉해 있게 하는 것, 그리고 가급적 현재만이 아니라 나중에도 홀로 자신에 즉해서 살게 되는 것, 말하자면 신체의 족 [67d]
쇄를 벗고 풀려나 살게 되는 것이겠지?"

"전적으로 그렇습니다."라고 그가 말했습니다.

"그런데 우리가 죽음이라 이름하는 바의 것은 정신이 신체로부터 풀려나 분리되는 것이지?"[44]

"모든 면에서 그러합니다."라고 그가 말했습니다.

"정신을 풀어내려고 누구보다도 항상 열망하는 자는 오직 철학을 올바로 행한 사람뿐이며, 그리고 철학자들이 열심히 공력을 들여 연습하

---

43 'katharsis'. 이는 오르페우스, 그리고 피타고라스학파의 핵심 개념이다. 이 당시에 벌써 서구의 마음관은 정화, 그것도 정신의 정화라는 개념을 형성하고 있으며, 그와 함께 심心과 신身을 배타적으로 구분하고 있었다. 이는 심신이 불가분적이며, 마음이란 바른 몸가짐, 즉 예禮로 나타난다는 마음관을 지니고 있던 동아시아와는 대조적이다.

44 호메로스 시대부터 생명적 인간은 신체와 정신의 결합체로 생각되었으며, 그 당시에는 정신이 일종의 숨이나 생기와 같은 것으로 몸 전체에 퍼져 있다고 생각했다. 단 호메로스 시대에는 프시케 또는 정신이란 사유 등의 적극적인 능력을 지닌 것으로는 여겨지지 않았고, 단지 인간이 죽으면 떠나는 것으로 인지되었다.

는 것은 신체로부터 정신이 풀려나고 분리되는 일이지, 그렇지 않은가?"

"그렇게 생각됩니다."

"그러면 우리가 처음에 이야기한 바와 같이, 그의 삶의 과정에서 최
[67e] 대한 죽음에 가까이 가고자 스스로를 준비하며 살아왔음에도 죽음이 그에게 임박하자, 그것에 괴로워한다는 것은 우스꽝스러운 일일 것이지."

"우스운 일이지, 왜 아니겠습니까?"

"심미아스여, 그러므로 진정으로 올바로 철학을 하는 사람은 죽음을 연습할 것이며, 다른 이는 몰라도 그들은 죽음을 전혀 두려워하지 않을 것이네. 이제 다음을 검토해보도록 하지. 모든 면에서 신체와 불화하는 관계에 있기에, 정신은 홀로 스스로에 즉해 있기를 원해왔음에도 막상 그런 상태에 이르게 되었을 때 두려워하고 괴로워한다면, 그리고 그들 생애의 목적지로 즐거운 마음으로 가는 것이 아니라면 그것은 대단히
[68a] 불합리한 일alogia이지 않을까? 즉 그곳에 이르면, 그들이 평생에 걸쳐서 욕구하던 바를 얻을 수 있을 것이라는 희망을 갖고 있던 곳에—그들이 욕구하는 바는 순수 지혜인데—, 그리고 그들이 적대적인 태도를 취해왔던 것과의 공존 상태로부터 해방될 수 있으리라는 희망을 갖던 곳에 즐겁지 않은 마음으로 간다면 말일세. 많은 사람이 사랑하는 어린 미소년, 아내, 자식들이 죽으면 자신도 기꺼이 명계인 하데스로 가고자 하는데, 그것은 그곳으로 가면 그들이 사랑하는 사람들을 볼 수 있으리라, 그리고 함께할 수 있으리라는 희망이 있기 때문이지. 그런데 진정으로 순수 지혜를 사랑하는 사람들이라면, 그리고 하데스가 아니라면 논할
[68b] 가치가 있는 다른 그 어떤 곳에서도 그 지혜를 얻을 수 없을 것이라는 확고한 믿음을 품고 있는 사람이라면, 그는 죽음에 이르러 괴로워하고,

즐겁지 않은 마음으로 그곳으로 떠날까? 나의 친구여, 적어도 그가 진정으로 철학을 하는 사람이라면 그런 희망찬 믿음을 가질 것이 틀림없다네. 진정 그런 사람은 확실히 다른 곳이 아니라 그곳에서 순수한 사유katharos phronēsei를 누릴 수 있을 것이라고 생각할 것이기 때문이지. 사정이 이러할진대, 우리가 방금 말한 바와 같이, 그런 사람이 죽음을 두려워한다면 부조리한 일이지 않을까?"

"진정 제우스에 맹세코, 대단히 부조리한 일입니다."라고 그가 말했습니다.

"자, 그러면 자네가 보기에는 충분한 증거, 어떤 이가 죽음에 임해서 괴로워하는 것을 자네가 본다면, 그가 철학자가 아니었고 신체를 사랑하는 사람이었다는 것에 대한 충분한 증거가 되겠지? 그리고 그 동일한 [68c]
사람이 바로 재물을 탐하거나 명예를 추구하는 사람, 또는 그 둘 모두를 사랑하는 사람이라는 것에 대한 증거가 되겠지?"

"말씀하신대로입니다."라고 그가 말했습니다.

소크라테스가 말했습니다. "자, 이제 심미아스, 용기라고 불리는 것은 다른 누구보다도 이런 마음의 태도를 지닌 사람들, 즉 철학하는 사람들이 발휘할 만한 것이지."

"모든 면에서 그러합니다."라고 심미아스가 말했습니다.

"그러면 절제란, 다수의 사람이 욕망에 의해 마음이 뒤흔들리지 않고 그를 가벼이 여기며 차분한 마음의 태도를 취하는 것을 절제라 부르는데, 이런 절제는 무엇보다도 신체를 경시하며 철학적인 삶을 사는 사람들에게 적합한 것이지?"

"필연적입니다."라고 그가 답했습니다. [68d]

"이제 다른 부류의 사람들이 보이는 용기와 절제를 검토해볼라치면,

그들의 태도가 이상하다고 그대는 생각할 것일세."

"무슨 말씀이십니까, 소크라테스여?"

그가 말했습니다. "자네도 알다시피, 철학자 이외의 다른 모든 사람이 죽음을 대단히 나쁜 것들 중의 하나라고 생각하지?"

"정말 그렇습니다."라고 그가 말했습니다.

"두려움 때문에, 보다 큰 나쁜 것들에 대한 두려움 때문에 이들 용기 있다는 사람들은 죽음을 감내하는 것이지? 죽음을 감내하는 경우에는 말일세."

"그렇습니다."

"바로 무서워하기에 그 두려움 때문에 철학자를 제외한 다른 모든 사람은 용기를 발휘하는 것이라네. 하지만 그것은 진정 부조리한alogon 일, 두려움과 비겁함 때문에 용기 있는 자가 된다는 것은 부조리한 일이라네."

[68e] "진정 그렇습니다."

"절제 있는 사람들은 어떠할까? 그들도 이 동일한 정서를 겪는 것이지 않을까? 즉 일종의 무절제함 때문에 그들은 절제적이 되는 것이지? 우리는 이런 일이 불가능하다고 언명하지만, 그럼에도 단순한 방식으로 절제적인 사람이 처한 상태는 바로 이것과 유사한 것임이 드러난다네. 그들은 어떤 종류의 쾌락을 욕망하기에 그 쾌락을 빼앗길까 두려워하면서, 즉 한 종류의 쾌락의 지배를 받고 있기에 다른 쾌락을 멀리하는 것
[69a] 일 뿐이지. 하지만 우리는 바로 쾌락에 의해 지배당하는 것을 무절제라 부르는 것인데, 이들은 바로 이렇게 쾌락에 압도당해서 다른 쾌락들을 억제하고 있는 것이지. 이것은 우리가 방금 말한 상황과 같은 것이네, 즉 그들은 어떤 의미에서는 무절제하기에 절제적인 사람이 되는 그런 상황 말이네."

"제 생각에도 그렇습니다."

"친애하는 심미아스, 그것은 탁월성[45]을 구매하는 올바른 교환 방식이 아닌 듯하네, 즉 쾌락과 쾌락을, 고통과 고통을, 두려움과 두려움을 교환한다거나 보다 작은 것을 주고 보다 큰 것을 바꾸는 것, 마치 그것들이 통화인 양 바꾸는 방식은 말이네. 올바른 통화[46]는, 그것을 얻기 위해 이 모든 것을 주어야만 하는 바의 것은 순수 지혜라네. 그리고 이를 [69b]
척도로 해서 모든 것을 사고 팔 때 진정으로 용기, 절제, 정의 등, 한마디로 말해서 진정한 탁월성들이 바로 이 순수 지혜와 함께 존재하게 되는 것이네.[47] 쾌락이나 고통이나 공포나 그와 같은 다른 모든 것이 그것에 추가로 더해지거나 없어지거나 하는 것과는 상관없이 말이네. 하지만 순수 지혜와 상관없이 서로 교환되는 탁월성, 그런 탁월성은 진실로 노예적인 것이며, 여하한 건강함이나 진정한 실재성을 지니고 있지 않은 일종의 음영법의 산물[48]이라 할 수 있지. 하지만 진정한 것, 진리인 바의 것은 그런 모든 것이 정화되어야 드러나고, 절제, 정의, 용기, 그리고 순 [69c]
수 지혜 자체도 일종의 정화 상태인 듯하다네. 비의적 입문의 의식을 확립한 사람들[49]은 범상치 않은 듯한데, 진정으로 그들이 오래 전부터 말해온 비의적인 어투의 말은 다음과 같은 의미 내용을 담고 있는 것으로 보이네: 입문의 의식이나 신성성의 의식을 치루지 않고 하데스에 이른

45 아레테aretē. 이 어휘는 흔히 영어로 'virtue', 한국어로 '덕'으로 번역되나, 윤리적 의미만이 아니라 기능적인 의미를 지니고 있다. 『국가』에서는 의자도 아레테를 지니고 있다는 사용례가 나온다. 이 어휘의 그리스적 의미는 기능적 탁월성, 인간으로서의 탁월성을 의미한다. 최근에는 이런 원의를 살려 영어권에서 'excellence'로 번역한다.

46 즉 측정과 교환의 단위를 말한다.

47 여기서는 Burnet(1911)을 벗어나 Bluck(2014)의 텍스트를 따른다.

48 음영법skiagraphia: 그림자, 음영에 의해 입체감이 있는 것처럼 보이게 하는 기술.

49 오르페우스교단의 일원들.

사람들은 진흙땅에서 뒹굴 것이며,[50] 완전히 정화되고 비의적 의식을 치른 사람들은 하데스에 도착하여 신들과 함께 살 것이라는 내용을. 입문의식의 확립자들이 말하듯이, '주신酒神의 장대를 든 사람들은 많으나,
[69d] 디오니소스의 사제들은 적은 수'[51]라네. 이 사제들은 나의 생각으로는 다른 사람들이 아니라 철학을 올바로 행한 사람들이지. 나는 나의 삶에서 가급적 철학함의 그 어느 것도 소홀히 하지 않았으며, 그런 삶을 사는 자들의 일원으로 간주되고자 모든 방법을 다해서 열심히 노력해왔다네. 내가 진정으로 올바로 노력했으며, 어느 정도는 성공한 바가 있다면 나는 그곳으로 가, 신이 허락한다면 잠시 후에는 명징한 존재자들을 알게 될 것이라고 기대한다네."

소크라테스는 다음과 같이 덧붙였습니다. "심미아스와 케베스여. 이것이 나의 변론이네. 그대들과 여기 현세의 주인들을 떠나면서 이에 대
[69e] 해 불평하거나 괴로워하지도 않으며 의연한 태도를 취하는 데 대한 나의 자기 변호일세. 나는 그곳에 가서 이곳의 주인들에 못지않게 훌륭한 주인들을 만나리라 생각하네. 만약 나의 변론이 아테네 법정에서의 변론보다 더 설득력이 있다면 나의 마음이 흡족할 것일세."

소크라테스가 이런 말들을 하자 케베스가 응답하며 말했습니다. "소크라테스여, 당신 말씀의 다른 부분들은 좋은 내용이라 생각됩니다. 그
[70a] 러나 정신에 관한 말들은 사람들이 믿기 대단히 어려운 내용이군요. 사람들은 인간의 정신이 신체를 떠나는 때면, 어디에도 존재하지 않고, 사람이 죽는 바로 그날 정신은 소멸하여 사라지지 않을까 하는 의심을 품

50 진흙 속에 매장당한다는 오르페우스의 사후 처벌론은 『국가』(363d)를 참조.
51 오르페우스교단에 관해서는 Guthrie(1993: 160, 243)를 참조.

고 있기 때문이지요. 정신이 신체로부터 풀려나 떠나게 되자마자 숨 또는 연기와 같이 흩어져 날아가 버려, 그것은 더 이상 어디에도 존재하지 않게 되리라는 것입니다. 만약 정신이 모여 통합체를 이루고 스스로 자신에 즉해서 존재하며, 당신이 방금 열거한 그런 나쁜 것들로부터 풀려난다면, 소크라테스여, 당신이 말한 것이 사실일 수 있으리라는 낙관 [70b]
적 희망을 품을 수 있을 것입니다. 하지만 그 주장은, 인간이 죽은 후에도 정신이 존재하며 어떤 능력과 순수 지혜를 소유하고 있으리라는 주장은, 상당한 정도로 확신을 줄 수 있는 논변들과 증거를 필요로 할 것입니다."

소크라테스가 말했습니다. "케베스여, 자네 말은 맞는 말이네. 그렇다면 우리는 무엇을 해야 할 것인가? 그대는 우리가 이런 문제들에 관해 더 이야기를 전개해서 그 생각이 그럴듯한지 아닌지를 검토해보기를 원하는 것인가?"

케베스가 말했습니다. "나로서는 그 문제들에 관해 당신이 피력하는 생각은 무엇이라도 즐거이 경청하고자 합니다."

소크라테스가 말했습니다. "지금 우리의 말을 들은 사람은, 그가 설혹 코미디 작가라 할지라도[52] 내가 한가한 수다나 떨면서 지금 상황에 [70c]
걸맞지 않은 이야기를 늘어놓는다고 폄하하리라고는 생각하지 않네. 자, 그러니 자네가 좋다면 철저히 검토해보기로 하세. 이제 다음과 같이 사람들이 죽으면 그의 정신들이 하데스에 거주하는지 아닌지를 검토해보도록 하지. 우리가 기억하기로는 오래전부터 전해져오는 주장이, 이

52 여기에서 소크라테스는 아리스토파네스를 완곡히 시사하고 있다. 아리스토파네스는 『구름*Clouds*』이라는 희곡에서 소크라테스를 희화화한 바 있다.

곳을 떠나 저곳으로 간 정신들이 다시 이곳으로 돌아오며, 그들은 죽은
자들로부터 생겨나게 된다는 주장이 있네. 만약 이 주장이 맞다면, 즉
산 자들이란 죽은 자들로부터 다시 환생하는 것이라면, 우리의 정신은
[70d] 그곳에 존재하고 있을 수밖에 없겠지? 왜냐하면 존재하지 않는 것이
다시 생겨나게 될 수는 없을 것이기 때문이지. 그래서 그것은 우리의
주장, 정신 존재가 저편에 존재한다는 주장에 대한 충분한 증거가 될
것이네, 만약 산 자들이란 다름 아니라 죽은 자들로부터 생겨나게 됨이
명백하다면 말이네. 그러나 그렇지 않다면 우리는 다른 논변을 필요로
하겠지."

"전적으로 맞습니다."라고 케베스가 말했습니다.

"인간들과 관계해서만이 아니라," 그가 말했습니다, "진정 그대가 쉽
게 이해하고자 한다면 말이지, 동물들, 식물들, 한마디로 생성하는 모든
것과 연관하여, 이 모든 것이 그런 식으로 생겨나는지의 여부를 검토하
[70e] 도록 하세. 모든 것이 그들에게 반대자가 있는 경우에는, 다름 아니라
반대자들로부터 생겨나는지의 여부를 살펴보도록 하세나. 예를 들면 아
름다움은 추함에, 정의로움은 불의함에 반대되는 것이며, 그리고 이런
반대자 쌍들이 무수히 많다고 할 수 있지. 자, 이제 반대자들을 가진 것
들은 다른 것이 아니라 바로 자신에 반대되는 것으로부터 생성됨이 필
연적인지의 여부를 알아보도록 하지. 가령 보다 큰 어떤 것이 생겨나는
경우, 보다 큰 그것은 이전에는 보다 작은 것이던 것으로부터 나중에 생
겨남이 필연적인가?"

"그렇습니다."

"그러면 보다 작은 것이 생겨나는 경우에도 이전에는 보다 큰 것이던
[71a] 것으로부터 나중에 보다 작은 것이 생겨나는 것이지?"

"그렇습니다."라고 케베스가 말했습니다.

"나아가 보다 강한 것으로부터 보다 약한 것이, 그리고 보다 느린 것으로부터 보다 빠른 것이 생겨나는 것이지?"

"그렇습니다."

"다음은 어떤가? 보다 나쁜 것은 보다 좋은 것으로부터 생겨나지 않는가? 그리고 보다 정의로운 것은 보다 불의한 것으로부터 말이지."

"왜 안 그렇겠습니까?"

그가 말했습니다. "그러면 모든 것이 이런 식으로 생성된다는 주장, 반대적인 물상들로부터 반대적인 것들이 생성된다는 주장은 충분히 확립된 것이지?"

"그렇습니다."

"다음은 어떤가? 이 모든 것과 관계하여, 말하자면 이 모든 반대자들
의 쌍들 중간에 두 종류의 생성, 즉 한쪽으로부터 다른 쪽으로의 생성, [71b]
그리고 다시 후자로부터 전자로의 생성이라는 두 종류의 생성 과정이 있지? 보다 큰 것과 작은 물상들 중간에 증가와 감소 과정이 있고, 우리는 이를 각각 '더해진다' 그리고 '감해진다'라고 부르지?"

"그렇습니다."라고 케베스가 말했습니다.

"그러면 해체와 결합, 차가워짐과 뜨거워짐, 그리고 이런 종류의 모든 과정이 있는 것이지. 어떤 경우에는 적절한 이름으로 표현할 수 없을지라도, 적어도 실제에 있어서는 모든 면에서 사태가 이러함이 필연적이지. 즉 사물들은 서로로부터 생겨남이, 그리고 그리 생겨나 서로에로 되어감이 필연적이지."

"확실히 그렇습니다."라고 그가 말했습니다.

"자 이제," 소크라테스가 말했습니다. "그러면 삶에 반대되는 어떤 [71c]

것이 있지? 마치 잠들어 있음이 깨어 있음에 반대되는 것으로 있듯이 말이지?"

"물론입니다."라고 케베스가 말했습니다.

"그것은 무엇이지?"

"죽음입니다."

"그럼 이들이 반대자들이라면 이들은 서로로부터 생성되고, 이들 둘 중간에 두 종류의 생성 과정이 있겠지?"

"왜 안 그렇겠습니까?"

"이제 내가 방금 언급한 쌍들 중의 한쪽과 그와 관련된 생성 과정을 지적할 터이니, 그대는 나에게 다른 쪽을 말해주게."라고 소크라테스가 말했습니다. "한쪽은 잠들어 있음이고, 다른 쪽은 깨어 있음이며, 잠들어 있음으로부터 깨어 있음이 생겨나고, 깨어 있음으로부터 잠들어 있
[71d] 음이 생겨나며, 이들 간의 생성 중의 하나는 잠들게 됨이며, 다른 하나는 깨어나게 됨이지. 이에 충분히 동의할 수 있지. 안 그런가?"

"당연히 그렇습니다."

"그러면 삶과 죽음에 대해서도 그와 같이 답하도록 하지. 그대는 삶이란 죽음에 반대되는 것이라고 언명하지 않는가?"

"예, 그렇습니다."

"이들은 서로로부터 생겨나지?"

"예."

"삶으로부터 생겨나는 것은 무엇인가?"

"죽음입니다."

"죽어 있는 것으로부터 생겨나는 것은 무엇이지?"

"삶이라고 동의해야만 합니다."

“그러므로 케베스여, 죽어 있는 것들로부터 살아 있는 것들과 산 사람들이 생겨나는 것이지?”

“그렇게 보입니다.” [71e]

“그러므로 있다고,[53] 우리의 정신은 하데스에 있다고 해야지.”

“그런 것으로 보입니다.”

“그런데 이들과 관련된 생성 과정들 중 하나는 명백하게 볼 수 있지? 즉 적어도 죽어감은 명확하게 드러나 있지. 안 그런가?”

“전적으로 그렇습니다.”

그가 말했습니다. “그러면 이제 그다음은 어떻게 진행을 해야 할까? 반대되는 생성 과정을 인정함으로써 균형을 맞추어야 하지 않을까, 아니면 이 점에서 자연은 절름발이인가? 아니라면 다음, 즉 죽어감에 반대되는 어떤 생성 과정을 상정해야 함이 필연적인가?”

“어느 모로 보아도 그렇습니다.”

“그것은 어떤 것이지?”

“‘다시 살아남’이지요.”

“그러면 ‘다시 살아남’이라는 것이 있다면 죽은 자들로부터 산 자들이 [72a]
생겨나는 것, 그것이 ‘다시 살아남’이겠지.”

“그렇습니다.”

“우리는 다음에 동의했네. 산 자들이 죽은 자들로부터 생겨난다고, 죽은 자들이 산 자들로부터 생겨나는 만큼, 동일한 정도로 그러하다고 동의했네. 이상의 논의는 죽은 자들의 정신이 필연적으로 어디엔가 존

---

53 플라톤은 그리스어 be동사 ‘estin’을 문장의 앞에 놓음으로써 언명되는 바의 내용이 사실·진리임을 강조하고 있다. 어휘를 문장 앞에 놓음으로써 강조하는 그리스적 어법의 좋은 예이다.

재해야 하며, 그래야 그로부터 다시 산 자들이 생겨날 수 있다는 주장에 대한 충분한 논거가 된다고 볼 수 있지."

"소크라테스여, 우리가 동의한 전제들로부터 필연적으로 그런 결론이 뒤따르는 것으로 생각됩니다."라고 그가 말했습니다.

"케베스여, 우리의 동의는 전혀 부당한 것이 아니라고 나는 생각하는데, 이를 다음과 같이 확인해보도록 하세. 만약 한쪽의 반대자가 다른
[72b] 반대자들로 변화·생성되는 과정이 영원히 균형을 맞추며 진행되지 antapodidoie 않고, 마치 수레바퀴 돌듯이 그렇게 말이네, 생성 과정이 한쪽에서 다른 쪽으로만 변화해가는 직선적인 것이어서 다른 쪽으로 변화·생성되는 회귀 과정이 이루어지지 않는다면, 모든 것은 결국 동일한 모습을 갖추게 될 것이어서 동일한 상태에 처하며, 생성 과정이 종식되게 된다는 점을 그대는 인지하지?"

"무슨 의미입니까?"

그가 말했습니다. "내가 말하는 바를 파악하는 일은 어려운 일이 아닐세. 다음과 같은 것이지. 가령 잠드는 과정은 있으나, 잠든 상태로부터 깨어남이 그에 상응하여 생겨나는 것이 아니라고 한다면, 자네는 다음을 인정할 것이네. 즉 이 모든 것은 결국 영원한 잠을 자는 엔디미
[72c] 온Endymion에 관한 설화[54]란 전적으로 무의미한 헛소리임을 보여주고, 그는 어디에도 존재할 수 없으리라는 것을 말일세. 모든 것이 그와 동일한 상태, 즉 잠들어 있는 상태에 있을 것이기 때문이지. 그리고 모든 것이 결합되기만 하고 분리되지 않는다면, 아낙사고라스가 말한바, '모든 것이 같은 곳에 있게 될 것이다'라는[55] 말이 진리가 될 것이네. 이와 같

54 그는 헤라Hera를 범하려 해서 영원한 잠에 빠져드는 징벌을 받게 되었다 한다.

이, 친애하는 케베스여, 생명을 지닌 모든 것이 죽어가고, 일단 죽은 후에는 그 모습 속에 머물러 있어 다시 되살아나지 않는다면, 종국에는 모든 것이 죽음을 맞고 그 어느 것도 살아 있지 못함이 진정 필연일 수밖에 없지 않을까? 왜냐하면 살아 있는 것들이 죽음과는 다른 것들로부터 생겨나고, 산 것들은 죽는다고 한다면, 모든 것은 소진되어 죽음에 이르게 되지 않을 방도가 없을 것이기 때문이지." [72d]

케베스가 말했습니다. "소크라테스여, 그러지 않을 방도란 전혀 없습니다. 당신의 말은 전적으로 진리라고 생각됩니다."

"진정으로 진리라고,"[56] 그가 말했습니다, "케베스여, 그렇게 생각되며, 그리고 우리가 도달한 다음의 합의는 미혹되어 이루어진 것이 아니라 여겨지네. 되살아남의 과정이, 그리고 살아 있는 것들이 죽은 것들로부터 생겨남의 과정이 있으며, 죽은 자들의 정신이 존재한다는 것은 진상과 부합하는 입장이네."[57] [72e]

케베스가 응답하며 말했습니다. "더 나아가 진정으로 당신이 종종 이전에 주장하던바, 우리의 학습이란 상기 이외에 다른 것이 아니라는 주장이 진리인 경우에는, 이 주장에 의거하면 지금 우리가 상기하는 것은 우리가 이전에 언젠가 배웠던 것임에 틀림이 없습니다. 그런 상기함이

---

55 아낙사고라스는 원초적 혼돈의 모습을 이렇게 기술했다(Fr. 1 참조).

56 원문에는 '진리alēthes' 또는 '사실'에 해당하는 그리스어 어휘는 없고, 단지 'Estin …… houto'라는 그리스어 be동사가 사용되었다. 이곳의 be동사는 전형적으로 칸이 말한 바 '진리이다', '사실이다'라는 의미로 사용된 be동사이기에, 이런 의미를 새겨 번역한 것이다. 그리스어의 be동사는 단지 존재사나 계사로서만이 아니라 사실 확인, 진리 확인적 의미를 지니며, 칸은 이런 의미가 그리스어 be동사의 근원적 의미라 주장하고 있다(4장의 언어철학적 해제 참조).

57 여기서도 역시 'Esti to onti'라는 그리스어 be동사와 be동사의 분사에서 만들어진 부사구가 사용되었다. 이곳의 be동사들 역시 칸이 말한바, '진리이다', '사실이다'라는 의미로 사용된 be동사이다.

[73a] 란 불가능할 것이지요, 만약 우리의 정신이 인간의 모습을 가지고 태어나기 이전에 어디엔가 존재하지 않았다면 말이지요.[58] 그래서 이런 논리에 의해서도 정신은 불사적인 것으로 보입니다."

심미아스가 받아서 말했습니다. "케베스여. 그런 주장에 대한 논거는 어떤 것인가? 상기시켜주기 바라네. 현재로서는 내가 잘 기억하지 못하니까 말이네."

케베스가 말했습니다. "아주 간단하지만 매우 훌륭한 논변으로 자네에게 상기시킬 수 있네. 즉 사람들에게 질문을 던지면, 그 질문이 제대로 된 것이라고 한다면, 그들은 스스로 모든 것에 관해서 있는 사실대로 답할 수 있을 것이네. 그런데 그들 마음속에 지식이나 올바른 헤아림이
[73b] 없었다면 그들은 그럴 수 없었을 것이지. 다음으로 우리가 그들에게 기하학적 도형이나 그 비슷한 것을 보여주게 되면, 사실이 그러함이 아주 명백하게 드러날 것이네."[59]

소크라테스가 말했습니다. "그런데 심미아스여, 그대가 방금 말한 바를 믿지 못하겠다면 다음을 검토하고서 우리와 의견을 함께할 수 있는지 생각해보도록 하게. 그대는 배움이라 불리는 바가 어떻게 상기일 수 있는지에 대해 회의적이지?"

심미아스가 말했습니다. "나는 당신의 말을 믿지 못하는 것이 아닙니다. 하지만 나로서는 바로 그것을, 즉 우리의 논의 주제인 상기를 체험함이 필요하군요. 케베스가 시도한 논변을 듣고 나는 상기론을 막 떠올

---

58 여기서 'psychē(정신)'가 학습의 주체로 파악되고 있다.

59 『메논』에서 소크라테스는 사동에게 도형을 보여주며 질문을 함으로써 그에게 대각선에 관한 중요한 명제를 이끌어내게 하는데, 이 구절은 이를 염두에 두고 있는 것으로 보인다.

리게 되었고, 그의 말을 거의 믿게 되었습니다. 그럼에도 불구하고 당신이 제시하는 논변의 내용을 들었으면 합니다."

"그렇게 하도록 하지."라고 그가 말했습니다. "우리는 다음에 합의하지? 어떤 사람이 무엇을 상기한다면, 그는 바로 그것을 이전 언젠가에 알고 있었어야만 한다는 것을." [73c]

"그렇습니다."

"다음의 것도 동의하지? 앎이나 인식이 다음과 같은 방식으로 발생한다면 그것이 상기라는 것을 말이네. 여기서 내가 의미하는 방식이란 다음의 것이지. 어떤 이가 무엇을 보거나 듣거나 또는 다른 감각을 통해 인지할 때, 그는 그것만 인지하는 것이 아니라 다른 것도 사념하게 되었을 때—그런데 그 다른 것에 대한 사념은 지각과 동일한 인식이 아니라 다른 종류의 인식일 터인데—, 우리가 사념ennoian의 대상이 된 것을 상기하게 되었다고 말한다면, 그것은 올바른 언명이지 않을까?" [73d]

"무슨 말인지요?"

"다음과 같은 의미일세. 사람에 대한 인식과 수금竪琴에 대한 인식은 다른 것이네."

"어떻게 안 그렇겠습니까?"

"그러면 자네는 다음을 잘 알고 있지. 사랑에 빠진 사람들이 그들이 사랑하는 미소년이 지니고 다니던 수금이나 의상이나 그 밖의 다른 것들을 보게 되면 다음과 같은 상태에 처하게 된다는 것을. 그들은 수금을 지각하면서 다른 한편으로는 수금의 소유자인 미소년의 모습eidos을 사념en tē dianoia[60]하게 되는데, 이것을 상기라 하는 것이지? 마치 사람들이

60 여기서 플라톤은 상기의 인지적 상태를 감각적 지각과 구분하여 'dianoia'라는 어휘를

심미아스를 보고서 종종 케베스를 상기하듯 말일세. 그와 같은 사례는 무수히 많다고 할 수 있다네."

"제우스에 맹세코, 그런 사례는 진정으로 무수히 많습니다."

[73e] "진정 다음의 경우 일종의 상기라고 할 수 있지. 시간이 오래 지나거나 유념하지 않아 이미 잊어버린 것들에 관해서 그런 심적 상태를 겪을 때 특히 그런 것을 상기라 할 수 있지?"

"진정으로 그렇습니다."

"다음은 어떤가? 그려진 말을 보거나 그려진 수금을 보고서 사람을 상기하고, 그려진 심미아스를 보고서 케베스를 상기하는 경우가 있지?"

"그렇습니다."

"그려진 심미아스를 보고서 심미아스 자신을 상기하는 경우도 있지?"

[74a] "그런 경우가 있습니다."

"그러면 이 모든 것에 준거하여 볼 때, 상기란 유사한 것을 단서로 이루어지는 경우도 있고, 유사하지 않은 것을 단서로 하는 경우도 있다는 결론이 뒤따르지."

"그렇습니다."

"그럼 어떤 이가 유사한 것들을 보고서 무엇을 상기할 때 그는 필연적으로 다음과 같은 생각을 더 하게 되는 것이지? 즉 그 유사한 것(가령 심미아스의 그림)이 유사함을 기준으로 할 때 그것에 의해 상기되는 것(심미아스)에 미치지 못하는가, 그렇지 않은가를 헤아리게 되는 것이지?"

"필연적입니다."

"다음의 생각을 검토해보도록 하게. 우리는 어떤 같은 것ti ison이 존재

사용함으로써 상기의 활동이 일종의 지적·이성적 활동임을 시사하고 있다.

한다고 언명하지? 한 조각의 목재와 (크기가) 같은 다른 한 조각의 목재, 한 개의 돌과 (크기가) 같은 다른 돌 또는 그런 류의 같은 것들이 아니라, 이들 모두 이외에 이들과는 다른 어떤 것, 같음 그 자체라는 것이 있다고. 우리는 이것이 어떤 것이라고 언명하는가, 혹은 부정하는가?"

"우리는 진정으로 그렇다고 제우스에 맹세코 언명합니다, 소크라테스여. 그것도 아주 확고하게." [74b]

"우리는 그것인 바의 모습 그 자체를 인식하지?"[61]

"그렇습니다."라고 그가 말했습니다.

"그에 대한 인식을 어디에서 취득하는가? 우리가 방금 언급한 바의 것들, 재목이나 돌이나 그 같은 부류의 다른 것들을 보고서, 이들을 단서로 해서 이들과는 다른 것인 그것을 사념하게 되는[62] 것이 아닐까? 아니면 그대는 후자가 전자와 다른 것이 아니라고 생각하는가? 다음을 검토해보게. 같은 크기의 두 개의 돌 또는 목재는 자신으로 있으면서 어떤 이에게는 같게, 다른 이에게는 같지 않게 보이지?"

"정말 그렇습니다."

"다음은 어떤가? 같음들[63] 자체는 그대에게 같지 않은 것으로 보이는 때가, 또는 동일성이 같지 않은 것으로 보이는 때가 있는가?" [74c]

"소크라테스여, 절대 그런 때는 없습니다."

---

61 '그것인 바의 모습 그 자체auto ho estin'. 그것의 진상 그 자체, 같음 그 자체의 모습, 즉 '같은 크기의 돌들'의 일부로서의 같음이라는 성질이 아니라, 같음 자체의 모습이나 '같음'이라는 어휘의 의미를 정확히 인식하느냐는 물음으로 이해할 수 있다.

62 여기서의 동사상 어미는 단순과거형aorist인데, 이런 사용례는 'aorist'가 일회적으로 일어난 사건을 기술하기 위해 사용됨을 분명하게 보여준다.

63 여기서 복수로 쓴 '같음들'은 눈으로 보는 크기가 같은 돌, 같은 나무가 아니라 수학적 같음과 같은 추상적 같음 자체를 지칭한다. 복수를 사용한 이유는 같음이 두 대상 사이의 관계적 성질이기 때문으로 이해된다.

그가 말했습니다. "그러므로 같은 것들ta isa과 같음 그 자체auto to ison는 동일한 것이 아니라네."

"그 어떤 방식으로도 아니라고 보입니다." 그가 말했습니다.

"자 그러면," 그가 말했습니다. "바로 이들 같은 것들로부터, 이들은 같음 자체와는 다른 것인데도, 그럼에도 이들로부터 같음 자체에 대한 인식을 사념하게 되고 이를 취득하는 것이지?"

"진정으로 사실을 말씀하셨습니다."

"그 사념된 것은 사념의 단서가 된 것들과 유사한 것이거나 아니면 유사하지 않은 것이지?"

"그렇습니다."

"어느 쪽이어도 상관이 없네. 하나를 보고서 바로 그 동일한 시각 활
[74d] 동에서 다른 것을 사념하게 되는 한에서, 양자가 유사한 것이건 유사하지 않은 것이건 간에 그것은 상기라고 해야 함이 필연적이네."

"전적으로 그렇습니다."

"다음은 어떤가? 목재들이나 우리가 방금 언급한 것들에 있는 같음에 관해서도 우리는 그런 경험을 하지? 즉 그들은 '같은 바의 것 그 자체'[64]와 같은 식으로 같은 것이라 여겨지는가? 아니면 무엇인가 부족한 것으로, 같음 그 자체와 같은 것이 되기에는 무엇인가 부족한 것으로 보이는가, 아니면 부족함이 없는가?"

"많이 부족한 것으로 보입니다."라고 그가 말했습니다.

"그러면 우리는 다음에 합의하는가? 어떤 이가 무엇을 보고서 다음과 같이 사념한다면, 즉 내가 지금 보는 것은 존재자들 중의 다른 어떤 것

---

64 '같은 바의 것 그 자체auto ho estin ison'.

이기를 목표로 하나 그것에 미치지 못하며, 그 다른 것과 같이 되는 것은 불가능하고, 그것에 비해 열등한 것이라고 생각한다면 다음은 필연적이지. 즉 이런 사념을 하는 사람은 그가 본 바가 그와 같은 것이기를 원하나 그에 미치지 못한다고 판단되는바, 그 비교의 준거가 되는 것을 이전에 인식했었음이 필연적이지?" [74e]

"필연적입니다."

"다음은 어떤가? 같은 것들과 같음 자체에 관해서도 우리는 그와 같은 체험을 하는가, 아닌가?"

"전적으로 그렇습니다."

"그러면 다음은 필연적이네. 우리가 다음의 때 이전에 같음을 미리 인식했었음이, 즉 먼저 같은 것들을 보고서 이 모든 것이 같음to ison과 [75a] 같은 것이기를 원하나 미치지 못한다고 사념하는 때 이전에 인식했었음이."

"그렇습니다."

"그러면 우리는 다음도 합의하는 것이지. 우리는 그런 생각을 다른 것을 계기로 해서 하는 것이 아니라—다른 것을 계기로 생각함은 불가능하다네—, 시각이나 촉각, 또는 다른 감각을 계기로 해서 하는 것이라는 점을. 그리고 그 계기가 어떤 감각이더라도 상관이 없네만."

"상관없습니다, 소크라테스여. 우리의 논변logos이 보이고자 하는 바의 관점에서는 말이지요."

"그러면 바로 감각적 활동을 단서로 해서 다음과 같은 생각을 하게 되는 것이지. 즉 감각을 통해 인지되는 그 모든 것은 같음인 바의 그 [75b] 것[65]에 이르려 하나, 그것에 미치지 못한다는 생각을. 자네는 어떻게 생각하는가?"

"그렇게 생각합니다."

"그러므로 우리가 보고 듣거나 다른 감각적 활동을 시작하기 전에 같음인 바의 그것 자체 또는 같음의 진상[66]에 대한 인식을 취득했었어야 한다네. 만약 우리가 감각을 통해 지각하는 같은 것들을 그것(같음)과 대조·조회하며, 이 모든 같은 것이 그것과 같은 것이 되기를 열망하지만 그것과 비교해서 열등하다는 생각을 갖게 되려면 말이네."

"필연적입니다, 이상에서 말한 바에 따르면 말이지요, 소크라테스."

"그런데 우리는 태어나자마자 바로 보고 들으며, 그리고 다른 모든 감각적 지각을 행하는 것이지?"

"그렇습니다."

[75c] "그런데 우리는 이런 감각적 활동들 이전에 같음에 대한 인식을 취득했어야만 한다고 언명해야지?"

"예."

"그러므로 우리가 태어나기 이전에 그것을 취득했었음이 필연적인 것으로 보이는군."

"그렇게 보입니다."

"그러면 우리가 태어나기 이전에 그것(같음 자체에 대한 인식)을 획득하여 소지하고 태어난다고 한다면, 태어나기 전에도 그것을 인식했었으며, 태어나자마자 같음만이 아니라 보다 큼, 보다 작음, 그리고 그런 모든 것을 인식하고 있었다고 해야지? 우리의 지금 논의는 같음에 대해

---

65 '같음인 바의 그것ti ho estin ison; something which is equal'.

66 '같음인 바의 그것 자체 또는 같음의 진상autou tou isou ho ti estin; of the equal itself what it is'. 이를 '본질'이나 'essence'로 번역하는 경우가 있는데, 이는 역투사적 오류이다. 본질은 우연적 속성과 대비되어 의미 있는 개념으로, 아리스토텔레스적인 형이상학을 전제로 하는 개념이다. 플라톤의 존재론에는 본질과 우연적 속성의 구분이 없다.

서만이 아니라 같은 정도로 아름다움 자체, 선함 자체, 정의로움 자체, 경건함 자체, 그리고 우리가 물음을 던지고 응답하는 과정에서 '~인 바의 것 그 자체auto ho esti'[67]라는 표현으로 도장을 찍는 바의 모든 것에 관해서도 타당하다고 해야지. 그래서 우리가 태어나기 전에 이들 모두에 관한 앎이나 인식을 취득했음이 필연적이지." [75d]

"그렇습니다."

"그리고 우리가 매 경우에 그것을 취득하고서 그것을 망각하지 않는다면, 앎을 가지고 태어나며, 생애의 전 기간 동안 알고 있음이 필연적이지? 앎을 획득해 갖고 있으면서 이를 완전히 잃어버리지 않는 것, 이것이 앎이며, 앎을 상실하는 것, 심미아스여, 이를 망각이라 하지?"

"모든 면에서 그러합니다." [75e]

"그런데 태어나기 전에 취득했으나 태어나면서 잃어버리고,[68] 나중에 감각적 기관들을 통해 그들에 관하여 저 앎들을, 이전에 우리가 지니고 있었던 앎들을 다시 획득한다면, 우리가 학습이라 부르는 바의 것은 원래 우리가 지니고 있던 앎을 다시 취하는 것이지? 그리고 이를 우리가 상기라고 부른다면 올바른 것이지?"

"그렇습니다."

"이제 다음의 것이 가능하다고 보이네. 어떤 것을 지각하고서, 가령 [76a]

---

67 이 어구는 '있는 바의 것' 또는 "~인 바의 것', 또는 그리스어 'esti(einai)'의 기저적 의미가 '진상이다', '진리이다'라는 칸의 제안을 수용하여, '진리 또는 진상인 바의 것 그 자체'로 번역할 수 있다(Kahn, 1973). 그 어느 경우건, 이 어구는 플라톤적 사유에서 '있음', '~임', 또는 '진리임'에 대한 관심이 지대함을 시사한다. 그리고 그가 'to ho esti'를 강조하여 지적하고 있다는 사실은 그가 일상적으로 '있다', '이다', '진리이다'라고 말해지는 것이 실은 그렇지 않다는 비판 의식을 표현하고 있는 것이다.

68 여기서는 일회성을 표시하기 위해 단순과거형aorist 동사상 어미를 사용했다.

본다거나 듣는다거나 그 밖의 다른 종류의 지각을 하고서, 그것으로부터 그것과는 다른 어떤 것, 우리가 망각했던 어떤 것을 사념하는 일이, 즉 지각된 바의 것이 관여되어 있으며 유사하지 않은 것일 수도, 유사한 것일 수도 있는 그런 것을 생각하는 일이 가능하다고. 그래서 내가 말했듯이 다음 둘 중의 하나인 듯하네. 우리 모두가 그들을 알고서 태어나거나, 아니면 그들을 배운다고 우리가 말하는 것들은 단지 상기되는 것일 뿐이고, 배움이란 바로 상기라 할 수 있을 것이지."

"소크라테스여, 진정으로 그렇습니다."

"심미아스여, 그러면 다음 중 어느 것을 선택하겠는가? 우리는 무엇
[76b] 을 알고서 태어나는가, 아니면 나중에 상기하는 것, 우리가 이전에 그에 대한 인식을 취득한 바 있는 그것을 상기하는 것인가?"

"선택이 어렵군요, 소크라테스여, 지금으로서는 말이지요."

"다음은 어떤가? 다음은 선택할 수 있겠는가? 그리고 이 점에 관해서 자네는 어떻게 생각하는가? 앎을 소유한 사람은 그가 알고 있는 것에 관해 설명할[69] 수 있어야 하지, 안 그런가?"

"절대 필연적입니다, 소크라테스여."[70]

"자네 생각으로는 모든 사람들 누구라도 우리가 논의하고 있는 것들에 관해 설명할 수 있을까?"

심미아스가 말했습니다. "나는 그들이 그럴 수 있기를 희망하기는 합

---

69 여기서 플라톤은 무엇을 앎에 대한 핵심적인 조건이 'logon didōnai'임을 언명하고 있다. 이에 관해서는 앞의 해제 3장 1절 참조.

70 우리는 플라톤이 이런 대화의 과정에서 '필연적(아낭케anangke)'이라는 표현을 빈번하게 사용하는 것을 주목할 필요가 있다. 그에게 이런 필연성은 논리적 필연성으로, 그에게 진리는 논리적 추론을 통해 얻어지는 것이다. 여기서 'anangke'는 'aitia'와 대비되는바, 필수조건으로서의 'anangke'(97e)와는 다른 의미이다.

니다만, 내일 이 시간이 되면 우리 중의 누구도 합당하게 그럴 수 있는 사람이 없으리라는 의심이 더 많이 듭니다."

"그러면 자네 생각으로는 모든 사람들이 그것을 알고 있는 것은 아니라고 볼 수 있겠지?" [76c]

"전혀 아닙니다."

"그러면 언젠가 배운 바를 다시 상기하는 것이지?"

"필연적입니다."

"우리의 정신이 그들에 대한 인식을 취득하는 때는 언제인가? 우리가 인간으로 태어난 이후는 아니지?"

"전혀 아닙니다."

"그러면 이전이라고 해야지."

"그렇습니다."

"그리면, 심미아스여, 정신 존재들은 이전에도, 인간의 모습으로 있기 이전에도 존재했는데, 그것은 신체로부터 분리되어 있었고, 순수 지혜를 소유하고 있었다네."[71]

"우리가 태어나면서 동시에 이들에 대한 인식을 획득한 경우가 아니라면, 소크라테스여, 그렇겠지요. 그 시각이 가능한 후보로 남아 있습니다."

"글쎄, 나의 친애하는 친구여. 우리가 그 앎을 상실하게 되는 때는 다른 어느 때일까? 우리는 방금 그들 인식을 소유하고서 태어나는 것이 아니라고 동의한 바 있는데, 그러면 우리는 그것을 취득하는 바로 그 순간 [76d]

---

71 이런 문장에서 우리는 플라톤이 'psyché'를 인식의 주체, 인식의 소유자로 파악하고 있음을 알 수 있다. 소크라테스에 의해 정신은 윤리의 주체로 인식되었고 플라톤에 이르러 인식의 주체로서의 정신의 개념이 확립되었다.

에 그것을 상실하는가? 아니면 다른 때에 그런다고 말할 수 있는가?"

"전혀 다른 때란 없습니다. 소크라테스여, 나는 헛소리를 하면서도 깨닫지 못했었군요."

소크라테스가 말했습니다. "그러면 다음이 우리가 처한 입장이지, 심미아스? 이제 만약 우리가 자주 말해오던 것들, 아름다움, 훌륭함, 그리고 그러한 모든 실재자ousia가 존재한다면, 그리고 우리가 감각을 통해서 인지한 바들을 이것들에 조회하는 것이라면, 이전에 존재했으며 우
[76e] 리의 것이었던 것들을 다시 발견하고, 그리고 감각된 것들을 그것들과 비교하는 것이라면, 다음은 필연적이지. 이들 실재자들이 존재하듯이, 그렇게 우리의 정신도 우리가 태어나기 전에 존재했다는 것은. 만약 그 실재자들이 존재하지 않는다면 우리의 논변은 공염불에 불과한 것이겠지? 사태가 방금 말한 대로이며, 그 실재자들도 존재하고, 우리의 정신도 우리가 태어나기 전에 존재하는 것은 동일한 정도로 필연적이지? 그리고 만약 이들이 존재하지 않는다면 정신도 존재하지 않는 것이지?"

심미아스가 말했습니다. "절대적으로, 소크라테스여, 동일한 정도의 필연성이 있는 것으로 보입니다. 그리고 우리의 논의는 훌륭한 곳
[77a] 에 피난처를, 즉 우리의 정신이나 당신이 언급하고 있는 존재자들이 동일한 정도로 우리가 태어나기 전에 존재한다는 결론에 피난처를 마련한 것으로 보입니다. 저에게는 이런 모든 것이 다른 어느 것들보다 더 확실히 존재한다는 논제보다 더 명확한 것은 없는 것으로 보입니다, 훌륭함과 선함과 당신이 방금 언급해온 이 다른 모든 것이 존재한다는 논제보다 말이지요. 나로서는 그 논제는 명확히 증명되었다고 생각합니다."

"케베스는 어떻게 생각할까?" 소크라테스가 말했습니다. "우리는 케

베스도 설득해야만 하기 때문이지."

심미아스가 말했습니다. "충분히 설득되었다고 나는 생각합니다. 그는 타인의 말들을 믿지 않는 점에서 그 누구보다 완고한 사람이기는 하지만 말이지요. 그러나 그도 저 못지않게 그 논제, 우리의 정신이 우리가 태어나기 전에 존재했었다는 논제를 수용하리라 생각합니다. 하지만 [77b] 우리가 죽은 후에도 아직 정신이 존재할지의 여부는 저 자신이 보기에도 아직 증명되지 않은 것으로 보입니다, 소크라테스여. 그래서 케베스가 방금 지적한 바와 같이, 대중의 우려, 즉 사람이 죽으면 정신이 바람에 흩어지고,[72] 그것이 정신의 종말이 되지 않을까 하는 우려가 아직 사라지지 않고 있습니다. 왜냐하면, 다음과 같은 사태를 막을 수 있는 것이 있을까요? 정신이 생전에 어디에선가 결합되어 생겨나서 존재하고 인간의 신체로 들어오게 된다고 하더라도, 그것이 신체에 들어왔다가 신체를 떠난 후에는, 바로 그때에는 정신도 종말을 맞고 소멸하는 것을 막을 것 말이지요."

"잘 말했네, 심미아스."라고 케베스가 말했습니다. [77c]

"증명되어야 할 것의 반만이, 우리가 태어나기 전에 우리의 정신이 존재했었다는 주장만이 입증된 것으로 보입니다. 하지만 우리가 죽은 후에도 우리 정신이 태어나기 전과 같은 정도로 존재한다는 점이 추가로 입증되어야 합니다. 증명이 완결되고자 한다면 말이지요."

"그것은 지금으로서는 증명되었다고 보아야지, 심미아스 그리고 케베스여."라고 소크라테스가 응수했습니다. "방금 도달한 결론과 우리가

---

72 고전기 이전에는 정신은 일종의 숨, 생기와 같은 것으로, 사람이 죽으면 사람의 신체에서 나와 흩어져버린다고 생각했다. 그래서 강한 바람이 불면 빨리 죽는다고 믿었다.

이전에 합의한 바를, 즉 모든 살아 있는 것이 죽은 것들로부터 생성된다는 명제를 하나로 결합하기만 한다면 말일세. 만약 정신이 이전에도 존
[77d] 재한다면, 그리고 그것이 살아 있음에로 진입하여 태어남에서, 다른 것이 아니라 죽음과 죽어 있음으로부터 생성되는 것이 필연적이라면, 어떻게 우리가 죽은 다음에도 정신이 존재함이 필연적이 아닐 수 있겠는가? 그것이 다시 생성되어야만 하는데 말일세. 그러므로 그대들이 요청한 증명은 이제 완료되었다고 해야지. 하지만 그대와 심미아스는 즐거이 이 논변을 더 철저하게 추구하고 싶어 하는 것으로 보이고, 어린아이같이 두려움을, 즉 정신이 신체를 떠나갈 때 바람이 여러 방향으로 불어 정신을 이리저리 흩어뜨리지 않을까 하는 두려움[73]을 느끼는 것으로 보
[77e] 이는군. 특히 바람이 잔잔한 대기 중에서가 아니라 강력한 바람이 부는 와중에 죽게 된다면 말일세."

그러자 케베스가 웃었습니다. "소크라테스여. 우리가 두려움을 느끼고 있다고 가정하고서 다시 우리를 설득해주시지요. 보다 바람직한 것은 설득해주시되, 그런 두려움을 품고 있는 것이 우리라고 생각하지 마시기 바랍니다. 아마도 우리 속에 어떤 한 아이가 있어 그런 두려움을 품고 있는 것일 수도 있으니까요. 바로 그 아이가 죽음을 마치 사악한 도깨비인 양 두려워하지 않도록 설득해주시지요."

소크라테스가 말했습니다. "우리는 그 아이에게 매일 주문의 노래를 불러주어야 할 것일세. 우리가 주술적인 노래로 그 아이에게서 두려움을 축출해낼 때까지 말일세."

73 당시 대중은 인간의 정신이 미세한 입자로 구성되어 있는 일종의 물질적인 존재라고 생각했다. 플라톤에 이르러서는 정신관이 진전을 이루어, 정신이 윤리와 사유의 능력을 지니고는 있지만 공간을 점유하는, 어느 정도는 물질적인 것이라는 믿음이 잔존해 있었다.

"하지만 소크라테스여, 우리는 어디에서 그런 훌륭한 마법적인 노래를 들을 수 있겠습니까? 그대가 우리를 떠나는 마당에."라고 그가 말했습니다. [78a]

"이 넓은 헬라스에 훌륭한 사람들이 매우 많고, 케베스여, 다른 이방의 종족들도 상당히 많다네. 우리는 그 주술의 노래를 찾아 그들 세계를 수소문하며 찾아다녀야 하고, 그런 과정에서 재물이나 수고를 아끼지 말아야 하네. 왜냐하면 그보다 중요한 것, 우리가 재물을 아낌없이 사용해야 할 더 중요한 것이란 없기 때문이지. 그리고 자네들 사이에서도 찾아야 할 것이네. 아마도 자네들보다 그런 주술의 노래를 더 잘 부를 수 있는 사람을 발견하기란 쉽지 않기 때문이지."

"그런 노력은 이루어질 것입니다."라고 케베스가 말했습니다. "그러니 우리가 중단한 그 지점으로 다시 돌아가도록 하지요, 당신이 괜찮으시다면 말입니다." [78b]

"기꺼이 그렇게 하겠네. 왜 안 그러겠는가?"

"잘 말씀하셨습니다." 그가 말했습니다.

"자, 이제 우리는 우리 자신에게 다음을 질문해야만 한다네."라고 소크라테스가 말했습니다. "어떤 종류의 실재에게 이런 상태가, 즉 흩어짐의 사태가 일어나는 것이 적합한지, 어떤 종류의 것에 대해 그런 일이 일어나지나 않을까 하는 두려움을 가져야 할지를 물어야 하는 것이지. 그다음에 정신은 어디에 속하는지의 문제를 제기하고, 이에 기초하여 우리의 정신을 위해 용기를 내야 할지 두려움을 품어야 할지를 따져봐야 하는 것이지."

"옳은 말을 하셨습니다."

"이제 여러 요소들이 결합된 것과 본성적으로 복합적인 것은 그것을 [78c]

결과한 그러한 결합의 방식으로 해체되는 것이 자연스럽지? 하지만 결합체가 아닌 것은, 다른 것은 몰라도 그것만은 그런 일을 겪지 않는 것이 자연스럽겠지?"

케베스가 말했습니다. "그런 것으로 보입니다."

"그러면 항상 자신에 즉해 있으며 동일하게 있는 것, 그것은 다른 무엇보다도 비복합적인 것이며, 다른 한편으로 시시각각으로 변하며 어느 때도 동일하게 있지 않는 것들, 이것들은 복합적인 것이겠지?"

"저의 생각으로는 그렇습니다."

"자, 이제 이전의 우리의 논의 주제였던 것으로 관심을 이동시키도록
[78d] 하지. 우리가 질문하고 답하면서 그것의 존재함에 대해 설명했던 바의 실재자,[74] 그것은 항상 같은 방식으로 같은 것으로 있는가, 아니면 때에 따라 달라지는가? 같음 자체, 훌륭함 자체, 실재인 바의 것들 각각 그 자체,[75] 존재인 것to on은 그 어느 때도 여하한 종류의 변화도 수용하지 않지? 이들 실재인 바의 것들 자체의 각각은 하나의 모습이면서 그 자체로 자신에 즉해 있으며, 같은 방식으로 동일한 것으로 존재하면서, 그 어느 때도 그 어떤 방식의 변화도 여하한 방식으로도 수용하지 않는 것이지?"

"그런 것은 같은 방식으로," 케베스가 말했습니다. "그리고 같은 것으

74 "he ousia hēs logon didomen tou einai". 버넷은 이 구절에서 'logon didomen tou einai'를 '정의하다'로 해석해야 한다고 논한다(Burnet, 1911). 그러나 '설명'이라는 번역이 더 적합하다 생각된다. '설명'이란 '말로서 밝히다'라는 뜻이니, 이 어휘가 원의를 더 정확히 전달한다고 여겨진다.

75 '실재인 바의 것들 각각 그 자체auto hekaston ho estin'. 플라톤은 경험하는 존재들과 달리 자체적으로 존재하는 것이 있으며, 이들이 진정 실재적인 것이라고 본다. '자체성'이라는 개념적 장치로 실재를 추론하는 플라톤의 사고법을 주목할 필요가 있다.

로 있음이 필연적입니다, 소크라테스."

"그러면 다음은 어떤가? 다수의 훌륭한 특수자, 인간, 말, 의류, 또는 그러한 다른 모든 것, 또는 서로 같은 것들, 그리고 좀 전에 말한 것들 [78e] 과 이름을 같이 하는 것들의 각각은 어떤가? 이들은 같은 것으로(동일성을 유지하면서) 존재하는가, 아니면 그들 실재와는 정반대로 그 어느 때도 자신들에 대해서나 서로에 대한 관계에서도 같은 것으로, 말하자면 어떤 방식으로도 동일성을 유지하며 존재하지는 못하는가?"

"후자입니다."라고 케베스가 말했습니다. "그것들은 그 어느 때도 동일성을 유지하는 것으로 있지는 않습니다."

"그러면 이들은 만지거나 보거나, 또는 다른 감각으로 지각할 수 있 [79a] 지만, 동일성을 유지하는 것들은 지성의 헤아림[76] 이외의 다른 어떤 인지 능력으로도 파악할 수 없는 것이며, 그들은 형체가 없는 것aeidēs이어서 보이지 않는 것이지?"

"모든 면에서 진상에 부합되는 말을 하셨습니다."[77]

"그대는 우리가 다음과 같이 상정하기를 원하는가? 존재자들에는 두 종류가 있다고, 하나는 보이는 것, 다른 것은 가시적 모습이 없는 것이라고[78] 상정하기를?"

---

76 '지성의 헤아림to tes dianoias logismo'.

77 여기서도 역시 'alēthes'라는 어휘가 사용되었는데, 이런 사례는 이 어휘가 일상적으로 사용되고 있음을 알려준다. 이런 일상적 사용례에서 이 어휘의 의미는 특별한 인식적 가치로서의 '진리이다'라기보다는 '진상이다', '사실이다' 등의 일상적인 의미일 것이다.

78 'aeides'라는 어휘는 '모습'을 의미하는 'eides'에 결격 접두사 'a'가 붙은 형태로, '모습이 없는'이라는 의미이다. 그런데 플라톤 철학의 중심적 존재인 'eidos'는 원래 '모습'이라는 의미를 지닌 어휘이다. 플라톤의 철학적 사유는 보이는 것에서 보이지 않는 것, 모습이 없는 것으로, 그리고 다시 모습이 있는 것으로 귀결한다. 이런 전변은 기준을 눈에서 정신이나 사고로 이행하기에 가능한 것이다. 플라톤이 실재자라 주장하는 형상eidos, 이데아idea는 눈에는 보이지 않는 것이지만aeides, 마음에는 보이는 모습, 마음이나 정신으로

"그리 상정하지요."라고 그가 말했습니다.

"모습이 없는 것은 항상 동일성을 유지하면서 존재하고, 다른 한편으로 보이는 것은 그 어느 때도 동일한 것으로 존재하는 것이 아니지?"

"그 점도 상정하지요."라고 그가 말했습니다.

[79b] "자 그러면," 소크라테스가 말했습니다. "우리 자신의 어떤 부분은 신체이고, 다른 부분은 정신이지, 아니면 달리 말해야 하는가?"

"전혀 달리 말해서는 안 되지요."라고 그가 말했습니다.

"그러면 어느 종류에 더 유사하며 같은 종족에 속한다고 할 수 있는가, 우리의 신체는?"

"모든 면에서, 그것은 보이는 것에 속함이 명백합니다." 그가 말했습니다.

"정신은 어떠한가? 그것은 보이는 것인가, 모습이 없는 것인가?"

"보이는 것이 아닙니다, 소크라테스여, 적어도 인간의 기준으로는 말입니다." 그가 말했습니다.

"우리는 보이는 것과 보이지 않는 것의 구분을 인간의 능력을 기준으로 해서 말해왔던 것이지.[79] 아니면 다른 기준으로 말해야 한다고 생각하는가?"

"인간을 기준으로 말했던 것입니다."

"그러면 정신에 관해서는 무어라 할 것인가? 그것은 보이는 것인가, 보이지 않는 것인가?"

"볼 수 없는 것입니다."

볼 수 있는 모습이다.

79 그리스어 원문은 행위의 지속성을 표현하기에 반과거 동사상 어미를 사용하고 있다.

"그러므로 모습이 없는 것이지."

"그렇습니다."

"그러므로 정신은 신체와 비교할 때 형체가 없는 것에 보다 유사하고, 신체는 보이는 것에 보다 유사하지."

"절대 필연적으로 그렇습니다, 소크라테스여." [79c]

"그런데 우리는 이전부터 다음과 같은 내용도 주장해왔지.[80] 즉 정신이 무엇을 검토함에서 신체를 사용하는 경우에는, 보거나 듣거나 또는 다른 감각을 사용하는 경우에는—감각의 사용이란 신체를 사용하여 검토하는 것이라 할 수 있는데—, 그때에 정신은 신체에 의해 그 어느 때에도 같은 것으로 머물러 있지 않는 것들로 이끌려가서 정신 자신이 방황하게 되고 마치 술 취한 사람처럼 어지럼증에 빠진다고, 정신이 그런 종류의 것들과 접촉하기 때문에 그런다고 주장해왔지?"

"그렇습니다."

"그러나 정신이 스스로 자신에 즉해서 무엇을 검토하는 경우에는 순수하고 항상 존재하며 불사적이고 동일성을 유지하고 있는 바의 것으로 나아가고, 그런 것들과 같은 종족이기에 그들과 항상 함께 있게 되는 것이지? 즉 정신이 스스로 자신에 즉해 있고, 그러함이 가능하며, 정신이 방황을 멈추고 저 불변의 존재자들과 관계하여, 항상 동일한 것으로 그리고 같은 방식으로 존재하는 바로 그때에는 언제나 그러할 것이지? 그런 것들을 접촉하고 있기에 말이네. 그리고 우리는 정신의 이런 상태를 순수 지혜라 부르지?" [79d]

80 역시 이 부분의 그리스어 원문은 진행적이거나 반복적인 의미를 표현하므로 반과거형 동사상 어미가 사용되었다.

"모든 점에서 잘 진술되었고, 진리를 말했습니다, 소크라테스여."

"그러면 자네 생각으로는 이전에 논의한 바와 방금 이야기된 바를 토
[79e] 대로 할 때, 정신은 어떤 종류와 보다 유사하고 같은 종족에 속한다고
할 수 있는가?"

"모든 사람들이, 심지어 가장 배움이 늦은 사람이라도, 소크라테스여, 저의 생각으로는 다음에 동의할 것입니다. 방금과 같은 방식의 논의를 따른다면 말이지요. 즉 정신은 모든 면에서 그리고 그 전체에서 항상 동일하게 있는 것에 더 유사하다는 점에 동의할 것입니다. 그렇지 않은 것에 대해서보다는 말입니다."

"신체는 어떤가?"

"그 반대의 것과 유사합니다."

"다음의 것도 검토해보도록 하세. 정신과 신체가 함께 같은 곳에 있
[80a] 을 때, 자연physis은 하나에는 종으로 봉사하고 뒤따르도록, 다른 것에는
선도하고 주인 노릇을 하도록 업무 분담을 해주지. 상황이 이러할진대 어느 것이 신적인 것과 유사하고, 어느 것이 가사적可死的인 것과 유사하다고 생각하는가? 그대가 보기에는 신적인 것이 인도하고 리더가 되는 것이, 그리고 가사적인 것이 인도되고 종으로 봉사하는 것이 자연스럽다고pephykenai 생각되지 않는가?"

"그렇습니다."

"그러면 정신은 둘 중 무엇과 유사하지?"

"분명히, 소크라테스여, 정신은 신적인 것을 닮아 있고, 신체는 가사적인 것을 닮아 있습니다."

그가 말했습니다. "다음을 살펴보도록 하게, 케베스여. 이제까지 논
[80b] 의된 모든 것으로부터 다음의 것이 귀결되는지를. 한편으로 바로 신적

이고 불사적이며, 지성적이면서 하나의 모습을 지니고 있고, 해체되지 않으며 항상 자신과 동일한 것으로 있는 것에 가장 유사한 것은 정신이며, 다른 한편으로 인간적이며 가사적이고, 여러 모습을 지니고 있으면서 비지성적이며, 해체될 수 있고 그 어느 때도 자신과 동일한 것으로 있지 않는 것에 가장 유사한 것은 신체라는 사실이 귀결되는지를. 이런 결론과는 다른 어떤 견해를, 사태가 그와 같지 않음을 보일 수 있는 다른 견해를 그대는 가지고 있는가? 친애하는 케베스여."

"다른 견해는 없습니다."

"자 그러면, 사태가 이러하다면 신체는 바로 해체됨이 적합하고, 정신은 전혀 해체되지 않거나, 또는 거의 그런 것에 가까움이 적합하다고 해야지?"

"왜 안 그렇겠습니까?" [80c]

그가 말했습니다. "그러면 다음을 생각해보게. 사람이 죽으면 그의 보이는 부분이자 보이는 것들과 함께 있는 신체는, 이를 우리는 시체라 부르는데, 해체되고 무너져 바람에 흩어지는 것이 적합하지만, 이 신체가 바로 이런 변화 과정의 어느 것도 겪지 않으면서 상당히 오랜 시간 동안 머물러 있음을 생각해보게. 만약 어떤 사람이 그의 신체가 잘 보존된 상태에서 죽고, 여건이 좋은 시절[81]에 죽음을 맞는다고 한다면 말이지. 신체가 메말라 뼈와 힘줄만 남고, 마치 이집트에서처럼 미라로 만들어지면, 그것은 그런 상태에서 거의 헤아릴 수 없는 시간 동안 머물러 있는 것이네. 신체가 썩는다 하더라도, 신체의 어떤 부분들은, 뼈나 힘줄 또는 그와 같은 모든 것은 말하자면 불사적이라 할 수 있지, 그렇지 [80d]

81 가령 겨울 같이 시체가 잘 썩지 않는 때.

않은가?"

"그렇습니다."

"다른 한편으로 정신은 모습이 없는 것인데, 다른 어떤 장소, 자신과 혈연이 같고 순수하며 모습이 없는 다른 장소로 가서 진정으로 '보이지 않는 곳'[82]이라 할 수 있는 곳이며 훌륭하고 지혜로운 신들과 함께 자리할 수 있는 그곳, 신이 원한다면 곧 나의 정신도 가야 하는 그곳으로 가서, 우리의 정신은 그런 성질을 본성으로 하는데도 신체로부터 해방되자마자 해체되고 소멸되겠는가? 많은 대중이 주장하듯이 그렇게 말이네.
[80e] 전혀 그렇지 않다네, 친애하는 케베스 그리고 심미아스여. 오히려 사실은 다음[83]과 같은 것이네. 만약 정신이 순수하게 신체를 떠나고, 신체적인 것의 어느 것도 함께 이끌고 가지 않는다고 한다면 말이지. 정신이 자신의 생애 동안 자발적으로는 신체와 자리를 함께하지 않았으며, 신체를 피하고 홀로 스스로에 집중해왔기에 말일세. 정신이 항상 그것을 연습했기에 그러할 수 있는 것이지만 말이네. 이는 다름 아니라 올바르
[81a] 게 철학함이며 진정으로 죽음의 상태를 연습함 이외에는 다름 아닌 것이지. 아니면 철학이란 죽음에의 연습과는 다른 것인가?"

"모든 면에서 그런 것입니다."

"그래서 이런 상태에서의 정신은 자신과 유사한바, 모습이 없는 곳, 신적이고 불사적이고 지성적인 그곳으로 떠나고, 그곳에 이르게 되면 그 정신은 행복eudaimonia[84]하게 되는 것이 적합하고, 방황과 무지와 공포

---

82 고대 그리스인들의 통속적 신앙은 인간이 죽으면 하데스로 간다고 믿었다. 플라톤은 'Hades(Haides)'와 'aides' 간의 철자상의 유사성에 기초해, 그런 통속 신앙을 수용할 수도 있다는 식의 말놀이를 하고 있는 것이다.

83 81a 이후에 기술되는 정신의 모습.

와 조야한 애욕, 그리고 다른 모든 인간적인 패덕으로부터 자유로워져, 마치 입문의 의식을 거친 사람들이 그러하다고 말해지는 것처럼, 진정으로 남은 시간을 신들과 함께 지낼 수 있을 것이라고, 케베스여, 우리는 그렇게 말해야겠지. 그렇지 않은가?"

케베스가 말했습니다. "제우스에 맹세코 그렇습니다."

"만약 나의 생각으로는, 정신이 더럽혀지고 불순한 상태로 신체로부 [81b]
터 떠나게 되면, 신체와 항상 함께 어울리며 그에 관심을 기울이고, 애욕을 품고 있어 신체의 욕망들과 쾌락의 주술에 걸린 그런 상태로 떠나게 된다면, 그래서 정신이 신체적 모습을 지닌 것 이외에는 어느 것도 진리로 여기지 않고, 즉 접촉하거나 보거나 마시거나 먹거나 성적인 쾌락을 위해 사용하는 바의 신체적인 것 이외에는 진리로 여기지 않으며, 그러나 다른 한편으로는 눈에는 어둡게 보이고 모습이 없으나, 사유의 대상이고 철학에 의해 파악되는 바의 그것을 싫어하고 두려워하며 기피하는 것에 습관이 되어 있었다면, 그대 생각으로는 이런 상태에 있는 정
신이 스스로 자신에 즉해서 순수한 모습으로 신체를 떠나리라고 생각하 [81c]
는가?"

"여하한 방식으로도 그렇지 않습니다."라고 그가 말했습니다.

"그렇지 않고, 그런 정신에는 신체적인 것이 곳곳에 침투되어 있겠지. 그 신체적인 것이란 정신이 신체와 어울리며 공동의 생활을 하면서 항상 그것과 함께하고 적극적으로 신체적인 것에 관심을 가졌기에 정신의 내부에 심어져 함께 자라난 것이지."

---

84 'eudaimonia'. 이는 통상적인 번역어 '행복happiness'을 수용하여 번역했으나, 이들과는 다소 다른 의미이다. 만족 등의 상태라기보다는 실천적 활동을 의미한다. 근자에는 '잘 삶living well'이나 '잘 지냄faring well'으로 번역한다.

"그렇습니다."

"친구여. 다음과 같이 생각해야겠지. 그 신체적인 것은 짐스럽고 무거운 것이며 땅과 가까운 것이고 가시적인 것이지. 그래서 이런 것을 지닌 정신은 아래로 가라앉을 것이며 가시적인 장소로 이끌려가고, 모습
[81d] 이 없는 것과 하데스에 대한 두려움 때문에, 사람들이 말하듯이 묘비명과 무덤 주위를 배회하게 된다네. 그래서 그런 것들 주위에서는 정신의 그림자 같은 환영들이 보이는데, 이 환영이란 앞서 기술한 그런 정신이 순수한 상태에서 떠나지 못하고, 가시적인 것을 분유하고 있는 정신이 만들어내는 그런 환영으로, 바로 이런 이유[85]에서 그런 정신은 가시적인 것이 되는 것이라네."

"그런 듯합니다, 소크라테스여."

"진정으로 그런 것 같지, 케베스여. 그런 정신은 훌륭한 자들의 정신이 아니라 열등한 자들의 정신인데, 이들이 그런 것들의 주위에서 방황할 수밖에 없는 것은, 이들의 이전 양육이 열악한 것이기에 그에 대한 대가를 치르느라 그렇게 떠도는 것이며, 그리고 그런 방황은 정신이 자
[81e] 신에 달라붙어 쫓아다니는 신체적인 것에 대한 욕망으로 하여 다시 신체에 갇히게 될 때까지 지속되는 것이라네. 정신들이란 그들 생애의 기간 동안 관심을 두고 형성해왔던 그런 종류의 품성에 묶여 있을 가능성이 많다고 보이지."

"어떤 종류의 품성을 말하는 것입니까, 소크라테스여?"

"가령 식탐과 과욕과 주취에 마음이 빠져 있어 그런 욕심으로부터 자
[82a] 신을 방어하지 않은 사람들은 당나귀나 그와 같은 짐승들의 종족과 결

85 가시적인 것을 분유했기에.

부된다네. 그렇게 생각하지 않는가?"

"매우 그럴 듯한 말씀입니다."

"불의와 폭정과 탈취를 일삼는 사람들은 늑대와 독수리와 솔개의 성격을 갖게 될 것이지. 아니면 그런 정신들이 다른 어떤 곳으로 간다고 우리는 주장해야 하는가?"

"당연히 그런 곳으로 가지요."라고 케베스가 말했습니다.

그가 말했습니다. "그러면 분명히 다른 모든 것의 경우도, 이들 각자가 가는 곳은 이들이 열중하여 관심을 가져온 바와 유사한 것을 기준으로 하겠지?"

"분명히 그렇지요. 왜 안 그렇겠습니까?"

"그러면 이들 중에서 가장 행복한 사람들이며, 가장 지복한 장소로 가는 사람들은 민주적이고 정치적인 탁월성을 열망하며 전념한 사람들, [82b]
우리는 그 덕목을 절제와 정의라 부르는데, 철학함이나 지성은 없으나 습관과 연습에 기대어 전념한 사람들이겠지?"

"어떤 점에서 그들이 가장 행복한 사람입니까?"

"이들은 다시 정치적이고 교양 있는 종족, 가령 벌이나 말벌이나 개미 종족으로 변신하고, 그리고 다시 인간 종으로 태어나서, 그리고 이들로부터 다시 준법적인 사람들이 생겨날 가능성이 많기 때문이지."

"그럴 것으로 보입니다."

"그러나 신들에게로 가는 것은 철학을 하지도 않고 완벽하게 정화하
지도 않은 채 떠나는 사람들에게는 합당themis하지 않고 오직 배움을 좋 [82c]
아하는 사람들에게나 합당한 일이라네. 이런 이유들로 해서, 심미아스와 케베스여, 올바르게 철학한 사람들은 신체와 관련된 모든 욕망을 삼가고, 그것에 저항하는 견인력을 발휘하면서 자신을 그런 욕망들에 내

맡기지 않는 것이네. 하지만 그것은 자신의 재물을 탕진하고 가난해질까 두려워 그러한 것이 아니지, 재물욕이 있는 많은 대중이 그러하듯이 말이네. 그리고 패덕에 뒤따르는 불명예와 나쁜 평판을 두려워해서 그런 것을 삼가는 것도 아니라네. 권력을 뒤쫓고 명예를 추구하는 사람들이 그러하듯이 말일세."

"소크라테스여. 그런 것은 그들 올바르게 철학한 이들에게 어울리지 않습니다." 케베스가 말했습니다.

[82d] "진정으로 어울리지 않는 것이지. 제우스에 맹세코."라고 그가 말했습니다. "왜냐하면 케베스여, 자신의 정신을 배려하나 신체에는 봉사하지 않고 산 사람들은 이 모든 것에게 작별을 고하며, 자신이 가는 곳이 어디인지도 알지 못하는 그런 사람들과는 같은 길을 가지 않고, 그들 자신은 철학이나 철학이 주는 해방과 정화에 배치되는 일을 해서는 안 된다고 믿으면서 철학에로 전향하고서, 철학이 이끄는 곳으로 따라간다네."

"소크라테스여, 어떻게 그러합니까?"

"내가 말하도록 하겠네."라고 그가 말했습니다. "배움을 좋아하는 사
[82e] 람들은 철학이 자신들의 정신을 받아들인다는 것을 안다네. 정신은 신체에 단단히 묶여 있고 접착되어 있어서 정신이 스스로 자신을 통해서가 아니라 마치 감옥의 창을 통해 보듯이 신체를 통해서 존재자들을 주시하도록 강요당하고 있으며, 그래서 정신은 무지의 구덩이에서 뒹굴고 있는데, 철학은 그 감옥의 교묘함의 구조를, 즉 그런 상태가 바로 (정신 자신의) 욕망에 의한 것임을, 즉 갇힌 자 그 자신이 갇혀 있음의 가장 중
[83a] 요한 하수인의 역할을 하고 있음을 간파한다네. 내가 말한 바대로, 배움을 좋아하는 자들은 철학이 이런 상태에 있는 자신들의 정신을 넘겨받

아 부드럽게 용기를 돋우고 이들의 정신이 해방되도록 시도한다네. 철학의 그런 시도는 다음과 같은 식으로 이루어지는 것이지. 눈들을 통한 관찰이나, 청각이나 기타 다른 감각을 통한 관찰 역시 그런 기만으로 가득하다는 것을 보여주면서, 꼭 필요한 경우가 아니라면 정신이 이런 모든 것으로부터 물러나도록 설득하고, 스스로 자신 내부에로 들어가 집중하고 마음을 모으도록, 그리고 자기 자신 이외에는 누구도 믿지 말도 [83b]
록, 정신이 자신에 즉해서 스스로 지적으로 사유하는 바, 존재자들 중에 스스로 자신에 즉해서 있는 것들로 사유하는 바만을 믿도록 고취한다네. 그러나 다른 인식 기관을 통해 인지하는 바, 매번 달라지는 상황에 따라 다르게 나타나는 바의 그 어느 것도 진리가 아니라고 생각하도록 하는 것이지. 그런 것들은 감각적이고 가시적인 것임에 비해, 정신 스스로 보는 바의 것은 지성적인 것이며 가시적 모습이 없는 것이지. 진정으로 철학을 한 자의 정신은 이런(철학의) 해방에 대해 적대적이 되어서는 안 된다고 생각하기에, 쾌락과 욕망과 고통으로부터 가능한 한 최대한 거리를 멀리하며 우리가 강력한 쾌락, 공포, 욕망을 느낄 때 그들로부터 사람들이 생각하는 그런 부류의 나쁜 것, 가령 병에 걸린다든가 욕망을 [83c]
채우느라 재물을 탕진한다든가 하는 그런 것을 겪는 것이 아니라, 모든 것 중에서 가장 나쁘고 극단적인 패악을 알아채지도 못하면서 겪게 된다는 점을 헤아린다네."

"소크라테스여, 그것은 무엇인가요?" 하고 케베스가 말했습니다.

"그것은 다음과 같은 것이지. 모든 사람의 정신은 필연적으로 강렬한 쾌락이나 고통을 느낌과 동시에, 그에 더하여 다음과 같은 믿음을, 그들이 그런 강렬한 경험을 하는 것들에 관해 그것이 가장 명료한 것이고 실재성을 지닌 것이라는 믿음을 품게 된다는 것이지, 실제는 그렇지 않음에도 말이네. 그리고 이런 것들은 대부분의 경우 가시적인 것들이지. 안 그런가?"

"그렇습니다."

[83d] "그런데 그런 상태를 겪을 때 정신은 신체에 의해 철저히 속박되어 있는 것이지?"

"어째서 그런가요?"

"매번의 쾌락과 고통은 마치 못을 가지고 있는 것과 같아, 정신에 못을 박고 핀으로 고정하듯이 신체에 결박하여 정신을 신체적인 것으로 만들어버리고, 그래서 정신으로 하여금 신체가 말하는 것이면 무엇이나 진리라고 믿게 한다네. 그것은 신체와 동일한 믿음을 갖고 그와 동일한 것들에 즐거움을 느끼기에, 이로 하여 정신은 내 생각에는 신체와 동일한 방식으로 살고 동일한 것을 영양분으로 취할 수밖에 없게 되는 것이지. 그리고 그 어느 때도 순수한 상태로 하데스에 갈 수 없으며, 항상 신체에 오염된 채 떠나게 된다네. 그래서 곧 다시 다른 신체로 추락해 들

[83e] 어가, 마치 신체 속에 씨앗처럼 뿌려져 그곳에서 자라나게 되는 것이지. 이런 이유로 해서 그것은 신적인 것, 순수한 것, 단일한 모습을 지닌 것들과 함께할 수 없게 되는 것이라네."

"절대적으로 진리를 담은 말을 했습니다, 소크라테스여."라고 케베스가 말했습니다.

"실로 바로 이런 것들 때문에, 케베스여, 올바로 배움을 사랑하는 사람들은 절제적이고 용기를 발휘하는 것이지, 대중이 생각하는 바의 그것 때문이 아니라 말일세. 아니면 후자라고 생각하는가?"

[84a] "나는 전혀 그렇게 생각하지 않습니다."

"그런 것이 아니지. 왜냐하면 철학하는 자의 정신은 우리가 말한 바

처럼 헤아릴 것이고, 다음과 같이 생각하지는 않을 것이네. 철학은 정신을 해방시켜야만 하는 것이나, 다른 한편으로 정신이 해방된 후에는 자신을 다시 쾌락과 고통에 넘겨 그들에 단단히 묶어 맴으로써 베틀의 말코를 거꾸로 잡고서 짜낸 직물을 다시 풀어내는 페넬로프의 헛된 일[86]을 해야 한다고 생각하지는 않을 것이네. 아니, 철학은 이런 쾌락과 고통의 격랑으로부터의 정일을 얻으려 하며, 이성적 사유를 좇고 그런 것에 거하며, 진리인 것, 신적인 것, 속견의 대상이 아닌 것을 관조하고, 그것을 양분으로 하면서 살아 있는 한 그와 같이 살아야만 한다고 생각하는 것 [84b]
이며, 그리고 생을 종식한 다음에는 자신과 친족적인 것 또는 그런 성질을 지닌 것에로 가서 인간의 불행으로부터 자유로워져야 한다고 생각하는 것이지. 이런 것들을 양분으로 한 정신은, 심미아스와 케베스여, 자신이 신체로부터 분리됨과 함께 완전히 파편화되고, 바람에 날려서 사라져버려 어디에도 존재하지 않을까 하는 두려움을 전혀 품지 않는 것이라네."

침묵이 지속되었습니다.[87] 소크라테스가 이런 말들을 한 후 오랫동안 [84c]
말이지요. 그리고 소크라테스 그 자신은 그의 외양으로 보건대, 방금 말해진 논의에 침잠해 있는 것으로 보였고, 우리의 대부분도 그러했습니다. 하지만 케베스와 심미아스는 낮은 목소리로 서로 말을 주고받았지요. 그러자 소크라테스가 그들을 보고서 물었습니다. "무엇인가? 자네들은 내가 말한 것들이 불충분하지나 않은가 하고 생각하는 모양이지?

---

86 호메로스의 『오디세이아』에 나오는 일화이다. 오디세우스의 아내 페넬로페Pēnelopē는 오디세우스가 트로이 전쟁에 참전하고 있는 동안, 아름다운 그녀를 얻으려는 구혼자들의 등쌀을 피하기 위해 자신이 직물을 다 짜면 재혼을 하겠다고 약속한다. 그러고서 낮 동안 직조한 직물을 밤사이 풀어내면서 자신의 남편 오디세우스가 돌아오기를 한없이 기다린다.

87 여기에서도 역시 진행을 함의하는 반과거 동사상 어미가 사용되었다.

진정 나의 말에는 의심스러운 바나 문제 삼을 바들이 아직 상당히 많지,
진정 누군가가 그 말들을 충분히 검토하려 한다면 말일세. 그대들이 다
른 입장을 고려하고자 한다면 나로서는 할 말이 없으나, 하지만 이 주제
들에 관해 궁금증이 있다면 그대들 스스로 말하고 토론하기를 주저하지
[84d] 말게나. 만약 더 좋은 내용의 말을 할 수 있다고 생각된다면 말이네. 그
리고 나를 동반하기를 주저하지 말게. 만약 나를 대동하고서 더 길을 잘
찾아갈 수 있다고euporesein 생각한다면 말일세."

그러자 심미아스가 말했습니다. "소크라테스여, 나는 사실대로[88] 말하겠습니다. 아까부터 우리 둘은 궁금한 난문이 있어aporōn[89] 당신의 생각을 듣고 싶은 마음에 서로를 떠밀며 당신에게 물어보라고 재촉해왔습니다만, 심려를 끼칠까 조심스러워 주저해왔습니다. 우리의 질문이, 현재 당신이 처한 상황을 감안하건대, 불편을 끼치지나 않을까 우려했기 때문이지요."

이 말을 듣자 소크라테스가 조용히 웃으며 말했습니다. "이런, 보게
[84e] 나, 심미아스, 다른 사람들을 설득하는 데는 정말로 애를 먹겠군. 내가
현재의 상황을 불운으로 생각하지 않는다는 것을 설득하는 데는 말이
지. 그대들마저도 설득하지 못해서, 그대들이 내가 이전의 삶에서보다
지금 더 심기 불안한 상태에 있지나 않을까 하고 걱정하고 있는 상황이

---

88 여기서 역시 'alēthes'라는 어휘를 사용하고 있다. 이 어휘는 '진리', '진실'이라는 어휘보다는 '사실'로 번역하는 것이 자연스럽다.

89 이 부분에서 'aporia' 관련 어휘가 4회나 사용되었다('aporeiton' 84c; 'euporesein' 84d; aprōn 84d; aporō 85c). 원래는 'a-poros'에서 온 어휘로 '길이 없는'을 의미하나, 철학적으로는 난문, 지적 무지의 자각 상태를 의미하며, 철학적 탐구의 전제 조건이다. 소크라테스나 플라톤은 철학적 대화나 토론의 과정을 길을 찾아가는 과정으로 생각한다. 소크라테스에서 'aporein', 'aporia'는 핵심적인 철학적 기능을 수행한다. 그가 선도한 거의 모든 플라톤의 초기 대화록은 'aporia'로 끝난다.

니 말일세. 아마도 그대들은 내가 예견자로서는 백조보다 열등한 존재라고 생각하는 모양이군. 백조들은 자신들이 죽게 된다는 것을 알게 된 다음에는, 그들은 이전에도 그런 노래를 부르곤 했지만, 더욱 자주 그리 [85a]
고 가장 아름다운 곡조의 노래를 부른다네. 그들이 이제 자신들이 시종으로 모시는 신들의 곁으로 가리라는 기대감에서 기쁨을 느끼기에 말이지. 하지만 사람들은 죽음에 대한 자신들의 두려움 때문에 백조에 관해 그릇된 말을 하는 것이지. 백조가 고통 때문에 죽음에 관한 만가로 작별의 노래를 부른다eksaidein고 말하면서 말이네. 그리고 사람들은 다음을 헤아리지 못하는 것이지. 그 어느 새도 배고프고 추위에 떨거나 그 밖의 다른 고통을 느낄 때라도 슬픈 노래를 부르지 않는다는 것을, 그 어느 새도, 나이팅게일, 후투티, 제비 중의 그 어느 새도 그러하지 않는다는 것을. 사람들은 이들이 고통 때문에 슬픔의 노래를 부른다고 말하지만, 내가 보기에는 이 새들은 고통스러워서 우는 것이 아니며, 백조도 그러하지 않는다네. 이 새들은 나의 생각으로는 아폴론의 예언자이기에 [85b]
하데스에서 맞게 될 좋은 것들을 미리 예견하고서 노래를 부르는 것이며, 이전의 그 어느 때보다 훨씬 더 특별히 그날을 즐거워하고 있는 것이지. 나는 나 자신도 그들 백조와 같은 동료 시종이고 동일한 신들을 모시는 사제라 생각하며, 그리고 주군들로부터 받은, 그들에 못지않은 예언력을 갖고 있다고 믿기에, 삶을 하직함에 있어 그들보다 더 낙담해 있는 것은 아닐세. 그러하니 이 주제에 관한 한 자네들은 묻고 싶은 바를 말하고 물어야만 하는 것이라네, 아테네 관리들[90]이 허용할 때까지는 말이지."

90 소크라테스의 형 집행에 관여하는 11인의 아테네 관료들.

"잘 말하셨습니다."라고 심미아스가 말했습니다. "나도 내가 품고 있
[85c] 는 의문aporō에 대해서 말할 것이고, 여기 있는 케베스도 왜 말해진 바의
것들을 수락할 수 없는지를 당신께 말하도록 할 것입니다. 저의 생각으
로는, 소크라테스여, 아마 당신도 그리 생각하시겠지만 이러한 주제들
에 관하여 명백한 것을 인식함은 이 현생에서는 불가능하거나 대단히
어려운 과제라고 여겨집니다. 하지만 그것들에 관해 주장된 바를 모든
방법을 동원하여 검토·논박하려 하지도 않고, 그들 주장을 모든 측면에
서 검토하다가 지쳐버리기도 전에 단념하려 한다는 것은 대단히 심약한
자의 짓이라고 생각합니다. 진정 이에 관해서 우리는 다음 중 하나를 행
해야 합니다. 진상이 어떠한지를 타인으로부터 배우든가 스스로 발견하
든가, 아니면 그것이 불가능하다면 적어도 인간이 생각해낸 이론들logon
[85d] 중에서 최선의 것, 그리고 가장 논박하기 힘든 것을 취하여, 마치 뗏목
을 타듯이 그것을 타고서 생의 험한 바다를 항해하는 모험을 감행해야
합니다. 우리가 보다 안전한 배, 즉 신이 계시한 이론logos을 타고서 보다
안전하고 위험 없이 여행할 수 있는 경우가 아니라면 말이지요. 더구나
지금 나로서는, 그대가 그런 권유를 하느니만치, 나의 의문을 제기하는
것을 부끄러워하지 않을 것이며, 나중에 가서 지금 나의 생각을 지금 말
하지 못한 데 대해 나 자신을 탓하고 싶은 생각도 없습니다. 소크라테스
여, 나는 나 스스로나 여기의 이 사람(케베스)과 토론하며 당신이 말한
주장을 검토해보았는데, 그것은 아주 충분히 논의된 것으로는 생각되지
않는군요."

[85e] 소크라테스가 말했습니다. "아마도 자네 말이 사실일지도 모르지. 여
하간 어떤 점에서 나의 주장이 충분하지 않은지 말해보게나."

그가 말했습니다. "다음과 같습니다. 어떤 다른 사람이 리라 수금과

리라 수금 현의 조율상태[91]에 관해서도 동일한 이론을 제시하며 말하길, 리라가 조율되었을 때의 그 조율상태는 비가시적이고 비신체적이며 대단히 아름답고 신적인 것임에 비해 리라 자체와 현들은 물체적이고 신체와 같은 종류이며, 복합체이고 흙의 요소이며 가사적인 것과 동류의 것이라고 말할 것입니다. 그런데 어떤 사람이 리라의 몸통을 깨부수고 현들을 떼어내어 끊어버렸을 때, 어떤 다른 이가 당신과 동일한 이론을 동원하면서, 그 조율상태는 필연적으로 여전히 존재하며, 소멸하지는 않는다고 단호하게 주장한다고 해보지요. 그리고 그 주장의 논거로 그는 논할 것인데, 현들이 떼어내진 연후에도 리라와 현들은 모두 가사적인 것과 동류의 것인데도 여전히 존재할 수 있음에 반해, 신적이고 불사적인 것과 동종의 본성을 지니고 있으며 그들과 동족이라고 할 수 있는 조율상태가 가사적인 것보다 먼저 소멸한다는 것은 결코 여하한 방식으로도 불가하다는 식의 논리로 강력히 주장한다고 해보지요. 더 나아가 조율상태 자체는 살아남아 있으나 리라의 나무로 된 몸통과 현들은 조율상태보다 먼저 썩어 없어짐이 필연적이라고 그가 주장한다고 해보지요. 그리고 소크라테스여, 내 생각에는 당신 자신도 다음의 점을 충분히 유념하고 있을 것입니다. 우리가 다음을 믿고 있다는 것을, 우리의 정신이란 대체로 그 조율상태와 같은 종류라고 믿고 있다는 것을. 말하자면

[86a] [86b]

91 여기서 사용된 그리스어 'harmonia'는 '조화harmony'라기보다는 '조율attunement'이다. Bluck(2014), Burnet(1911), Hackforth(1955), Fowler 등(1977-1986)은 'attunement'로, Tredennick(Penguin판)는 'harmony'로 번역했고, Grube(2002)는 어느 경우는 'harmony'로, 다른 경우는 'attunement'로 옮겼다. 조화는 여러 음 사이의 관계, 조율은 현들이 다른 현들과의 관계에서 올바른 소리, 제 소리를 내게 하는 행위 혹은 그 행위에 의해 결과한 상태를 의미한다. 조화나 'harmony'를 의미하는 그리스어는 'symphonia'이다. Burnet(1911)의 해당 본문에 대한 주석과 Hackforth(1955: 97)의 주석 참조.

우리의 신체가 팽팽하게 당겨져 있으며, 열기와 냉기, 습기와 건기, 그
[86c] 리고 그와 유사한 존재들이 혼합되어 통합체를 이루고 있는 상태에서의 이들의 조율상태, 방금 언급한 요소들이 상호 간에 아름답고 알맞은 정도로 결합되어 있을 때의 조율상태라고 믿고 있다는 것을. 이제 정신이 일종의 이런 조율상태라고 한다면, 다음은 명백합니다. 우리의 신체가 적도를 상실하여 느슨해지거나, 또는 병이나 기타 나쁜 요인들의 영향으로 지나치게 조여질 때면, 정신은 신적인 존재임에도 곧바로 소멸해가는 반면—마치 소리에서의 조율상태나 장인들이 제작한 모든 종류의 기물에서의 조율상태들이 그러하듯이 말이지요—, 다른 한편으로 각 경우에서 신체적인 것에서 남아 있는 부분들은 오랜 시간 동안 뒤에 남아 존재함이 필연적이라는 점은 명백합니다. 그것이 완전히 불에 타 없
[86d] 어지거나 썩어 없어질 때까지는 말이지요. 이제 이러한 논변에 대해 우리는 무엇이라고 답변할 것인지 생각해보십시요, 즉 어떤 사람이 정신이란 신체 내에 있는 요소들의 혼합체이기에, 죽음이라 불리는 사태에 처해 가장 먼저 소멸해간다고 주장한다면 말이지요."

그러자 소크라테스는 여느 때도 자주 그러하던 바와 같이 눈을 뚫어지게 바라보는 한편으로 미소를 지으면서 말했습니다. "심미아스의 논변은 진정 정당한 것이네. 자네들 중의 어느 누구든 빠져나갈 길을 나보다 잘 찾을 수 있다면, 누가 나서서 답해보지 않겠는가? 진정 만만치 않은 논변을 심미아스가 전개한 것으로 보이네. 하지만 그에게 답하기 전
[86e] 에 우선 케베스가 어떤 비판적 논변을 가할지 먼저 들어보아야만 하겠네. 그러는 동안에 우리는 우리의 답변을 준비할 시간을 가질 수 있을 것이며, 그들의 말을 들은 연후에 그들이 올바른 음조를 내는 것으로 들리면 그들에게 동조하고, 그렇지 않으면 우리의 논제를 옹호해야 할 것이

네. 자, 이제 케베스여, 그대를 고민케 하는 것이 무엇인지 말해보게나."

"말하겠습니다."라고 케베스가 답했습니다. "우리의 논의는 아직도 제자리에 있는 것 같이 생각되며, 우리가 이전에 제기했던바, 바로 그 동일한 비판이 아직 유효한 것으로 보입니다. 우리의 정신이 이 육체적 [87a] 모습을 갖기 이전에도 존재했다는 명제는 아주 근사하게, 그리고 지나친 말이 아니라 한다면, 아주 충분하게 입증되었다는 생각을 철회하지 않겠습니다. 그러나 우리가 죽은 연후에도 아직 어디에선가 존재한다는 주장은 그렇다고 생각되지 않습니다. 정신이 신체보다 더 강하거나 오래 지속되는 것은 아니라는 심미아스의 반론에 동의해서 그런 것은 아닙니다. 그런 점 모두에서 정신은 신체보다 뛰어나다고 생각되지요. 하지만 (나의 마음속에 자리 잡고 있는 반대자의) 논변은 반문할 것입니다. 그대 케베스는 사람이 죽은 후에도 보다 미약한 존재가 여전히 살아남아 존재함을 목도하는데, 그대는 왜 보다 오래 지속하는 존재가 그 기간 동안에 여전히 건재할 것임이 필연적이라고 생각하지 않는가 하고. 이 물 [87b] 음에 대해 나의 다음 말이 의미 있는 답변이 될 수 있는지 검토해보지요. 나는 심미아스처럼 하나의 비유를 들도록 하겠습니다. 우리는 다음의 경우와 유사한 논변을 전개할 수 있을 것으로 보입니다. 어느 직조공이 늙어서 죽었을 때 어떤 이가 전개할 법한 그런 식의 논변 말입니다. 그는 소멸한 것이 아니라 어디엔가 건재해 있다고 주장하면서, 그에 대한 증거로서 그 자신이 직조해 입고 있었던 외투가 건재하여 아직 헤어지지 않았다는 사실을 제시한다고 해보지요. 사람들이 그의 말을 믿지 [87c] 않으면, 그는 다시 인간 종족과 인간이 사용하며 걸치고 다니는 외투 중 어느 부류가 보다 오래 지속하는가 하고 물을 것이고, 이에 인간이 훨씬 오래 지속한다고 대답하면 그는 보다 단기간 지속하는 것인 외투가 아

직 소멸하지 않았으므로, 인간이 건재해 있음이 다른 무엇보다도 당연
히 증명되었다고 주장할 것입니다. 심미아스여, 그러나 나는 전혀 그렇
게 생각하지 않는다네. 자네는 내가 말하는 바를 검토해보도록 하게나.
위와 같은 식의 논변을 전개하는 논자가 있다면 사람들은 누구나 그를
단순한 사람이라고 간주할 것이네. 그 이유는 다음과 같지. 그 직조공
은 여러 벌의 외투를 입어 해어트리고 다시 직조한 연후에, 그가 입었
[87d] 던 여러 벌의 외투보다는 늦게이지만 그러나 마지막 입은 외투보다는
먼저 소멸해갈 것이네. 그렇지만 그렇다고 해서 바로 그러한 이유로 그
직조공이 외투보다 열등하고 허약한 존재인 것은 아니라네. 우리는 이
동일한 비유를 정신과 신체의 관계에 관해서도 적용할 수 있지. 누가
정신과 신체에 관해서 위와 같은 말을 한다면, 즉 정신은 보다 오랜 시
간 지속하나 신체는 보다 약한 존재이며 짧은 시간 존속한다고 논한다
면, 그것은 적절한 주장이라고 생각된다네. 그러나 그(나의 반대자의) 논
변은 계속 말하길, 정신들의 각각은 여러 신체를 입어 해어트릴 것인데,
특히 정신이 오래 장수하는 경우에는 더욱더 그러할 것이겠지. 만약 진
정 사람이 살아남아 있는 동안 신체는 흘러가고 소멸해가지만, 정신은
[87e] 신체라는 옷을 입어 해어트린 후 새로이 직조하길 계속할 것이라면 다
음은 필연적일 것이라네. 즉 정신이 소멸할 때면 정신은 마지막 외투를
입고 있을 것이고, 그래서 이 마지막 외투보다는 먼저 소멸할 수밖에 없
을 것이네. 그리고 정신이 소멸하면 그때 신체는 자신의 연약한 본성을
드러내며 곧 썩어서 사라질 것이지. 그러므로 우리는 이상의 논변에 의
[88a] 거할 때 우리가 죽은 후에도 우리의 정신이 어디엔가 존재한다고 자신
할 만하지는 않다네. 만약 우리가 그런 논변을 주장하는 사람에게 그대
케베스가 말한 바 이상의 것을 인정한다 하더라도, 즉 우리의 정신이 우

리가 태어나기 이전에도 존재했을 뿐 아니라 우리가 죽은 연후에도 일부의 정신들이 여전히 존재하고, 존재할 것이며, 여러 번 다시 태어났다가 소멸함을 막을 것이 없다고 인정하더라도—왜냐하면 정신이란 여러 번의 탄생을 견디어낼 만큼 충분히 강하므로—, 다음의 것까지는 더 이상 인정하지 않을 것이네. 즉 정신이 여러 번의 탄생 과정에서의 고단함에 지쳐 소진되는 것도 아니며, 여러 번의 죽음 중 한 죽음의 계기에서는 결국 완전히 소멸해가는 것도 아니라는 주장만큼은 수용하지 않을 것이네. 그리고 그는 이 마지막 죽음, 정신에게 파멸을 가져다 안기는 [88b]
신체의 해체는 누구도 인지할 수 없다고—실은 우리 중 그 누구도 이를 지각하는 것은 불가능하지만—주장할 것이라네. 만약 사태가 이러하다면, 어떤 이가 정신이 모든 면에서 불사적이고 완전히 불가소멸적임을 입증할 수 없음에도, 그런 이가 죽음의 앞에 서서 의기양양해 한다면 그의 태도는 정신 나간 짓일 것이지. 만약 그 점이 입증될 수 없다면 죽음에 임박한 자는 자신의 정신을 위하여, 정신이 이번에는 신체와의 이별을 통해 완전히 소멸하지나 않을까 하는 두려움을 품어야만 하는 것이지."

그들의 말을 듣고서 우리 모두는 의기소침하게 되었습니다. 우리가 [88c]
나중에 서로에게 고백한 바이지만 말이지요. 이전 소크라테스의 말을 듣고서 우리는 상당히 고무되어 있었는데, 이제 다시 그들의 논변이 우리를 뒤흔들어놓아 우리는 이전의 말들뿐만이 아니라 앞으로 말해질 것에 대해서까지 믿음을 갖지 못하게 되지나 않을까 하는 회의적인 상태에 빠지고 말았다고 말이지요. 그래서 우리는 판단자로서의 자격이 없으며, 나아가 논의 주제 자체가 믿을 만한 논의를 허용하지 않는 것은 아닌가 하는 우려를 품게 되었습니다.

에케크라테스: 신들에 맹세코, 파이돈이여. 나로서도 그 점에 관한 한 그대들에게 공감할 수 있겠습니다. 왜냐하면 나 자신도 방금 그대의 이야
[88d] 기를 들으면서 다음과 같이 나 스스로에게 속말을 하고 있었거든요. '이제 대체 어떤 주장을 믿을 것인가? 소크라테스가 개진했던 논변이 대단히 설득력이 있다고 생각했는데, 이제 그것이 믿을 수 없는 것이 되어버렸으니.' 방금 그 논변, 정신이 일종의 조율상태라는 논변은 지금만이 아니라 이전에도 항상 나를 놀라운 방식으로 사로잡았으며, 그리고 그대가 그것을 언급하니 나 자신도 이전부터 그러한 생각을 하고 있었다는 사실을 상기하게 되는 듯했지요. 이제 새로운 논변을, 다시 처음의 시작 지점으로 돌아가 우리를 설득할 새로운 논변을 필요로 하는군요. 우리가 죽더라도 우리의 정신이 함께 소멸하지는 않음을 설득할 논변 말이지요. 자, 이제 대체 소크라테스가 어떻게 논변을 추적했는지 말해주
[88e] 기 바랍니다. 그도 그대들 자신이 처한 바의 그런 당혹감의 상태에 빠진 것으로 보였는지, 아니면 그렇지 않고 담담하게 자신의 논변을 옹호했는지, 그리고 그의 옹호 논변은 충분했는지, 아니면 미흡했는지, 이 모든 궁금한 점에 관해 가능한 한 정확하게 나에게 전하여 주기 바랍니다.

파이돈: 에케크라테스여, 진정 나는 이전에도 여러 번 소크라테스에게 감탄하곤 했지만, 그때 그의 곁에 있었을 때보다 더 그런 적은 없습니
[89a] 다. 그가 대응할 논리를 갖고 있음은 아마도 전혀 특별한 일이 아닐 것입니다. 나로서는 그보다 훨씬 더 감탄을 금할 수 없었던 것은 다음입니다. 우선 기꺼운 마음과 부드러운 태도로, 그리고 존중하는 자세로 젊은이들의 논변을 경청하고, 그다음으로는 우리가 그들의 논변에 의해 당혹감에 빠진 것을 예리하게 간파한 다음, 우리를 매우 잘 치유해주고 말하자면 기가 죽어 도망가려는 우리의 용기를 북돋우면서, 논변을 열심

히 뒤따르며 함께 검토할 것을 촉구하는 그의 태도였습니다.

에케크라테스: 어떤 식으로 그러했습니까?

파이돈: 곧 말하도록 하지요. 나는 우연히 그의 침상 옆 오른쪽 낮은 의자에 앉아 있었습니다. 그는 나보다 제법 높은 곳에 앉아 있었지요. 그 [89b] 래서 그는 나의 머리를 어루만지는 한편으로 내 목 위의 머리카락을 움켜쥐면서—그는 이전에도 가끔 내 머리카락에 대해 농담을 하곤 했습니다만—말했습니다. "파이돈 군, 내일이면 자네는 아마도 이 아름다운 머리카락을 자를 것이겠지."[92]

"그래야 할 것 같습니다, 소크라테스."라고 내가 말했습니다.

"하지만 나의 말을 믿는다면 그러지 않을 것일세."

"그러면 어떻게 해야 할까요?"

"바로 오늘 나는 나의 머리카락을, 그리고 자네는 자네의 이 머리카락을 잘라야 하는 것이지. 만약 우리의 논변이 죽어버리고 우리가 그 논변을 되살려낼 수 없다고 한다면 말이지. 내가 자네라면, 그리고 논변이 [89c] 나를 완전히 피해 달아난다면,[93] 나로서는 아르고스인들이 그러했듯이 머리카락을 길게 늘어뜨리지 않겠노라는 맹세를 하겠네. 심미아스와 케베스의 논변과 다시 투쟁하여 승리하기 전까지는 말이네."[94]

내가 말했습니다. "헤라클레스라도 두 괴물을 상대할 수는 없다고 사

92 당시 애도의 표시로 하던 행위. 소크라테스의 죽음에 대한 슬픔 때문에 내일 자를 것이라는 말. 그러나 이후 소크라테스의 말에서 내일이 아니라 오늘 잘라야 한다고 한 이유는 현재 진행되는 논변이 죽음을 맞으면, 이는 즉 인간의 정신이 불멸하는 존재임을 입증하지 못하는 것이고, 이는 슬픈 일이므로 애도의 표시로 우리의 머리카락을 잘라야 한다는 것.

93 여기서도 역시 사냥의 비유가 사용되었다.

94 헤로도토스에 따르면, 당시 스파르타인들에게 마을을 빼앗긴 아르고스인들은 그 마을을 탈환하기 전에는 머리카락을 기르지 않겠다고 맹세했다고 한다.

람들은 말하더군요."

그가 말하길, "그러면 나를 마치 이올라오스Iolaos로 생각하고 응원을 요청하기 바라네, 아직 대낮의 햇빛이 있는 동안은."

"진정 응원을 요청하겠습니다만, 나 자신을 헤라클레스가 아니라 이올라오스라고, 그리고 당신을 헤라클레스로 생각하고서 도움을 요청하겠습니다."라고 내가 말했습니다.[95] "아무래도 상관이 없네."라고 그가 말했습니다. "그러면 우리 우선 다음과 같은 질병에 걸리지 않도록 주의하도록 하세나."

"어떤 질병입니까?" 하고 내가 물었습니다.

[89d] 소크라테스가 말하길, "로고스 혐오자[96]가 되지 않도록 말일세. 우리가 인간 혐오자가 되는 그런 식으로 말이네. 로고스를 혐오하는 것보다도 나쁜 질병은 없기 때문이라네. 로고스 혐오증이나 인간 혐오증은 같은 과정을 거쳐 발생하는 것이지. 인간 혐오증은 어떤 사람을 단순하게 과신하고 그가 전적으로 진실되며 건전하고 믿을 만한 사람이라고 생각했는데, 약간의 시간이 흐른 후에 그가 형편없고 신뢰할 수 없음을 발견하게 되고, 또 다른 사람에 대해서도 같은 경험을 하게 될 경우에
[89e] 걸리는 것이지. 그리고 이런 경험을 여러 번 겪고 그것도 누구보다도 가장 가깝고 친밀하다고 생각했던 사람으로부터 그런 일을 겪으면서,

---

95 그리스 신화에 따르면, 헤라클레스가 자신에 부과된 과업 수행의 일환으로 히드라와 대적하던 중 거대한 게의 공격을 받자 그의 조카 이올라오스의 도움을 요청했다고 한다. 앞서 언급된 두 괴물은 히드라와 게를, 그리고 심미아스와 케베스의 논변을 염두에 두고 있는 것이다.

96 'misilogoi'에서 'logos'는 말, 논리, 논변, 이성, 합리성, 정의, 논제 등 폭넓은 의미 내용을 지닌다. 하나의 한국어 어휘를 택해 번역하면 원의가 너무 좁게 이해될 것이므로, 이곳에서는 원어 그대로 '로고스'로 번역한다.

결국에는 여러 번 낭패를 당한 결과, 모든 사람을 싫어하게 되며, 그 누구의 그 어떤 말도 전혀 믿을 만하지 않다고 생각하게 된다네. 그대는 이런 현상을 경험한 바 없는가?"

"물론 관찰한 바 있지요."라고 그가 말했습니다.

"그런 느낌을 갖는 사람들은 인간사에 관한 처세법 없이 사람들과 교제하려고 했었음이 분명하고, 그런 일은 부끄러운 일이지? 그리고 그가 그런 지혜를 갖고서 사람들을 대했다면, 실제 그러하지만, 아주 좋은 사람들이나 나쁜 사람들은 소수이고 그 중간의 사람들이 다수라고 생각했 [90a]
을 것이네."

"무슨 의미입니까?" 하고 내가 물었습니다.

그가 말했습니다. "극히 작은 것들이나 대단히 큰 것들의 경우와 같은 상황이네. 그대는 다음보다 드문 일이 있다고 생각하나? 아주 큰 사람이나 아주 작은 사람들을 발견하는 것, 또는 개나 여타의 다른 것들도 그러함을 경험하는 것보다 말일세. 그리고 빠르고 느린 것, 추하고 아름다운 것, 또는 희고 검은 것들에 관해서도 마찬가지가 아닐까? 그대는 이 모든 것의 경우에서 양극단은 드물고 소수이며, 그 중간의 것들은 무수히 많다는 것을 알고 있지 않은가?"

"그렇습니다."라고 내가 답했습니다.

그가 말했습니다. "그러면 패덕에 관한 경쟁이 있을라치면, 이 경우 [90b]
에도 선두를 차지하는 자들은 상당히 소수임이 드러나리라고 그대는 생각하지?"

"그럴 것입니다."라고 내가 말했습니다.

"그럴 것이지."라고 그가 말했습니다. "그러나 로고스의 경우가 사람의 경우와 유사한 점은 그 점이 아닐세, 나는 그대가 이끄는 대로 따랐을 뿐이네만. 양자 사이의 유사점은 다음에 있지. 어떤 사람이 로고스에 대한 지식이나 경험이 없이 한 로고스가 진리라고 믿은 다음에, 다시 그 동일한 로고스가 실제로는 그러하건 또는 그러하지 않건 간에 허위라고 믿게 되는 경우가 있으며, 다른 로고스에 대해서도 그런 믿음의 전변을
[90c] 거듭 체험하는 경우가 있지. 특히 무엇보다도 반론술[97]을 오랫동안 구사해온 사람들은, 그대들도 알다시피 그 결과로 자신들이 드디어 가장 현명한 자가 되었다고 생각하고, 동시에 자신들만이 다음을 발견했다고, 어떤 물상이나 로고스에도 정당함이나 확고함이 없음을, 그리고 마치 에우리포스Euripos 지역[98]의 해류에서처럼 모든 것이 위아래로 끝없이 전변하며 한시도 가만히 머물지 않음을, 자신들만이 발견했다고 생각한다네."

"진정 옳은 말씀을 하셨습니다."라고 내가 답했습니다.

"파이돈이여, 그러면 다음과 같은 사태는 유감스러운 일이지. 진리이며 확실한 어떤 로고스가, 그리고 이해될 수 있는 로고스가 있음에도
[90d] 한때는 진리로 믿어지고 다른 때는 그렇게 믿어지지 않는 그러한 로고스들을 접한 결과, 그러한 변화에 대해 자신이나 자신의 단순함을 탓하

97 'antilogikos': 『소피스트』 225b에서는 'eristic'의 상위 토론법으로, 『파이드로스』 261d에서는 의회나 법정에서의 공적 쟁론이나 제논의 논변을 포함하는 것으로 기술된다. 이는 상대방의 입장에서 모순을 도출하여 논박하는 방법이다. Robinson(1985)에 따르면 플라톤의 철학적 방법인 'dialectic'에 대조되는 토론법으로 'eristic'과 'antilogic'이 있는데, 'eristic'은 단지 논쟁에서의 승리를 목표로 하는 토론법이고, 'antilogic'은 모순의 방법, 상대방의 입장에 모순되는 입장을 취하고서 논쟁하는 방법이다. 플라톤의 변증법dialectic은 대화자 공동 작업에 의해 진리를 발견하는 방법으로 이들과 대조된다(Hackforth, 1955: 108 각주1 참조). Burnet(1911: 90)에 따르면 반박술의 창안자는 엘레아의 제논이다. 그는 파르메니데스의 제자로 제논의 역설을 전개하여 운동, 다수, 변화를 부정했다.

98 에우보이아Euboea와 보이오티아Boeotia 사이에 있는 좁은 해협으로 물살이 빠르고 흐름의 방향이 자주 바뀌는 곳이다.

는 대신, 고통을 참지 못하고 그 자신의 책임을 손쉽게 로고스에로 미루며 로고스를 혐오하고 그것에 욕을 퍼부으면서, 그리하여 존재자들에 대한 진리와 인식을 박탈당한 채 나머지 생애를 보낸다면 말일세."

"진정 그것은 유감스러운 일입니다."라고 내가 답했습니다.

그가 말했습니다. "그러면 우선 그것에 대해 주의하고 로고스의 그 어느 것도 타당하지 않다는 생각이 우리 정신에 스며들지 않게 하도록 [90e]
하세. 오히려 우리는 우리 자신이 아직은 강건한 상태에 있지 않다고 자각하고, 성숙한 시민다운 태도를 취해야 하며, 그리고 강건해지도록 열심히 노력해야만 한다네. 그대나 다른 사람들은 여생의 모든 기간을 위
해서, 그리고 나의 경우는 죽음 그 자체를 위해서 그래야 하는 것이지. [91a]
나는 바로 이 주제에 관하여 현재 지혜를 사랑하는 마음을 지니고 있는 것이 아니라, 교육받지 못한 사람들처럼 논쟁에서 이기는 데 집착하고 있지나 않을까 우려해서 그러는 것이네. 그 교양 없는 자들은 무언가에 관하여 논쟁을 할 때면 논쟁의 주제가 되는 것에 관한 진상을 숙고하는 것이 아니라, 자신들이 주장하는 바가 참석자들에게 그럴 듯하게 보이도록 하는 데 열중하는 것이지. 그런데 내가 스스로 생각하기에는 현재로서는 내가 그들과 다음의 정도만큼은 다르다고 생각하네. 즉 내가 말한 것들이, 아마도 부차적으로라면 몰라도, 참석자들에게 진리로 보이게 하도록 노력하기보다는 나 자신이 그렇게 믿을 수 있도록 최대한의
노력을 하려 한다는 점일세. 나의 사랑하는 친구여, 나는 다음과 같이 [91b]
헤아리니, 내가 얼마나 욕심 사나운 사람인지 보게나. 내가 말한 바가 모두 진리나 사실이라면, 그것을 믿음은 나에게 좋은 일이고, 다른 한편으로 죽는 자를 맞아주는 것이 아무것도 없다 해도 내가 죽기 이전 남아 있는 이 시간 동안 슬퍼하면서 참석자들을 우울하게 만드는 일은 없을

것이라네. 나의 이 무지는 오래 지속하지 않을 것이며, 무지는 나쁜 것인데, 그것은 잠시 후에 소멸할 것이라네. 심미아스와 케베스여, 나는 이러한 마음가짐을 가지고서 로고스에 임하도록 하려네. 그러니 그대들
[91c] 로서는 나의 충고를 따른다면, 나 소크라테스를 가벼이 여기고 진리를 중히 여기기 바라네. 그래서 내가 진리를 말하는 것으로 판단되면 동의를 하되, 그렇지 않은 경우에는 모든 로고스를 동원해서 저항하여, 내가 너무 열중한 나머지 나 자신과 그대들 모두를 속이고서 마치 벌처럼 독침을 그대들의 몸속에 박아두고 떠나지 못하게 하기 바라네."

"자 이제 진행해보도록 하지."라고 그가 말했습니다. "우선 나에게 자네들이 말한 바를 상기시켜주게. 만약 내가 분명 제대로 기억하지 못한다고 여겨지면 말이네. 심미아스는 내가 알기로는 정신이 신체보다 신적이고 보다 훌륭하기는 하나 그것이 조율상태와 같은 종류의 것이니만
[91d] 치 신체보다 먼저 소멸하지나 않을까 하는 회의와 두려움을 품고 있는 것으로 여겨지네. 다른 한편으로 케베스는 나에게 이 점, 정신이 신체보다 오랜 시간 지속한다는 점은 동의하는 것으로 생각되었네. 그러나 다음은 누구에게도 불확실하다고 보는 것 같군. 즉 정신이 여러 벌의 신체를 여러 번에 걸쳐서 입어 해어트리는 것이기는 하나, 마지막 신체는 뒤에 남겨놓고 드디어 그 자신이 먼저 소멸하는 것은 아닌지, 그리고 바로 이것, 즉 정신의 소멸이 죽음은 아닌 것인지 하는 점은 말이지. 신체가 지속적으로 소멸해감을 막는 것이 없을 것이기에 말이네. 다른 것이 아니라 바로 이것이, 심미아스와 케베스여, 우리가 자세히 검토해볼 사항이지?"

[91e] 두 사람은 바로 그것이라고 동의했습니다.

그가 물었습니다. "그러면 그대들은 이전의 논제들 모두를 받아들일

수 없는 것인가, 아니면 그 일부는 받아들이나 다른 일부는 거부하는 것인가?"

"일부는 수용하나, 일부는 부정합니다."라고 그들이 답했습니다.

그가 물었습니다. "그러면 그 논변에 관해서 그대들은 어떻게 생각하는가? 우리가 학습이 상기임을 주장한 그 논변 말일세. 그 논변이 타당하다면, 우리의 정신이 신체에 결박되기 전에는 어디엔가 이미 존재하 [92a]
여야 함이 필연적이겠지?"

케베스가 답하길, "나로서는 그때에도 감탄하며 그 논변에 설복당했지만, 지금도 다른 어느 주장에 대해서보다도 확신을 갖고 그 입장을 견지합니다."라고 말했습니다.

심미아스 역시 같은 응수를 하며 말했습니다. "나 자신도 그렇습니다. 그리고 내가 그 주제에 관하여 어떤 다른 생각을 한다면 그것은 놀라운 일일 것입니다."

그러자 소크라테스가 지적하기를, "달리 생각할 수밖에 없을 것이네, 그대 테베에서 온 이방인들이여. 적어도 그대들이 이 믿음, 즉 조율상태란 일종의 복합적인 것이고, 정신은 일종의 조율상태로서 팽팽한 긴장상태에서 신체 요소들이 결합하여 생기는 것이라는 믿음을 견지한다면, 설사 그대들 자신이 말한 바라 해도 다음의 주장은 받아들일 수 없을 것 [92b]
일세. 복합적 존재인 조율상태가 자신의 필수적인 구성 요소들이 존재하기 이전에 먼저 존재한다는 주장은 말이네. 아니면 그런 주장을 받아들일 것인가?"

"결코 그렇지 않습니다, 소크라테스여."라고 그가 답했습니다.

그가 지적했습니다. "그런데 자네는 결과적으로 바로 그런 주장을 하게 된다는 것을 알고 있는가? 정신은 신체에로 들어와 인간의 모습을 갖기 전에 이미 존재했으며, 그것은 아직 존재하지 않는 것으로부터 구성된 것이라는 주장을 자네들이 했을 때는 말일세. 조율상태란 그대가 비교한 그러한 종류의 것이 아닐세. 리라와 그것의 현들과 이들이 내는 소
[92c] 리들이 아직 조율되지 않은 채로 먼저 존재하고, 이들이 결합되어 마지막으로 조율상태가 등장하는 것이며, 그리고 이 후자가 가장 먼저 소멸하는 것이지. 그러니 이 논제(조율상태론)가 다른 이론(상기론)과 어떻게 조화를 이룰 수 있겠는가?"

심미아스가 답했습니다. "전혀 그럴 방도가 없습니다."

"조화를 이루어야 할 이론이 있다면, 그것은 무엇보다도 조율상태론과이겠지."라고 그가 말했습니다.

"그렇습니다."라고 심미아스가 답했습니다.

"그런데 그대의 이 이론(상기론)은 그것과 조화를 이루지 않네."라고 소크라테스가 말했습니다. "그러면 두 이론 중 어떤 것을, 즉 학습이 상기라는 이론과 정신이 조율상태라는 이론 중 어떤 것을 선택하겠는가?"

"당연히 전자를 택하겠습니다, 소크라테스여."라고 그가 말했습니다.
[92d] "그 이유는 내가 후자를 주장한 것은 논증적 근거가 있어서라기보다는, 그것이 확률적 가능성과 외관적인 그럴듯함을 지닌 것으로 보였기 때문입니다. 실로 대중이 그리 생각하듯이 말이지요. 나는 그럴듯함을 근거로 제안되는 논변들이 사기성이 있다는 것을 잘 의식하고 있으며, 우리가 그런 논변들에 주의하지 않을 경우, 그것들은 기하학이나 기타의 모든 분야에서 우리를 아주 쉽사리 기만할 것입니다. 그러나 후자의 논제, 학습이 상기라는 논제는 받아들일 만한 가치가 있는 가설[99]을 근거로 제

99 'hypothesis'. 이는 플라톤의 철학적 방법론에서 주요한 개념들 중 하나이다. 이는 100b

안되었습니다. 우리의 정신은 신체에 이르기 전에도 분명 존재한다고, '진상인 바의 것'이라 불릴 수 있는[100] 그 존재ousia 자체가 존재하듯이, 그렇게 존재한다고 말해졌습니다. 내가 그 가설을 받아들이는 것은 충분 [92e] 하고 올바른 논거에서라고 확신합니다. 그러므로 이런 이유로 해서, 결코 저나 또는 다른 누가 주장하더라도 정신이 조율상태라는 주장을 받아들여서는 결코 안 된다고 생각합니다."

"심미아스여, 다음의 방식으로 생각해보면 어떨까? 그대의 생각으로는 조율상태나 그 밖의 다른 복합적인 것들이 이들의 구성 요소들과는 [93a] 다른 상태에 있음이 자연스럽다고 보는가?"[101]

"결코 그렇지 않습니다."

"그들(복합체들)은, 내 생각으로는 자신의 구성 요소들이 하는 능동적

이하의 변증론에 대한 논의에서 보는 바와 같이 논증의 출발점이 된다. 플라톤이 '받아들일 만한 가치가 있는 가설'이라는 표현을 언급하면서 염두에 두고 있는 것은 구체적으로 형상론으로, 자체적인 존재자가 있다는 논제이다.

100 "tēn epōnumian tēn tou ho estin('진상인 바의 것'이라 불릴 수 있는we qualify by the words 'which truly is'".

101 존재적 차원과 언어적 차원을 구분한다면, 복합체는 구성 요소와는 다른 상태에 있을 수 있다. 존재적 차원에서는 전체가 부분들이 지닌 속성의 범위를 크게 벗어날 가능성이 없으나, 언어적 차원에서는 복합체는 부분들과 전혀 다른 방식으로 기술됨이 가능하다. 가령 물과 이를 구성하는 요소인 수소와 산소를 생각해보자. 존재론적으로 파악하면, 물은 수소와 산소의 결합체이지만 언어적 차원에서는 물은 생명의 필수 조건, 액체, 탈레스의 아르케, 유동적인 것 등으로 기술된다. 하지만 수소와 산소는 그렇지 않다. 바로 그러한 이유로 해서 복합체와 구성 요소를 구분하는 것이 가능하다. 복합체를 그 구성 요소들로 환원하는 이유는 전자에 적용하는 개념들을 의미론적으로도 환원하여 제거하려 하기 때문인 경우가 많다. 존재론적인 환원은 설명 작업의 일환으로, 인식론적인 환원의 일환으로 진행되는 것이다. 가령 심적 속성들을 신경생리학적 요소들로 환원하려는 작업은 심적 술어들을 의미론적으로 환원하여 제거하기 위해서이다. 그리함으로써 우리는 세계를 보다 단순하고 동질적인 개념들에 의해 설명할 수 있으며, 단순한 세계상을 구성할 수 있기 때문이다. 의미론적 환원을 동반하지 않는 존재론적 환원은 불가하거나 무의미한 작업일 수 있다.

작용이나 수동적 상태와는 다른 것들을 행할 수도 겪을 수도 없을 것 같은데, 어떤가?" 심미아스가 동의했습니다.

"그러므로 조율상태는 자신의 구성 요소들을 선도할 수 없고, 그것을 뒤따르는 것이 그것의 본성에 부합한다네." 심미아스도 동의했습니다.

"그러면 조율상태는 자신의 부분들과는 정반대의 방식으로 움직일 수도 없고, 소리를 낼 수도 없으며, 여타의 그런 반대 작용이란 전혀 할 수 없는 것이네."

"진정으로 전혀 그럴 수 없습니다."라고 그가 말했습니다.

"그러면 다음은 어떠한가? 조율상태의 각각은 조율된 바대로 그런 식으로 존재하는 것이 본성에 부합하지 않을까?"

"무슨 말씀이신지 잘 이해하지 못하겠습니다."

그가 말했습니다. "보다 높은 정도로 그리고 보다 충분한 정도로 조
[93b] 율이 이루어진다면—이런 것이 생기는 것이 가능하다고 할 경우에 말이네—, 보다 높은 정도의 그리고 충분한 정도의 조율상태가 결과할 것이고, 이와는 반대로 보다 낮은 정도로 그리고 보다 불완전하게 조율이 된다면, 보다 낮고 보다 불완전한 정도의 조율상태가 결과하지 않을까?"

"그렇습니다."

"그러면 동일한 사태가 정신에 대해서도 가능할까? 한 정신이 다른 정신에 비해 아주 극히 작은 정도라도 보다 충만하며 보다 높은 정도로, 또는 보다 부족하며 보다 적은 정도로 바로 그것임이, 즉 정신임이 가능할까?"

"결코 여하한 방식으로도 그럴 수는 없습니다."라고 그가 답했습니다.

그가 말을 이었습니다. "자, 그러면 제우스에 맹세코 다음을 살펴보세. 어떤 정신은 지성과 탁월함을 지니고 있어 훌륭한 상태에 있고, 다른 정신은 어리석음과 사악함을 지니고 있어 패덕의 상태에 있다고 말해지지? 이 말은 진리를 언명하고 있는 것인가?" [93c]

"진리를 말하고 있습니다."

"그러면 정신이란 조율상태라고 상정하는 사람들은 정신 속에 있는 이것들, 즉 탁월함과 패덕을 무엇이라고 말할까? 그들은 이들이 어떤 다른 종류의 조율상태이거나 비조율상태라고 주장할 것인가? 어떤 정신은 조율되어 있어서 훌륭한 것인데, 그래서 그 자신이 조율상태이면서 자신 속에 다른 종류의 조율상태를 지니고 있는 것이고, 다른 (패덕적인) 정신은 그 자신이 조율되지 않은 것이며, 그리고 자신 속에 다른 조율상태를 지니고 있지도 않다고 주장할까?"

"나로서는 무어라고 말해야 할지 모르겠습니다. 그러나 그와 같이 상정하는 사람들은 그런 내용의 주장을 할 것이 분명합니다."라고 심미아스가 말했습니다.

"그러나 우리는 앞에서 이미 동의한 바 있지만," 그가 말했습니다. [93d]
"한 정신이 다른 정신보다 더 정신적이거나 덜 정신적이지는 않은 것이네. 그리고 이 동의된 바의 내용은, 한 종류의 조율상태가 다른 것보다 더 높은 정도로 그리고 더 충분한 정도로, 또는 더 낮은 정도로 그리고 더 불완전하게 조율상태인 것은 아니라는 것이지, 그렇지 않은가?"

"그렇습니다."

"그러면 무엇이 보다 높은 정도로 그리고 보다 낮은 정도로 조율상태인 것이 아니라 한다면, 그것은 보다 높은 정도로 그리고 보다 낮은 정도로 조율되어 있는 것도 아니지, 과연 그런가?"

"그렇습니다."

"보다 더 조율된 것이나 보다 덜 조율된 것은 조율상태의 특성을 보다 더 또는 덜 분유하고 있는가, 아니면 동일한 정도로 분유하고 있는가?"

"동일한 정도로입니다."

"그러면 한 정신이 다른 정신보다 더도 덜도 아닌 그 자신인 것, 즉 정
[93e] 신인 것은 아니므로, 더 잘 조율되거나 덜 조율되어 있는 것도 아니지?"

"그렇습니다."

"정신이 이런 상태에 있다면, 한 정신이 다른 것보다 비조율됨이나 조율됨을 보다 많은 정도로 분유하지도, 또는 보다 적은 정도로 분유하지도 않을 것이지?"

"진정 그러하지 않을 것입니다."

"다시 정신이 이런 상태에 있다면, 한 정신이 다른 정신보다 열등함이나 탁월함을 보다 많이 분유할까? 진정 열등함이 비조율상태이고 탁월함이 조율상태라고 할 경우에 말일세."

"그렇지 않습니다."

[94a] "오히려 올바른 논리에 따르면, 심미아스여, 정신은 열등함을 전혀 분유하지 않겠지. 정신이 조율상태인 경우에는 말이지. 진정 조율상태는, 모든 면에서 바로 그 자신, 즉 조율상태라고 한다면, 그것은 결코 비조율상태를 분유하지 않을 것일세."

"확실히 안 그럴 것입니다."

"그러면 분명히 정신도 모든 면에서 정신이라면, 그것은 열등함을 분유하지 않을 것일세."

"방금까지의 논의에 따른다면, 어떻게 가능하겠습니까?"

"우리의 이제까지의 논의에 따르면, 모든 생명체의 정신들[102]은 동일하게 선한 존재일 것이네. 만약 그들이 본성적으로 바로 이것, 즉 정신이라면 말이네."

"제 생각으로는 그렇습니다, 소크라테스여." 그가 말했습니다.

"방금 한 말이 옳다고 생각하는가?" 그가 말했습니다. "그리고 우리의 논의는 이런 결론을 수용해야 한다고 생각하는가? 정신이 조율상태 [94b]
라는 애초의 가정이 옳다면 말일세."

"전혀 그렇지 않습니다."

"자, 다음은 어떠한가?" 하고 소크라테스가 물었습니다. "인간을 구성하는 요소들 중에서 인간을 인도하는 것은 정신 이외의 다른 것, 특히 사려 깊은 정신 이외의 다른 어떤 것이 있다고 그대는 생각하는가?"

"내 생각으로는 없습니다."

"그것은 신체적인 격정들에 부응하면서 그러하는가, 아니면 그들에 저항하면서 그러하는가? 내가 말하면서 염두에 두고 있는 것은 나음의 행위들, 가령 몸에 열기나 갈증이 있음에도 우리를 반대의 것으로 이끌고 가는 행위, 즉 물을 마시지 못하게 하는 행위나, 배고픔을 느낌에도 밥을 먹지 못하게 하는 행위이며, 그리고 무수히 많은 다른 경우에 정신이 신 [94c]
체적 욕망들에 반대한다는 것을 우리는 관찰하지? 그렇지 않은가?"

"물론입니다."

"그런데 우리는 이전의 논변에서 다음의 사항에 동의했지? 정신은 조율상태이기에 자신을 구성하고 있는 구성 요소들이 당겨지거나 느슨해

102 플라톤도 아직은 전통의 정신관, 즉 프시케는 자연 속 생명체 모두에 들어 있는 생명성이라는 믿음을 상속하고 있다. 그에게서 생명성과 정신의 능력은 아직 분리되지 않았다.

지거나 튕겨져 결과하는 상태나 그 밖의 다른 상태들과 반대되는 곡조의 소리를 읊을 수 없는 것이기에, 그 구성 요소들을 따르는 것이지, 결코 그것을 선도하는 것은 아니라고?"

"동의했지요. 왜 안 그렇겠습니까?" 하고 그가 답했다.

"그런데 어떠한가? 이제 정신은 전혀 반대로 기능한다는 것이 명백하게 드러나지 않았는가? 정신은 사람들이 정신의 구성 요소라고 말하는
[94d] 그 모든 것을 선도하며 전 생애에 걸쳐서 거의 모든 면에서 그것들에 반대하는 것이지? 모든 방식으로 전제적 주인 행세를 하며, 어느 경우에는 매우 거칠게 또는 고통을 주면서 다스리고, 가령 신체단련술이나 의술을 동원해서 하듯이 말일세. 또 어느 경우에는 다소 부드럽게 대하여, 위협하기도 하고 충고하기도 하면서, 욕구들과 충동들과 공포들과, 자신이 이들과는 다른 타자인 양, 대화를 하면서 말이네. 마치 호메로스가 『오디세이아』[103]에서 시로 표현한 바 있는 것처럼 말이지. 이 작품에서 그는 오디세우스에 관해 다음과 같이 말했지.

> 그는 가슴을 치면서 자신의 심장을 꾸짖었다.
> [94e] '심장이여, 견디어내거라. 그대는 이보다 더한 것을 이겨내지 않았던가!'

그러면 자네는 그 시인이 이런 말을 하면서, 그는 정신이 조율상태이고 신체의 격정들에 의해 이끌려갈 수 있는 그런 것이라고 상정했다고 생각하는가? 아니면 이들을 이끌고 주인노릇을 할 수 있는 것이라고 생각했을까? 조율상태에 비교하기에는 훨씬 더 신적인 어떤 것이기에 말

---

103 Book XX, line 17.

일세."

"소크라테스여, 진정 나는 후자라고 생각합니다."

"그러면, 나의 훌륭한 친구여, 정신이 일종의 조율상태라고 주장하는 것은 전혀 적절치 않네. 왜냐하면 그런 주장을 한다면, 우리는 신적인 [95a]
시인인 호메로스에게도 동의하지 않는 것이거니와 우리 스스로와도 수미일관하지 않은 것이겠지."

"바로 그렇습니다."

소크라테스가 말했습니다. "매우 좋네. 이제 테베의 여신인 하르모니아Harmonia의 마음은 우리가 적절히 달랜 것으로 보이는군. 그러나 케베스여, 우리는 어떻게 그리고 어떤 논변으로 카드무스Cadmus의 마음[104]을 살 수 있을 것인가?"

케베스가 말했습니다. "당신은 적절한 논변을 발견할 것입니다. 당신은 조율상태론을 비판하는 논변에 관한 한, 예상한 것 이상으로 매우 놀라운 솜씨를 보여주었습니다. 심미아스가 당혹스러움을 느낀다며 비판했을 때, 나는 그 누가 그의 논변에 대처할 수 있을 것인가 하고 매우 회 [95b]
의적이었습니다. 그래서 나는 당신의 논변이 가한 첫 번째 일격을 그가 곧바로 받아넘기지 못하는 것을 보고 매우 의외라고 생각했습니다. 진정 나는 카드무스의 입장도 같은 처지에 빠진다 해도 놀라지 않을 것입니다."

소크라테스가 말했습니다. "나의 친구여, 과찬하지 말게나. 악의적인 악령이 나타나 앞으로 개진될 논변이 되돌아 도망가게 하지나 않을까

---

104 하르모니아Harmonia는 아프로디테Aphrodite의 딸이자, 테베의 전설적인 건립자인 카드무스Cadmus의 아내라 한다. 테베는 심미아스와 케베스의 고향이고, 테베에는 하르모니아와 카드무스를 모시는 제의가 있었다.

두렵네. 그러나 여하간 그것은 신의 소관이고, 우리로서는 호메로스 식
으로 바짝 다가가서 그대의 말에 어떤 진실이 있는지 검토해보기로 하
세. 그대가 추구하는 바의 것들을 요약하면 다음과 같은 것이지. 그대는
우리의 정신이 불멸하고 불사하는 존재임이 증명되길 요구하고 있는 것
[95c] 이지. 만약 우리가 철학인으로서 죽음을 맞이하여, 죽어서 가는 저곳에
서 아주 잘 살리라고—다른 종류의 삶을 살다가 죽는 경우와는 전혀 다
르게 말이네— 믿으며, 당당한 모습으로 보이는 용기가 비지성적이고
공허한 만용이 아님을 보이고자 한다면 말이지. 그런데 정신이 강건하
고 신적인 모습이며 우리 인간들이 태어나기 이전에도 존재했음이 증명
된다고 하더라도, 그대의 주장은 이 모든 사실이 정신의 불사를 보여주
는 것은 아니고, 단지 정신이 아주 오래 존속하고 아주 오랜 이전의 시
간으로부터 존재해왔으며, 많은 것을 알고 수행했음만을 보여준다는 것
[95d] 이었지. 그러나 그럼에도 불구하고 정신이 더 불사적인 존재가 되는 것
은 아니며, 인간의 신체로 들어옴 그것은 마치 일종의 질병과도 같은 것
이어서 바로 정신에게는 소멸의 시작이라는 것이었네. 정신은 이 현생
의 기간 내내 중노동을 하며 살아가고, 결국에는 죽음이라고 불리는 상
태 속에서 소멸하고 만다는 것이었지. 정신이 이 육신에 단 한 번만 들
어오건 또는 여러 번 들어오건 간에, 우리 각각이 느끼는 두려움의 관점
에서는 아무 차이가 없다고 그대는 주장하고 있네. 진정 우리가 얼빠진
것이 아니라면, 정신이 불사적임을 알지도 못하고 입증할logon didōnai 수
[95e] 도 없다면 두려움을 느껴야 당연할 것이네. 이상과 같은 것들이, 케베스
여, 그대가 말한 바의 것들이지. 내가 일부러 여러 번 재요약하는 것은,
내가 어느 것도 빠뜨리지 않도록 하기 위해서, 그리고 원하는 바가 있으
면 그대가 추가하거나 또는 삭제하게 하기 위해서이네."

케베스가 응답했습니다. "나로서는 현재 더할 것도 뺄 것도 없습니다. 방금의 것들이 내가 주장하는 바입니다."

그러자 소크라테스가 말을 멈추며 잠시 혼자의 생각에 잠긴 후에 말했습니다. "케베스여, 그대가 추구하는 바는 쉬운 문제가 아닐세. 우리는 생성과 소멸의 원인[105]에 관하여 전면적으로 아주 철저하게 검토하여야만 하겠군. 그 주제들에 관해 내가 겪은 바를, 그대가 원한다면, 자네 [96a]
에게 자세히 전하겠네.[106] 그다음 내가 말한 것들 중 어느 것이 유용한 것으로 보인다면, 그대의 입장을 설득할 단서로 삼도록 하세."

케베스가 답했습니다. "진정 그것을 원하다마다요."

"그럼 내가 말할 터이니 들어보도록 하게." 그가 말했습니다. "케베스여, 내가 젊었을 적에는 나는 사람들이 자연에 관한 탐구[107]라고 부르는 바의 그 지혜에 대단히 열중했었네. 나는 사물들이 무엇에 의해dia ti 생겨나고 무엇에 의해 소멸하며 무엇에 의해 존재하는지, 이들 각각의 원인들을 안다면 굉장한 일이라고 생각했네. 그래서 나는 이리저리 궁리 [96b]
하면서, 다음과 같은 주제들을 검토해보았네. 어떤 사람들이 말하듯이, 열기와 냉기가 혼합하여 발효를 일으킬 때, 그때 생명체가 결합되어 생

---

105 원어는 'aitia'인데, 이는 '원인'이나 'cause'와는 다소 다른 개념이다. 어떤 존재자나 사태를 있게 하는 것, 책임 근거, 존재하게 하는 소이연 또는 까닭에 해당하는 개념으로, 법적 함의, 목적론적 함의를 지닌 개념이며 책임responcibility이나 이유reason의 의미도 지닌 개념이다. 이는 어떤 사태를 있게 하는 필수 조건과 구분된다. 여기서는 편의상 '원인'으로 번역하나, 차이점은 유념하여야 한다.

106 소위 '소크라테스의 지적 자서전'이 소크라테스 자신의 경험인지, 플라톤의 것인지는 논란이 많다. 버넷과 테일러는 전자로 해석한다(Burnet & Taylor, 2011). 그러나 플라톤의 고유 이론인 형상론도 언급되기에 이에 유보적인 입장을 취하는 학자들이 많다. 특히 형상 개념의 직접적 계기가 되는, 차선의 항해법deuteron ploun과 관련해서는 Hackforth(1955)의 주석 참조.

107 '자연에 관한 탐구peri physeōs historian'. 자연철학자들의 연구를 가리킨다.

겨나는 것인지,[108] 그리고 우리가 사유 활동을 하는 기관이 혈액[109]인지, 또는 공기[110]이거나 불[111]인지, 아니면 그 어느 것도 아닌지,[112] 오히려 두뇌가 보고 듣고 냄새를 맡는 감각들을 제공하는 것[113]이고, 이들로부터 기억과 믿음이 생겨나며, 다시 이 기억과 믿음이 평정을 얻었을 때 앎이 생겨나는 것인지[114] 여부를 궁리했네. 그리고 다시 이들의 소멸 원인들
[96c] 을 살펴보았으며, 하늘과 땅의 현상들을 탐구했네. 그러다가 결국은 내가 이런 종류의 탐구에는 전혀 재능이 없어 쓸모없는 존재라는 판단을 나 스스로 내렸네. 내가 그에 대한 충분한 증거를 대도록 하겠네. 내가 무엇인가를 명료하게 알고 있다고 나 자신이나 남들이 생각했던 바가 있었는데, 나는 위와 같은 탐구에 의해서 완전히 눈이 멀어버려서 내가 이전에 알고 있다고 생각한 것들, 인간의 성장 원인을 포함하여 여러 많은 것에 대한 지식들까지도 상실하고 말았네. 나는 사람들이 먹고 마심
[96d] 으로써 성장함이 분명하다고 이전에는 생각했었지. 먹는 음식을 바탕으로 하여 살에 살이 더해지고, 뼈에 뼈가 더해지며, 같은 논리로 하여 신체 각각의 부분에 그 각각에 고유한 것들이 더해질 때, 그때 작은 부피의 것이 큰 부피의 것이 되고, 이런 식으로 해서 작은 사람이 큰 사람이 된다고 생각했네. 적절한 설명이라고 생각하지 않는가?"

---

108 아낙사고라스Anaxagoras의 제자 아르켈라오스Archelaus의 이론이다.

109 엠페도클레스Empedocles와 시실리 의학학파의 입장이다.

110 아낙시메네스Anaximenes나 아폴로니아Apollonia의 디오게네스Diogenes의 견해이다.

111 헤라클레이토스 Heracleitus학파의 입장이다.

112 사유 주체로서 정신의 거처에 대한 논쟁은 기원전 5세기 전반의 열띤 논쟁거리 중의 하나였다.

113 버넷에 따르면, 뇌가 의식의 거처라는 생각을 처음 개진한 사람은 크로톤의 알크마이온Alcmaeon of Croton이라고 한다. 이어서 5세기에 히포크라테스Hippocrates가 지지했다고 한다(Burnet, 1911: 101).

114 H. Diels에 따르면, 알크마이온의 입장이다(Burnet, 1911: 101).

"나로서는 그렇게 생각합니다."라고 케베스가 응답했습니다.

"이제 다음의 것들도 검토해보도록 하지. 어떤 큰 사람이 작은 사람
옆에 서면 그가 더 커 보이는 것은 바로 머리 때문이고, 말의 경우도 그
러하다고 생각하고서, 그런 설명이 충분한 것이라고 나는 생각했네. 이 [96e]
들보다 더 명료한 예를 들도록 하지. 열이 여덟보다 큰 이유는 그것에
둘이 더해져서이기 때문이고, 2큐빗[115]이 1큐빗보다 큰 이유는 자신의
반으로써 후자를 넘어서기 때문이라고 생각되었네."

"그럼 지금은 그 문제들에 관하여 어떻게 생각하십니까?" 하고 케베스가 물었습니다.

그가 말했습니다. "나는 전혀, 제우스에 맹세코 그런 문제들에 관하
여 사태의 원인을 안다고 생각하지 않는다네. 나는 진정 다음의 어느 것
도 수용할 수 없게 되었기 때문이지. 누가 하나에 하나를 더하는 경우,
하나가 더해진 그 하나가 둘이 되었다거나 또는 그 더해진 것이 그러하
다거나, 또는 더해진 것이나 하나가 더해진 그것이 다른 것에 다른 것이 [97a]
더해짐에 의하여 둘이 되었다는 여러 주장들의 그 어느 것도 말이네. 나
는 다음의 점이 놀라운 일이라 생각했다네. 이들 각각이 서로로부터 떨
어져 있었을 때, 그래서 각각이 하나였고 둘로 있지 않았는데, 서로를
향해 가까이 다가가자, 바로 이것, 즉 서로에로 가까이 놓임에 의한 결
합이 둘의 생성의 원인이라는 점이 말일세. 그리고 어떤 이가 하나를 둘
로 나누는 경우에도 바로 이 나눔이 다시 둘이 생겨나게 한 원인이라는
주장 역시 믿을 수 없게 되었네. 왜냐하면 방금 전과는 반대의 것이 둘 [97b]
이 생겨나게 하는 원인이었기 때문이네. 그때는 하나가 다른 하나로 가

115 1큐빗은 팔꿈치에서 손 끝까지의 길이로, 약 46센티미터이다.

까이 인도되어 옆에 놓임으로써, 반면에 이번에는 떼어놓아져 분리됨으로써 둘이 생성되는 셈이기 때문이지. 진정으로 나는 어떤 이유로 해서 대체 하나가 생겨났는지에 관해서조차, 한 마디로 해서 무엇 때문에 어떤 것이 생겨나고 소멸하고 존재하는지 내가 알고 있다고 나 스스로를 설득할 수 없게 되었네. 위의 기존의 방식으로는 말일세. 나는 스스로 급히 여럿을 뒤섞어 어떤 다른 방식을 생각해보긴 했으나, 여하간 앞서 말한 설명 방식은 수용할 수 없게 되었다네.

그러던 중 어느 날 누가 아낙사고라스가 쓴 것이라는 책을 읽으며,
[97c] 지성(누스)이 우주를 질서 지우는 것이며, 모든 것의 원인이라고 말하는 것을 듣게 되었는데, 나는 이런 원인 개념에 기쁨을 느꼈고, 지성이 만상의 원인이라는 논제가 일리가 있는 것으로 생각되었네. 그리고 만약 그러하다면, 질서 부여적인 지성이 만상을 질서 지우고 각각의 물상을 배치함에 있어 그들이 최선의 상태가 되도록 하는 방향으로 하리라고 생각했다네. 그래서 누군가가 각각의 사태에 관해 그것들이 어떻게 생성되었고 소멸하며 존재하는가에 관한 원인을 발견하고자 한다면, 그는 다음을 발견해야만 한다고 생각했네. 무엇이 존재하거나 여하한 종
[97d] 류의 수동적 상태에 있거나, 또는 능동적 활동을 함에서 어떤 방식이 최선인지를 발견해야만 한다고 말이지. 이런 논리를 따르면 이런 것이나 다른 것에 관해서, 다른 것이 아니라 바로 이것, 즉 최선의 상태와 최고의 상태를 검토하는 것이 그에게 합당한 일이라네. 그때 그 사람은 필연적으로 나쁜 상태에 관해서도 알게 될 것이지. 최선과 최악에 관한 앎은 동일하기 때문이라네. 이런 것들을 헤아리면서 기뻐하며, 존재하는 것들에 관한 교사로, 나의 지성에 맞는[116] 교사로 아낙사고라스를 발견하게 되었다고 믿었다네. 그리고 그가 우선 나에게 지구(대지)가 평평

한지[117] 둥근지[118] 말해줄 것이고, 그런 다음에는 원인과 필연성[119]에 관해 자세히 설명하고, 최선의 상태를 말해줄 것이며, 지구가 그런 모습으로 있는 것이 그것에 최선이라고 설명할 것이라고 기대했다네. 만약 지구가 우주의 중심에 있다고 말한다면, 그는 더 나아가 그것이 중심에 있는 것이 그것에 최선이기 때문이라고 추가적으로 설명하리라 생각했지. [97e]
그리고 그가 이런 것들을 나에게 명확히 보여준다면, 나는 더 이상 다른 종류의 원인을 열망하지 않으리라고 마음 먹고 있었네. 진정으로 나는 태양에 관해서 그런 동일한 종류의 설명을 들으리라는 마음의 기대를 하고 있었지. 그리고 달이나 다른 천체들에 관해서, 그리고 서로와의 상관관계에서의 속도와 회전과 그 밖의 다른 상태들에 관해서, 어떤 점에서 그들 각각이 그런 수동적 상태에 있는 것이, 그리고 능동적 활동을 하는 것이 최선인지에 관해서 들을 수 있으리라는 기대를 하고 있었네. 왜냐하면, 그는 그런 것들이 지성에 의해 질서 지워져 있다고 언명했느니만치, 그들에 관해 다른 원인을, 즉 그들이 현새 그러한 바대로 그렇게 있고 활동하는 것이 최선이라는 설명 이외의 다른 원인을 제시하리라 생각하지 않았다네. [98a]
그는 그런 사태들 각각에 그리고 그들 모두에 공통적인 원인을 제시하면서, 각각에 최선의 것을 그리고 모든 것에 공통 [98b]

116 'kata noun emauto'는 '나의 마음에 드는'이라는 숙어적 표현이지만, 'nous'라는 어휘를 사용함으로써 아낙사고라스의 누스가 진정 누스의 역할을 할지에 관해 일종의 농담조로 궁금함을 표현하고 있다.

117 물리주의적 입장을 취하는 자연철학자들의 견해이다. '지구'라는 번역어와 달리, 그리스어 'gē'에는 구형이라는 의미가 없어 '대지'가 적절한 번역어일 수 있다. 그러나 여기서 'gē'는 인간이 사는 한 천체를 언급하는 것이므로 '지구'로 번역한다.

118 피타고라스학파의 입장이다. 이런 견해는 5세기경 상당히 널리 수용되어 있었다 한다.

119 아낭케anangke는 아이티아aitia와 구분되는 보조적 원인, 필수적 조건 등을 가리킨다. 이 구분은 플라톤의 우주론에서 매우 중요하다. 『티마이오스*Timaeos*』 47e-48e 참조.

적인 좋은 것을 추가로 설명하리라 생각했다네. 나는 많은 재물을 받더라도 나의 희망을 팔아버리지 않을 것이기에, 아주 열정적으로 그의 책을 그러잡고 가급적 빨리 책을 읽고자 했다네, 그래서 최대한 빨리 최선의 것과 최악의 것들에 관해서 알 수 있도록 말일세.

그런데 그런 놀라움에 대한 기대는, 친구여, 나에게서 멀어져 가버리고 말았네. 내가 그의 책을 읽어나가면서, 그가 지성을 전혀 원용하지
[98c] 않고, (우주의) 물상들을 질서 지움에 있어서 지성을 원인으로 제시하지도 않으며, 공기나 아이테르나 물이나 그런 다른 이상한 많은 것을 원인으로 제시하는 것을 보면서 말일세. 그는 내가 보기에는 다음과 같은 사람과 아주 유사한 입장에 있는 것으로 보였다네. 나 소크라테스는 내가 한 모든 것을 지성(누우스)에 의거해 한다고 말한 후, 그다음에 내가 한 모든 것의 각각에 대한 원인을 제시하려 시도함에서, 우선 내가 지금 여기 앉아 있는 것은, 나의 몸이 뼈와 근육으로 구성되어 있고, 뼈는 단단
[98d] 하고, 이들을 분리하며 연결하는 관절들을 갖고 있으며, 근육은 단단히 죄어지고 느슨해질 수 있는데, 이런 근육이 살과 피부와 함께 뼈들을 둘러싸고 있으며, 이들 살과 피부는 이들 모두를 감싸고 있기 때문이라고 말하는 사람과 그는 비슷하게 보였다네. 그리고 뼈들은 인대에 의해 지지되어 있는 상황에서, 근육이 느슨해지거나 당겨짐에 따라 내가 지금 사지를 움직일 수 있게 되는 것이며, 그리고 이 동일한 원인으로 해서 내가 여기에서 무릎을 구부리고 앉아 있다는 것이지. 그리고 다시 자네들과 대화하는 상황에 대해서도 그와 유사한 다른 원인을 언급한다네. 목소리와 공기와 청각과, 그와 같은 종류의 무수히 많은 것을 원인으로
[98e] 거론하는 한편으로, 진정한 원인들[120]을 언급하는 것은 소홀히 하면서 말이지. 진정한 원인이란 아테네인들이 나에게 유죄 선고를 내리는 것

이 최선이라 생각했기 때문이며, 그러므로 나 자신도 여기에 앉아 있는 것이, 그리고 아테네에 머무르며 그들이 부과하는 바의 그 어떤 징벌이라도 감내하는 것이 보다 옳은 일이라고 생각했기 때문이라는 것인데 말이네. 개에 걸고,[121] 나의 생각으로는, 오래전에 이 근육과 뼈들은 메 [99a]
가라Megara나 보이오티아Boeotia 근처에 있었을 수도 있을 것이지, 더 좋음에 관한 다른 믿음에 의해 인도되었다면 말이네. 가령 탈주하여 도망가는 것보다는 도시가 부과하는 그 어떤 벌이라도 감수하는 것이 더 옳고 좋은 일이라 믿지 않았다면 말일세. 그러나 앞서 언급한 그런 것들[122]을 원인이라 부르는 것은 매우 부조리한 일이라네. 어떤 이가 내가 그런 것들, 뼈나 근육이나 그런 류의 다른 것들을 구비함이 없이는 내가 생각하는 바를 할 수 없다고 말한다면, 그는 사실을 말하는 것이긴 하네. 그러나 뼈와 같은 것들 때문에 내가 하는 바를 행하고, 내가 이들을 지성에 의해 하기는 했으되, 그러나 최선의 것을 선택했기에 여기 있는 것은 [99b]
아니라고 한다면, 그것은 대단히 경솔한 논리라 할 것이네. 왜냐하면 그는 한편으로는 진정으로 원인인 바의 것[123]과 다른 한편으로는 그것 없이는 원인이 원인일 수 없는 것[124]이 서로 다른 것임을 구분하지 못하고 있기 때문이지. 진정 대부분의 사람은 내가 보기에는 이 후자를 마치 어둠 속에서처럼 더듬어 찾아서, 그것 자체에 속하지 않는 이름을 동원하여, 그것을 '원인'이라 하는 것이네. 이런 식으로 해서, 어떤 이들은 지구

---

120 'tas hos alethos aitias (the genuine causes)'.

121 이집트식 서언이다. 이집트인들은 개를 신으로 모셨다.

122 근육, 뼈 등의 신체적 조건을 말한다.

123 'ti esti to aition to onti (what is the real cause)'.

124 'aneu ou to aition ouk an pot' eie aition (that without which the real cause would not be a cause)'.

주위에 소용돌이가 휘감아 돌고 있어 지구가 하늘 아래에 머물고 있다고 주장하고,[125] 다른 이들은 지구를 마치 넓적한 반죽통처럼 생각해서
[99c] 공기가 그를 밑받침하고 있는 지지대라 주장한다네.[126] 그러나 이들은 현재와 같이 있는 것이 최선이기에 그리 있는 것인데, 이렇게 최선의 상태를 찾아가는 능력dynamin을 찾지도 않고, 그것이 어떤 신적인 강력한 힘daimonian ischun을 갖고 있다고 생각하지도 않는 것이지. 오히려 그들은 아틀라스Atlas[127]가 이보다 더 강력하고 더 불사적이며 모든 것을 더 포괄해서 감싸 안고 있음을 발견하리라고 믿는 한편, 진정으로 선하고 마땅한 것이 모든 것을 결합하고 포섭하고 있는 것이라고는 생각하지 않는다네. 나는 진정 사물의 존재 방식을 산출하는 그런 원인에 관해 알려주는 이가 있다면, 그 누구라도 아주 열성적으로 그의 제자가 될 것이네. 하지만 그런 원인을 알 기회를 갖지 못했고, 나 스스로도 발견할 수 없었으며, 다른 사람으로부터 배울 수도 없었기에, 원인 탐구를 위한 차선
[99d] 의 항해술을 도모하게 되었는데, 케베스여, 그대는 내가 그것을 보여주기를 원하는가?"라고 그가 말했습니다.

"물론 원하다마다요."라고 그가 답했습니다.

"진정 나의 생각으로는," 그가 말했습니다. "이후로 나는 존재자들을 검토하기를 포기했기에 다음을 조심해야 한다고, 즉 일식 과정에 있는 태양을 직접 바라보면서 관찰한 사람들이 겪은 바, 바로 그런 피해를 입지 않도록 조심해야만 한다고 생각했다네. 그들 중 어떤 이들은 물이라

125 엠페도클레스Empedocles(Bluck, 2014: 110 참조).

126 아낙시메네스Anaximenes, 아낙사고라스Anaxagoras, 데모크리토스Democritus(Bluck, 2014: 110 참조).

127 하늘을 어깨에 떠받치고 있는 것으로 믿어지는 그리스 신화 속의 거인.

든가 그 비슷한 것에 비추인 반영상을 통해서 관찰하지 않아 시각에 손상을 입는 것이지. 나도 그런 점들을 유념하면서 두려움을, 나의 정신이 완전히 눈멀어버리지나 않을까 하는 두려움을 품게 되었다네. 내가 물상들ta pragmata을 눈으로 직접 관찰하거나 다른 감각을 사용하여 접촉하려 시도한다면 눈멀어버릴까 말이지. 그래서 나는 로고스들[128]에로 피신해서 그 속에서 존재자들의 진상[129]을 검토해야만 한다고 생각했다네. 아마도 내가 든 비유가 적절하지 않을지도 모르겠네. 왜냐하면 나는 로고스를 통해 존재자들을 검토한 사람이, 일상적으로 접하는 물상들을 통해 검토[130]한 사람에 비해서 보다 더 이미지에 의존해 검토하는 것이라고 생각하는 것은 아니기 때문이지. 여하간 다음의 방식으로 나는 탐구를 시작했네. 매번 나는 내가 판단하기에는 가장 탄탄하다고 여겨지는 로고스를 가설로 놓으면서,[131] 이것과 화음을 이루는 바를 진리라고, 원인에 관해서 그리고 모든 다른 존재자에 관해서 진리라고 상정하고, 그렇지 않은 것은 진리가 아니라고 상정했나네. 이제 내가 말하는 바를 그대에게 보다 분명하게 말하려 하네. 자네가 아직 이해하지 못한 것으로 생각되니 말일세."

[99e]

[100a]

케베스가 말했습니다. "진정 전혀 이해하지 못했습니다."

---

128 원어로는 'logos'. 이 어휘의 번역은 번역자 및 주석가에 따라 상당히 다른데, 정의definition, 명제proposition, 논변argument, 언명statement, 말speech 등 다양하다. 본 역자는 포괄적인 의미를 담고 있는 '말' 또는 '언어(존재에 대한 언어적 규정)'가 플라톤이 전하려는 의미라 생각한다. 일단 원어를 발음대로 적는다.

129 'tōn ontōn tēn alētheian(존재자들의 진상)'.

130 여기서는 두 가지 탐구 방법, 즉 로고스들을 통한en tois logois 존재자 탐구 방법과 물상들을 통한en ergois 존재자 탐구 방법이 대조되고 있다. 플라톤의 형상론은 전자의 귀결이다.

131 'hypothemenos'는 말 그대로 '밑에 놓는 것'이라는 의미로, 논변의 출발점, 토대가 되는 것, 논변을 지탱하는 것이라는 의미이다.

[100b] 그가 말했습니다. "다음이 내가 말하려는 바이지. 전혀 새로운 것이 아니라 내가 항상, 다른 때에도 그리고 이전의 대화에서도 언급하길 그치지 않았던 것이지. 이제 내가 관심을 갖고 궁리했던 종류의 원인을 자네에게 보여주도록 노력하려 하네. 나는 많이 언급되었던 그 존재자들에로 다시 돌아가 그로부터 출발하려 하네. 즉 자신에 즉해 있는 아름다움 그 자체[132]와 훌륭함이나 큼, 그리고 그런 류의 모든 것이 존재한다고 가정하면서 말이네. 그대가 나에게 이런 것들이 존재한다고 인정하고 동의한다면, 나는 이로부터 그대에게 원인을 제시하여 주고, 정신이 불멸함을 보여줄 수 있으리라고 생각하네."

[100c] 케베스가 말했습니다. "그 점을 당신에게 인정하니 어서 빨리 시작하시지요."

그가 말했습니다. "다음에 말하는 바에 관해서 자네도 나와 같은 생각인지를 살펴보도록 하게. 내가 보기에는 다음과 같네. 어떤 것이, 아름다움 그 자체 이외의 다른 어떤 것이 아름답다고 한다면, 그것은 다른 그 어떤 것에 의해서가 아니라 바로 그 아름다움 자체를 분유하기에[133] 그러한 것으로 보이네. 그리고 다른 모든 경우도 마찬가지라고 말하겠네. 이런 종류의 원인론에 대해 동의하는가?"

"동의합니다."라고 케베스가 말했습니다.

---

132 'to kalon auto kath' hauto(자신에 즉해 있는 아름다움 그 자체Beauty by itself). 'auto katha' auto(자체적인according to itself)'라는 어구는 'pros ti(다른 것들과 관계하는in relation to others)'와 대조되는 어구이다. '아름다움'은 사람, 꽃, 그림의 속성으로 있을 수도, 추함과 대조하여 인지될 수도 있다. 플라톤은 '아름다움 자체'라는 표현으로 이런 관계성을 벗어나 있는 아름다움을 염두에 두고 있는 것이다.

133 '분유하기에metexein'. Hackforth(1955)와 Bluck(2014)은 'participate in'으로, Grube(2002)는 'have a share in'으로 번역했다. 여기서는 '부분을 소유하다', '분유하다'로 번역한다.

그가 말했습니다. "진정 나는 아직 다른 소위 '현명한' 원인을 이해하지도 못하고 알 수도 없다네. 어떤 이가 나에게 어떤 것이 아름다워지는 원인으로 화색이 도는 안색이나 몸매나 그런 종류의 다른 것을 거론하 [100d]
면, 그런 모든 것은 나의 정신을 혼란스럽게 하므로, 이들에 작별을 고하고, 단순하고 우직하며 아마도 소박한 태도로 다음만을 고집하겠네. 무엇을 아름답게 만드는 것은 그 아름다움 자체 이외의 다른 것이 아니라는 점만을, 그것이 현재함parousia이나 공존함koinonia 또는 그 어떤 다른 방식으로 관여하건 간에 말이네. 나는 그 관계 방식에 관해 아직 확언할 수 있는 것은 아니나, 모든 아름다운 것은 아름다움에 의해 아름답게 된다는 점은 확신한다네. 나는 그 명제가 나 스스로나 다른 사람들이 답하기에 가장 안전한 답이라고 생각하며, 그리고 그 논제를 확고히 붙잡고 있다면 나는 결코 실수하지 않을 것이며, 나나 그 어느 다른 사람이라도 [100e]
답함에 있어서 안전할 것이라고 생각한다네. 즉 아름다운 것들이 아름다움에 의해서 아름답게 되는 것이라고 답한다면 말이지. 그대도 그렇게 생각하지 않는가?"

"그렇게 생각합니다."

"큰 것들은 큼에 의해서, 보다 큰 것들은 보다 큼에 의해서, 그리고 보다 작은 것들은 작음에 의해서 그리 되는 것이지?"

"예."

"자네는 다음과 같은 답은 받아들이지 않겠지. 한 사람이 다른 사람보다 큰 것은 머리 하나만큼의 차이에 의해서라고, 그리고 보다 작은 것이 그 동일한 것에 의해서 보다 작은 것이 된다는 식으로 어떤 이가 답한다면 말이네. 그리고 그대는 다음과 같이 말할 것임을 확신을 가지고 [101a]
주장할 것이네. 모든 보다 큰 것은 다름 아니라 큼에 의해서megethei 다른 것들보다 큰 것이 된다고, 그리고 바로 이것 때문에, 즉 큼 때문에dia to megethos 보다 큰 것[134]이라고 말하며, 다른 한편으로 보다 작은 것들은 다름 아니라 작음에 의해서 보다 작은 것이 된다고, 그리고 바로 이것 때문에, 즉 작음 때문에dia 보다 작은 것이 되는 것이라고 그렇게 말할 것이라고. 그 이유는 내 생각에는 다음과 같은 두려움, 만약 어떤 사람이 머리 하나만큼의 차이에 의해서 큰 것이거나 작은 것이라고 주장한다면, 어떤 다음과 같은 반대 논변이 그대를 논박하지나 않을까 하는 두려움 때문이지. 그런 식의 주장은 우선 동일한 것에 의해서, 보다 큰 것이 보다 큰 것이고 동시에 보다 작은 것이 보다 작은 것이 된다는 주장을 하는 셈이며, 나아가 머리란 작은 것임에도 그것에 의해서 보다 큰 것이 보다 큰 것이 되는 것이며, 이는 어떤 것이 작은 어떤 것에 의해서 큰 것이 된다는 말이니 기괴한 노릇이지.[135] 그대는 이런 내용의 논박을

134 '큼에 의해서', 그리고 '큼 때문에' 이 두 어구의 차이는 무엇인가? 원어로는 전자의 경우 도구의 3격을 사용하여 'megethei'로, 후자는 'dia'라는 전치사를 사용하여 'dia to megethos'로 쓰였다. 이런 문법적 차이를 고려하면, 양자 간의 차이는 큰 것들의 관점에서 볼 때 전자는 능동적, 후자는 수동적이라는 의미상의 차이가 있는 것으로 보인다. 즉 큰 것들이 큰 것이 되는 이유는, (전자의 경우) 그 사물이 큼과 능동적으로 관여함에 의해 크게 되는 것이라 할 수도 있고, (후자의 경우) 그 큰 것들이 큼 자체가 다가오기에 큼의 속성을 갖는 것이라고 할 수도 있다.

135 일반적으로 '~보다 크다', '같다'와 같은 속성들은 관계적 속성이라 하여 여타의 속성들과 구분되어야 한다고 생각할 수 있다. 이런 믿음 하에 평자들은 플라톤이 독립적 속성과 관계적 속성을 혼동하는 오류를 범했다고 비판한다. 우리는 이런 통상의 비판에 대해 두 가지 변론을 할 수 있다.
첫째, 플라톤이 제기하는 문제는 소위 관계적 속성에 대해서만이 아니라 모든 독립적 속성에 대해서도, 그리고 이차적 속성은 물론 일차적 속성의 경우에도 적용된다는 점이다. 사람이 사람이면서 어떻게 동물일 수 있는가, 2가 2이면서 어떻게 분할 가능한 존재인가, 눈이 눈이면서 어떻게 차가움일 수 있는가 등의 문제들은 10이 8보다 크다는 상황이 제기하는 문제와 같은 유의 문제이다.
둘째, 무엇이 관계적 속성이라고 할 때 그것은 그것이 타자와 관계를 맺고, 그 관계를 인식자가 일정한 관점에 서서 파악할 때 드러나는 속성이라는 것이다. 이런 관계적 속성

두려워하는 것이 아닌가?" [101b]

그러자 케베스가 웃으며 말했습니다. "나로서는 아마 그럴 것입니다."

그는 말했습니다. "그러면 그대는 다음과 같은 주장, 즉 10이 2에 의해 8보다 크고, 그리고 바로 이런 원인 때문에 8을 넘어서는 것이지, 다수량에 의해서 그리고 다수량 때문에는 아니라고 언명하는 것을 두려워할 것이겠지? 그리고 2큐빗이 1큐빗보다 후자가 반이기에 보다 큰 것이지, 큼에 의해서 그리고 큼 때문에 그러한 것은 아니라고 말하는 것에 대해서도 그러하겠지? 양자의 두려움의 내용은 같은 것이지."

"분명 그렇습니다." 그가 말했습니다.

"다음은 어떨까? 하나에 하나가 더해지면 더함이 둘이 됨의 원인이고, 또는 하나가 분할되어 둘이 되면, 이번에는 분할이 원인이라고 말하 [101c]
지 않도록 주의해야 하지 않을까? 그리고 그대는 다음과 같이 큰소리로 선언하겠지. 즉 각각의 사물이 존재하게 됨은 그 각각이 분유하는 바, 각각에 고유한 실재[136]를 분유함에 의한 것이고 그 이외의 다른 방식을 알지 못한다고, 그리고 이 모든 사태에서 둘이 생겨남의 원인으로는 둘의 분유 이외의 다른 원인을 알지 못한다고 말일세. 그리고 둘이 될 것

은 사실상 관계하는 타자, 그 타자와 관계를 맺게 되는 측면, 인식의 관점, 인식자 등에 의존되어 구성되는 것이다. 그런데 플라톤의 분석으로는 8이라는 타자와의 관계가 10으로 하여금 '보다 큼'이라는 속성 또는 술어적 규정을 갖게 할 하등의 이유가 없다는 것이다. '8'이나 '더하기' 또는 양자 사이의 차이인 '2'는 10이 8보다 큼이라는 속성을 갖게 하는 원인이 되지 못한다. 플라톤의 논리는 '보다 큼'이라는 것이 소위 '관계적' 속성이라는 점을 인정한다고 하더라도, 그 사실이 어떻게 하여 10으로 하여금 8보다 크게 할 수 있느냐의 물음에 답하는 데 도움이 되지 않는다는 것이다. 바로 이 사실은 플라톤이 101b에서 제기하고 있는 문제가 '관계적 속성'만이 아니라 속성 일반에 적용되는 것임을 알려준다.

136 '각각에 고유한 실재tēs idias ousias.'

은 둘을 분유해야만 하고, 하나가 될 것은 하나를 분유해야만 한다고 선언하고, 그러나 분할이나 더함이나 그 밖의 다른 현학적인 답들에는 작별을 고하면서, 그대 자신보다 현명한 사람들이나 답으로 삼으라고 맡
[101d] 겨둘 것이겠지. 하지만 그대는 속담에 말하듯이 그대 자신의 그림자와 무경험을 두려워하면서, 그 안전한 가설을 꼭 붙잡고서 위와 같이 답할 것이지. 그리고 어떤 사람이 그 가설을 공격한다면, 괘념치 않고, 그 가설로부터 뒤따라 나오는 바들이 서로와 조화하는지 난조를 이루는지 검토할 때까지는 답하지 않을 것이겠지. 그리고 그 가설에 대해 로고스를 제시해야 하는 때에는, 동일한 방식으로 진행할 것이네. 즉 다시 상위의 것들 중에서 최선의 것으로 여겨지는 바를 가설로 상정하며, 그래서 그
[101e] 런 식으로 그대가 적합한 것에 이를 때까지 진행하면서 설명할 것이네. 하지만 반론술가antilogikoi들이 그러하듯이, 출발점과 그로부터 뒤따라 나오는 것들에 관해 이들을 동시에 논하면서 앞뒤를 뒤섞지는 않을 것이지, 만약 그대가 실재하는 것들 중 어느 하나라도 발견하고자 한다면 말이네. 그들은 아마도 이 주제에 관해서 합리적 사유logos에는 조금의 관심도 없을 것이네. 그들의 지혜는 대단해서 모든 것을 한데 뒤섞어 놓
[102a] 고서도 그럼에도 스스로에 만족할 만한 사람들이지. 하지만 그대가 철학자라면 내가 말한 대로 하겠지."

"아주 옳은 말씀을 하셨습니다."라고 심미아스와 케베스가 동시에 말했습니다.

에케크라테스: 파이돈이여, 제우스에 맹세코 그들은 옳은 것 같습니다. 조금이라도 지성이 있는 사람들이라면 확실히 알아들을 수 있게 놀랄 정도로 분명히 그는 그것들에 관해 말했다고 생각되는군요.

파이돈: 에케크라테스여, 분명히 거기 있던 모든 사람에게도 그렇게 보

였지요.

에케크라테스: 그때 참석하지 못했으나 지금 전해 듣는 우리에게도 그러하군요. 그다음에 어떤 내용의 말들이 이어졌습니까?

파이돈: 나의 생각으로는, 그의 그러한 말들이 수용되어, 형상의 각각이 존재하며 다른 것들은 이들을 분유함으로써 이들의 이름으로 뒤따라 불린다는 점[137]이 동의된 연후에, 소크라테스는 다음과 같이 물었습니다. [102b]
"자, 이제 그대가 위의 것들에 동의한다면, 심미아스가 소크라테스보다 크고 파이돈보다는 작다고 그대가 진술할 때, 그대는 심미아스 속에 둘 모두, 즉 큼과 작음이 모두 있다고 말하는 것이지?"

"그렇습니다."

"그러나 그대는 심미아스가 소크라테스보다 크다는 언명에 동의한다 해도, 그것은 말해진 바 그대로가 사실이어서인 것은 아니지? 무슨 의미냐 하면, 심미아스가 심미아스이기 때문에 본성상 더 큰 것이 아니라 그가 우연히 소유하게 된 큼에 의해서 더 큰 것이며,[138] 그가 소크라테스를 능가하는 것은 소크라테스가 소크라테스이기 때문이 아니라 소크라테스가 그(심미아스)의 큼과 비교하여 작음을 지니고 있기 때문이지?" [102c]

"사실입니다."

"다시 그(심미아스)가 파이돈에 의해 능가되는 것은 파이돈이 파이돈이기 때문이 아니라 파이돈이 심미아스의 작음과 관계하여 큼을 지니고 있기 때문이지?"

"사실입니다."

---

137 "eponumian(이들의 이름으로 뒤따라 불린다는)". 형상을 분유한 경험적 사물들은 형상의 이름을 술어로 하여 기술된다는 점을 말한다.

138 본성상pephukenai 큰 것과 우연적으로tugchanei 큰 것이 되는 것을 대조하고 있다.

"그러므로 심미아스는 이런 식으로 해서 이차적인 또는 뒤따르는 이름을, 즉 작기도 하고 크기도 하다는 술어를 갖는 것이지, 즉 그는 양자
[102d] 의 가운데 있음으로 해서, 한 사람(파이돈)의 큼에 자신의 작음을 제시하여 그로 하여금 능가하게 하고, 다른 사람(소크라테스)에게는 자신의 큼을 준비하여 그의 작음을 능가하는 것이지." 그러면서 그는 웃으며 말했습니다. "내가 마치 산문을 쓰듯이 말한 것 같기는 하나, 사태는 내가 말한 바대로일세." 심미아스가 동의했습니다.

"내가 그렇게 말한 이유는, 그대도 나와 같이 생각하기를 원해서이지. 나의 생각으로는 큼 그 자체만이 결코 동시에 크기도 하고 작기도 함을 원하지 않는 것이 아니라, 우리 안에 있는 큼[139]도 그 어느 경우건 작음을 받아들이지도 않을 뿐 아니라 자신이 능가되기를 원하지 않기에, 다음의 둘 중 하나를 택하는 것이지. 자신과 반대되는 것인 작음이
[102e] 다가오면 피하거나 퇴각하고,[140] 아니면 그 작음이 가까이 다가오면 그것은 소멸해버리는 것이네. 그것은 계속 남아 작음을 받아들임으로써 자신과는 다른 것이 되기를 원하지 않는 것이지. 가령 나의 경우처럼 말일세. 나는 작음을 용인하고 받아들여, 그럼에도 여전히 바로 나 자신으로 남아 있어 내가 이 동일한 사람이면서도 작을 수 있는 것이라네. 그러나 저것(큼 자체)은 큰 것이기에 감히 작은 것이 되려고 하지는 않는 것이네. 같은 논리로 우리 안에 있는 작음도 결코 큰 것이 되거나 그런 것이고자 원하지 않을 것이며, 다른 상호 반대적인 것들 중의 그 어떤

---

139 큼 그 자체auto to megethos와 우리 안에 있는 큼to en hemin megethos을 플라톤은 구분하고 있다. 전자는 객관적인 존재나 성질을 의미하며, 후자의 '우리 안에 있는 큼'은 현상적인 성질, 객관적 대상이 우리에 의해 인지되면서 생성되는 질들을 의미하는 것으로 이해할 수 있다.

140 이들 어휘는 군사적 어휘들로, 그리스 사회의 분위기를 드러낸다.

것도 이전의 자신으로 남아 있으면서 자신과 반대되는 것이 되거나 반대되는 것이고자 하지 않을 것이고, 그런 상황에서는 그것은 물러서거나 소멸할 것이라네." [103a]

"전적으로 그런 것으로 보입니다."라고 케베스가 말했습니다.

그러자 그 당시 참석자들 중의 한 사람이 이 대화를 듣더니 말했습니다, 그가 누구인지는 정확히 기억하지 못하겠습니다만. "신에 걸고, 이전의 토론에서는 우리가 방금 논의된 것과는 정반대의 내용이 합의되지 않았던가요? 보다 큰 것이 보다 작은 것으로부터, 그리고 보다 큰 것으로부터 보다 작은 것이 생겨나며, 진정으로 반대자들의 생성이란 이와 같은 것, 즉 반대자로부터 일어나는 것이라는 것이 합의되지 않았던가요? 그런데 이제는 그런 일이 전혀 일어날 수 없다는 주장이 개진되는 것으로 생각됩니다."

그러자 소크라테스가 고개를 돌리고서 경청하더니 말했습니다. "그대는 용기 있게 상기시켰네. 그러나 그대는 그 당시 발해진 것과 방금 [103b] 동의된 것 사이의 차이점을 파악하지 못하고 있군. 그때 말한 바의 것은 반대적인 물상이 반대적인 물상으로부터 생겨난다는 것이었고, 지금의 동의 사항은 반대자 그 자체[141]는 그 어느 경우건, 그것이 우리 안에 있건 또는 자연 속에 있건[142] 간에, 반대되는 것이 될 수 없다는 주장이지. 친구여, 그때의 우리 논의 주제는 반대적 성질을 가진 것들, 우리가 그 반대적 성질의 이름을 사용해 이차적으로 기술하는 바의 것들이었네. 이에 비해 방금의 우리 주제는 반대자(반대적 성질) 그 자체, 이 반대자들

---

141 대조항은 'to enantion pragma(반대적인 물상)'와 'auto to enantion(반대자 그 자체)'이다.

142 'to en hēmin(인식 주관 속에 있는 것)'과 'to en te physei(자연 속에 객관적으로, 자체적으로 있는 것)'을 대비하고 있다.

이 내재하기에 이들 반대자의 이름을 뒤따라 갖게 되는 그것들로, 우리
[103c] 는 이들 반대자들이 그 어느 경우건 자신과 반대되는 것으로부터 생성되는 것을 용인하지 않을 것이라고 주장하는 것이라네." 그러면서 그는 케베스를 바라보며 말했습니다. "케베스여. 혹시 자네도 여기 있는 이 친구가 말한 바에 의해 동요되는 것은 아니지?"

"이번에는 그렇지 않습니다." 하고 그가 말했습니다. "하지만 저를 동요케 하는 것이 많지 않다고는 말하지 않겠습니다."

"그러면 우리는 단적으로 다음의 것, 즉 반대자가 자신에게 반대되는 것이 결코 될 수 없다는 점에는 합의하는 것이지?"

그가 말했습니다. "전적으로 그렇습니다."

"그대가 다음의 것도 동의할 수 있는지 검토해보기 바라네."라고 소크라테스가 말했습니다. "그대가 뜨겁다 또는 차갑다고 기술하는 어떤 것이 있지?"

"그렇습니다."

"그런데 이들은 불이나 눈과 같은 것은 아니지?"

[103d] "결코 아닙니다."

"뜨거움은 불과는 다른 어떤 것이고, 차가움은 눈과는 다른 어떤 것이지?"

"그렇습니다."

"내 생각으로는 그대가 다음의 견해를 받아들일 것으로 보이는군. 즉 눈인 바의 것이 열을 받아들여, 조금 전에 우리가 논의한 바처럼,[143] 여전히 그것이 이전 자신의 모습으로 있으면서, 즉 눈이면서 뜨거운 것이

143 102d 5–e 3.

되는 일은 결코 없으며, 뜨거움이 자신에게 다가오면 후퇴하거나 소멸하리라는 것을."

"분명히 그렇습니다."

"불도 차가움이 자신에게 다가오면 후퇴하거나 소멸하지, 감히 차가움을 받아들여 이전의 자신의 모습인 불이면서 차가운 것이 되는 일이란 없지."

"사실을 말씀하셨습니다."라고 케베스가 말했습니다. [103e]

"그러면 그런 유의 것들 중 몇몇에 관해 다음의 사실이 성립하네. 형상 그 자체만이 자신의 이름을 영원히 가질 자격이 있는 것이 아니라, 그것이 아니면서도 그것이 존재하는 때면 언제나 그것의 형체[144]를 갖는 다른 것도 그것의 이름을 가질 자격이 있지. 다음의 예들에서 내가 말하는 바가 보다 분명해질 수 있을 걸세. 홀수는 항상 이 이름, 즉 내가 방금 언급한 그 홀수라는 이름을 가져야만 하지, 그렇지 않은가?"

"진정으로 그렇습니다."

"그런데 존재자들 중의 이것만이—이것이 나의 물음인데—, 그러한가, 아니면 다른 어떤 것도 정확히 홀수는 아니지만 그럼에도 항상 자신 [104a]
의 이름에 더하여 이 이름, 즉 홀수로 불려야만 하는 것인가? 그것이 본성상 홀수와 결코 분리되지 않는 그런 성질의 것이라면 말일세. 나는 숫자 셋이라든지 그와 같은 다른 많은 것이 처한 상황을 염두에 두고 있는 것이네. 자, 이제 셋에 관해 검토해보세. 그대의 생각으로는 셋이 자신의 이름을 갖는 것에 더하여 항상 홀수라는 추가의 이름을 갖는다

144 '그것의 형체tēn ekeinou morphēn'. 여기서 'morphē'는 'eidos', 'idea'와 같이 형체, 형상, 모습이라는 의미이다.

고 생각하지 않는가, 그것(홀수)이 셋 자신과는 다른 것인데도 말일세. 다름에도 불구하고, 셋과 다섯 그리고 모든 수의 반은 그 본성에 있어
[104b] 서, 홀수임과 정확히 같은 것은 아니면서도, 이들 각각은 항상 홀수이지. 그리고 다시 둘과 넷 등, 홀수와는 다른 계열에 있는 모든 수가 짝수임과 같은 것은 아니면서도 그럼에도 이들의 각각이 항상 짝수이지, 이에 동의하는가, 동의하지 않는가?"

"왜 안 그렇겠습니까."라고 케베스가 말했습니다.

"그러면 내가 보이고자 하는 바를 주목하도록 하게. 그것은 다음일세. 서로 반대되는 그것들만이 서로를 받아들이지 않을 뿐 아니라, 서로에 대해서 반대되는 것은 아니나 항상 반대자를 지니고 있는 모든 것, 그런 것들도 자신 안에 있는 형상에 반대되는 그 형상을 수용하지 않고,
[104c] 그 형상이 다가오면 소멸하거나 물러서는 것이 분명한 것으로 보이네. 셋은 셋으로 머물러 있으면서 짝수가 되기보다는 그 이전에 소멸하거나, 또는 차라리 다른 일들을 겪는다고 말하지 말아야 할까?"

"분명 그렇게 말해야 합니다."라고 케베스가 말했습니다.

"그런데 숫자 둘은 셋의 반대자가 아니지?"

"아닙니다."

"그러므로 상호 반대적인 형상[145]들만이 서로의 반대자들이 다가올 때 자리를 고수하지 않는 것이 아니라, 다른 어떤 것들 역시 반대자들이 다가오면 자리를 고수하지 않는 것이지."

"정말로 진리에 부합되는 말입니다."라고 케베스가 말했습니다.

"그러면 우리가 할 수 있다면, 이들이 어떤 성질의 것들인지 규정해

---

145 'eidos'. 앞에서 지적한 바처럼, 'eidos', 'idea', 'morphē'는 모두 형상, 모습을 의미한다.

보도록 할까?"라고 소크라테스가 제안했습니다.

"그러지요."

"자, 그것들은 다음과 같은 성질의 것이겠지. 자신(가령 셋인 것들)을 장악한 것(셋의 형상)에 의해, 바로 그것의 형상만이 아니라, 그 어떤 반대자의 형상(홀수)도 갖도록 강제되는 그런 것이겠지." [104d]

"무슨 뜻이십니까?"

"조금 전에 말한 그런 내용이지. 그대는 물론 숫자 셋의 형상이 장악한 것들은 필연적으로 셋일 뿐만 아니라 홀수이기도 하다는 것을 잘 알고 있지."

"그렇습니다."

"그런 것(셋, 다섯 등의 숫자)에게는, 우리는 언명하는데, 그런 결과(홀수임)를 야기한 그런 형상morphē(홀수임)에 반대되는 형상(짝수임의 형상)은 결코 다가가지 않을 것이지."

"다가가지 않습니다."

"홀수임이 그런 결과를 낳았지?"

"그렇습니다."

"짝수의 형상은 그것에 반대되는 것이지?"

"그렇습니다."

"그러면 짝수의 형상은 결코 숫자 셋에 가까이 가지 않을 것이네." [104e]

"분명 그렇지 않습니다."

"숫자 셋은 짝수를 분유하지 않지."

"분유하지 않습니다."

"셋은 짝수가 아닌 것이지."

"그렇습니다."

"그런데 내가 규정하자고 말했던 바는 다음이었네. 즉 어떤 성질의 것(셋)이 그 자신은 어떤 것(짝수)에 반대되는 것이 아니면서 그럼에도 바로 그 반대자(짝수)를 수용치 않는지를, 가령 이제 셋은 짝수에 반대되는 것이 아니면서도, 그럼에도 불구하고 그 짝수를 수용치 않는 것인데, 그 이유는 항상 그것(짝수)에 반대되는 것을 동원하여 방어하기 때
[105a] 문이지.[146] 다른 예를 들면 둘은 홀수에 반대되는 것을, 불은 차가운 것에 반대되는 것을 동원하는 것이며, 그와 같은 다른 많은 예를 들 수 있네. 자, 다음과 같이 규정할 수 있는지 보기 바라네. 반대자들(가령 홀수와 짝수 중 홀수) 자신만이 서로에 반대되는 것(짝수)을 수용치 않는 것이 아니라, 그것(짝수)에 반대되는 어떤 것(홀수)을 동원하는 것 그 자신(셋)도, 자신이 그것(짝수)에 다가갈 때, 그것 역시 동원되는 것(홀수)에 반대되는 것(짝수)을 결코 수용하지 않는다네.[147] 자네의 기억을 다시 상기시키도록 하지. 여러 번 듣는 것이 나쁘지는 않을 것이기에. 다섯은 짝수의 형상을 수용하지 않으며, 다섯의 두 배인 열은 홀수의 형상을 수용치 않을 것이네. 그것은 그 자체로서는 다른 것의 반대자이긴 하나, 그럼에
[105b] 도 홀수의 형상을 수용치 않는다네.그리고 하나 반이나 그와 비슷한 다른 것들, 즉 반을 동반하는 수는 온전성의 형상을 수용하지 않을 것이며, 삼분의 일과 이와 비슷한 모든 것 역시 사정이 비슷할 것이네. 그대는 내 의견에 동의하지?"

"전적으로 당신의 견해에 동조하며, 당신의 논변을 따릅니다."

소크라테스가 말했습니다. "그러면 처음으로 돌아가 다시 시작해보

146 '방어하다epipherō'. 'epipherō'는 군사적 용어로, '~을 동원하여 공격에 방어하다'라는 의미이다.

147 이 부분은 Burnet과 Hackforth(1955)의 텍스트 논의를 참조할 것.

기로 하지. 내가 묻는 바의 질문을 이전 식으로 답하지 말고, 다음의 나의 예를 모방하면서 답하도록 하게. 나는 이제 이전에 제안·논의했던 그 안전한 답을 넘어서 다른 답을, 우리가 방금 논의한 바로부터 착안한 다른 안전한 답을 제안하려 하네.[148] 즉 그대가 나에게 묻기를, 무엇이 몸에 들어서거나 생길 때 그것이 뜨거운 것이 될 것인가 하고 묻는다면, 나는 그대에게 이전의 안전하기는 하나 촌스러운 답을, 즉 그것에 뜨거 [105c]
움이 들어서면 그러하다는 답을 제시하지 않고, 이제까지의 논의에 기초하여 보다 세련된 답, 즉 그것에 불이 생겨서 그러하다는 답을 제시할 것이네. 어떤 이의 몸에 무엇이 생겨서 병에 걸리게 되는가 하고 묻는다면 병이 생겨나 그렇다고 답하는 것이 아니라 체열이 생겨서 그러하다고 답할 것이며, 그리고 수에 무엇이 들어갔기에 홀수가 되느냐고 묻는다면 나는 홀수성이 생겨서 그러하다고 답하지 않고 하나임이 생겨서 그러한 것이라고, 그리고 다른 경우에도 그런 식으로 답할 것이라네. 내가 원하는 것이 무엇인지를 충분히 이해했는지 궁금하군."

그가 답했습니다. "아주 충분히 이해했습니다."

"자, 다음에 답하도록 하게." 소크라테스가 말했습니다. "신체에 무엇이 들어설 때 그것은 살아 있는 것이 되는가?"

---

148 여기에서 플라톤은 자신이 발견한 중요한 통찰을 서술하고 있는 것으로 보인다. 그것은 개념들 간의 본질적인 또는 의미론적인 관계에 관한 것으로, 이는 플라톤에서 변증론의 근거, 그리고 아리스토텔레스에서 논리학의 기초를 이루는 것으로 이해된다. 그 통찰의 내용은, 3과 같은 수는 3이라는 자신의 모습만이 아니라, 홀수성이라는 다른 존재의 특성을 자신의 내재적 특성이나 본질의 일부로 한다는 것이다. 자신의 본성 이외에 이런 타자적 본질이 있기에 개념 분석, 개념들 간의 논리적 관계 분석이 가능해지며, 보다 세련된 답이나 설명을 제시할 수 있게 되는 것이다. 3은 3이면서 홀수이며, 눈은 눈이면서 차가움을, 불은 불이면서 뜨거움을 구조적 일부로 한다. 이전에는 이런 통찰과 달리 그는 형상적인 것들이란 그 자체에 즉해 있는 것, 원자적인 것, 하나의 모습만을 지닌 것 monoeides으로 보았다. 이런 것은 당연히 분석이 되지 않는다.

“정신이 들어설 때 그러합니다.”[149]

[105d] “그러면 항상 그러한가?”

“왜 안 그렇겠습니까?”라고 그가 대답했습니다.

“그러므로 정신은 자신이 장악하는 그 무엇에겐 항상 그것에 생명을 가져다주지?”

“그렇습니다.”

“생명에 반대되는 것이 있는가, 없는가?”

“있습니다.”

“그것은 무엇인가?”

“죽음입니다.”

“그러면 정신이란 자신이 대동하고 가는 것(생명)에 반대되는 것(죽음)은 그 어느 때건 결코 수용하지 않겠지, 조금 전의 논의에 근거해 동의된 바처럼?”

“결코 그러하지 않습니다.”라고 케베스가 말했습니다.

“다음은 어떤가? 그러면 이제 짝수의 형상을 받아들이지 않는 그것을 우리는 무엇이라 이름 붙이는가?”

“짝수아님이라고 합니다.”

“정의로움을 수용하지 않는 것, 그리고 뮤즈적임을 받아들이지 않는 것은?”

[105e] “비뮤즈적임, 그리고 불의함이지요.”

---

149 이 대화에서 보는 바와 같이 고대 그리스에서 ‘psychē(정신)’는 근현대의 정신과 같이 사고의 주체이면서, 이에 더하여 생명의 원리였다. 그 당시에는 생명성과 정신성의 구분이 명확히 이루어지지 않았다. ‘psychē’를 ‘정신’으로 번역하면 생명성의 함의를 담지 못하는 단점이 있으나, 이는 ‘영혼’이라 번역해도 마찬가지이다.

"자, 그러면 죽음을 수용하지 않는 것을 우리는 무엇이라 부르지?"

"불사적임이지요."라고 케베스가 말했습니다.

"그런데 정신은 죽음을 받아들이지 않지?"

"않습니다."

"그러므로 불사적인 것이지, 정신은."

"불사적입니다."

"좋네. 그러면 우리는 이것이 증명되었다고 언명해야겠지? 자네의 생각은 어떠한가?"

"아주 충분히 증명되었습니다, 소크라테스."

그가 말했습니다. "케베스여, 다음은 어떤가? 만약 짝수아님이 필연적으로 불멸적이라 한다면, 셋도 불멸적이라고 할 수밖에 없겠지?" [106a]

"왜 안 그렇겠습니까?"

"열아님이 필연적으로 불멸적이라면, 어떤 이가 뜨거움을 눈에 가까이 가져갈 때면 눈은 물러가겠지? 온전하고 녹지 않은 상태를 유지하고서 말이네. 왜냐하면 그것은 소멸하지도 않고, 머물러 있으면서 열을 받아들이지도 않을 것이기 때문이지."

"옳은 말씀을 하셨습니다."

"같은 논리로 차가움아님이 불멸적이라면, 어떤 차가운 것이 불에 다가가면 그것은 결코 꺼지지도 않을 것이며 소멸하지도 않고, 온전함을 유지한 채 떠나버릴 것이네."

"그것은 필연적입니다."

"그러면 불사적임에 대해서도 같은 식으로 말해야 함이 필연적이지? [106b]
불사적임이 또한 불멸적이라면, 죽음이 정신에 다가올 때 정신이 소멸한다는 것은 불가능한 일이지. 이전의 논변에 따르면 정신은 죽음을 수용하지도 않을 것이며, 죽지도 않을 것이라네. 마치 셋은, 우리가 언명한 바 있는데, 짝수임이 되지 않을 것이고, 홀수임[150]도 짝수임이 되지 않는 것은 물론이고, 실로 불이 차가운 것이 되지 않을 것이고, 불 속에 있는 뜨거움도 그러하지 않을 것임은 물론이지. 그런데 어떤 이가 다음과 같이 묻는다면 어떻게 답할 것인가? 즉 '홀수임에 짝수임이 다가오더라도 우리가 합의한 바와 같이 그것이 짝수임이 되지는 않지만, 그 홀수
[106c] 임이 소멸하고, 홀수임 대신에 짝수임이 생겨나지 않게 할 수 있는가?' 하고. 우리는 이런 반문을 제기하는 사람을 논박하며, 홀수임이 소멸하지 않는다고 주장할 수는 없을 것이네. 왜냐하면 짝수아님은 불멸적인 것이 아니기 때문이지. 그런데 우리가 이런 것(즉 그것이 불멸적임)에 관해 합의했다면 우리는 짝수임이 다가오면 홀수임과 셋이 떠날 것이라고 쉽사리 주장할 수 있었을 것이며, 그리고 불과 열과 다른 것들에 관해서 우리는 같은 식으로 주장할 수 있을 것이네. 그렇지 않은가?"

"확실히 그렇습니다."

"이제 불사적임에 관해서도 우리가 그것이 불멸적인 것이라고 합의한다면, 정신은 불사적인 것에 더하여 불멸적인 것이기도 할 것이지.
[106d] 그렇지 않다면 우리는 다른 논변을 필요로 한다네."

"그 점에 관해서라면 다른 논변을 필요로 하지 않습니다."라고 케베스가 말했습니다. "그 어떤 것도 소멸을 받아들이지 않는 것이 없을 것입니다, 만약 불사적인 것이란 영속적인 것인데, 이런 것이 소멸을 수용

---

150 여기서 원어의 'perittos', 'artion'은 홀수의 이데아, 짝수의 이데아와 같이 홀수성, 짝수성의 성질을 의미한다. 이 어휘들을 '홀수', '짝수'로 번역하게 되면 구체적인 수들, 3, 5, 7 또는 2, 4, 6 등으로 오해될 수 있으므로, '홀수임', '짝수임'으로 번역한다. 또는 그냥 '홀', '짝'으로 번역할 수도 있다.

한다면 말이지요."

소크라테스가 말했습니다. "생명의 형상 자체와 신, 그리고 다른 그 어떤 불사적인 것이 있다면 그런 것들은 소멸하지 않는다고 모든 사람이 동의할 것이네."

"실로 모든 사람이, 제우스에 맹세코, 그럴 것이며 그리고 신들은 더욱더 그 점에 동의할 것입니다."

"진정 불사적임이 또한 파괴되지 않는 것이라 할 때, 정신은 그것이 [106e]
불사적임이 드러난다면, 또한 불멸적인 것이지 않을까?"

"진정 필연적으로 그러합니다."

"그러므로 사람에게 죽음이 다가오면, 그의 가사적인 부분은 생각건대 죽음을 맞을 것이나, 반면 그의 불사적인 부분은 온전성을 유지하여 파괴되지 않은 채 죽음에 자리를 양보하고서 떠날 것이네."

"그렇게 보입니다."

"케베스여, 정신이 불사적이고 불멸적임은 무엇보다 확실하며, 진실
로 우리의 정신들은 하데스에 거주하게 될 것이라네." [107a]

"소크라테스여, 나로서는 이런 결론들에 반하여 말할 수 있는 어떤 이견도 지니고 있지 않으며, 이상의 논변을 수용치 않을 방도도 알지 못합니다. 하지만 이제 심미아스나 다른 어떤 이가 할 말이 있다면, 그들은 지금 침묵하지 않는 것이 좋을 것입니다. 지금보다 더 적절한 기회가 앞으로 있으리라고 생각하지 않기 때문이지요, 이런 주제들에 관해서 무엇인가를 말하거나 듣고자 한다면 말입니다."

심미아스가 응답하며 말했습니다. "나 역시 이제까지의 논의에 비추어 보건대, 그런 결론들에 관해 회의를 품어야 할 이유를 알지 못합니
다. 하지만 우리 토론 주제의 심중성을 감안할 때, 그리고 나는 인간이 [107b]

취약하다는 낮은 평가를 하고 있느니만치, 나는 말해진 것들에 관해 아직도 불신감을 떨쳐버리기 어렵군요."

"그뿐만이 아니네, 심미아스여." 소크라테스가 말했습니다. "실로 그대는 잘 말했지만, 그에 더하여 맨 처음에 놓았던 가정들 역시 이것들이 그대들에게는 믿을 만한 것으로 보일지 모르겠으나, 그럼에도 보다 명료하게 검토되어야 한다네. 그리고 그대들이 그 가정들을 충분히 분석·검토한다면, 그대들은 사람이 추적할 수 있는 범위까지 최대한 그 논제를 추적할 수 있을 것이네. 그리고 이것이 명료히 이루어진다면 그대들은 더 이상의 것을 추구하지 않아도 될 것이겠지."

"맞는 말씀을 하셨습니다." 하고 심미아스가 말했습니다.

[107c] "그대들이여, 그러나 다음의 것도 철저히 유념해야만 한다네. 만약 정신이 불사적이라면 우리는 우리가 삶이라고 부르는 현재의 이 시간 동안만이 아니라 모든 시간 동안 정신을 배려해야만 한다는 사실을, 그리고 정신을 배려하지 않는다면 그 위험이란 대단히 끔찍하리라 생각된다는 사실[151]을. 왜냐하면 죽음이 모든 것으로부터 벗어남이라면, 악한 자들에게는 죽음이 신의 선물이 될 것이지. 그들은 죽음을 통해 신체와 그 자신들의 악과 불행들로부터 정신과 함께 해방될 것이기에 말이네. 그런데 이제 정신이 불사적임이 분명하므로,[152] 그들의 정신이 악과

151 정신불멸론은 그 자체로서보다는 정신에의 배려와 관련하여 중요하다. 정신이 소멸한다면, 정신, 나아가 인간이란 실체성이 없는 현상에 불과하다. 그렇다면 인간의 삶에 큰 의미를 부여하거나, 배려하거나, 열심히 살아야 할 이유를 찾을 수 없다. 정신이 불사적이라면 우리가 정신을 배려하지 않을 때 그 정신은 불순하고 불완전하고 분열될 존재로서 하데스를 떠도는 슬프고 가엾은 존재가 될 것이다.

152 원문은 'phainetai ousa'. 'phainetai' 동사는 뒤에 분사(ousa)가 오는 경우 '~함이 분명하다'를 의미하고, 뒤에 부정법(einai)이 오는 경우에는 '~하는 것으로 보인다'를 의미한다.

불행들로부터 벗어나거나 그로부터 구원될 길이란 없을 것이지, 가급적 선하며 그리고 현명한 정신이 되는 방법 이외에는 말이네. 정신 존재가 하데스로 갈 때에는 그들이 받은 교육과 양육 이외에는 아무것도 지니고 가지 않는데, 사람들은 말하기를, 이 휴대품은 죽은 자들이 저곳으로의 여행을 시작하면서부터 바로 그들을 돕기도 하고 방해하기도 함에서 가장 큰 역할을 한다는 것이지. 나아가 사람들은 다음과 같이 말한다네. 사람이 죽으면 그들 각각의 수호 다이몬, 그들의 생애에서 그들을 관장하던 그 수호 다이몬은 각자가 위임받은 사람들을 어떤 장소로 인도하는 과업을 수행하는 것인데, 죽은 사람들은 그 장소에서 한데 모여 재판을 받은 후 이들 지상에서 온 자들을 저곳으로 인도하도록 업무를 부여받은 안내자와 함께 하데스로의 도정에 오른다는 것이지. 그리고 그곳에서 그들이 받아야만 하는 몫을 받고 필요한 시간만큼 머문 다음, 다른 인도자가 그들을 안내해 이곳 현세로 다시 데리고 온다는 것이라네. 주기가 긴 오랜 시간적 과정을 여러 번 거친 후 말이지. 그런데 그 여정은 아이스킬로스Aeschylus 비극의 인물 텔레포스Telephos가 말한 그런 종류의 것이 아니라네. 그는 하데스로 가는 길이 단순하고 외길이라고 말하는데, 내가 보기에는 단순하지도 않고 하나인 것도 아닌 것으로 보인다네. 그렇다면 인도자를 필요로 하지 않을 것이기 때문이지. 가는 길이 하나라면, 그 누구도 길을 헤매지 않을 것이겠지. 그런데 그곳으로 가는 도정에는 갈림길과 우회로들이 많은 것으로 여겨지네. 나는 이곳에서의 종교의식과 관습들을 근거로 삼아 말하는 것이라네. 절제적이고 사려깊은 정신은 인도자를 잘 따르고 주어진 상황에 무지하지 않을 것이지. 그러나 신체를 욕망하고, 조금 전에 말한 바와 같이, 오랫동안 신체와 가시적인 장소에 집착했던 정신은 격렬한 저항을 하다가 심한 고통을

[107d] (beside line 1) [107e] (beside line 11) [108a] (beside line 17) [108b] (beside line 23)

겪은 후에야 임무를 위임받은 다이몬에 의해 강제로 그리고 힘들게 이끌려서 떠나게 되는 것이지. 그런데 다른 정신들이 모여 있는 그곳에 도착하여 다음과 같은 운명에 처해지게 되는 것이라네. 한편으로 원래 불결하고 불순한 그런 일들을 한 바 있는 정신이나, 또는 사악한 살인을 저지르거나 그와 비슷한 다른 악행을 범한 정신들, 즉 살인과 형제뻘 되는 일이나 그와 유사한 종류의 짓거리를 범한 정신들, 이들을 다른 모든 정신 존재는 피하고 외면하며, 그 어느 다른 정신 존재도 함께 길을 가려 하거나 그의 인도자가 되려 하지 않을 것이며, 그래서 그런(악한) 정
[108c] 신들은 완전히 길을 잃고 방황하다가 정해진 시간이 차면 이들은 필연에 이끌려 그들에 적합한 거처로 이송되어 간다네. 다른 한편으로 순수하게 그리고 의롭게 삶을 살아온 정신들은 신들을 길의 동반자이자 인도자로 맞게 되며, 각자에 적합한 거처로 가게 된다네. 지구 위에는 놀라운 장소가 많지만, 지구는 그 성질에 있어서나 크기에서 이에 관해 관습적으로 말하곤 하는 사람들이 생각하는 그런 장소가 아니라네. 나는 어떤 사람의 말에 설득된 바 있지만 말일세."

[108d] 심미아스가 말했습니다. "소크라테스여, 무슨 의미로 그런 말을 하는 것인지요? 나 자신도 지구에 관해서 많은 것을 들은 바 있지만, 당신이 믿는 바에 관해서는 들은 바 없습니다. 그러하니 즐거이 경청하고자 합니다."

"심미아스여, 사태가 어떠한지를 기술하는 데는 글라우콘의 기술[153]을 필요로 하지는 않을 것으로 보이지만, 그러나 그것이 진리임을 증명

153 이는 속담적 표현인데, 여기서의 글라우콘이 누구를 지칭하는지는 정확히 알려져 있지 않으나, 대체적인 의미는 '천재적 재능이나 기술'이다.

하기란 글라우콘의 기술로 할 수 있는 것보다는 어려운 일인 것으로 생각되네. 그래서 한편으로는 나는 그 일을 할 수 없을 것으로 보이며, 다른 한편으로는 설사 내가 할 수 있다고 하더라도, 내 삶의 남은 시간이 그를 위한 논변의 길이를 감안하면 충분하지 않다네. 하지만 지구의 모습이나 그곳의 지역들이 어떠하다고 내가 믿는지에 관해서는 말할 수 [108e]
있으리라고 생각되네."

"그것으로 충분합니다."라고 심미아스가 말했습니다.

"그렇다면 나는 우선 다음을 믿는다네. 지구가 둥근 모양을 하고서
하늘의 가운데에 있다면, 그것이 아래로 떨어지지 않게 할 어떤 기제, [109a]
공기나 그와 같은 종류의 다른 그 어떤 지지대도 필요로 하지 않는다네. 지구를 유지하기에는 하늘 자신이 모든 곳에서 자신과의 균일성을 확보하고 지구 자신이 균형 상태를 유지하는 것만으로도 충분하다고 생각되네. 왜냐하면 균형 상태에 있는 것이 어떤 동형적인 것의 중간에 놓이면, 그것은 어느 한쪽으로 기울지 않고 항상 동일한 상태에 있으며 안정적으로 머물러 있을 것이기 때문이지. 이것이 내가 믿는 바의 첫 번째 것일세."라고 소크라테스가 말했습니다.

"옳은 믿음이라고 생각됩니다." 심미아스가 말했습니다.

"더 나아가 나는 다음을 믿네. 지구는 대단히 큰 것인데, 우리는 지구
의 작은 부분인 파시스Phasis 강[154]에서 헤라클레스의 기둥들[155]까지의 지 [109b]
역에 거주하는데, 그 지역은 바다 주변에 위치하여, 우리의 모습은 마치 연못 주변에 사는 개미나 개구리들과 같다네. 우리 이외에도 다른 다수

154 유럽과 아시아의 경계로 믿어지던 곳이다.

155 유럽의 서쪽 끝으로, 세계의 끝으로 여겨지던 곳이다.

의 종족이 다른 많은 그런 지역에서 살고 있는 것이지. 지구 도처 모든 곳에 다양한 형태와 크기를 지닌 공동空洞(빈 동굴)들이 존재하는데, 그곳으로는 물과 안개와 아에르aer[156]가 흘러 들어가지. 지구 자체는 순수한
[109c] 것으로 그 자신 역시 순수하며 별들이 거주하는 하늘에, 그런 것들에 관해 말하곤 하는 사람들의 다수가 아이테르aither라 부르는 하늘에 자리잡고 있지. 그것들(물, 안개, 아에르)은 이 아이테르의 침전물로서 지구의 빈 공동들에로 지속적으로 흘러 들어가지. 그런데 우리는 이 공동들 속에 거주함에도 이를 깨닫지 못하면서 우리가 지구 위 표면에 거주한다고 믿고 있다네. 이는 마치 대양의 밑바닥 한가운데에 살면서도 바다의 표면에 거주한다고 믿는 것과 같으며, 그리고 바닷물을 통해서 태양과 다른 별들을 바라보면서 바다를 하늘로 생각하는 것과 같지. 그리고 그
[109d] 는 게으름과 미약함 때문에 결코 바다의 표면에 도달하지도 못하고, 대양의 바닥으로부터 떠올라 고개를 들어 바다 저편으로 향하면서, 저편의 그곳이 우리가 사는 곳보다 얼마나 더 순수하고 아름다운지를 볼 수 없는 사람, 나아가 이미 본 다른 사람으로부터 전언으로라도 들어보지 못한 그런 사람과 같지. 진정 우리도 바로 그런 사람과 같은 처지에 있다고 생각하네.[157] 우리는 지구의 공동에 거주하면서 지구의 표면에 거주한다고 생각하고, 아에르를 하늘이라 믿으며, 별들이 바로 이 하늘을 가로지르면서 운행한다고 생각한다네. 허나 사실은 이전과 동일한 상황
[109e] 에 처해 있는 것이지. 게으름과 미약함 때문에 대기층의 최상층에 이르지 못하는 것은 마찬가지라네. 어떤 사람이 대기층의 정점에 이를 수 있

---

156 'aer'. 일종의 연무와 같은 존재로 대기를 채우고 있는 것, '공기' 또는 '대기'로 번역되기도 하나, 그와는 다소 다르다.

157 이는 『국가』에 나오는 유명한 비유인 '동굴의 비유'를 연상시킨다.

거나 날개가 돋아 날아오를 수 있다면, 그는 고개를 들어 명료하게 볼 수 있을 것이네. 마치 이곳에서 물고기들이 바닷물 속에서 부상하여 머리를 들고 우리가 사는 곳의 것들을 바라볼 수 있듯이, 그렇게 그도 저편의 것들을 명료하게 바라볼 수 있을 것이지. 그리고 그의 본성이 바라봄을 감내하기에 충분하다고 한다면, 그는 그것이 진정한 하늘이고 진정한 불빛이며 진짜 지구임을 깨닫게 될 것이네. 여기 이곳의 지구와 [110a]
바위들과 이곳 장소의 모든 곳은 완전히 스러져 있으며, 철저히 부식되어 있다네, 마치 바다에 있는 것들이 소금물에 의해 그러하듯이 말이지. 그리고 이런 바다에서는 언급할 만한 어떤 것들도 자라지 않고, 말하자면 완전히 성숙한 어떤 것도 존재하지 않으며, 그곳에는 동굴들과, 모래와 엄청난 양의 진흙과 뻘만이 가득하다네, 지구가 있는 곳이라면 말이네. 그리고 그곳에는 우리 주위에 있는 아름다운 것들과 비교할 만한 가치가 있는 어떤 것도, 여하한 종류의 가치 있는 어떤 것도 없다네. 하지만 저 위에 있는 것들은 우리 주위의 것들보나 훨씬 뛰어난 것으로 보인다네. 이야기를 말하는 것이 좋은 일이라 한다면, 심미아스여, 하늘 [110b]
아래 그리고 지구 위의 존재자들이 어떤 모습인가에 관한 이야기는 들어볼 가치가 있는 것이라네."

심미아스가 말했습니다. "진정 우리는 그 이야기를 즐거이 듣고자 합니다."

소크라테스가 말했습니다. "자 그러면, 나의 친구여. 지구 그 자체의 모습은 보기에 다음과 같다고 전해지네. 우리가 그를 위에서 바라본다면, 그것은 마치 열두 조각의 가죽으로 만들어진 공과 같은 것으로, 여러 색깔로 분별되어 보이는 다채로운 모습이고, 우리가 보는 이 지상의 색깔들, 이곳 지상의 화가들이 사용하는 색깔들은, 말하자면 그 색깔의

[110c] 견본이라 할 수 있다는 것이지. 그곳의 지구 전체는 그런 색채로 되어 있는데, 그 색채는 이곳 지상의 색깔들보다 훨씬 더 빛나고 순수하다네. 그 지구의 일부는 자줏빛이고, 놀라울 정도로 아름다우며, 다른 부분은 황금처럼 빛나고, 그것의 하얀 색인 부분은 석회 분필이나 눈보다 더 하얀색이며, 지구가 다른 색을 지니는 경우에도 그런 모습으로 있는데, 우리가 여기에서 보았던 것들보다 다양하고 더 아름다운 색들이라네. 지
[110d] 구의 공동들은 물과 아에르로 가득한 채 다른 여러 색들의 다채로움 속에서 빛나면서도 고유한 어떤 모습의 색채를 드러내어, 그 결과 그 전체는 다양하면서 통합된 하나의 모습으로 보이는 것이지. 지구가 이런 화려한 모습으로 있기에, 역시 생장하는 것들, 나무와 꽃과 열매들도 그에 상응하는 모습으로 자라나는 것이라네. 그리고 다시 산들이나 암석들 역시 같은 방식으로 부드러움과 투명함, 그리고 더 아름다운 색채를 지니고 있는 것이지. 이곳에서 보는 우리가 귀히 여기는 작은 돌들, 가령 홍옥수석, 벽옥석, 초록색 에메랄드는 그것들의 파편일 뿐이지. 하지만
[110e] 그곳의 돌들은 그와 같지 않은 것이 전혀 없으며, 나아가 이곳의 돌들보다 훨씬 더 아름답다네. 그 이유는 그곳의 돌들은 순수하고, 이곳의 돌들과 같이 부식되고 오염되어 있는 것이 아니기 때문이지. 이곳의 돌들은, 이곳으로 몰려 흘러온 혼탁한 소금물에 의해 부식되어 있는데, 이들 더러운 소금물은 바위들과 지구상의 다른 동물들과 식물들에게 추함과 질병을 안겨준다네. 하지만 그곳의 지구 자체는 이 모든 보석에 의해,
[111a] 황금과 은에 의해, 그리고 그와 같은 다른 것들에 의해 장식이 되어 있다고 전해지네. 그 지구에서 그런 보석들은 명료한 모습으로 드러나 있고, 수에 있어 다수이며 크기가 크고 그 지구의 도처에 널려 있으며, 그래서 그 지구는 지복한 관중이 보기에 좋은 장관을 이루고 있는 것이지.

그 지구에는 인간을 포함한 다수의 생명체들이 존재하는데, 이들의 일부는 지구 중간에 거주하며, 다른 일부는 아에르(대기) 주변에 거주하는 것이지, 마치 우리가 바다 주변에 거주하듯이 말이네. 그리고 다른 이들은 섬에, 육지 근처에 있어 아에르가 그 주위를 감싸며 흐르고 있는 섬에 거주하는 것이지. 한마디로 말해서 물과 바다가 우리의 삶에 필요한 것이듯이 그곳에서는 아에르가 그러하며, 아에르가 우리에게 하는 역할 [111b]
을 그곳에서는 아이테르가 한다네. 그곳 계절의 기후는 온화하여 그곳의 존재자들은 질병의 감염에서 자유롭기에 이곳의 생명체들보다 훨씬 더 오래 산다고 하지. 그들은 시각, 청각, 사려 그리고 그런 모든 것에서 우리보다 훨씬 더 뛰어난데, 순수함에서 아에르가 물보다, 에테르가 아에르보다 뛰어난 정도로 그러한 것이라네. 그리고 그들에게는 신을 위한 작은 숲속의 성소와 신전이 있어 그곳에 실재로 신들이 거주하는데, 이곳에서 그들은 신의 목소리나 신탁을 접하며, 신의 모습을 보거나, 또는 다른 그런 방식으로 신과의 직접적이고 내면적인 만남을 가질 수 있다는 것이지. 그곳에서 그들은 태양과 달과 별들을 있는 그대로의 모습 [111c]
으로 볼 수 있으며, 그에 뒤따르는 다른 모든 지복을 누릴 수 있다고 한다네.

이런 것들이 지구 전체의, 그리고 지구 주위에 있는 것들 본연의 모습이라네. 한편 지구 위에는 수많은 장소가 있는데, 이들은 지구 전체에 걸쳐 돌아가면서 움푹 파인 공동들로, 이들 장소 중 일부는 우리가 거주하고 있는 곳보다 더 깊고 더 넓게 펴져 있고, 다른 일부 장소는 우리의 거주지보다 깊기는 하나 그 입구가 더 좁은 곳이고, 또 다른 곳은 우리 [111d]
가 사는 곳보다 깊이는 얕으나 더 넓은 것이네. 이들 모든 지역은 지구의 지하 여러 곳에서 보다 좁거나 보다 넓은 통로로 서로와 연결되어 있으며, 수로를 지니고 있어 이 수로를 통해서 많은 양의 물이 서로에로 흘러 들어가 뒤섞인다네, 마치 포도주와 물을 섞는 그릇으로 흘러가듯이 말이지. 그리고 이들 지역의 대지 지하에는 엄청나게 큰 강들이 영원히 흐르고 있는데, 이들 강에는 뜨거운 물이나 차가운 물이 흐르기도 하는 것이지. 나아가 이 지역에는 엄청난 화염과 불덩이가 타오르며 흐르는 거대한 강들, 그리고 진흙탕이 흐르는 많은 강들, 어떤 곳에는 보다 맑고, 어떤 곳에는 탁한 흙탕 진흙이 흐르는 강이 있다는 것이네. 마치
[111e] 시실리에서 용암에 앞서 진흙의 강물이 흘러나오고, 그다음 용암 그 자체가 끓어 내려오듯이 말이네. 이들의 여러 갈래는 매번 이리저리 흘러가 이르게 되는 각각의 지역을 가득 채우는 것이지. 이들 모두는, 마치 지구 내부에서 어떤 요동치는 움직임이 뒤흔들기나 하는 것처럼 위아래로 흔들린다네. 그런데 지구의 요동침 그 자체는 다음과 같은 본성을 지닌 것에 의한 것이지. 지구에 있는 여러 틈새 중 어떤 하나는 특별히
[112a] 거대한 것으로, 이는 지구 전체를 관통하면서 뚫려 있는데, 이는 호메로스가,

'진정 저 멀리, 지구 아래 가장 깊은 곳에 있는 심연……'

이라고 말하면서 의미한 바의 것이며, 다른 곳에서 그나 많은 다른 시인들이 타르타로스Tartaros라고 부른 바의 것인데, 이 틈새로 모든 강이 흘러 들어가고, 다시 이로부터 되솟구쳐 나온다네. 이들 강 각각은 그들이 거쳐 가며 흐르게 되는 지구 그 부분의 성격을 갖게 되는 것이지. 그 모
[112b] 든 강이 여기에서 흘러 나오고 흘러 들어오는 이유는, 이 흐름에 바닥이 없기 때문이지. 실로 이 흐름은 좌우로 흔들리고 위아래로 일렁이며, 이

흐름 주위에 있는 아에르나 바람phneuma도 역시 동일한 방식으로 움직인다네. 왜냐하면 이들 아에르나 바람은 그 흐름이 지구의 저편으로 움직여가거나 다시 이쪽으로 흘러올 때마다 그 흐름을 뒤따라 흐르기 때문이지. 마치 숨 쉬는 자가 숨을 들이쉬고 내쉬듯이, 그와 같이 바람이 물의 흐름과 함께 요동치면서 들어오고 나감에 따라 엄청나게 무서운 폭풍을 일으킨다네. 그리고 물의 흐름이 우리가 '아래의 지역'이라고 부 [112c]
르는 지역으로 물러갈 때, 그 흐름은 지구의 저편 지역으로 흘러 들어가며, 마치 수로 관리인이 물을 쏟아붓듯이 그곳 지역을 가득 채운다네. 그리고 다시 그곳을 떠나 이곳으로 흘러 들어올 때면, 그것은 다시 이곳의 강들을 채우는 것이지. 그래서 강들이 물로 가득하면 넘실거리는 물은 여러 수로를 통해 또는 지구 이곳저곳을 가로지르며 제각각 길을 만들며 흘러가, 그렇게 도달한 각자의 지역에 이르러, 바다, 습지, 강, 샘물들을 만들어낸다네. 거기에서 다시 지구 아래로 흘러 내려가는데, 일부 [112d]
는 다수의 거대한 지역을 감싸 돌아 흘러가고, 다른 것들은 보다 적은 수의 작은 지역을 맴돌아가면서, 다시 타르타로스로 흘러 들어가는 것이지. 일부의 물은 그들이 빠져나온 지역보다 훨씬 더 아래로, 다른 흐름은 약간 아래로 흘러 들어간다네. 하지만 모든 물은 그들이 유출된 곳보다 아래로 유입되어가는 것이지. 그리고 일부는 그들이 흘러나온 곳과 정반대의 방향으로 흘러가고, 다른 것은 그곳과 같은 부분으로 흘러간다네. 또 일부는 완전히 원을 그리며 돌아 흘러가면서, 한 번 또는 여러 번 마치 뱀이 똬리를 틀듯이 지구 주위를 이리저리 휘감아 돌며 굽이굽이 흐른다네. 그래서 갈 수 있는 한 아래로 다시 흘러 내려가는 것이지. 허나 그것들은 각각의 방향에서 지구의 지하 중심부까지는 내려 [112e]
갈 수 있으나 그 이상 아래로는 안 되는 것이지. 그 각각의 방향에서 오는 두 흐름이 마주하게 되는 각각의 지역은 가파른 오르막이기 때문이라네.

그런데 이들 흐름은 수가 많고 거대하며 다양한 종류의 것들이네. 이 수많은 흐름 중에 네 개의 주요 흐름이 있는데, 이들 중 가장 큰 것은 가장 외곽에서 원형을 그리며 흐르고, 이는 오케아노스Okeanos라 불리네. 이것의 정반대 쪽에 있으면서 반대 방향으로 흐르는 것은 아케론Acheron
[113a] 강으로서, 이는 다른 불모의 지역들을 거쳐 흐르다가 대지의 아래 지하로 흘러들어 아케루시아다Acherousiada라는 호수에 도달한다네. 이 호수는 대다수 죽은 자의 정신이 가는 곳으로, 이들은 그곳에서 각자 할당된 시간을, 어떤 정신은 보다 오랜 시간을 그리고 다른 정신은 보다 짧은 시간을 머물다가 돌려보내져 다른 생명체로 환생하는 것이지. 세 번째 강은 이들 두 강 가운데를 흘러가는데, 그것은 그것의 유출구 가까운 곳에서 엄청난 화염을 만들며 불타는 거대한 장소로 흘러 들어가 우리가 보는 바다[158]보다 거대한 호수를 만들어내는데, 이 호수에서는 진흙탕물
[113b] 이 들끓어댄다네. 그 강은 이곳으로부터 원형을 그리며 혼탁한 진흙탕을 만들어내면서 흘러 나가며, 구절양장으로 굽이굽이 흐르다가 여러 곳으로, 특히 아케루시아다 호수의 변경에까지 도달하나 그곳의 물과 뒤섞이지는 않는다는군. 그다음 여러 번 휘감아 돌며 지하 세계 속으로 들어가 타르타로스 내의 보다 낮은 저지대로 흘러 들어간다고 하지. 이는 사람들이 피리플레게톤Pyriphlegethon이라 부르는 강인데, 이곳에서 용암이 분출되어 그 용암의 파편들이 지구 위 이곳저곳에로 흩뿌려진다고 하지. 다시 이것의 정반대 편에 네 번째 강이 흐르고 있네. 이 강은 거칠

158 이는 지중해를 이른다.

고 무시무시한 장소로 흘러 들어가는데, 그 장소는, 전해지는 바로는, 그 전체가 수레국화 같은 검푸른 색을 지닌 곳으로, 사람들은 이를 스티기온Stygion 강이라 부르며, 그 강이 흘러 들어가 만드는 호수를 스티가Styga라 부른다지. 강은 이곳으로 흘러들면서 그 강물은 무서운 힘을 획득하게 되는데, 이 강은 지하로 빠져 들어가 굽이굽이 돌아 흐르면서 피리플레게톤 강의 반대편에서 진행하다가, 아케루시아다 호수를 반대편으로부터 만나게 된다고 하지. 하지만 이 강의 물 역시 다른 어떤 강물과도 뒤섞이지 않고, 원형을 그리며 흐르다가 피리플레게톤 강의 반대편에서 타르타로스로 흘러 들어간다는군. 시인들이 전하는 바에 따르면, 이 강의 이름은 코키토스Kokytos라고 한다네. [113c]

이 모든 것 본연의 모습[159]이 이러할진대, 죽은 자들이 그들 각각의 다이몬이 인도하는 장소에 도달한 후에는 먼저 훌륭하고 경건하게 삶을 산 자들과 그렇지 않은 자들이 재판을 받는다네. 그리고 중간 수준의 삶을 산 사람들은 아케론으로 가서, 그들 각자에게 마련된 마차를 타고서 호수에 도달하지. 그곳에서 거주하며 만약 그들이 불의를 범한 바가 있다면 죗값을 치르고 그 불의를 정화한 후 풀려나며, 좋은 일을 한 바 있다면 각각에 합당한 보상을 받게 된다네. 하지만 그들이 범한 잘못이 매우 커서 구제불능이라 판단되는 사람들은, 가령 크나큰 불경죄를 여러 번 범하거나 불의한 살인을 저지르거나 수많은 범법 행위를 한 자들은, 또는 그와 유사한 범죄를 저지른 자들의 경우는 그들 각각에 걸맞은 운명이 그들을 타르타로스에 내던질 것이고, 그러면 그들은 결코 그곳에 [113d] [113e]

159 'pephykenai'를 본성, 본질로 번역하는 경우가 있으나, 당시에는 이런 개념이 없었다. 이는 '자연스러운 모습', '원래의 모습' 정도로 번역하는 것이 적절하다.

서 빠져나오지 못한다네. 그러나 구제 가능하기는 하되 크나큰 잘못을 범한 것으로 드러나는 자들은, 가령 격정에 못 이겨 자신의 아버지나 어
[114a] 머니에게 폭력을 휘둘렀으나 나머지 생을 후회하면서 산 자들, 또는 그와 유사한 다른 방식으로 살인을 범한 자들, 이들은 필연적으로 타르타로스로 내던져질 것이라네. 그들은 그곳에 추락해 그곳에서 1년간 머문 후, 이들 중 살인자들은 파도에 떠밀려 코키토스 쪽으로 가게 되고, 부친 살해자나 모친 살해자는 피리플레게톤 강 쪽으로 내던져진다는 것이지. 그리고 강 흐름에 밀려 흘러가서 아케루시아다 호수 근처에 이른 후에 그들은 소리쳐서 사람을 부르는데, 그들 중 일부는 그들이 살해한 바 있는 사람들을, 다른 일부는 그들이 폭행한 바 있는 사람들을 부르
[114b] 면서 이들에게 탄원하고 요청한다고 하네, 그들이 강에서 나와 호수에로 받아들여질 수 있게 해달라고 말이지. 그래서 그들이 상대방을 설득하게 되면, 강에서 빠져나와 고통으로부터 벗어나며, 그렇지 못할 경우에는 다시 타르타로스로 돌아가야 하고, 그리고 여기에서 다시 강으로 가서, 그들이 자신의 불의로 피해 입은 자들을 설득하기 전까지는 그런 고통으로부터 헤어나지 못한다네. 바로 이런 것이 재판관들에 의해 그들에게 내려진 징벌이지. 다른 한편으로 경건한 삶의 관점에서 뛰어나다고 판정되는 사람들은, 이 지구 안의 장소들로부터 해방되고 자유로
[114c] 워져, 마치 감옥의 구속에서 해방되듯이 그렇게 자유로워져, 저 위 지상의 순수한 거주지로 올라가 그곳에서 거주하게 된다네. 이들 중에서도 철학에 의해 순수하게 정화된 사람들은 이후의 시간을 전적으로 신체 없이 살며, 이곳보다 더 훌륭한 거주지로 이동해가는데, 이곳은 자세히 기술하기 쉽지 않으며, 지금으로서는 시간도 충분하지 않다네. 자, 이런 것들, 즉 내가 기술한 이런 것들을 위해서, 심미아스여, 모든 것을 행

해야 하고, 그래서 이 생에서 탁월함과 순수 지혜를 분유하도록 노력해
야만 하는 것이지. 왜냐하면 그에 대한 보상과 희망이 매우 크기에 말
일세."

"이제 사실이 내가 설명한 바 그대로라고 확언한다는 것은, 지성(누 [114d]
스)을 지닌 사람에게라면 적합하지 않을 것이네. 하지만 우리의 정신들
이나 그들의 거주지와 관계해서 그와 같은 것들, 또는 그와 비슷한 어떤
것들이 성립한다는 점은, 우리의 정신이 불사적인 것이라고 보이느니만
치, 적절한 것으로 보이며, 사태가 그렇다고 믿는 모험을 할 가치가 있
다고 생각되네. 실로 그런 모험은 해볼 만한 것이라네. 그래서 이런 것
들을, 말하자면 스스로에게 주문을 걸듯이, 노래 불러야 하며, 그런 이
유에서 나는 오랫동안 긴 이야기를 한 것이라네. 이런 것들을 근거로 하
여 다음과 같은 사람은 자신의 정신에 관해 용기를 내어야만 하는 것이
지. 즉 신체와 관련된 다른 쾌락들이나 장식물들에 무관심하고—그런 [114e]
것들은 정신에 이질적인 것이고 오히려 좋지 않은 것을 결과할 것이라
생각해서 말이네—, 그리고 배움과 관련된 쾌락을 열심히 추구하며, 그
리고 자신의 정신을 다른 것들이 아니라 정신 자신에 속하는 것들로, 즉
절제, 정의, 용기, 자유, 진리로 치장하면서, 그렇게 하데스로의 여행을 [115a]
준비하며 기다리는 사람들이라면 말일세. 그러므로 그대들, 심미아스와
케베스, 그리고 다른 모든 이들도," 그가 말했습니다, "각자의 때가 오면
그곳으로 갈 것이네. 나로서는, 시인들이 말하듯이, 이미 지정된 운명이
나를 소환했고, 이제 목욕을 하러 갈 때가 거의 다 된 것으로 보이니, 목
욕을 한 후 독약을 마시는 것이 좋다고 생각되네. 그래서 시종하는 여인
들에게 나의 시신을 닦는 수고를 끼치지 않도록 해야지."

그가 이런 말을 하자 크리톤이 말했습니다. "소크라테스여, 여기 있 [115b]

는 사람들이나 나에게 부탁할 무엇이, 그대의 자녀들이나 다른 것들에 관해 지시할 무엇이 있는가? 우리가 그대를 위해 해줄 수 있는 것이 있다면 무엇이든 말해주기 바라네."

"내가 항상 말하던 바의 것, 크리톤이여," 그가 말했습니다, "그 이외에는 특별히 새로운 것은 없다네. 그대들이 자신을 배려한다면, 그것이 무엇이건 간에, 그런 배려는 나나 나의 가족이나 그대들 자신에게 좋은 일을 해주는 것일세. 지금 당장은 그런 내용의 약속을 하지 않는다 해도 말일세. 그러나 그대들이 그대들 스스로를 배려하지도 않고, 지금 말해진 바나 이전에 말해진 바가 인도하는 지침에 따라 마치 족적을 따라가듯이 그렇게 살고자 하지 않는다면, 지금 그대들이 아무리 여러 번 강조
[115c] 해서 그리고 적극적으로 동의한다고 하더라도 어떠한 좋은 일도 하는 것이 아닐세."

"우리는 진정 그대가 말한 바대로 살도록 열심히 노력하겠네." 크리톤이 말했습니다. "그것은 그렇고 우리가 그대를 어떻게 장례 치르기 원하는가?"

"그대들이 원하는 바대로 하게나." 그가 말했습니다. "단 그대들이 나를 붙잡아 내가 그대들로부터 빠져나가지 않게 할 수만 있다면 말일세." 그는 조용히 미소 지으며, 우리를 바라보면서 다음과 같이 말했습니다. "그대들이여, 나는 크리톤을 설득하지 못한 모양이네. 진정한 나는 바로 이런 소크라테스, 방금 대화를 하면서 대화 내용의 세세한 것들을 순서대로 개진해나간 바로 그 소크라테스라는 점을 말일세. 그는 오히려 잠
[115d] 시 후에는 시체로 보게 될 그 존재를 나라고 생각하니까, 그는 나를 어떻게 장례 지낼 것인지를 묻는 것이지. 나는 아까부터 오랫동안 말하면서, 내가 독약을 마신 후엔 더 이상 그대들에게 머물러 있지 않고 길을

떠나 어떤 지복한 자들의 행복[160]을 누리러 간다고 말했는데, 결국 나는 그에게 헛된 이야기를 한 모양이군. 나는 그대들만이 아니라 나 자신에게도 용기를 북돋우기 위해서 한 말이었는데 말이지. 그러하니 크리톤 자신이 나를 위해 재판정에서 재판관들에게 보증을 선 바 있는데," 그가 말했습니다, "그대들은 그 보증 내용과는 정반대의 보증을 그에게 서주기 바라네. 그는 진정 내가 탈출하지 않고 감옥에 머물러 있을 것이라고 보증을 섰으나, 이제 그대들은 내가 죽은 다음에는 진정 내가 머물지 않고 떠나버릴 것이라고 보증을 서주기 바라네. 그래서 크리톤이 잘 감내 [115e]
할 수 있도록, 그리고 그가 나의 몸이 화장되거나 매장되는 것을 보고서 내가 끔찍한 일을 당한 것으로 생각하고 괴로워하지 않도록, 나아가 장례식에서 나 소크라테스를 입관시킬 준비를 한다, 운구된다, 매장된다고 말하지 않도록 말일세." 그가 말했습니다. "다음을 명심하게나, 친애하는 크리톤이여. 적절하지 않은 말을 하는 것은 그 자체로도 부조리한 것이지만, 우리의 정신들에도 해로움을 끼친다네. 그러하니 기운을 내고 내가 아니라 나의 몸이 매장된다고 말해야만 하고, 그대가 원하는 방식으로 그리고 관습에 가장 적합하다고 생각되는 방식으로 장례를 치르 [116a]
게나."

이런 말들을 하고서 그는 일어나 목욕을 하기 위해 다른 방으로 갔습니다. 그러자 크리톤이 그를 뒤따라가면서, 우리에게는 기다리라고 말했습니다. 우리는 기다리면서 이제까지 말해진 것들에 관해 서로 대화하고 다시 검토했으며, 그리고 우리에게 얼마나 큰 불행이 일어났는가를 토로했습니다. 무엇보다도 우리는 아버지 잃은 아이처럼 앞으로의

160 행복eudaimonia에 관해서는 각주 84 참조.

삶을 살아야 한다고 생각하면서 말이지요. 그가 목욕을 하고 사람들이
[116b] 그의 자녀들을 그에게 데려왔을 때—그는 어린 아들이 둘이었고, 다 큰
아이가 하나 있었습니다—, 그리고 그의 집안 여자들이 도착했을 때,
그는 크리톤의 앞에서 그들과 대화를 나누고 남기고자 하는 바의 어떤
말들을 그들에게 전했습니다. 그런 다음 그는 여자들과 아이들이 자리
를 비키도록 하고서, 그 자신은 우리에게로 왔습니다. 이제 해질 무렵이
가까운 즈음이었습니다. 그는 안에서 제법 오랜 시간을 보냈었지요. 그
는 목욕 후의 말끔한 모습으로 우리에게로 와 옆에 앉았으나, 그 이후
많은 이야기가 오간 것은 아니었습니다. 11인을 시중하는 시종이 도착
[116c] 하여 그의 옆에 서더니 말했습니다. "소크라테스여, 나는 당신에게는 내
가 다른 사람들에게 하던 그런 불평을 늘어놓지 않을 것입니다. 다른 사
람들은 나에게 화를 내고 저주의 말을 퍼붓곤 했지요. 바로 당국자의 법
적 명령에 따라 내가 그들에게 독배를 마시라고 했을 때 말이지요. 나는
당신이 여기에 머문 시간 동안 여기에 갇혀 있던 그 어느 사람들보다 더
품위 있고 친절했으며 훌륭한 사람이었다는 것을 발견하게 되었으며,
그리고 당신이 나에게 화내지 않고, 이런 사태에 대해 책임이 있는 자들
을 당신은 인지하고 있기에, 그 당자들에게 불만을 돌리리라는 것을 알
고 있습니다. 자, 이제 내가 전하려 하는 바를 당신은 잘 알고 있을 터이
[116d] 기에 나는 당신에게 작별을 고합니다. 그리고 가급적 편한 방식으로 불
가피한 일들을 치르도록 하지요." 이런 말을 함과 동시에 그는 눈물을
흘리며 몸을 돌리고서 방을 나갔습니다.

그러자 소크라테스가 그를 치켜다 보면서 말했습니다. "그대도 잘 있게나. 우리는 그 일들을 수행할 것일세." 그러고서 그는 우리에게 말했습니다. "그는 얼마나 예의 바른 사람인가! 내가 여기 있는 기간 동안 내

내 종종 나를 방문하여 나와 말을 나누곤 했으며, 나에게 최고로 마음 편히 대해준 사람이었네. 게다가 이제 나를 위해 울기까지 하니 얼마나 배려 깊은 태도인가! 자 이제, 크리톤, 그의 말을 따르도록 하지. 독약이 갈아져 준비되었다면, 독배를 가져오게 하지. 아직 갈아지지 않았다면 준비토록 하고."

그러자 크리톤이 말했습니다. "내가 보기에는 태양은 아직 산들에 걸 [116c]
려 있고 해가 지지 않았네. 게다가 내가 알기로는 다른 사람들은 마시라
는 지시가 전달된 후에도 아주 늦게서야 독배를 마신 것으로 알고 있다
네, 풍성한 저녁을 먹고 포도주를 마신 후에, 그리고 그들이 원하는 사
람들과 자리를 함께한 연후에야 말일세. 그러니 서두르지 말기 바라네.
아직 시간이 남아 있으니까."

그러자 소크라테스가 말했습니다. "크리톤이여, 그대가 말한 그 사람
들로서는 그렇게 하는 것이 적절했을 것이네. 그렇게 함으로써 무엇인
가 얻는 바가 있나고 생각했을 테니까. 하지만 나로서는 그런 일을 하지
않는 것이 적합하다네. 시간을 약간 늦추어 독배를 마신다고 해서 별 득 [117a]
은 없고, 오히려 웃음거리만을 자초할 것일세. 남아 있는 것이 거의 없
는 터에 삶에 집착하여 아끼려 한다고 말일세. 자, 이제 나의 말을 듣
고," 그가 말했습니다, "달리 하지 않도록 하지."

그러자 크리톤이 그의 말을 듣고서 가까이 서 있던 사동에게 고갯짓을 했습니다. 사동은 밖으로 나가 제법 시간이 지난 후에 독약을 전해줄 사람을 데리고 들어왔는데, 그는 갈아진 독약이 든 잔을 들고 있었습니다.

소크라테스가 그를 보고서 말했습니다. "자, 친애하는 친구여, 그대는 내가 무엇을 해야 하는지 잘 알고 있지?"

"별다른 것은 없고, 독배를 마신 후에 당신의 다리에 무거움이 느껴

[117b] 질 때까지 걸어 다니면 됩니다. 그런 후에 자리에 누우시지요. 그러면 독약이 저절로 작용을 할 것입니다." 이런 말을 하면서 그는 독약이 든 잔을 소크라테스에게 전했습니다.

소크라테스는 그 잔을 받아들고, 에케크라테스여, 아주 차분하게 떨지도 않고 안색이나 표정의 변화도 없이 항상 그러했듯이 부리부리한 눈을 크게 뜨고 그를 올려다보면서 말했습니다, "이 잔의 일부를 덜어 신에게 헌주를 드리는 것에 대해 어떻게 생각하는가? 그것은 허락되는가, 아닌가?"

"우리는 딱 적절한 만큼만을," 그가 말했습니다, " 마시기에 적절하다고 생각되는 만큼의 양만을 갈아 준비했습니다."

[117c] "알았네."라고 그가 말했습니다. "하지만 신들에게 기도를 드리는 것은 허락되고 또 그래야만 하겠지. 이곳에서 저곳으로의 주거 이전이 행운의 여정이 될 수 있도록 말일세. 그것이 내가 드리고자 하는 기도의 내용이며, 그렇게 되기를 기원하네." 이렇게 말하면서 그는 잔을 입에 가져가 댄 후에 찡그리는 표정 없이 아주 담담한 태도로 독배를 끝까지 다 마셨습니다. 우리의 대부분은 그때까지는 감정을 차분히 억제하면서 울음을 억누를 수 있었습니다. 하지만 그가 독배를 마시는 것을, 그리고 독배를 다 마신 것을 보고서는 더 이상 억제할 수 없었고, 나의 노력에도 불구하고 눈물이 두 뺨 위로 마구 흘러내려서 나는 내 얼굴을 외투로 감싸 쥐었습니다. 진정 그 눈물은 그 때문이 아니라 나의 불운, 그와 같
[117d] 이 훌륭한 친구를 잃게 된 나의 불운이 슬퍼서 흘린 것이었지요. 크리톤은 나보다 더 이전부터 눈물을 참지 못해서 밖으로 나갔습니다. 아폴로도로스는 이전부터 울기를 그치지 않고 있었는데,[161] 이제는 큰 소리로 울부짖으며 괴로워하여 그 자리에 있던 모든 사람으로 하여금 울음보를

터트리게 했습니다, 소크라테스 자신만을 제외하고는 말이지요.

그러자 그가 말했습니다. "무슨 짓들을 하는 것인가. 이 이상한 사람들아! 진정 내가 여인네들을 내보낸 것은 다름 아니라 바로 이런 이유 때문에, 그들이 지금 이런 식의 소란을 벌이는 잘못을 범하지 않도록 하 [117e]
기 위해서였네. 그리고 내가 듣기로는 마지막 죽음은 숙연한 분위기에서 맞아야만 하는 것이라고 들었네. 자, 이제 조용히 하고 의연한 모습을 보이게."

우리는 그의 말을 듣고서 부끄러움을 느껴 울음을 억제했습니다. 그는 이리저리 걸어 다녔고, 그의 다리에서 무거움을 느낀다고 말한 다음에는 침상에 누웠습니다. 집행관이 그리 조언했기 때문이지요. 그러자 독배를 건넨 그 사람은 그를 만져보았고, 잠시 후에는 그의 발과 다리를 살펴보았으며, 그런 다음에는 그의 발을 세게 꼬집어보면서, 느낌이 있는가 하고 물었습니다. 그가 아니라고 답하자, 집행관은 그런 다음 정강 [118a]
이를 눌러보았습니다. 이런 식으로 위로 올라가며 확인한 후 그의 몸이 차가워지고 경직되어간다는 것을 우리에게 보여주었지요. 그리고 다시 그의 몸을 만져보면서 이런 현상이 그의 심장에까지 이르면 그는 세상을 뜨는 것이라고 우리에게 말했습니다.

이제 그의 배 아랫부분이 차가워질 즈음, 그가 덮고 있던 담요를 벗고 얼굴을 내밀면서 말했는데, 이 말이 그의 마지막 말이었지요. "크리톤, 나는 아스클레피오스Asklepios[162]에게 수탉 한 마리를 빚지고 있네. 돌려

---

161 여기서도 그리스어는 행위의 지속성을 표현하기 위해 반과거 동사상 어미가 사용되었는데, 이런 경우가 동사상verb aspect의 역할을 잘 보여주는 사례이다.

162 아스클레피오스Asklepios는 치유의 신이다. Bluck(2014)과 Grube(2002) 등은 소크라테스가 죽음을 일종의 치유, 삶이라는 신체 구속 상태의 질병으로부터의 치유로 생각하고, 이에 대한 감사로 닭 한 마리를 봉헌하라 한 것으로 해석한다. 병으로부터 회복하

주는 것을 소홀히 하지 않았으면 하네."

"그리 하겠네. 다른 할 말이 있으면 하시게." 크리톤이 답했습니다.

그가 이런 말을 했으나 응답이 더 이상 없었고, 잠시 후에 그의 몸이 움찔거리자 집행관은 덮은 담요를 벗겨 내렸는데, 그의 눈은 더 이상 움직이지 않았습니다. 그를 보자 크리톤이 그의 입을 다물리고, 그의 눈을 감게 했습니다.

이것이 마지막, 에케크라테스여, 우리 친구의 마지막입니다. 감히 말하건대 우리의 세대에서 만난 사람들 중에서 가장 훌륭하고 전반적으로 가장 현명하며 가장 정의로운 친구의 마지막이었습니다.

면 치유의 신에게 봉헌하는 것이 당시의 관례였다고 한다. 그러나 Wilamowitz-Moellendorff(1920)와 Hackforth(1955)는 이에 비판적이다. 특히 Hackforth(1955)는 앞의 말이 역사적으로 실제 소크라테스의 마지막 말이었고, 그 의미는 문장 그대로 이해해야 한다고 논한다.

Phaedōn

참고문헌

〈플라톤 대화록 원전 및 서구어 번역서〉

Apelt, O. (ed.). (1922-1923). *Platon, Säemtliche Dialoge, Bd. I-VII*. Felix Meiner. (독일어 번역본).

Burnet, J. (ed.). (1900-1907). *Platonis Opera, Vol. I-V*. Oxford University Press. (이 판본은 통상 Oxford Classical Text[OCT]라 하는데, 가장 널리 쓰이는 판본이다. 본문에서의 번역을 위한 원전은 이 판본을 대본으로 했다.)

Cooper, J. M. & Hutchinson, D. S. (eds.). (1997). *Plato Complete Works, Vol. I & II*. Hackett. (대표적인 영어 번역 전집).

Croiset, M. (ed.). (1920). *Platon, Œuvres Complètes*. Les Belles Lettres. (대표적인 원문 대역 프랑스어 번역본으로 흔히 Collection Budé라 불린다.)

Duke, E. A., Hicken, W. F., Nicoll, W. S. M., Robinson, D. B., & Strachan J. C. G. (eds.). (1995). *Platonis Opera*. Oxford University Press.

Fowler, H. N., Lamb, W. R. M., Shorey, P., & Bury, R. G. (trans.). (1977-1986). *The Loeb Classical Library: Plato, Vol. I-XII*. Harvard University Press. (대표적인 원문 대역 영어 번역본으로 흔히 Loeb Series라 불린다.)

Hamilton, E. & Cairns, E. (eds.). (1961). *Collected Dialogues of Plato*. Princeton University Press. (Cooper판 이전에 널리 읽히던 영어 번역 전집).

Schleiermacher, F. (trans.). (1804-1828). *Platons Werke*. Berlin. (독일어 번역본)

〈플라톤 대화록 국문 번역서〉

김태경 옮김(2000a). 『소피스테스』. 한길사.

______(2000b). 『정치가』. 한길사.

박종현 옮김(1997). 『국가』. 서광사.

박종현 옮김(2003). 『에우티프론, 소크라테스의 변론, 크리톤, 파이돈』. 서광사.

박종현·김영균 옮김(2000). 『티마이오스』. 서광사.
전헌상 옮김(2013). 『파이돈』. 이제이북스. (『정암학당 플라톤 전집』의 일부로, 이 전집에 다수의 플라톤 대화록이 번역되어 있다.)
조대호 옮김(1998). 『파이드로스』. 문예출판사.
조우현 옮김(1982). 『國家, 소크라테스의 辨明』. 삼성출판사.
천병희 옮김(2012). 『소크라테스의 변론/크리톤/파이돈/향연』. 숲.
최명관 옮김(1992).『플라톤의 대화: 에우티프론, 소크라테스의 변명, 크리토, 파이돈, 향연』. 종로서적.
최민홍 옮김(1983). 『고르기아스, 소피스트, 書簡集』. 상서각.
최현 옮김(1995). 『소크라테스의 대화록』. 집문당.
(2002). 『향연, 뤼시스』. 범우사.
최호연 옮김(1997). 『프로타고라스, 메논, 국가』. 두로.
한경자 옮김(2014). 『라케스』. 이제이북스.

〈플라톤 철학 관련 국문 참고문헌〉

* 독자들이 일반인임을 감안하여 우리말로 쓰인 것에 국한한다.

강정인·김성환 편역(1991). 『플라톤의 이해』. 문학과지성사.
거스리, 윌리엄(1981). 『그리스철학입문』. 박종현 옮김. 종로서적.
김귀룡(2000). 『고대와 현대의 철학적 대화』. 동과서.
김남두(1990). "좋은 나라와 이성의 지배". 『철학과 현실』, 봄호(통권 제4호), 291-316.
김영균(2000). "플라톤에 있어서 생성과 공간(khora)". 『哲學』 62집, 55-81.
김태경(2000c). 『(나눔을 중심으로 한) 플라톤의 후기인식론』. 성균관대학교출판부.
남경희(2013). 『플라톤: 서구철학의 기원과 토대』. 아카넷.
박영식(1984). 『플라톤哲學의 理解』. 정음사.
박종현(1990). 『希臘思想의 理解』. 종로서적.
______(2001). 『헬라스 사상의 심층』. 서광사.
박홍규(1995). 『그리스 철학 논고』. 민음사.
______(2004). 『플라톤 후기 철학 강의』. 민음사.
블라스토스, 그레고리(1998). 『플라톤의 우주』. 이경직 옮김. 서광사.
서병훈(2000). 『자유의 미학: 플라톤과 존 스튜어트 밀』. 나남.
송영진(1994). "플라톤의 가설적 방법에 따른 윤리학의 성격: 『메논』편의 귀추법적 해석. 『東西哲學硏究』 11호, 5-19.
______(1999). 『플라톤의 변증론 연구』. 철학과현실사.
스넬, 브루노(1994). 『정신의 발견: 서구적 사유의 그리스적 기원』. 김재홍 옮김. 까치.
양문흠(2000). "플라톤의 『국가』편 선분의 비유 속의 수학적 탐구의 본성: 특히 '가정'과 '영상'의 관계를 중심으로". 『哲學』 65집, 59-79.
이경직(2001). "플라톤의 자연 세계 설명: eikos logos". 『哲學』 66집, 53-76.
이기백(1996). "형상에 있어서 하나와 여럿의 문제: 플라톤의『필레보스』편을 중심으로". 『哲學』 48집, 65-94.
이상인(1998). "플라톤의 현실인식과 형상인식: 현실을 넘어선다는 것은?". 『哲學硏究』 42집, 1-28.
______(1999). "플라톤의 국가철학: 『국가』에 나타난 개인-국가 관계를 중심으로". 『哲學硏究』 45집, 165-191.
이좌용(2005). 『존재론 연구1: 보편문제』. 철학과현실사.
이태수(1995). "플라톤 철학에 있어서 지각의 문제". 『哲學硏究』 36집, 85-115.
장동진(1993). "플라톤의 정의론: 정의의 이데아와 변증법". 『社會科學論集』 24집, 103-130.
젤러, 에두아르드(1991). 『그리스철학사』. 이창대 옮김. 이론과 실천.
조대호 옮김(2012). 『아리스토텔레스: 형이상학』. 나남.
조요한·박홍규·김내균·염수균·양문흠·김남두·이정호·이창대·남경희·박종현·감완수·박홍규·박전규(1988). 『希臘哲學硏究』. 종로서적.
조우현 엮음(1993). 『그리스 철학의 문제들』. 현암사.
코플스턴, 프레더릭(1998). 『그리스 로마 철학사』. 김보현 옮김. 철학과현실사.
콘퍼드, 프랜시스(1987). 『소크라테스의 哲學』. 이종훈 옮김. 박영사.
______(1995). 『소크라테스 이전과 이후』. 이종훈 옮김. 박영사.
______(1995). 『종교에서 철학으로: 서구 사유의 연원에 관한 연구』. 남경희 옮김. 이화여자대학교출판부.
테일러, 크리스토퍼(2001). 『소크라테스』. 문창옥 옮김. 시공사.
톰슨, 조지(1992). 『고대사회와 최초의 철학자들』. 조대호 옮김. 고려원.
필드, 가이(1986). 『플라톤의 철학』. 양문흠 옮김. 서광사.
하이데거, 마르틴(2004). 『진리의 본질에 관하여: 플라톤의 동굴의 비유와 테아이테토스』. 이기상 옮김. 까치.

〈지성사적 · 언어철학적 해제 관련 참고문헌〉

고영근(1981). 『중세국어의 시상과 서법』. 탑출판사.

김근(1999). 『한자는 중국을 어떻게 지배했는가』. 민음사.

김봉철(2016). '서양 역사고전 번역의 현황과 과제: 헤로도토스의 『역사』를 중심으로'. 한국서양고전학회 2016년 여름 학술대회 자료.

남경희(1992). 「귀고스의 반지: 도덕적 행위의 은폐성과 비은폐성」. 『서양고대 철학의 세계』. 서광사.

_____(2005). 『비트겐슈타인과 현대철학의 언어적 전회』. 이화여자대학교출판부.

_____(2012). 『언어의 연기와 마음의 사회성』. 이화여자대학교출판부.

_____(2013). 『플라톤: 서구철학의 기원과 토대』. 아카넷.

_____(2016). 『서구정신의 원형』. 아카넷.

남기심·고영근(1985). 『표준국어문법론』. 한국문화사.

박헌순(1995). 『사서색인』. 신서원.

베르낭, 장-피에르(2006). 『그리스 사유의 기원』. 김재홍 옮김. 길.

보만, 토를라이프(2001). 『히브리적 사유와 그리스적 사유』. 허혁 옮김. 분도출판사.

삭스, 올리버(2016). 『아내를 모자로 착각한 남자』. 이정호 옮김. 알마.

서순, 도널드(2012). 『유럽문화사』 1권. 오숙은·이은진·정영목·한경희 옮김. 뿌리와이파리.

스넬, 브루노(1994). 『정신의 발견: 서구적 사유의 그리스적 기원』. 김재홍 옮김. 까치.

옹, 월터(1995). 『구술 문화와 문자 문화』. 임명진 옮김. 문예출판사.

중촌원(1990). 『중국인의 사고방식』. 김지견 옮김. 까치.

커퍼드, 조지(2003). 『소피스트 운동』. 김남두 옮김. 아카넷.

해밀턴, 이디스(2009). 『고대 그리스인의 생각과 힘』. 이지은 옮김. 까치.

휴즈, 베터니(2010). 『아테네의 변명』. 강경이 옮김. 옥당.

『화엄경(華嚴經)』.

Aeschylus. *Agammenon*.

Ames, R. T. & Rosemont Jr. H. (1999). *The Analects of Confucius: A Philosophical Translation*, Ballantine Books.

Aristophanes. *Frogs*.

Aristotle. *Metaphysics*.

_____. *On Sophistical Refutations*.

______. *Organon*.

______. *Politics*.

Ast, F. (1835). *Lexicon Platonicum*. Weidmann.

Barry, A. (1993). *Truth in Philosophy*, Harvard University Press.

Berkeley, G. (1713). *Three Dialogues between Hylas and Philonous*.

Bluck, R. S. (2014). *Plato's Phaedo*. Routledge.

Bonifazi, A., Drummen, A. & de Kreij, M. (2016). *Particles in Ancient Greek Discourse: Five Volumes Exploring Particle Use Across Genres*. CHS (Online).

Branwood, L. (2009). *The Chronology of Plato's Dialogues*. Cambridge University Press.

Burnet, J. (1911). *Plato's Phaedo*. Oxford University Press.

Campbell, R. (1992). *Truth and Historicity*. Oxford Clarendon Press.

Casson, L. (2001). *Libraries in the Ancient World*. Yale University Press.

Comrie, B. (1976). *Aspect: An Introduction to the Study of Verbal Aspect and Related Problems*. Cambridge University Press.

Coulter, G. (2009). "Greek particles: Just a literary phenomenon?" In S. Bakker & G. Wakker (eds.), *Discourse Cohesion in Ancient Greek*. Brill.

Davidson, D. (1984). *Inquiries into Truth and Interpretation*. Oxford Clarendon Press.

Daqing, W. (2010). "On the Ancient Greek αγων", *Procedia Social & Behavioral Sciences*, *2*(5), 6805-6812.

de Saussure, F. (1966). *Course in General Linguistics*. McGraw-Hill.

Denniston, J. D. (1996). *Greek Particles*. Hackett.

Detienne, M. (1996). *The Masters of Truth in Archaic Greece*. Zone Books.

Detienne, M. & Vernant, J-P. (1991). *Cunning Intelligence in Greek Culture and Society*. J. Lloyd (trans.). University of Chicago Press.

Diels, H. (1903). *Die Fragmente der Vorsokratiker*.

Eleanor, D. (2016). *An Introduction to the Composition and Analysis of Greek Prose*. Cambridge University Press.

Elegies of Theognis of Megara

Foley, J. M. (1988). *The Theory of Oral Composition*. Indiana University Press.

Frede, M. (ed.). (1999). *Rationality in Greek Thought*. Oxford Clarendon Press.

Furth, M. (1974). "Elements of Eleatic Ontology", In A. Mourelatos (ed.), *The Pre-Socratics: A collection of critical essays*. Anchor.

Graham, A. C. (1989). *Disputers of the Tao*. Open Court.

Graves, R. (2012). *The Greek Myths*. Penguin.

Grube, G. M. A. (2002). *Plato: Five Dialogues*. Hackett.

Guthrie, W. K. C. (1962). *A History of Greek Philosophy, Vol. 4: Plato: The Man and His Dialogues-Earlier Period*. Cambridge University Press.

______(1993). *Orpheus and Greek Religion*. Princeton University Press.

Hackforth, R. (1955). *Plato's Phaedo*. Cambridge University Press.

Hall, D. & Ames, R. (1987). *Thinking Through Confucius*. SUNY.

Hansen, C. (1992). *A Daoist Theory of Chinese Thought: A Philosophical Interpretation*. Oxford University Press.

Harris, W. V. (1991). *Ancient Literacy*. Harvard University Press.

Havelock, E. (1963). *Preface to Plato*. Harvard University Press.

Homeros. *Illiad*.

______. *Odysseia*.

Kahn, C. H. (1973). *The Verb to Be in Ancient Greek*. Hackett.

______(1982). "Why Existence does not emerge as a distinct concept in Greek philosophy", In P. Morewedge (ed.), *Philosophies of Existence: Ancient and Medieval*. Fordham University Press.

______(2009). *Essays on Being*. Oxford University Press.

Kelly, D. (1997). "Oral Xenophon", In I. Worthington (ed.), *Voice Into Text: Orality and Literacy in Ancient Greece*. Leiden.

Lord, A. B. (1960). *The Singer of Tales*. Center for Hellenic Studies. (2019년에 3판 출간).

Manguel, A. (1996). *A History of Reading*. Penguin.

Morewedge, P. (ed.). (1982). *Philosophies of Existence: Ancient and Medieval*. Fordham University Press.

Mourelatos, A. P. D. (ed.). (1974). *The Pre-Socratics*. Anchor-Doubleday.

O' Sullivan, J. (1995). "Written and Spoken in the First Sophistic", In I. Worthington (ed.), *Voice into Text: Orality and Literacy in Ancient Greece*. Leiden.

Parry, M. (1987). *The Making of Homeric Verse*. Oxford University Press.

Plato. *Euthyphron*.

______. *Nomoi*.

______. *Parmenides*.

______. *Phaedon*.

______. *Phaedros*.

______. *Philebos*.

______. *Politheia*.

______. *Seventh Letters*.

______. *Sophistes*.

______. *Symposium*.

______. *Theaetetus*.

______. *Timaeus*.

Powell, B. (2001). *Classical Myth*. Prentice-Hall.

Robinson, R. (1985). *Plato's Earlier Dialectic*. Oxford University Press.

Rockwell, G. (2003). *Defining Dialogue: From Socrates to the Internet*. Humanity Books.

Rorty, R. (1979). *Philosophy and the Mirror of Nature*. Princeton University Press.

Ross, W. D. (1951). *Plato's Theory of Ideas*. Oxford Clarendon Press.

Ryle, G. (1966). *Plato's Progress*. Cambridge University Press. (1975년에 2판 출간).

Scott, J. A. (1910). "Does Homer Use the Definite Article?", *The Classical Journal*, 5(5), 220-223.

Smyth, H. W. (1920). *Greek Grammar*. Harvard University Press. (2013년에 2판 출간).

Sophocles. *Oedipus Tyrannos*.

Tarrant, H. (1997). "Orality and Plato's Narrative Dialogues", In I. Worthington (ed.), *Voice into Text: Orality and Literacy in Ancient Greece*. E. J. Brill.

Taylor, A. E. (2011). *The Man and His Works*. Dover.

The Economist. (2018. 12. 22). *Christmas Double Issue*.

Thomas, R. (1992). *Literacy and Orality in Ancient Greece*. Cambridge University Press.

Wang, D. (2010). "On the Ancient Greek agōn", *Procedia-Social and Behavioral Sciences*, Vol. 2, Issue 5.

Wilamowitz-Moellendorff, U. von. (1920). *Platon*. Weidmannsche Buchhandlung.

Wittgenstein, L. (1952). *Philosophical Investigations*. Basil Blackwell.

Woodruff, P. (2014). *Reverence: Renewing a Forgotten Virtue* (2nd edn.). Oxford University Press.

______(2010). *The Necessity of Theater: The Art of Watching and Being Watched*. Oxford University Press.

Worthington, I. (ed.). (1997). *Voice into Text: Orality and Literacy in Ancient Greece*. E. J. Brill.

Xenophon. *Memorabilia*.

______. *Symposium*.

• 참고 사이트

Ancient History Encyclopedia: https://www.ancient.eu/

Wikipedia: https://en.wikipedia.org/

찾아보기

| 1부 |

〈ㄷ〉

〈ㄹ〉

〈ㅁ〉

〈ㅇ〉

| 2부 |

1. 『파이돈』

- 『파이돈』은 스테파노스 쪽수에 의거하며, 등장인물들의 이름은 제외한다.

〈ㅇ〉

〈ㅈ〉

2. 해설 및 각주

철학으로 철학을 번역하다:
플라톤의 파이돈

펴낸날 1판 1쇄 2019년 7월 5일
지은이 남경희
펴낸이 김헌민
펴낸곳 이화여자대학교출판문화원
주소 서울특별시 서대문구 이화여대길 52(우03760)
등록 1954년 7월 6일 제9-61호
전화 02) 3277-2965(편집), 362-6076(마케팅)
팩스 02) 312-4312
전자우편 press@ewha.ac.kr
홈페이지 www.ewhapress.com
책임편집 이지예
디자인 신성기획
찍은곳 (주) 한영문화사

ISBN 979-11-5890-326-8 93160

값 26,000원

* 잘못된 책은 바꾸어 드립니다.

이 도서의 국립중앙도서관 출판예정도서목록(CIP)은 서지정보유통지원시스템 홈페이지
(http://seoji.nl.go.kr)와 국가자료공동목록시스템(http://www.nl.go.kr/kolisnet)에서
이용하실 수 있습니다. (CIP제어번호: CIP2019020473)